中级财务会计

(第五版)

主编 薛跃 严玉康

图书在版编目(CIP)数据

中级财务会计 / 薛跃,严玉康编著. —5版. —上海：立信会计出版社,2016.8
ISBN 978-7-5429-5190-8

Ⅰ.①中… Ⅱ.①薛…②严… Ⅲ.①财务会计
Ⅳ.①F234.4

中国版本图书馆 CIP 数据核字(2016)第 204573 号

策划编辑　戎其玉
责任编辑　赵志梅
封面设计　南房间

中级财务会计（第五版）
Zhongji Caiwu Kuaiji

出版发行	立信会计出版社			
地　　址	上海市中山西路 2230 号	邮政编码	200235	
电　　话	(021)64411389	传　真	(021)64411325	
网　　址	www.lixinaph.com	电子邮箱	lxaph@sh163.net	
网上书店	www.shlx.net	电　话	(021)64411071	
经　　销	各地新华书店			
印　　刷	上海天地海设计印刷有限公司			
开　　本	787 毫米×960 毫米	1/16		
印　　张	28			
字　　数	575 千字			
版　　次	2016 年 8 月第 5 版			
印　　次	2016 年 8 月第 1 次			
印　　数	1—3 100			
书　　号	ISBN 978-7-5429-5190-8/F			
定　　价	45.00 元			

如有印订差错,请与本社联系调换

第五版前言

《中级财务会计(第四版)》自2012年修订出版以来,会计环境发生了很大的变化。2014年,财政部修订颁布了《企业会计准则——基本准则》《企业会计准则第2号——长期股权投资》《企业会计准则第9号——职工薪酬》《企业会计准则第30号——财务报表列报》《企业会计准则第33号——合并财务报表》和《企业会计准则第37号——金融工具列报》6项企业会计准则,并发布了《企业会计准则第39号——公允价值计量》《企业会计准则第40号——合营安排》和《企业会计准则第41号——在其他主体中权益的披露》3项具体准则。2016年5月起,中国全面实施营业税改增值税,营业税退出历史舞台,中国的财税体制继1994年分税制改革后发生又一次深刻变革。

会计政策和税务政策的变化,直接影响会计核算方法的变化。为了更好地完善教材内容体系,反映最新会计政策和财经政策的基本内容,本教材再次进行了修改。

一、修订原则

1. 兼顾专业性与通用性

以前几个版次较多考虑通用性,把满足非会计学专业学生学习基本会计知识的需要放在首位,有些会计知识讲述不够深入细致,对较难的、不易理解的部分进行了忽略。本次修订一方面强调适合会计学专业本科教学的需求,内容的增减和结构调整做到尽量完整,力求充分反映企业会计准则的基本内容;另一方面强调通用性,通过相关案例分析和问题思考,探讨会计核算方法对企业管理的影响,使会计学专业和非会计学专业的同学均有兴趣阅读并使用本教材。不同层次的同学可以根据需要选择学习相关内容。

2. 重视学生学习能力的培养

教材编写注重结构合理,通俗易懂,由浅入深,循序渐进。通过章前的案例引入和学习指导、章中的业务举例和案例分析、章后的复习思考题与多种形式的练习题,帮助、培养学生的自学能力,引导学生不断发现问题、分析问题、总结所学知识。

二、主要修订内容

本次修改主要内容如下:

(1) 每章章前增加章前案例,阐述学习目的,用上市公司或其他企业的真实报表数据或案例引导读者阅读理解会计信息的出处,带着问题学习本章内容。

(2) 在各章节中补充和调整案例,使其具有实效性、可读性和可理解性。

(3) 根据2014年新修订、颁布的有关企业会计准则和营改增相关税法规定,对相关章节进行了较大幅度的修改,对长期股权投资转换、应付职工薪酬、应交税费等部分章节进行了重新编写。

(4) 每章增加了相关练习题。对所有章节的内容、文字和案例进行了核对、修正。

(5) 除上述修改外,各章主要修改内容说明如下:

各章主要修改内容

章名	主要修改内容
第1章 总论	修改了公允价值概念,完善了中国会计准则体系
第2章 货币资金	一般修改
第3章 应收项目	一般修改
第4章 存货	存货减值准备
第5章 金融资产	删除第一节
第6章 长期股权投资	按照新修订的企业会计准则重新撰写
第7章 固定资产	根据营改增要求调整固定资产核算
第8章 无形资产及其他资产	根据营改增要求调整无形资产、投资型房地产核算
第9章 流动负债	重写第三节应付职工薪酬和第四节应交税费
第10章 非流动负债	一般修改
第11章 所有者权益	修改实收资本、资本公积核算;补充其他综合收益核算
第12章 收入、费用和利润	根据营改增内容调整收入的核算
第13章 非货币性资产交换	一般修改
第14章 债务重组	一般修改
第15章 财务报告	财务报表格式、会计信息披露

本教材在修订过程中,由薛跃、严玉康负责拟定修改计划,组织、参与编写和最后定稿等,其他修改分工如下:第五、第六章新增部分初稿由朱丹撰写;第九章新增部分初稿由陈婧撰写;第十一章新增部分初稿由史莹莹撰写;第十二、第十五章新增部分初稿由鲁玲撰写;研究生陆媛媛、平佳楠、魏兰、杜思凝也参与了本教材部分章节资料的收集、修改和校对工作。

本教材在撰写和修订过程中得到了立信会计出版社赵志梅老师的鼎力支持和热情帮助,再次表示衷心的感谢。

由于水平有限,时间仓促,本教材编写中难免有缺点和错误,恳请广大读者批评指正,以便再版时修订。

编 者

目 录

第一章　总论 ··· 1
　第一节　财务会计概述 ·· 2
　第二节　会计要素的确认和计量 ·· 7
　第三节　会计信息质量要求 ··· 14
　第四节　会计科目 ·· 20
　第五节　中国财务会计规范 ··· 23
　复习思考题 ··· 26
　练习题 ··· 26

第二章　货币资金 ··· 29
　第一节　货币资金概述 ·· 30
　第二节　库存现金的核算 ·· 31
　第三节　银行存款的核算 ·· 35
　复习思考题 ··· 45
　练习题 ··· 45

第三章　应收项目 ··· 48
　第一节　应收票据的核算 ·· 49
　第二节　应收账款的核算 ·· 54
　第三节　其他应收款项的核算 ··· 57
　第四节　应收账款减值的核算 ··· 60
　复习思考题 ··· 68
　练习题 ··· 68

第四章 存货 ... 73
第一节 存货概述 ... 74
第二节 原材料的核算 ... 82
第三节 其他存货的核算 ... 94
第四节 存货的期末核算 ... 103
复习思考题 ... 111
练习题 ... 111

第五章 金融资产 ... 116
第一节 以公允价值计量且其变动计入当期损益的金融资产的核算 ... 117
第二节 持有至到期投资的核算 ... 121
第三节 可供出售金融资产的核算 ... 130
复习思考题 ... 135
练习题 ... 136

第六章 长期股权投资 ... 140
第一节 长期股权投资概述 ... 143
第二节 长期股权投资的初始计量 ... 145
第三节 长期股权投资的后续计量 ... 151
第四节 长期股权投资核算方法的转换及处置 ... 159
复习思考题 ... 165
练习题 ... 165

第七章 固定资产 ... 170
第一节 固定资产概述 ... 171
第二节 固定资产增加的核算 ... 173
第三节 固定资产持有期的核算 ... 183
第四节 固定资产处置的核算 ... 196
复习思考题 ... 200
练习题 ... 200

第八章　无形资产及其他资产 205
第一节　无形资产的核算 206
第二节　投资性房地产的核算 217
第三节　长期待摊费用的核算 225
复习思考题 226
练习题 226

第九章　流动负债 229
第一节　短期借款的核算 230
第二节　应付及预收款项的核算 231
第三节　应付职工薪酬的核算 234
第四节　应交税费的核算 247
第五节　或有负债和预计负债的核算 258
复习思考题 260
练习题 260

第十章　非流动负债 264
第一节　借款费用的核算 265
第二节　长期借款的核算 270
第三节　应付债券的核算 272
第四节　长期应付款的核算 281
复习思考题 282
练习题 283

第十一章　所有者权益 287
第一节　所有者权益概述 288
第二节　实收资本的核算 290
第三节　资本公积和其他综合收益的核算 296
第四节　留存收益的核算 300
复习思考题 304
练习题 305

第十二章　收入、费用和利润 ... 309
第一节　收入的核算 ... 310
第二节　费用的核算 ... 332
第三节　利润的核算 ... 335
第四节　所得税费用的核算 ... 340
复习思考题 ... 353
练习题 ... 353

第十三章　非货币性资产交换 ... 358
第一节　非货币性资产交换概述 ... 359
第二节　以公允价值计量的非货币性资产交换的核算 ... 362
第三节　以换出资产账面价值计量的核算 ... 365
第四节　涉及多项非货币性资产交换的核算 ... 367
复习思考题 ... 373
练习题 ... 373

第十四章　债务重组 ... 376
第一节　债务重组概述 ... 377
第二节　债务重组的核算 ... 378
复习思考题 ... 388
练习题 ... 389

第十五章　财务报告 ... 392
第一节　财务报告概述 ... 393
第二节　资产负债表 ... 397
第三节　利润表 ... 411
第四节　现金流量表 ... 415
第五节　所有者权益变动表 ... 428
第六节　附注与中期财务报告 ... 431
复习思考题 ... 435
练习题 ... 436

第一章 总 论

章前案例

万科股份有限公司(以下简称"万科")1988年进入房地产行业,2001年完成从多元化经营向专业房地产公司的转化。到2014年,万科已经走过了近30年,足迹遍布全国65个城市,形成了珠江三角洲、长江三角洲、环渤海湾区域和中西部中心城市经济圈的分布格局,并逐步拓展海外市场,成为了专业住宅开发行业的领跑者。

万科的主营业务包括房地产开发和物业服务,2014年度实现营业收入1 463.9亿元,净利润157.5亿元,同比分别增长8.1%和4.2%,增幅放缓。尽管如此,万科的现金流状况达到近10年最好,实现回款2 090亿元,2014年12月31日货币资金为627.2亿元,2014年经营性净现金流高达417.25亿元,如图表1-1所示。

图表1-1

万科2014年度合并现金流量表(摘录)

单位:人民币百万元

经营活动产生的现金流量	2014年	2013年
销售商品、提供劳务收到的现金	168 309	153 437
收到其他与经营活动有关的现金	17 019	22 240
经营活动现金流入小计	185 328	175 677
购买商品、接受劳务支付的现金	95 232	128 657
支付给职工以及为职工支付的现金	5 133	3 473
支付的各项税费	23 040	21 214
支付其他与经营活动有关的现金	20 198	20 409
经营活动现金流出小计	143 603	173 753
经营活动产生的现金流量净额	41 725	1 924

> **学习目的**
> - 了解财务会计目标
> - 掌握会计的基本假设和确认基础
> - 熟悉会计信息质量要求
> - 掌握各会计要素的定义、分类与确认条件
> - 了解会计要素计量属性
> - 理解企业会计准则体系

第一节 财务会计概述

会计因人类经济活动而产生。随着科学技术的进步，人类经济活动范围的扩大和经济活动内容的日益复杂，会计作为"商务语言"，其作用日益为人们所认识。从事各种经济活动的人们，学习和掌握这门语言，将有助于其作出明智的判断和决策。

一、财务会计的概念

在当今社会，会计与人们的社会活动密切相关。人类社会发展的历史证明，人们的经济生活离不开会计。经济越发展，会计越重要。从远古时代的刻木为记和绳结记事，到14世纪的复式簿记，至今天的电子计算机会计，会计已从最初的"生产职能的附带部分"，发展到具有完整的知识体系，包含财务会计、成本会计、管理会计和政府及非营利组织会计等在内的各类会计，为各信息使用者提供有助于其经济决策的经济信息系统。会计管理已经成为工商企业、事业团体和政府部门管理机制中的重要组成部分。

一般来说，会计是计量经济活动、处理并加工经济信息，以及将处理结果与决策者进行交流的经济信息系统。这个信息系统既对外提供有关经济组织的财务状况、经营成果和现金流量的信息，又对内提供有关投资、筹资、经营、成本控制等经济活动的信息。其采用的方法包括对经济活动的确认、计量、记录和报告等，还包括对报表数据的比较、分析、评价和预测等。

就一个现代企业来说，会计信息的用户可以分为两类：第一类是外部用户，包括投资者（股东）、债权人、潜在投资者、政府和信用评价机构、证券交易所等。第二类是内部用户，即企业内部的各级管理者。会计为了满足不同信息使用者的信息需求，形成财务会计和管理会计两大分支。财务会计主要对外提供信息，满足外部信息使用者进行投资等决策的信息需求；管理会计主要对内提供信息，满足企业内部各级管理者经营管理的信息需求。

财务会计是现代会计的一个重要分支，是以会计准则和会计制度为指导，采用一定的程

序和方法,对企业经济活动进行反映和监督,旨在为有关方面提供会计信息的对外报告会计。

财务会计具有其明确的目标、特征、理论和方法。

二、财务会计的目标

财务会计的目标概括起来讲,就是向财务报告使用者提供与企业财务状况、经营成果和现金流量有关的会计信息,反映企业管理层受托责任的履行情况,有助于财务报告使用者作出经济决策。财务会计所提供的信息包括有关企业财务状况的信息,如某一时点企业的资产的分布和结构,资金的来源和资本构成;有关企业收益和经营成果的信息,如一定期间内企业发生的收入、利得、费用、损失和产生的净利润,流动比率、速动比率、净资产收益率、总资产周转率等;有关企业变现能力、偿债能力、盈利能力和资金流转等方面的信息;有关企业利润分配方面的信息,如提取盈余公积、向投资者分配利润等。具体地讲,财务会计提供信息的作用主要表现在以下几个方面。

(一)有助于财务报告使用者了解企业的财务状况、经营成果和现金流量,并作出有关决策以进行有效的宏观经济管理

随着社会化大生产的发展,与企业存在利害关系的团体和个人日益增多。企业的财务状况、经营成果和现金流量等方面的信息,是包括投资者、债权人、政府部门等在内的各方面进行决策的依据。投资者通过被投资企业提供的财务报表了解其包括毛利率、资产收益率、净收益率等指标在内的盈利能力和发展趋势方面的信息,判断被投资企业的经营活动是否正常进行,其财务状况、经营成果、偿债能力、获利能力如何,是否在预先设想的状况之中,投资者决定是增加、保持还是转让其在企业的投资。企业的债权人需要通过企业提供的财务报告,了解企业的财务状况和偿债能力,掌握其贷款的安全性,以作出给予或收回债权的决策;企业的供应商需要了解企业的信用情况,据此作出是否给予信用、给予多少信用额和信用期限等的决策。政府有关部门为了制定经济政策,进行宏观调控、配置社会资源,需要通过财务会计提供信息从总体上掌握企业的资产负债结构、损益状况和现金流转情况,从宏观上把握经济运行的状况和发展变化趋势。所有这一切都需要作为经济管理工作的会计提供决策的信息。

(二)会计信息有助于企业管理者加强经营管理,提高经济效益

企业的管理层,受投资者的委托,承担着资产的保值和增值的任务。为完成任务,需要开展一系列筹资、投资和经济资源的管理和运作,作出一系列的筹资、投资和生产经营等的决策,真实可靠和全面完整的会计信息是他们作出正确决策的前提。财务会计提供的信息,可以让企业的管理当局了解企业资金管理的现状、资金的使用成本及能创造的效益,从而为其合理有效地作出筹措、使用资金决策提供保障。会计通过真实地反映企业的权益结构,为处理企业与各方面的关系、考核企业管理层的经营业绩、落实企业内部管理责任奠定

了基础,也使得会计信息真正成为企业加强经营管理、提高经济效益的基础。

(三)反映企业管理层受托责任的履行情况

现代企业制度强调企业所有权和经营权相分离,企业管理层受委托人之托,经营管理企业及其各项资产,负有受托责任。企业投资者和债权人等需要借助于可靠、客观的财务报告信息来及时或者经常性地了解受托资产的保值、增值情况,评价企业的经营管理责任和资源使用的有效性,并据此作出是否需要调整投资或者信贷政策、是否需要加强企业内部控制和其他制度建设、是否需要更换管理层等决策。

三、会计基本假设

会计的基本假设是会计工作的必要前提,是人们在长期的会计实践中,根据客观的正常情况或变化趋势形成的对会计核算对象及经济环境的最合乎情理的判断。会计基本假设包括会计主体、持续经营、会计分期和货币计量。

(一)会计主体

会计主体又称会计实体、会计个体,是指会计信息所反映的特定单位或者组织。会计主体假设为会计核算明确了空间范围。

《企业会计准则——基本准则》第五条规定:"企业应当对其本身发生的交易或者事项进行会计确认、计量和报告。"这一规定所强调的就是会计主体这一假设。明确会计核算的特定主体,将特定主体本身发生的经济活动与其他会计主体发生的经济活动予以分开核算,才能如实反映特定主体的财务状况、经营成果和现金流量,保证会计信息的准确性。

明确会计核算的特定主体,将特定主体本身发生的经济活动与其他会计主体发生的经济活动予以分开核算,才能如实反映特定主体的财务状况、经营成果和现金流量,保证会计信息的准确性。

会计主体是确定会计处理立场、对各种交易或者事项作出正确判断的依据。对同一经济活动,不同的会计主体从自身的立场出发,会得出不同的分析结果。例如,企业向银行借款,对于企业(会计主体)来说,表现为资产(银行存款)的增加和负债(银行借款)的增加;而对于银行(会计主体)来说,则表现为一项资产(贷款)的增加和另一项资产(企业存款)的减少。

【小案例】

王某经营一家小型超市,超市在工商部门登记为一人有限责任公司。某日,王某用超市银行账户中的货币资金购买了一辆小汽车。小汽车平常主要作为自用,偶尔用于公司事务的办理。

问题与思考:

王老板购买小汽车的钱属于公司的费用支出吗?为什么?

需要注意的是,会计主体不同于法律主体。一般来说,法律主体应该是会计主体。作为一个具有独立经济意义的法律主体,必须拥有独立的经营活动资金,进行独立的生产经营活动,建立独立的会计核算体系,实行会计核算,对外报告其财务状况、经营成果和现金流量。例如,在母公司下设立多个子公司,各子公司均为独立的会计主体,同时也是法律主体。为了反映集团公司的整体情况,集团公司也可作为独立的会计主体,编制合并会计报表反映集团公司的整体情况。但是,会计主体却不一定是法律主体。例如,一个大企业下的内部责任单位,如投资中心、利润中心等,可以是会计主体,但不是法律主体。

（二）持续经营

持续经营是指在可预见的将来,会计主体将按当前的规模和状态经营下去,不会面临停业,也不会大规模削减业务。持续经营假设明确了会计工作的时间范围,为企业会计核算程序和方法的稳定提供了前提。

由于受外部环境变化和内部经营管理水平等因素的影响,任何会计主体都有持续经营或面临破产、清算的可能。会计主体是否能持续经营,其在会计政策、会计原则和会计处理方法的选用上会有很大的差别。持续经营是假定会计主体的经营活动将持续、正常地进行下去,不会停业,也不会大规模地削减业务。在持续经营的前提下,会计主体拥有的资产将在正常的经营过程中被耗费或出售,所承担的债务将按照既定的合约条件清偿。按照这一会计核算前提,会计主体对其取得的资产,如机器设备、房屋建筑物、商品存货,可以选择按历史成本计价;也可以划分会计期间,按照权责发生制对固定资产、无形资产的取得成本和长期待摊费用等进行分摊,计入各个会计期间和相关产品成本。此外,收入实现原则、费用配比原则等也是建立在会计主体持续经营的前提之下的。

持续经营根据企业发展的一般情况设定。然而,不是所有的企业都会持续不断地经营下去的,有的企业经营期限届满会自动歇业;有的企业在经营过程中会发生分设、合并、资产重组,也有的企业会因经营困难而出现破产清算。当企业不再继续经营下去时,判断其财务状况、经营成果和现金流量的标准就会变化,其选用的会计原则和方法就必须改变。因此,企业应该定期分析、判断其经营环境和经营情况,当企业继续经营的前提不再存在时,应该及时改变会计核算的原则和方法,并在财务报告中作相应的披露。

（三）会计分期

会计分期又称会计期间,是指将一个企业持续经营的生产经营活动人为地划分为一个个连续的、长短相同的期间。会计分期明确规定了会计工作的具体时间范围。

一个企业的经济活动如长流之水,连绵不断,因此,其会计要素各项目也处在不断变化之中。从理论上说,企业要确定最终的经营成果,最理想也是最准确的办法是企业歇业清算。然而,根据持续经营的假设,企业将持续不断地经营下去。会计分期的目的就是人为地将持续不断的经营过程划分为连续的、相等的期间,分期会计核算,计算盈亏,编制财务报告,向信息使用者提供有关企业财务状况、经营成果和现金流量的信息。

正是由于持续经营与会计分期核算前提的存在,才产生了会计上的诸多原则和方法。由于会计分期,才出现了当期与其他会计期间的概念;才出现了收入和费用的收付期和归属期不一致,从而产生了权责发生制和收付实现制的会计原则,进而产生了应收、应付、待摊、预提、递延等会计事项。

会计期间分为年度、半年度、季度和月度。年度、半年度、季度和月度均按公历起讫日期确定。半年度、季度和月度均称为会计中期。

最常见的会计期间是1年。以1年确定的会计期间称为会计年度。会计年度可以采用公历年制或非公历年制。公历年制会计年度的起讫日期为每年的1月1日至12月31日。非公历年制会计年度的起讫日期根据各国的具体规定确定。我国的会计年度采用公历年制。企业单位一般按年编制财务报告。为满足会计信息使用者了解企业信息的需要,我国《企业会计准则》同时规定,上市股份有限公司要提供中期财务报告,企业每月应向税务管理当局提供月度财务报告。

(四)货币计量

货币计量是指会计主体在会计核算过程中采用货币作为计量单位,记录和报告会计主体的生产经营活动。

在会计核算中,选用货币作为统一的计量单位,是由货币本身的性质所决定的。货币是商品的一般等价物,是衡量一般商品价值的共同尺度。只有货币才具备可加总性。会计核算必须以货币作为计量尺度,计量、记录会计主体的经济活动,并将其转化为统一的以货币表现的会计信息。凡不能以货币计量的事项,无法在账簿上加以记录并在会计报表上加以表达的,就不属于会计核算的范围。会计虽然也使用其他计量单位,如质量、长度、容积、时间等,但其只能反映企业生产经营活动的某一个方面,无法进行量的汇总和比较,因此不能作为统一的计量单位。

企业的会计核算以人民币为记账本位币。业务收支以人民币以外的货币为主的企业,可以选定其中一种货币作为记账本位币,但是编制的财务报告应当折算为人民币反映。境外企业向国内有关部门编制的财务报告,应当折算为人民币反映。

例如,贯通有限公司系德国投资者在中国设立的独资企业,其生产的产品80%外销法国、德国等欧洲国家,以欧元为计价货币进行结算。剩余20%一部分销往其他国家,以美元为计价货币进行结算;另一部分在中国境内销售,以人民币为计价货币进行结算。考虑到公司货币收支主要以欧元为主,因此公司选择以欧元为记账本位币,期末编制财务报告时,按照一定的外汇汇率折算为人民币反映。

货币计量假设有一附带假设——货币币值稳定不变假设,即假定货币本身的价值稳定不变或变化甚微,在货币计量中不考虑货币的升值或贬值问题。在现实经济生活中,货币币值往往会因宏观环境(如汇率、利率、通货膨胀、贸易顺差、逆差等因素)的综合影响而经常发生变动。然而,按照国际惯例,货币作为度量衡器的手段,一般不考虑币值的变动,或假定币值上下波动的幅度不大且可以相互抵销。

如果客观环境发生了剧烈变化,影响到会计信息的可比性,会计上将不坚持币值稳定不变,而采用物价变动会计或通货膨胀会计等方法对信息加以修正处理。

统一的货币计量假设也有局限性,许多影响企业财务状况和经营成果的经济活动并不一定能用货币来进行计量,如企业的经营战略变化、高级领导层的人事变动、技术开发能力的提高等。为弥补货币计量的局限性,企业可在财务报告中采用一些非货币指标,以文字形式对某些重要事项加以说明。

四、会计的记账基础

企业会计准则规定,会计核算应当以权责发生制为基础。

由于会计期间的划分,企业收入实现的期间和实际收到款项的期间,费用应当负担的期间和实际支付的期间可能会不一致。有时款项已经收到,而收入却尚未实现,如预收商品销售定金;有时款项已经支付,但又不是因本期生产经营活动而发生的,如年初预付全年的财产保险费。于是,就产生了以什么标准确认一定期间的收入和费用问题。"权责发生制"与"收付实现制"以不同的标准规定了收入和费用的确认时间。

权责发生制又称应计制。权责发生制要求企业以权利和责任是否发生作为确认收入与费用的依据。凡是当期已经实现的收入和已经发生或应当负担的费用,不论款项是否收付,都应当作为当期的收入和费用;凡是不属于当期的收入和费用,即使款项已在当期收付,也不应当作为当期的收入和费用。

由于权责发生制的使用,会产生预收收入、应收收入、预付费用、应付费用和固定资产折旧等问题。由此而产生诸如应计、递延、摊销等一系列会计处理方法。

收付实现制是与权责发生制相对应的另一种确认标准,在收付实现制下,企业以现金的实际收付作为确认收入和费用的依据。目前,我国的行政单位采用收付实现制;事业单位经营业务采用权责发生制,其他业务采用收付实现制;企业一律采用权责发生制。

第二节 会计要素的确认和计量

一、会计要素

会计要素是对会计核算对象的基本分类。将会计核算对象按其性质进行适当分类,形成基本的、相互独立而又互相联系的几个部分,可以方便地从质和量两个方面准确描述会计对象的变化,了解资金运动过程和价值增值过程。会计要素之间存在着辩证统一的关系,会计要素的组合构成企业的各种财务报表。

我国《企业会计准则》将会计要素划分为资产、负债、所有者权益、收入、费用和利润六个部分。其中，前三个要素反映企业的财务状况，其组合构成企业的资产负债表；后三个要素反映企业的经营成果，其组合构成企业的利润表。

（一）资产

1. 资产的定义

资产是指企业过去的交易或者事项形成的、由企业拥有或者控制的、预期会给企业带来经济利益的资源。企业从事生产经营活动必须具备一定的物质资源，如库存现金、银行存款等货币资金，厂房场地、机器设备等固定资产，原材料、库存商品等商品存货等。企业在生产经营过程中，通过对这些物质资源的购买、生产、建造或其他交易产生经济利益，即产生增值。会计上将这些由过去的交易或者事项形成并由企业拥有或者控制，预期会给企业带来经济利益的资源，称为资产。资产还包括不具有物质形态，但有助于企业生产经营活动进行的专利权、商标权等无形资产，应收及预付款项等债权，对其他企业的投资。企业的资产具有以下几个特征：

（1）资产预期会给企业带来经济利益。资产预期会给企业带来经济利益是指能够直接或者间接导致现金和现金等价物流入企业，即通过其有效运用，可以为企业增加价值，带来经济利益。不能为企业带来经济利益的，不能作为企业的资产。例如，企业用货币资金购入的商品存货，通过销售收回货币资金，产生增值，此处的货币、商品均属于企业的资产；如果企业购入的商品发生积压变质，不能再销售，就不能作为企业的资产。

（2）资产应为企业拥有或控制的资源。由企业拥有或者控制是指企业享有某项资源的所有权，或者虽然不享有某项资源的所有权，但该资源能被企业所控制。企业拥有资产的所有权，就可以支配资产，可以排他性地从资产中获取经济利益。有些资产从形式上看，不为企业所拥有，但从实质上看能够为企业所控制，企业可以通过对其运用，获得经济利益，也应该将其作为企业的资产，如以融资租赁方式租入的固定资产。不能为企业拥有或控制、不能为企业带来未来经济利益的，则不属于企业的资产。

【例 1-3】 A 公司以融资租赁方式租入一条生产流水线，租赁期为 5 年，该生产流水线预计使用年限为 6 年；每年支付租赁费 100 万元，租赁期满后，该企业有优先购买该生产流水线的权利。

（3）资产是由过去的交易或者事项形成的。企业的资产必须是过去通过交易活动所取得的，必须是现实的资产。正在谈判预备增加或计划增加的物资，因其实际交易活动尚未开始，不属于企业的资产。例如，计划采购的固定资产，已填制材料请购单要求采购的原材料等，不属于企业的资产。

2. 资产的分类

在资产负债表上，企业的资产按其流动性划分，分为流动资产和非流动资产。

流动资产是指满足下列条件之一的资产：

（1）预计在一个正常营业周期中变现、出售或耗用的。

（2）主要为交易目的而持有的。

（3）预计在资产负债表日起 1 年内（含 1 年，下同）变现。

（4）自资产负债表日起 1 年内，交换其他资产或清偿负债的能力不受限制的现金及现金等价物。

正常营业周期是指企业从购买用于加工的资产起至实现现金或现金等价物的期间，通常短于 1 年。但由于生产周期较长等原因导致正常营业周期长于 1 年的情况下，尽管相关资产往往超过 1 年才变现、出售或耗用，仍应划分为流动资产。正常营业周期不能确定的，应当以 1 年（12 个月）作为正常营业周期。

企业的流动资产主要包括货币资金、应收和预付款项、交易性金融资产和存货等。

流动资产以外的资产为非流动资产。企业的非流动资产主要包括持有至到期投资、长期股权投资、投资性房地产、固定资产、生物资产、无形资产和递延所得税资产等。

（二）负债

1. 负债的定义

负债是指过去的交易或者事项形成的、预期会导致经济利益流出企业的现时义务。企业的负债应按其流动性，分为流动负债和非流动负债。企业的负债具有以下特征：

（1）负债是由过去的交易或者事项形成的。作为企业的负债，必须是企业过去在与外界经济交往中所形成的经济责任，是现时已经存在的义务，如由于赊购商品而形成的应付账款、应付票据，因向银行贷款而形成的短（长）期借款，因雇用员工而形成的应付职工薪酬等。尚未发生的交易或事项不形成企业的负债，企业不可以根据准备借款的计划确定企业的负债，也不能在赊购活动尚未进行之时就确定应付款。

（2）负债预期会导致经济利益流出企业。企业负债清偿的方法很多，可以用企业的资产（如现金、银行存款、实物等）清偿，也可以采用提供劳务的方式清偿，这些都会引起企业的资产减少。企业也可以将负债转为所有者权益。当然，负债必须用债权人所能接受的方式予以偿还。

（3）负债的金额必须能够用货币确切计量或合理估计，其债权人和到期日也应该是确切可知或可以合理估计的。例如，应付账款、应付票据、应交税费、应付职工薪酬等，其金额、债权人和到期日在负债发生时都可以确定。预提的售后"三包"（包修、包退和包换）费用，尽管其金额、具体债权人和支付日不能确切肯定，但这些负债一定会在已知的时间内发生，金额大小也是基本能够估计的。

2. 负债的分类

1）按负债的流动性分类

负债按其流动性划分，可分为流动负债和非流动负债。

流动负债是指满足下列条件之一的负债：① 预计在一个正常营业周期中清偿的；② 主要

为交易目的而发生的；③ 自资产负债表日起1年内到期应予以清偿的；④ 企业无权自主地将清偿推迟至资产负债表日后1年以上的。流动负债主要包括短期借款、应付及预收款项（应付票据、应付账款、预收账款）、应付职工薪酬、应交税费、预计负债（应付股利、应付利息）等。

流动负债以外的负债属于非流动负债。非流动负债主要包括长期借款、应付债券、长期应付款、递延所得税负债等。

2) 按负债与金融资产的关系分类

负债按其与金融工具的相关性分类，可分为金融负债和非金融负债。金融负债指代表企业未来期间需要支付金融资产的合同义务，如企业的应付账款、应付票据、应付债券等。金融负债以外的负债为非金融负债。

（三）所有者权益

所有者权益是指企业资产扣除负债后由所有者享有的剩余权益。公司的所有者权益又称股东权益。所有者权益具有以下特征：

（1）所有者权益是一种剩余权益，从数量上说是企业全部资产减去全部负债后的余额。所有者权益的大小，取决于所有者对企业的投资多少和企业的经营是否有效。在不考虑投资者资本投入因素时，所有者权益会由于企业的有效经营而得以迅速增加，因无效经营或经营失败而遭到损失。

（2）所有者权益的金额取决于资产和负债的计量。

（3）所有者权益所代表的资产可供企业长期使用，除非发生减资、清算，企业不需要偿还所有者权益。

（4）所有者权益所代表的资产是企业偿还债务的物质保证，所有者按照其占所有者权益的比重参与企业的利润分配。

所有者权益的来源包括所有者投入的资本、直接计入所有者权益的利得和损失、留存收益等，其中，直接计入所有者权益的利得和损失，是指不应计入当期损益、会导致所有者权益发生增减变动的、与所有者投入资本或者向所有者分配利润无关的利得或者损失。利得是指由企业非日常活动所形成的、会导致所有者权益增加的、与所有者投入资本无关的经济利益的流入。损失是指由企业非日常活动所发生的、会导致所有者权益减少的、与向所有者分配利润无关的经济利益的流出。直接计入所有者权益的利得或损失主要包括可供出售金融资产的公允价值变动额、现金流量套期中套期工具公允价值变动额（有效套期部分）等。留存收益来源于企业的经营积累，主要包括累计计提的盈余公积和未分配利润。

（四）收入

收入是指企业在日常活动中形成的、会导致所有者权益增加的、与所有者投入资本无关的经济利益的总流入。概括起来讲，收入具有以下几个方面的特征：

（1）收入是企业在日常活动中形成的。企业的日常经营活动是指企业为完成其经营目标而从事的活动,以及与之相关联的其他活动。例如,工业企业的产品制造和销售活动、商业企业的商品购销活动、金融企业的存贷款活动、会计师事务所的审计活动等。这些日常活动中所形成的经济利益流入构成企业的收入,如产品销售收入、商品销售收入、存贷款利息净收入、劳务收入等。

明确界定日常活动是为了将收入与利得相区分,因为企业非日常活动所形成的经济利益的流入不能确认为收入,而应当计入利得。例如,企业出售或报废固定资产或无形资产,进行非货币性资产交换,发生债务重组,接受政府补助或社会捐赠,这些都不是为完成经营目标所从事的经常性活动,也不属于与之相关的活动,其形成的经济利益流入不确认为收入,而归入直接计入当期损益的利得,即营业外收入。

(2) 收入是与所有者投入资本无关的经济利益的总流入。收入的实现应当会导致经济利益流入企业,从而导致资产的增加。例如,企业销售商品,应当在收到现金或者有权在未来某一时刻收到现金时,即经济利益流入企业,确认为"收入"。必须注意的是,会计实务中,对所有者投入资本引起的经济利益流入企业,直接确认为所有者权益,不能确认为收入;收入的确认必须是"总额",不能是"净额"。例如,销售商品,售价是1 000元,其原始进价是800元,确认的收入应该是收到的1 000元,不能是差额200元(1 000－800)。

(3) 收入会导致所有者权益的增加。与收入相关的经济利益的流入应当会导致所有者权益的增加,不会导致所有者权益增加的经济利益的流入不符合收入的定义,不应确认为收入。例如,企业向银行借款,尽管导致了企业经济利益的流入(银行存款增加),但没有导致所有者权益的增加,而是导致了企业现时义务的增加(短期借款增加),属于负债行为,不应该确认为收入。又如,用银行存款购买商品物资,一项资产(商品物资)的增加,是由于另一项资产(银行存款)减少造成的,不导致所有者权益增加,不属于企业的收入。

(五) 费用

费用是指企业在日常活动中发生的、会导致所有者权益减少的、与向所有者分配利润无关的经济利益的总流出。与收入相对应,费用具有下列特点:

(1) 费用是企业在日常活动中形成的。这里的"日常活动"的界定与收入定义中涉及的日常活动的界定相一致。因日常活动所产生的费用通常包括销售成本(营业成本)、职工薪酬、固定资产折旧费、无形资产摊销费,以及发生的管理费用、理财费用等。明确界定日常活动是为了将费用与损失相区分,企业非日常活动所形成的经济利益的流出不能确认为费用,应当计入损失。例如,企业出售或报废固定资产或无形资产,进行非货币性资产交换,发生债务重组,出现资产减值等非日常经营活动所形成的经济利益流出,均归入直接计入当期损益的损失。

(2) 费用是与向所有者分配利润无关的经济利益的总流出。费用的发生应当会导致经济利益流出企业,从而导致资产的减少或者负债的增加(最终会会导致资产的减少)。其表现形式包括现金或者现金等价物的流出,存货、固定资产和无形资产等的流出或者消耗。必须注意的是,会计实务中向所有者分配利润,不确认为费用,直接确认为所有者权益的抵减项目。

(3)费用会导致所有者权益的减少。与费用相关的经济利益流出应当会导致所有者权益的减少,不会导致所有者权益减少的经济利益的流出不符合费用的定义,不应确认为费用。例如,用银行存款偿还短期借款,尽管导致企业经济利益流出(银行存款减少),但没有导致所有者权益的减少,而是导致了企业负债减少(短期借款减少),属于偿债行为,所以不应该确认为费用。

【例1-4】 某企业用银行存款500万元偿还银行借款。该偿付行为导致企业的经济利益流出500万元,但其结果是负债银行借款减少了500万元,并没有导致企业的所有者权益减少。因此,不能确认为费用。

(六)利润

利润是指企业在一定会计期间的经营成果。利润包括收入减去费用后的净额、直接计入当期利润的利得和损失等。其中,直接计入当期利润的利得和损失是指应当计入当期损益、会导致所有者权益发生增减变动的、与所有者投入资本或者向所有者分配利润无关的利得或者损失。利得和损失一般发生于企业的偶发事项,如对外投资所获得的投资收益或发生的投资损失;资产公允价值变动所发生的收益或损失;企业债务重组、固定资产或无形资产等非流动性资产处置所造成的收益或损失等。

二、会计计量

会计计量是指根据一定的计量标准和计量单位,对确认的会计要素加以衡量、计算,确定其金额的会计处理过程。事实上,会计计量是会计核算系统的核心,贯穿于会计信息加工处理的全过程。

会计计量过程包括两方面的内容:被计量对象的实物数量和被计量对象的货币表现(即金额)。这两方面的内容又转化为选择计量单位和选择计量属性,以及两者组合形成的不同的计量模式。

(一)会计计量单位

会计计量单位是指计量尺度的量度单位。一般情况下,财务会计以名义货币单位(即面值货币单位)作为会计计量单位。

当货币作为会计记账的单位或通用标准后,货币本身所固有的"名义货币"和"实际购买力货币"两重特性,会给会计计量货币的选择带来问题:在货币购买力发生变化时,计量单位选择名义货币,还是选择实际购买力货币。当一国通货膨胀居高不下时,如果无视货币购买力的变化,选择名义货币作为会计计量货币,就会扭曲会计信息。为此,西方主要国家曾要求在较高的通货膨胀率下,应补充编制不变货币购买力的财务信息。考虑到成本和效益的比较,按照国际会计惯例,只要物价变动不达到恶性通货膨胀的程度,一般都以各国法定的名义货币为计量单位,而不考虑其购买力变化给企业财务信息造成的影响。

（二）会计计量属性

会计计量属性是指对会计要素进行计量的标准。财务会计对会计要素进行计量的标准主要有历史成本、重置成本、可变现净值、现值和公允价值等。

（1）历史成本。历史成本又称实际成本，就是取得或制造某项财产物资所实际支付的现金或者其他现金等价物。在历史成本计量下，资产按照其购置时支付的现金或者现金等价物的金额，或者按照购置资产时所付出的对价的公允价值计量。负债按照其因承担现时义务而实际收到的款项或者资产的金额，或者承担现时义务的合同金额，或者按照日常活动中为偿还负债预期需要支付的现金或者现金等价物的金额计量。

（2）重置成本。重置成本又称现行成本是指按照当前市场条件，购买相同或者相似资产所需支付的现金或现金等价物金额。在重置成本计量下，资产按照现在购买相同或者相似资产所需支付的现金或者现金等价物的金额计量；负债按照现在偿付该项债务所需要支付的现金或者现金等价物的金额计量。

（3）可变现净值。可变现净值是指在正常生产经营过程中，以预计售价减去进一步加工和销售所必需的预计税费后的净值。在可变现净值计量下，资产按照其对外销售所能收到的现金或者现金等价物的金额扣减该资产至完工时估计将要发生的成本、估计的销售费用以及相关税金后的金额计量。

（4）现值。现值是指对未来现金流量以恰当的折现率进行折现后的价值，是考虑货币时间价值因素等的一种计量属性。在现值计量下，资产按照预计从其持续使用和最终处置中所产生的未来净现金流入量的折现金额计量；负债按照预计期限内需要偿还的未来净现金流出量的折现金额计量。

（5）公允价值。公允价值是指市场参与者在计量日发生的有序交易中，出售一项资产所能收到或者转移一项负债所需支付的价格。

在使用公允价值计量企业的资产和负债时，企业假设出售资产或者转移负债的有序交易在相关资产或负债的主要市场（相关资产或负债交易量最大和交易活跃程度最高的市场）或最有利市场（在考虑交易费用和运输费用后，能够以最高金额出售相关资产或者以最低金额转移相关负债的市场）进行。对于某些没有存在可供利用的市场交易或市场信息的资产和负债，企业需要采用市场法、收益法和成本法等其他估价技术确认公允价值。

在各种会计要素计量属性中，历史成本通常反映的是资产或者负债过去的价值，而重置成本、可变现净值、现值以及公允价值通常反映的是资产或者负债的现时成本。现时价值是与历史成本相对应的计量属性。

计量货币与计量属性的结合形成计量模式。不同的组合形式形成不同的计量模式。主要的计量模式有历史成本/名义货币、历史成本/固定购买力货币、现实成本/名义货币、现实成本/固定购买力货币等。计量模式的选择取决于各个用户的信息需要。国际上大多数国家采用历史成本/名义货币计量模式作为最基本的计量模式。我国《企业会计准则》规定,企业在对会计要素进行计量时,一般应当采用历史成本,采用重置成本、可变现净值、现值、公允价值计量的,应当保证所确定的会计要素金额能够取得并可靠计量。

第三节 会计信息质量要求

会计工作的基本任务就是为包括所有者在内的各方提供经济决策所需要的信息。高质量的会计信息能保证其使用者决策的正确性,因此,会计信息质量的高低是评价会计工作成败的标准。根据我国 2006 年颁布的《企业会计准则》的规定,会计信息质量包括了八个方面的要求。

一、可靠性

对会计主体提供的会计信息第一个质量要求就是可靠性。企业应当以实际发生的交易或者事项为依据进行会计确认、计量和报告,如实反映符合确认和计量要求的各项会计要素及其他相关信息,保证会计信息真实可靠,内容完整。

可靠性是对会计核算工作的基本要求。会计作为一个信息系统,其提供的信息是国家宏观经济管理部门、企业内部经营管理及有关方面进行决策的依据。如果会计数据不能真实客观地反映企业经济活动的实际情况,势必导致信息使用者的决策错误。因此,可靠性要求会计确认必须以实际经济活动和能证明经济业务发生的合法凭证为依据;会计计量、记录的对象必须是真实的经济业务;会计反映的结果应当同企业实际的财务状况和经营成果一致。

依据可靠性的要求,对同一经济业务,不同的会计人员会采用相同的会计政策和会计处理方法,得出相同的结果。提供的会计信息经得起其他会计人员独立的复核与验证。

二、相关性

企业提供的会计信息应当与财务报告使用者的经济决策需要相关,有助于财务报告使用者对企业过去、现在或者未来的情况作出评价或者预测。

信息的价值在于与决策相关,有助于决策。不同的信息使用者所需求的会计信息侧重点不同:投资者需要了解企业的获利能力,以作出是否增加、保持或减少投资的决策;债权人要求了解债务人的偿债能力,以作出继续或收回贷款的决策;企业管理当局需要掌握企业预算、计划的执行情况,以控制企业的经营活动;国家宏观经济管理需要汇总各方面的信息,以作出宏观经济决策。相关性要求会计在收集、加工和提供会计信息时,应该充分考虑各使用者的决策需求,提供与其经营决策相关的信息,满足其共性需求。

三、可理解性

企业提供的会计信息应当清晰明了，便于财务报告使用者理解和使用。提供会计信息的目的在于使用，要使用会计信息必须了解会计的内容，弄懂其实质内涵。由于会计信息的使用者来自社会各个方面，其所需了解的会计信息侧重点各不相同。同时，他们所具备的会计知识、所愿意花费在研究分析会计信息上的时间和精力也不相同。这就要求会计提供尽可能简单明了、易于理解的会计信息。因此，会计核算必须坚持可理解性的质量要求，用勾稽关系清楚、要素项目齐全、金额数据准确的财务报告，准确传递会计信息，并采用通俗易懂的语言，对复杂的或难以理解的经济活动进行说明，使得会计信息使用者能够准确、及时、完整地把握会计信息的基本内涵，自如地分析和利用企业的会计信息，作出正确的经济决策。

四、可比性

企业的会计信息应当具有可比性。可比性要求包括纵向可比和横向可比。

（一）纵向可比

纵向可比是指同一企业在不同时期发生的相同或者相似的交易或者事项，采用一致的会计政策，不得随意变更；确需变更的，应当在附注中说明变更的内容和理由、变更的累积影响数，以及累积影响数不能合理确定的理由等。某些会计事项的处理有多种可供选择的政策，如存货计价、产品成本计算、固定资产折旧、长期资产摊销等，选用不同方法会产生不同结果。信息使用者了解企业的经营情况和发展趋势，主要采用对连续几个会计期间的财务报告进行比较分析的方法。人为选择并经常更换不同方法，会影响各期财务报告信息的可比性。因此，纵向可比要求会计主体采用的会计程序与会计处理方法在前后各个会计期间尽可能地保持一致，除非存在着充足的理由，否则企业不得随意变更会计程序与会计处理方法。

在会计核算中坚持纵向可比，有利于提高会计信息的使用价值；同时，限制会计程序与会计处理方法在前后会计期间的随意变更，可以防止会计主体通过人为变更会计程序与会计处理方法来粉饰会计报表，损害会计信息使用者的利益。

当然，遵循纵向可比并不意味着所选用的会计政策不能作任何改变。当有关法律发生变化，要求企业变更会计政策时，当事实证明企业选用新的会计政策，能够使提供的企业财务状况、经营成果和现金流量信息更为可靠、更为相关时，企业可以变更所选用的会计政策；不过应将变更内容、变更理由、变更对企业财务状况和经营成果的累积影响数，在附注中加以说明。

（二）横向可比

横向可比是指不同企业发生的相同或者相似的交易或者事项，应当采用规定的会计政策，确保会计信息口径一致、相互可比。按照可比性的要求，不同会计主体对同一会计事项或类似的会计事项,应按照国家统一会计制度的规定,采纳相同的会计核算方法与会计处理程序。

横向可比的目的在于满足不同企业产生的会计信息相互之间横向比较的需要,提高会计信息的决策相关性。只有同类指标的核算内容口径一致,才能解释会计主体之间产生差异的原因,会计信息使用者才能据以判断企业的优劣,作出相关的决策,国家方能据以进行有关的宏观经济决策,投资者与债权人方能据以进行有关的投资与信贷决策,企业内部的管理层方能据此进行有关的经营管理决策。

应该注意的是,横向可比必须以可靠性为基础,以纵向可比为前提。只有各个会计主体的会计信息真实可靠,比较才有意义;只有在一个会计主体的前后会计期间的会计信息可比时,才能够使不同会计主体之间的比较有意义。不过,如果一味追求会计信息的可比性,强制要求不同性质的会计主体之间采取统一的会计方法与程序,将会削弱各个会计主体会计核算的固有特点,损害决策有用性。所以,可比性是一个相对的概念。

五、实质重于形式

实质重于形式要求企业应当按照交易或事项的经济实质进行会计核算,而不应当仅仅按照它们的法律形式作为会计核算的依据。

在会计实务中,企业交易或者事项的实质,绝大部分与它们的法律形式一致,但有时也会出现不一致的情况。如以融资租赁方式租入固定资产,在租赁期满前,从法律形式上看,承租企业并未拥有租赁资产的所有权。但从经济实质上看,与该资产相关的收益和风险已经转移给承租人,因为租赁期很长,接近租赁资产的使用寿命;租赁期满后承租人有优先购买该项资产的权利;在租赁期内,承租人有权使用该项资产,获得资产收益,并承担资产使用中所发生的费用,计提折旧。遵循实质重于形式的要求,承租人应将融资租赁方式租入的固定资产视作其自有的固定资产进行会计核算处理。

交易或者事项的经济实质与其法律形式不一致现象的存在,对如何规范会计核算行为,真实、完整地反映企业的财务状况和经营成果,提出了更高的要求。遵守实质重于形式的要求体现了对经济实质的尊重,能够保证会计核算信息与客观经济事实相符。

实质重于形式可以运用在会计实务中的诸多方面。例如,企业合并政策、外币折算政策、所得税的会计处理方法、存货的计价方法、长期股权投资的核算方法、坏账损失的核算、或有事项的处理、关联方关系及交易的披露等。

【小案例】

广州卡奴迪路是中国高级男装品牌零售商。新来的会计小郑在翻阅公司会计账簿时发现,截至2014年12月31日,卡奴迪路在全国(包括港澳地区)共开设营销终端门店465

家,其中包括295家直营门店。在对门店装修费进行摊销时,小郑却犯了难:联销直营门店的联销合同期限通常为1年,但直营门店基本上是持续经营,应该如何合理摊销门店装修费呢?

通过咨询前任会计,小郑了解到,直营门店合同期限为1年,主要是出于行业惯例。卡奴迪路品牌地位高端,门店开设于枢纽机场、大中城市高端核心零售商圈、五星级酒店等渠道。由于渠道资源的稀缺性,渠道商通常要求合作协议1年一签,期满后再续签。同时门店装修投入较大,在与各渠道商签约前,通常会达成期满后续签的共识。通过对直营门店签约情况的进一步了解,小郑发现实际经营期在2年以上的直营店数量占直营店总数的90%以上。

根据以上因素,综合考虑实质重于形式和谨慎性会计处理原则,小郑决定将直营门店装修费用按2年进行摊销。

问题与思考:
1. 你同意小郑的会计处理方法吗?
2. 案例中合同1年一签是租赁业习惯,2年内不搬家是销售业习惯。假设租赁业习惯是5年一签约,销售业习惯是3年一搬家,那么门店装修费应该在几年内摊销呢?

六、重要性

企业提供的会计信息应当反映与企业财务状况、经营成果和现金流量等有关的所有重要交易或者事项。重要性的要点是在会计核算过程中对交易或者事项区别其重要程度,采用不同的核算方式。对资产、负债、损益等有较大影响,并进而影响财务报告使用者据以作出合理判断的重要会计事项,必须按照规定的会计方法和程序进行处理,并在财务报告中予以充分、准确地披露;对于次要的会计事项,在不影响会计信息真实性和不至于误导财务报告使用者作出正确判断的前提下,可适当简化处理。

一项会计信息是否重要,没有一个具体的划分标准。它取决于其取得成本、企业规模、业务性质、所占比重等。提供的会计信息是否重要,取决于提供信息的收益和为其所发生的成本。取得信息总是要花费代价的。当提供信息的收益大于所花费的成本,该信息是重要的、有价值的;会计信息是否重要还取决于其对经济决策所产生的影响。从性质上说,如果某一会计信息被忽略或误述时,会引起使用者的误解并作出错误的判断,则该信息是重要的。从数量上讲,如果某一项目的数量达到一定规模时,如占总资产或总收益的比重5%以上,则该项目是重要的。

七、谨慎性

《企业会计准则——基本准则》指出:"企业对交易或者事项进行会计确认、计量和报告应当保持应有的谨慎,不应高估资产或者收益、低估负债或者费用。"

在市场经济条件下,企业的经济活动充满着风险和不确定因素,这些不确定因素可能会使企业遭受损失。例如,因物价下跌而造成商品存货的售价和成本倒挂;因科学技术进步而使固定资产提前报废;因债务人破产或死亡而造成应收款的无法收回等。谨慎性要求企业在对不确定因素进行职业判断时保持小心谨慎的态度,在某些经济业务或会计事项存在不同的会计处理方法和程序可供选择时,尽可能选用不虚增利润和夸大所有者权益的会计处理方法和程序;充分估计可能发生的风险和损失,不高估资产和收益,不低估负债与费用,合理核算可能发生的损益和费用。许多会计政策,如计提资产减值准备、固定资产加速折旧、提取坏账准备等,充分体现了谨慎性的要求。

谨慎性是对历史成本计量属性的修正。使用谨慎性要求有利于经营者作出准确的经营决策,有利于保护债权人利益,避免信息使用者产生根据不足的盲目乐观。

谨慎性要求体现于会计核算的全过程,包括会计确认、计量、报告等会计核算的各个方面。从会计确认来说,要求确认标准和方法建立在稳妥合理的基础上;从会计计量来说,要求不高估资产和收益,也不低估负债和费用;从财务报告来说,要求财务报告向会计信息的使用者提供尽可能全面的会计信息,特别是应报告有关可能发生的风险损失。

需要注意的是,谨慎性要求并不意味着企业可以设置秘密准备。任意扩大提取各项准备,设置各种秘密准备,人为调节利润,属于滥用谨慎性要求,必须加以制止,否则将影响会计信息的可靠性,造成会计核算秩序的混乱。

【小案例】

太原市汉波食品工业有限公司权责发生制与收付实现制的选择设计

一、公司简介

太原市汉波食品工业有限公司(简称汉波食品)是以山西特色农产品红枣、山楂、核桃等功能性营养食品的研发、生产、营销、服务于一体的有限责任公司。汉波食品成立于1998年5月,总资产为1.3亿元,经过12年的发展,公司旗下"汉波品牌"已成为同业中的第一个"中国驰名商标",公司获得了"全国食品工业优秀龙头企业"等多项殊荣。汉波食品以推广养生食品——红枣深加工产品为己任,开中国功能养生之先河!经过十余年的迅速发展,公司生产的红枣、香脆枣市场覆盖率在国内市场稳居第一。汉波食品成为行业的领导者!

二、存在的问题

在对汉波食品审计的过程中发现其存在以下问题:汉波食品2010年3月10日销售给购货单位山东济南康泰食品有限公司商品一批,成本为270 000元,价税合计409 500元,在深知山东济南康泰食品有限公司近3年来资金紧张的情况下,汉波食品仍采用权责发生制原则确认为本期收入,会计分录如下:

借：应收账款　　　　　　　　　　　　　　　　　　　　　409 500
　　贷：主营业务收入　　　　　　　　　　　　　　　　　　350 000
　　　　应交税费——应交增值税（销项税额）　　　　　　 59 500
同时：
借：主营业务成本　　　　　　　　　　　　　　　　　　　270 000
　　贷：库存商品　　　　　　　　　　　　　　　　　　　 270 000

在公司账簿中，往来款项账户"应收账款——山东济南康泰食品有限公司"有借方余额，数额较大且已挂账3年之久。类似山东济南康泰食品有限公司的客户不止一家。汉波食品曾将产品赊销给了信用较差、偿债能力也很低的客户，在销售成立时就确认为收入，但这些客户却迟迟不能偿付货款，甚至最终宣告破产倒闭，使应收账款成为坏账。在这种情况下，汉波食品已将该笔款项确认为收入，因没有相应的现金流入发生而成为虚假收入，这样就丧失了会计信息应具备的真实性。

三、该问题对企业的影响

应收账款，尤其是该笔3年以上的应收账款，长期挂账，收回会增加企业的收账费用。它对企业来说是一笔数额可观的虚假收入（会出现虚盈实亏的现象）。一般而言，其收回的可能性极小，会加大坏账损失的风险。如果按规定转入坏账准备并计入当期损益，这样就影响了企业的利润和现金流，不利于汉波食品管理层人员及其他信息使用者对公司业绩作出正确的评价，可见对公司的影响极大。因此，在知道对方资金紧张的情况下，采用权责发生制确认收入，这样不仅虚增了收入，而且发生坏账的损失可能性也加大，不能真实地反映汉波食品的财务状况和经营成果，也会影响到该公司管理者进行正确的决策。

（资料来源：山西职称学习网）

问题与思考：
按照谨慎会计信息质量要求，汉波食品应该如何进行会计处理？

八、及时性

企业对于已经发生的交易或者事项，应当及时进行会计确认、计量和报告，不得提前或者延后。

会计信息具有时效性，其使用价值会随着时间的推移而逐渐下降，丧失其利用价值，甚至会误导信息使用者。及时性要求及时收集、处理和传递会计信息，充分发挥信息的时间价值。按照及时性的要求，会计对所发生的经济活动，应及时收集和整理会计凭证，及时进行会计处理，编制财务报告，及时向信息使用者传递有关信息。

有关管理部门对企业的财务报告（月报、季报、半年报、年报等）报出时间和内容都有明确的规定。如股份有限公司的年度财务报告要求在年度终了后4个月内报出，中期报告应在中期结束后60天内报出。公司的年度财务报告应包括资产负债表、利润表、现金流量表、所有者权益变动表、附注等，要求在年度财务报告中对资产负债表日后重大事项和其他有关事项加以披露和说明。

应该注意的是，不能因为要提供信息而人为将会计核算时间提前或延迟，如将年度结账时间定在12月31日前的其他时间，这样也会破坏会计信息的质量。

第四节　会　计　科　目

一、会计科目的意义

会计科目是对会计对象的具体内容进行分类的项目名称。会计要素是对会计对象所作的初步分类，会计科目是对会计要素进行进一步分类。设置会计科目时，将会计对象中具体内容相同的归为一类，设立一个会计科目。凡是具备这类信息特征的经济业务，在这个科目项目中进行核算。

合理设置会计科目是正确编制会计凭证、进行复式记账和编制财务报表的前提条件。

二、会计科目的设置

会计科目的设置应符合以下几个原则：① 会计科目的设置要与《企业会计准则》的要求相一致；② 会计科目的设置要满足企业会计核算和内部管理的需求，符合使用企业的行业特点和经济业务的需求；③ 会计科目的设置要满足外部信息使用者的需求，清晰明了，通俗易懂。

2008年财政部颁布的《企业会计准则应用指南——会计科目和主要账务处理》，对一般企业单位可能需要使用的会计科目进行了设置，企业在不违反企业会计准则中确认、计量和报告规定的前提下，可以根据本单位的实际情况自行增设、分拆、合并会计账户。企业不存在的交易或者事项，可不设置相关会计账户。对于明细账户，企业可以比照本附录中的规定自行设置。会计账户编号供企业填制会计凭证、登记会计账簿、查阅会计账目、采用会计软件系统参考，企业可结合实际情况自行确定会计账户编号。图表1-2列示了目前我国企业单位使用的主要会计科目。

图表1-2

主要会计科目表（金融企业除外）

顺序号	编号	会计科目名称	顺序号	编号	会计科目名称
		一、资产类	26	1503	可供出售金融资产
1	1001	库存现金	27	1511	长期股权投资
2	1002	银行存款	28	1512	长期股权投资减值准备
3	1012	其他货币资金	29	1521	投资性房地产
4	1031	存出保证金	30	1531	长期应收款
5	1101	交易性金融资产	31	1532	未实现融资收益
6	1121	应收票据	32	1601	固定资产
7	1122	应收账款	33	1602	累计折旧
8	1123	预付账款	34	1603	固定资产减值准备
9	1131	应收股利	35	1604	在建工程
10	1132	应收利息	36	1605	工程物资
11	1221	其他应收款	37	1606	固定资产清理
12	1231	坏账准备	38	1611	未担保余值
13	1401	材料采购	39	1701	无形资产
14	1402	在途物资	40	1702	累计摊销
15	1403	原材料	41	1703	无形资产减值准备
16	1404	材料成本差异	42	1711	商誉
17	1405	库存商品	43	1801	长期待摊费用
18	1406	发出商品	44	1811	递延所得税资产
19	1407	商品进销差价	45	1901	待处理财产损溢
20	1408	委托加工物资			二、负债类
21	1411	周转材料	46	2001	短期借款
22	1461	融资租赁资产	47	2101	交易性金融负债
23	1471	存货跌价准备	48	2201	应付票据
24	1501	持有至到期投资	49	2202	应付账款
25	1502	持有至到期投资减值准备	50	2203	预收账款

(续表)

顺序号	编号	会计科目名称	顺序号	编号	会计科目名称
51	2211	应付职工薪酬			**五、成本类**
52	2221	应交税费	74	5001	生产成本
53	2231	应付利息	75	5101	制造费用
54	2232	应付股利	76	5201	劳务成本
55	2241	其他应付款	77	5301	研发支出
56	2401	递延收益	78	5401	工程施工
57	2501	长期借款	79	5402	工程结算
58	2502	应付债券	80	5403	机械作业
59	2701	长期应付款			**六、损益类**
60	2702	未确认融资费用	81	6001	主营业务收入
61	2711	专项应付款	82	6051	其他业务收入
62	2801	预计负债	83	6101	公允价值变动损益
63	2901	递延所得税负债	84	6111	投资收益
		三、共同类	85	6301	营业外收入
64	3002	货币兑换	86	6401	主营业务成本
65	3101	衍生工具	87	6402	其他业务成本
66	3201	套期工具	88	6403	税金及附加
67	3202	被套期项目	89	6411	利息支出
		四、所有者权益类	90	6601	销售费用
68	4001	实收资本	91	6602	管理费用
69	4002	资本公积	92	6603	财务费用
70	4101	盈余公积	93	6701	资产减值损失
71	4103	本年利润	94	6711	营业外支出
72	4104	利润分配	95	6801	所得税费用
73	4201	库存股	96	6901	以前年度损益调整

第五节 中国财务会计规范

　　财务会计规范是对涉及财务会计领域的会计法规、会计准则和会计制度等的总称。所有对财务会计具有一定影响和规范作用的各种法律、法规、准则、制度等有机结合形成的规范体系，就构成了财务会计规范。在财务会计规范的构成要素中，最主要的是会计法律、会计准则和会计制度。

一、会计法律

　　会计法律是一种泛称，泛指所有对会计工作具有规范和约束作用的法律。会计法律通常有两种表现形式：一是单独制定成法，即专门针对会计工作制定一部独立的会计法律，如我国于1985年制定并实施且后期修订过两次的《中华人民共和国会计法》；二是将会计法律规范并入相关的经济法律之中，如我国的《公司法》等经济法律。从世界各国会计法律的实践看，采用后一种形式者较多。

　　《中华人民共和国会计法》分为7章52条，除了指出立法目的、规定适用范围、对会计工作全国和地方管理的权限划分以及国家统一会计制度的规定外，还对会计核算、会计监督、会计机构和会计人员等方面作了规定。国家机关、社会团体、企事业单位、个体工商户和其他组织处理会计相关事务，都必须遵守《中华人民共和国会计法》的各项规定。

　　除独立的《中华人民共和国会计法》外，其他相关经济法律中也有一些有关财务会计规范的条款，如我国《公司法》中就单独设有"公司财务、会计"一章，规定"公司应当按照法律、行政法规和国务院财政部门的规定建立本公司的财务、会计制度"，同时还对公司净利润的分配、股本筹集等具体财务会计问题作出了明确规定。这些规定都会对企业财务会计工作产生不同程度的影响，因而均可纳入其他会计法律的范畴。

二、会计准则

（一）会计准则的含义

　　会计准则是指导会计核算工作的各种规则和规范。财务会计主要目标之一是向外界提供反映财务状况和经营成果的信息，这些信息集中反映在企业对外提供的财务报告中。财务报告的使用者除了政府机构、企业主管部门外，还包括企业的投资者、债权人等。如果每一家企业各拥有一套自己的会计处理原则和方法，则所提供的信息口径不一，不能为外界所了解比较并作出正确的决策。这就在客观上要求有一套为大家所公认且所有企业共同遵守的准则和标准。

(二)企业会计准则体系

会计准则作为规范会计核算业务的法规形式,是一个由不同层次和部分组成的严密的结构体系。我国的企业会计准则体系包括《企业会计准则——基本准则》、具体准则、应用指南等。

其中,基本准则规范了包括财务报告目标、会计基本假设、会计信息质量要求、会计要素的定义及其确认、计量原则、财务报告等在内的基本问题。基本准则是制定具体准则的基础,对各具体准则的制定起着统驭作用。具体准则是依据基本准则原则要求对具体交易或者事项会计处理的规范,包括通用业务准则、特殊业务准则、特殊行业会计准则和特殊经营方式会计准则等,目前我国执行中的具体会计准则有 41 个(见图表 1-3)。应用指南是对具体准则的进一步解释和说明,由会计准则解释、会计科目和主要账务处理组成。

表 1-3

中国会计准则体系

名称	内容
基本准则	企业会计准则——基本准则
具体准则	企业会计准则第 1 号——存货
	企业会计准则第 2 号——长期股权投资
	企业会计准则第 3 号——投资性房地产
	企业会计准则第 4 号——固定资产
	企业会计准则第 5 号——生物资产
	企业会计准则第 6 号——无形资产
	企业会计准则第 7 号——非货币性资产交换
	企业会计准则第 8 号——资产减值
	企业会计准则第 9 号——职工薪酬
	企业会计准则第 10 号——企业年金基金
	企业会计准则第 11 号——股份支付
	企业会计准则第 12 号——债务重组
	企业会计准则第 13 号——或有事项
	企业会计准则第 14 号——收入
	企业会计准则第 15 号——建造合同
	企业会计准则第 16 号——政府补助
	企业会计准则第 17 号——借款费用
	企业会计准则第 18 号——所得税
	企业会计准则第 19 号——外币折算
	企业会计准则第 20 号——企业合并
	企业会计准则第 21 号——租赁
	企业会计准则第 22 号——金融工具确认和计量
	企业会计准则第 23 号——金融资产转移
	企业会计准则第 24 号——套期保值
	企业会计准则第 25 号——原保险合同
	企业会计准则第 26 号——再保险合同

(续表)

名称	内容
具体准则	企业会计准则第 27 号——石油天然气开采 企业会计准则第 28 号——会计政策、会计估计变更和差错更正 企业会计准则第 29 号——资产负债表日后事项 企业会计准则第 30 号——财务报表列报 企业会计准则第 31 号——现金流量表 企业会计准则第 32 号——中期财务报告 企业会计准则第 33 号——合并财务报表 企业会计准则第 34 号——每股收益 企业会计准则第 35 号——分部报告 企业会计准则第 36 号——关联方披露 企业会计准则第 37 号——金融工具列报 企业会计准则第 38 号——首次执行企业会计准则 企业会计准则第 39 号——公允价值计量 企业会计准则第 40 号——合营安排 企业会计准则第 41 号——在其他主体中权益的披露
应用指南	企业会计准则第 1 号等 32 个准则应用指南 企业会计准则应用指南——会计科目和主要账务处理

（三）我国会计准则的产生与发展

1992 年前，我国会计核算工作所遵循的规则主要是国家统一会计制度，一直没有单独制定会计准则。1992 年年底，经国务院批准，财政部正式发布了《企业会计准则》。《企业会计准则》共有 10 章 66 条，包括总则、一般原则、资产、负债、所有者权益、收入、费用、利润、财务报告、附则等。

1994 年，财务部陆续颁布了一系列的会计准则。2006 年 2 月 15 日，我国正式颁布了 1 项基本准则和 38 项具体会计准则。2014 年，财政部对《企业会计准则——基本准则》《企业会计准则第 2 号——长期股权投资》《企业会计准则第 9 号——职工薪酬》《企业会计准则第 30 号——财务报表列报》《企业会计准则第 33 号——合并财务报表》和《企业会计准则第 37 号——金融工具列报》进行了修订，并发布了《企业会计准则第 39 号——公允价值计量》《企业会计准则第 40 号——合营安排》和《企业会计准则第 41 号——在其他主体中权益的披露》这 3 项具体准则。

三、会计制度

会计制度是根据我国《会计法》和国家其他法律、法规及会计准则制定的，是企业进行会计工作所应遵循的规则、方法、程序的总称。会计制度有广义和狭义之分。广义的会计制度包括会计管理工作的规则、会计科目和会计报表、会计处理程序、记账方法、会计监督和检查方法、会计档案管理方法、会计人员的职业道德标准及其他会计事务的规定。狭义的会计制度主要是指财政部颁布的企业会计制度,其主要内容包括会计科目及其核算内容、会计事项的处理方法及会计报表的编制方法。

复习思考题

1. 什么是财务会计? 简述财务会计的特征。
2. 试述财务会计的目标。
3. 简述财务会计的基本假设。
4. 试述财务会计的记账基础。
5. 简述会计信息的质量要求。
6. 试述会计要素及其相互之间的关系。
7. 简述会计信息的计量标准。

练 习 题

一、判断题

1. 按照相关性会计信息质量要求,财务报告使用者的经济决策需要什么信息,会计就应该提供什么信息。( )
2. 同一企业在不同时期发生的相同或者相似的交易或者事项,采用一致的会计政策,不得随意变更。这是可比性信息质量的基本要求之一。( )
3. 企业的人力资源可以被确认为企业资产。( )
4. 实质重于形式是指应当按照交易或事项的经济实质而不仅仅按照它们的法律形式进行会计核算。( )
5. 只要企业当年实现盈利,其所有者权益年末数就会大于年初数。( )
6. 企业代客户收取货款 25 000 元,款项已全部到账。当月企业可确认收入 25 000 元。( )
7. 会计信息质量要求的可靠性和相关性要求在某些情况下是相互冲突的,需要根据经济环境和信息需求进行必要的权衡。( )
8. 在我国境内,会计主体必须使用人民币作为记账本位币。( )
9. 企业实现收入会使所有者权益增加,产生费用会使所有者权益减少。( )

10. 以成本模式计量的投资性房地产发生减值,企业根据规定计提减值准备,体现了会计信息质量的及时性要求。 (   )

二、单项选择题

1. 会计主体同法律主体的关系是(   )。
   A. 会计主体必然是法律主体,法律主体不一定是会计主体
   B. 法律主体必然是会计主体,会计主体不一定是法律主体
   C. 会计主体不一定是法律主体,法律主体也不一定是会计主体
   D. 会计主体一定是法律主体,法律主体也一定是会计主体

2. 资产负债表日,存货应当按照成本与可变现净值孰低计量,这一规定体现了会计信息质量要求的(   )。
   A. 相关性   B. 谨慎性   C. 重要性   D. 实质重于形式

3. 20×1年5月,星星公司购入了一台生产用设备,会计人员小王直到7月份才登记入账,该事项违背的会计信息质量要求是(   )。
   A. 谨慎性   B. 可比性   C. 可靠性   D. 及时性

4. 下列关于损失的说法中,正确的是(   )。
   A. 损失是指由企业日常活动所发生的、会导致所有者权益减少的、与向所有者分配利润无关的经济利益的流出
   B. 损失是指由企业非日常活动所发生的、会导致所有者权益减少的、与向所有者分配利润无关的经济利益的流出
   C. 损失只能计入所有者权益项目,不能计入当期利润
   D. 损失只能计入当期利润,不能计入所有者权益项目

5. 市场参与者在计量日发生的有序交易中,出售一项资产所能收到或者转移一项负债所需支付的价格,这里采用的会计计量属性是(   )。
   A. 公允价值   B. 重置成本   C. 现值   D. 历史成本

6. 下列各项中,属于企业资产的是(   )。
   A. 经营租入设备   B. 待处理财产损失   C. 预收款项   D. 委托加工物资

7. 下列各项中,不符合历史成本计量属性的是(   )。
   A. 可供出售金融资产期末采用公允价值计量
   B. 固定资产分期计提折旧
   C. 发出存货计价所使用的移动平均法
   D. 持有至到期投资采用摊余成本进行后续计量

8. 如果延期付款购入原材料分录贷方没有过账,将会出现(   )被低估。
   A. 费用   B. 负债   C. 现金   D. 原材料

9. 下列各项中,可以确认为费用的是( )。
A. 向股东分配的现金股利　　　　B. 固定资产清理净损失
C. 企业筹建期间的借款费用　　　　D. 在建工程购买工程物资的支出
10. 以下计量属性不能用于负债计量的是( )。
A. 历史成本　　B. 可变现净值　　C. 现值　　D. 公允价值

三、案例分析

中科云网科技集团股份有限公司(简称"中科云网公司")是2012年由北京湘鄂情集团股份有限公司资产重组变更而来,主要经营餐饮、零售、相关信息技术设计、开发、服务、转让、咨询,货物及技术进出口等业务。注册会计师对其2014年财务报告出具了无法表示意见的审计报告。

注册会计师在其报告中表明导致无法表示意见的事项包括:

(1) 截至财务报告批准报出日,中科云网公司2014年度净利润为—71 424.83万元(其中归属母公司所有者的净利润为—68 374.05万元),连续两个会计年度亏损;归属于母公司所有者的净资产为—8 641.77万元,公司经营活动产生的现金流量流出大于流入;根据《深圳证券交易所上市规则》的规定,深圳证券交易所有权对中科云网公司交易实施退市风险警示。

(2) "ST湘鄂债"付息日及回售资金到账日为2015年4月7日,中科云网公司无法筹集到足够资金用于支付利息及回售款项,构对本期债券的违约。违约后,未在本期选择回售的债券自动到期。截至本报告日,中科云网公司通过各种措施筹集到偿债资金16 140.33万元,偿付"ST湘鄂债"资金缺口为28 156.25万元。中科云网公司持续经营能力存在重大不确定性。中科云网公司虽已对持续经营能力作出了评估,但未能就与评估持续经营能力相关的未来应对计划提供充分、适当的证据。因此,我们无法判断中科云网公司运用持续经营假设编制2014年度财务报告是否适当。

……

由于上述时间中的重要性,我们无法获取充分、适当的审计证据为发表审计意见提供基础,我们不对中科云网公司财务报告发表审计意见。

请思考:
(1) 注册会计师为什么对中科云网公司出具了无法表示意见的审计报告?
(2) 持续经营假设对企业会计核算有什么意义?
(资料来源:中科云网科技集团股份有限公司2014年年报)

第二章 货币资金

> **章前案例**
>
> A公司属于杰克集团下属公司,该集团实行资金集中管控制度。A公司备用金额度(含银行及现金可动用金额)为25万元,单笔支付最高限额2.5万元,超出限额部分经A公司相关审批手续报集团支付。A公司仅直接负责一个银行账户,其他银行账户全部归集团管控。A公司自己负责的收付业务大部分通过银行转账;零散支付以及供应商投标押金等无法通过银行账号处理的收付业务通过现金处理,每个月通过现金付款超过1 000元的现金业务很少。A公司货币资金的其他控制措施如下:
>
> 岗位设置及职责:A公司配置出纳员共两名。其中,出纳B负责2.5万元以上的支付业务,即负责集团支付部分的跟进;出纳员C负责2.5万元以下的支付业务,以及登记银行存款日记账,到银行获取银行对账单,编制银行存款余额调节表。银行存款余额调节表最后由财务经理进行审核。
>
> 支票及印章管理:当支票作废时,由出纳C划掉支票,并盖"作废"字样章,过程无其他人员监督。由于大部分业务通过网银处理,且重大业务都归集团管控,每个月支票发生业务一般不超过20笔,因此未有支票登记簿。A公司的支票签章共3个:出纳B个人名章由B保管、财务专用章由财务总监保管,总经理个人名章由B保管。印鉴使用情况未进行登记。
>
> 保险柜管理:财务出纳室有一个常用保险箱和一个备用保险箱。常用保险箱有两把钥匙,出纳B及C分别保管,无密码。备用保险箱有两把钥匙,出纳B及C分别保管,另配有密码。
>
> 案例中哪些环节出了问题?应该如何改进?

> **学习目的**
>
> - 建立企业内部控制体系
> - 熟悉库存现金收付中的内部控制具体内容
> - 了解现行银行支付结算办法
> - 掌握库存现金、银行存款和其他货币资金的核算
> - 编制并运用银行存款余额调节表

第一节 货币资金概述

一、货币资金的含义

货币资金是指企业在生产经营过程中处于货币形态的那部分资金,包括库存现金、银行存款和其他货币资金。其中,库存现金是指企业拥有的由出纳人员保管的货币(硬币和纸币);银行存款是指企业存放在开户银行或其他金融机构的可随时支用的货币资金;其他货币资金是指除库存现金和银行存款以外的货币资金,包括企业的外埠存款、银行本票存款、银行汇票存款、信用卡存款、信用证保证金存款、存出投资款等。

货币资金是流动性最大、变现能力最强的一项流动资产,它具有通用性和普遍可接受性。在商品经济条件下,货币作为一般等价物,是商品交换的通用媒介,是对各项资产计量的价值尺度,同时也是用于支付费用和清偿债务的支付手段,企业的许多日常经营活动都与货币资金的收支有着直接的关系,如采购材料、销售商品、支付职工薪酬、交纳税款和发放股利等。

二、货币资金的内部控制

货币资金内部控制的主要目的是保证货币资金的安全完整,防止舞弊行为的产生。企业必须根据本部门或本系统内部控制制度规定的基本要求,对货币资金收入、保管、支付等全过程实施有效的管理和控制。货币资金内部控制制度主要包括以下几个方面。

(一)建立货币资金业务的岗位责任制

企业应当建立货币资金业务的岗位责任制,明确相关部门和岗位的职责权限,确保办理货币资金业务的不相容岗位相互分离、制约和监督。货币资金支付的审批与执行、货币资金的保管与盘点清查、货币资金的会计记录与审计监督,均属于不相容岗位,必须经过不同人员的共同工作完成,以形成互相牵制、互相核对的结果。不能由一人办理业务经办、审核批准、费用报销和账簿记录等货币资金业务全过程。另外,出纳人员不得兼任稽核、会计档案保管和收入、支出、费用、债权债务账目的登记工作。结合本单位的实际情况,对办理货币资金业务的人员定期进行岗位轮换。

(二)建立货币资金业务的授权审批制度

企业应当建立货币资金授权制度和审核批准制度,并按照规定的权限和程序办理货币资金支付业务。对于货币资金支付业务,必须经过支付申请、支付审批、支付复核等手续,才能办理货币支付。用款人应当提前向审批人提交货币资金支付申请,注明款项的用途、金额、预算、限额、支付方式等内容,并附有效经济合同、原始单据或相关证明;审批人应根据其职责、权限和相应程序对支付申请进行审批;复核人应当对批准后的货币资金支付申请进行复核,复核货币资金支付申请的批准范围、权限、程序是否正确,手续及相关单证是否齐备,金额计算是否准确,支付方式、支付企业是否妥当等。复核无误后,交由出纳人员等相关负责人员办理支付手续。对于重要的货币资金支付业务,实行集体决策和审批,并建立责任追究制度。未经授权的机构或人员不得办理货币资金业务或直接接触货币资金。

（三）加强相关票据和印章的管理

企业单位必须加强与货币资金有关的票据的管理,与货币资金有关的票据的购买、保管、使用、销毁等应当有完整的记录,防止空白票据的遗失和被盗用。票据和印章应由不同人员分别保管:票据可以由出纳人员保管,银行预留印鉴公章（财务专用章）由财务负责人保管,个人名章由本人或其授权人员保管。严禁一人保管支付款项所需的全部票据和印章。

第二节 库存现金的核算

现金的概念有狭义和广义两种,狭义的现金是指企业为满足日常零星开支而保存在财会部门金库中的,以硬币、纸币等形式存在的货币,即"库存现金"。广义的现金与我国会计中的货币资金概念几乎一致。本节所述的现金为狭义现金,包括人民币现金和外币现金。

一、库存现金的管理与内部控制

在企业拥有的资产中,现金的流动性最强、携带最方便、交换使用最简捷,同时也最易被挪用、贪污和侵占。企业单位必须根据内部控制的要求,加强对库存现金的管理,保护现金资产的完整和安全。

（一）现金限额的管理

现金的库存限额是指开户银行为保证各单位日常零星支付需要按规定允许留存现金的最高限额。库存现金的限额,由开户银行根据开户单位的实际需要和距离银行远近、交通是否方便等实际情况核定。其限额一般按照企业3～5天日常零星开支所需现金确定。远离银行或交通不便的企业,银行最多可以根据企业15天的正常开支需要量来核定库存现金的限额。库存限额一经核定,企业必须严格遵守,不能任意超过。企业应当加强现金库存限额的管理,超过库存限额的现金应及时存入银行;低于限额时,可从银行提取现金补足。

（二）现金收入的管理

按照《现金管理暂行条例》的规定,单位现金收入应当及时存入银行,并在解款单上注明款项的来源;如果当日送存银行有困难的,应于次日上午送存银行;不得坐支销货款,即以企业的现金收入直接支付单位自身的支出;因特殊情况需要坐支现金的,应事先报经开户银行审查批准;企业在生产经营中需要现金的,可填写现金支票从银行提取;单位取得的现金收入必须全部入账,不得私设"小金库",不得账外设账,严禁收款不入账;所有现金收入应开收据,销售应开发票;为便于有关人员的相互牵制和相互核对,填制收款收据和发票的人员、收款人员和记账人员应该分开;由销售部门经办销售业务的人员填制收款收据和发票,由会计部门的出纳人员收款,由会计人员据以记账;加强收据和发票的管理,收据和发票在使用前应印妥连续编号,作废收据和发票要妥善管理,存根要装订成册以备检查。

(三)现金支出的管理

现金支出管理是指要严格按照现金结算范围使用现金。国务院颁发的《现金管理暂行条例》规定,企业可在下列现金结算范围内使用现金:① 职工工资、津贴;② 个人劳务报酬;③ 根据国家规定颁发给个人的科学技术、文化艺术、体育等各种奖金;④ 各种劳保、福利费用以及国家规定的对个人的其他支出;⑤ 向个人收购农副产品和其他物资的价款;⑥ 出差人员必须随身携带的差旅费;⑦ 结算起点1000元以下的零星支出;⑧ 中国人民银行规定需要支付现金的其他支出。

企业应该依照支付申请、支付审批、支付复核和办理支付等规定的程序,办理现金支付业务。要实行钱、账分管。采购、付款和记账工作分别由不同经办人员负责,不能一人兼管。每一项付款业务都必须附有原始凭证,并经业务经办人员签字证明,分管主管人员及有关会计人员的审核签字认可后,出纳人员方可据以付款。对于已经付讫的凭证,应加盖"现金付讫"戳记予以注销,防止重复付款。

二、库存现金的核算

(一)库存现金收付的总分类核算

企业设置"库存现金"账户,进行总分类核算。"库存现金"账户属于资产类账户,其借方登记现金的增加,贷方登记现金的减少,期末借方余额表示库存现金的结存数。

"库存现金"总分类账户由企业会计人员直接根据现金收付款记账凭证逐笔加以登记。企业对现金进行收付核算时,首先要由出纳人员取得或填制原始凭证,之后由会计人员对原始凭证进行审核,并根据审核无误的原始凭证填制收付款凭证。出纳人员办理现金收付款项时必须进行复核,当面清点,收款后应在凭证上加盖"现金收讫"戳记,付款后应在凭证上加盖"现金付讫"戳记。

【例2-1】 大华公司20×1年6月5日发生下列现金收支业务,账务处理如下:

(1)开出现金支票,从开户银行提取现金1500元时:

  借:库存现金   1 500
    贷:银行存款   1 500

(2)企业行政管理部门报销购买办公用品费用200元,以现金付讫时:

  借:管理费用   200
    贷:库存现金   200

(3) 采购员张婷出差,预借差旅费 2 000 元,以现金支付时:

借:其他应收款——张婷　　　　　　　　　　　　　　　　　　　2 000
　　贷:库存现金　　　　　　　　　　　　　　　　　　　　　　　2 000

(4) 采购员李立报销差旅费 2 200 元,剩余现金 300 元交回时(5 月 25 日,李立曾预借差旅费 2 500 元):

借:库存现金　　　　　　　　　　　　　　　　　　　　　　　　　300
　　管理费用　　　　　　　　　　　　　　　　　　　　　　　　2 200
　　贷:其他应收款——李立　　　　　　　　　　　　　　　　　　2 500

(二)库存现金收付的明细分类核算

库存现金收付明细分类核算在现金日记账中进行。现金日记账是反映与监督库存现金收付和结存情况的序时账簿,由出纳人员根据收款凭证和付款凭证,逐日逐笔序时登记。现金日记账必须做到日清月结,账款相符。

现金日记账可采用收、付、余三栏式的账页格式,也可以采用设置对应账户栏的多栏式账页格式。有外币现金的企业,应分别人民币和各种外币设置现金日记账。

三、定额备用金制度及其核算

定额备用金制度适用于经常需要使用备用金的单位和个人。定额备用金是为了便于日常的零星开支,由企业会计部门拨付,由内部各备用金使用部门保管员保管的现金。定额备用金制度的基本内容是:

(1) 由企业的会计部门根据企业内部各部门或个人日常零星开支的需要核定定额,拨付现金,供其长期周转使用,各部门备用金由专人负责。

(2) 各部门备用金保管员根据经审核无误的支付凭证和规定的手续以备用金支付零星支出,待备用金快用完时,凭有关支付凭证到会计部门报销,补足备用金。

定额备用金制度的特点是,使用部门或工作人员经常保持核定的现金定额,只有撤销定额备用金和调整备用金定额时,备用金定额才会发生变化。

定额备用金的核算可以在"其他应收款——备用金"账户中进行。① 该账户的借方登记备用金定额的拨付数,贷方登记备用金定额撤销或调整时的收回数。为反映企业内部各使用单位领用备用金的情况,该账户还应按照使用部门设置明细分类账户。

【例 2-2】 某公司于 20×1 年 1 月 1 日起对总务部门实行定额备用金制度。

(1) 会计部门根据核定的定额,拨付定额备用金 1 000 元,以现金支付。作会计分录

---

① 也可以专设"备用金"账户进行备用金核算。

如下：

借：其他应收款——备用金（总务部门） 1 000
　　贷：库存现金 1 000

（2）总务部门以备用金购入零星办公用品 300 元，支付市内车费等各种费用 500 元。备用金保管员持有效凭证到会计部门报销。会计部门审核后付给现金，补足其定额。作会计分录如下：

借：管理费用 800
　　贷：库存现金 800

企业单位应加强定额备用金的管理。首先，备用金金额大小应根据公司的实际情况来确定，金额不能过大。其次，备用金的保管人不能同时负责其他备用金、现金收入和支出的审批，以及该项备用金的补充和支付记录。再次，严格规定备用金的使用范围，超过使用范围的，应另行审批，并在一般现金中支付。最后，内部审计人员或其他独立人员应不定期地对备用金进行检查，检查备用金的余额和已支付凭证的合计数是否与备用金定额相等。

四、现金清查

库存现金清查包括两个部分：一是每日终了的定期清查，出纳人员每日营业终了时，必须结出现金日记账余额，再清点库存现金，进行账款核对，做到账实相符。二是清查小组定期或不定期地对出纳库存现金进行的清查。清查的主要内容有：是否有挪用现金、白条抵库、超限额留存现金情况，现金账款是否相符等。清查时出纳人员必须在场。

现金清查结果的处理：对于现金清查中出现的账实不符，即现金溢缺情况，先将差额记入"待处理财产损溢"账户，待查明原因后再转入其他相应账户。

如为现金短缺，属于应由责任人赔偿的部分，转入"其他应收款——应收现金短缺款"账户；属于应由保险公司赔偿的部分，转入"其他应收款——应收保险赔款"账户；属于无法查明的原因，经批准后作为盘亏损失处理，转入"管理费用"账户。

如为现金溢余，属于应支付给他人的，记入"其他应付款——应付现金溢余"账户；属于无法查明原因的，经批准后作为盘盈利得处理，记入"营业外收入——盘盈利得"账户。

【例 2-3】 某公司在对库存现金清查时发现短缺 300 元。经查，系出纳人员××工作不仔细造成。经管理部门讨论决定，由出纳人员××赔偿 300 元，款项尚未收到。作会计分录如下：

（1）根据清查结果确认现金短缺：

借：待处理财产损溢——待处理流动资产损溢 300
　　贷：库存现金 300

(2) 根据管理部门的决定进行现金短缺处理：

借：其他应收款——应收现金短缺款(××)   300
  贷：待处理财产损溢——待处理流动资产损溢   300

第三节　银行存款的核算

一、企业存款账户

银行存款是指企业存放在银行和其他金融机构的货币资金。按国家规定，凡是独立核算的企业都必须在当地银行开设结算账户，超过限额的现金必须存入银行，企业收入的一切款项，除国家另有规定外，都必须于当日解交银行，一切支出，除规定可以用现金支付的以外，应通过银行办理转账结算。

按照《人民币银行结算账户管理办法》的规定，企业单位在银行开立的账户分为基本存款账户、一般存款账户、临时存款账户和专用存款账户四种。

（一）基本存款账户

基本存款账户也称结算户，是指存款人因办理日常转账结算和现金收付需要而开立的银行结算账户。按规定，单位结算账户是以基本存款账户为龙头建立的账户管理体系。存款人只能在银行开立一个基本存款账户；其他银行结算账户的开立必须以基本存款账户的开立为前提，凭基本存款账户开户登记证办理相关手续，并在基本存款账户开户登记证上进行相应登记。企业工资、奖金等现金的支取，只能通过基本存款账户办理。

（二）一般存款账户

一般存款账户是指企业在基本账户以外的借款转存账户及与基本存款账户的企业不在同一地点的附属非独立核算单位开立的账户。按规定，只要存款人具有借款或其他结算需要，可以在基本存款账户开户银行以外的银行营业机构开立一般存款账户。一般存款账户主要用于存款人借款转存、借款归还和其他结算的资金收付。该账户可以办理现金交存，但不能办理现金支取。

（三）临时存款账户

临时存款账户是指存款人因临时需要并在规定期限内使用而开立的银行结算账户。临时存款账户主要用于办理临时机构以及临时经营活动发生的资金收付，该账户按规定可以支取现金，最长有效期限不得超过2年。

（四）专用存款账户

专用存款账户是指存款人按照法律、行政法规和规章，对其特定用途资金进行专项管理和使用而开立的银行结算账户。特定用途资金主要包括基本建设资金、更新改造资金、社会保障基金、住房基金和党团工会经费等需要专户管理的资金。

二、银行存款的管理与内部控制

企业的会计部门应当执行国家对银行存款的各项管理办法和结算制度,加强企业银行存款的管理。

（一）按照规定开立和使用账户

严格按照国家法律、行政法规的有关规定开立和使用账户,办理存款、取款和结算。定期检查、清理银行账户的开立及使用情况,发现问题,及时处理。企业除保留库存限额的库存现金外,其余款项都要存入银行。

（二）遵守银行结算纪律

严格遵守银行结算纪律,不在基本存款账户外的账户提取现金；向个人银行结算账户划转资金必须符合有关规定；不签发没有资金保证的票据或远期支票,套取银行信用；不签发、取得和转让没有真实交易的票据,套取银行和他人资金；不无理拒绝付款,逃废债务,任意占用他人资金；不出租、出借银行结算账户。

（三）定期核对银行存款余额

设置"银行存款日记账",出纳人员按照各种票据和其他结算凭证,填制银行收款凭证和付款凭证,逐笔登记银行存款日记账。定期核对银行账户,掌握银行存款的收支和结余情况,避免签发空头支票。月末,核对银行存款日记账与银行对账单,编制银行存款余额调节表,保证银行存款的账实相符。对核对中发现的差错,及时查明原因,进行账务处理。

（四）加强相关票证印鉴的管理

加强对各种银行票据和其他结算凭证的管理。设置"票据领用登记簿",支票等重要支付凭证领用和注销时,应由领用人员编号顺序登记签字,作废票据应及时收回并给予妥善保管。如果票据丢失,应按规定及时向银行办理挂失手续或采取其他防范措施。定期查对已领取尚未使用的空白票据,防止短缺和遗失。企业财务公章、个人名章等企业在开户银行预留印鉴的印章应由专人分别保管。

三、支付结算方式

根据《中国人民银行支付结算办法》规定,企业通过银行办理的货币资金收付业务的主要结算方式有银行汇票、银行本票、商业汇票(商业承兑汇票和银行承兑汇票)、支票、汇兑、委托收款、托收承付和信用证。

（一）银行汇票结算方式

银行汇票是指汇款人将款项交存当地银行,由银行签发给汇款人持往异地办理转账结算或支取现金的票据。

汇款人申办银行汇票，需要填写"银行汇票申请书"，填明收款人名称、支付金额、申请人、申请日期等事项并签章，送银行申请办理银行汇票。银行受理银行汇票申请书，收妥款项后签发银行汇票，并用压数机压印出票金额，然后将银行汇票和解讫通知一并交给汇款人。收款人受理申请人交付的银行汇票，在出票金额以内，根据实际需要的款项办理结算，并将实际结算金额和多余金额准确、清晰地填入银行汇票和解讫通知的有关栏内。收款人持银行汇票和解汇通知，填写进账单一式两联，一并送本单位开户银行办理入账手续。收款人按实际结算金额办理入账后，如果银行汇票的实际结算金额低于出票金额的，其多余金额由出票银行退交申请人。

银行汇票一律记名，付款期为1个月。逾期的票据，兑付银行不予办理。

银行汇票结算方式具有使用灵活、票随人到、兑现性强等特点，适用于异地之间各种款项的结算，特别适用于企业先收款后发货或钱货两清的商品交易。持票人可以将汇票转让给销货单位，也可以持填明"现金"字样的汇票到兑付银行提取现金，收款人还可以将银行汇票背书转让给他人。背书转让以不超过出票金额的实际结算金额为限，未填写实际结算金额或实际结算金额超过出票金额的银行汇票不得背书转让。

（二）银行本票结算方式

银行本票是指银行签发的，承诺自己在见票时无条件支付确定的金额给收款人或者持票人的票据。

银行本票可以用于转账，注明"现金"字样的银行本票可以用于支取现金。银行本票分为定额本票和不定额本票两种，不定额银行本票的金额起点为100元，定额银行本票面额为500元、1 000元、5 000元和10 000元。

银行本票一律记名。其提示付款期限为自出票日起最长不得超过2个月，在付款期内银行本票见票即付。收款人可以在票据交换区域内将银行本票背书转让给被背书人。

付款人需要办理银行本票时，应向银行提交"银行本票申请书"，详细填明收款人名称、申请人名称、支付金额、申请日期等事项并签章。申请人或收款人为单位的，不得申请签发现金银行本票。出票银行受理银行本票申请书，收妥款项后签发银行本票。不定额银行本票应用压数机压印出票金额。出票银行在银行本票上签章后交给申请人。申请人持银行本票即可在同城范围内办理结算。

收款人收到付款人交来的银行本票，经过审查后，填写一式两联进账单连同收到的银行本票，交本单位开户银行办理收款入账手续。

（三）商业汇票结算方式

商业汇票是指出票人签发的，委托付款人在指定日期无条件支付确定的金额给收款人或者持票人的票据。

商业汇票适用于在银行开立账户的法人以及其他组织之间，具有正式交易关系或债权债务关系的款项结算。商业汇票的付款期限由交易双方商定，最长不超过6个月。商业汇票一律记名,可以背书转让或贴现。商业汇票按其承兑人的不同,分为商业承兑汇票和银行承兑汇票。

商业承兑汇票是指由收款人或付款人签发,经付款人承兑的汇票。采用商业承兑汇票结算方式时,收款人或背书人在提示付款期内将要到期的商业承兑汇票送交开户银行,委托收款或直接向付款人提示付款。提示付款期限为自汇票到期日起10日以内。异地委托收款的,收款单位应匡算从本单位至付款人开户银行的邮程,在汇票到期前,提前委托银行收款。汇票到期时,如果付款人的存款不足以支付票款,开户银行应将汇票退还销货企业,银行不负责付款,由购销双方自行处理。

银行承兑汇票是指由收款人或承兑申请人签发,并由承兑申请人向开户银行申请,经银行审查同意承兑的汇票。承兑银行按票面金额向出票人收取5‰的手续费。

采用银行承兑汇票结算方式的,付款人应于汇票到期前将票款足额交存其开户银行,以备承兑银行在汇票到期日或到期日后的见票当日支付票款。收款人应在汇票到期时将银行承兑汇票、解讫通知连同进账单送交银行办理转账收款,承兑银行凭汇票将承兑款项无条件转给收款人。如果付款人未能于汇票到期前足额交存票款,承兑银行除凭票向持票人无条件支付款项外,对出票人尚未支付的汇票金额按照每天5‰计收罚息。

(四)支票结算方式

支票是指出票人签发的,委托办理支票存款业务的银行在见票时无条件支付确定的金额给收款人或者持票人的票据。

我国《票据法》将支票按照支付票款的方式,分为现金支票、转账支票和普通支票。其中,支票上印有"现金"字样的为现金支票,支票上印有"转账"字样的为转账支票,未印有"现金"和"转账"字样的为普通支票。现金支票只能用于支取现金,不能用于转账;转账支票只能用于转账结算,不能用于支取现金;普通支票既可以用来支取现金,也可以用来转账。在普通支票左上角划有两条平行线的为划线支票,划线支票只能用于转账,不能用于支取现金。

支票结算仅限于同城或指定票据交换地区内使用,可用于商品交易、劳务供应、资金调拨以及其他款项结算。转账支票可以根据需要在票据交换区域内背书转让。

支票的提示付款期为自出票日起10日之内,超过提示付款期的,持票人开户银行不予受理,付款人不予付款。付款人在签发支票前必须认真查明银行存款的账面余额,防止签发空头支票。如果签发空头支票,银行除按票面金额处以5%但不低于1 000元的罚款外,持票人有权要求出票人赔偿支票金额2%的赔偿金。

采用支票结算方式时,付款人根据应付的款项签发支票交予收款人;收款人核查无误后,填制一式两联进账单,连同支票一起送交本单位开户银行;收款人开户银行审查无误后,在进账单回单上加盖银行印章,退回收款人。

(五)汇兑结算方式

汇兑是指汇款人委托银行将其款项支付给收款人的结算方式。汇兑根据划转款项的不同方法以及传递方式的不同可以分为信汇和电汇两种。

汇兑结算适用于异地单位之间的资金调剂、交易货款、清理旧欠以及往来款项的结算，单位对异地个人支付有关款项，如退休工资、医药费、各种劳务费、稿酬等。

（六）委托收款结算方式

委托收款是指收款人委托银行向付款人收取款项的结算方式。委托收款按款项划回方式不同分为邮划和电划两种。委托收款方式便利收款人主动收款，同城、异地均可使用。

（七）托收承付结算方式

托收承付是指根据经济合同由收款人发货后委托银行向异地付款人收取款项，由付款人向银行承认付款的结算方式。

使用托收承付结算方式的收款单位和付款单位，必须是国有企业、供销合作社以及经营管理较好，并经开户银行审查同意的城乡集体所有制工业企业。办理托收承付结算的款项，必须是商品交易，以及因商品交易而产生的劳务供应的款项。

托收承付款项划回方式分为邮寄和电报两种，由收款人根据需要选择使用；收款单位办理托收承付，必须具有商品发出的证件或其他证明。托收承付结算每笔的金额起点为10 000元。新华书店系统每笔金额起点为1 000元。

收付双方使用托收承付结算必须签有符合相关法律要求的购销合同，并在合同上订明使用托收承付结算方式。收款人办理托收，必须具有商品确已发运的证件（包括铁路、航运、公路等运输部门签发运单、运单副本和邮局包裹回执等）。

（八）信用证结算方式

信用证结算方式是国际结算的一种主要方式。在我国，经中国人民银行批准经营结算业务的商业银行总行以及经商业银行总行批准开办信用证结算业务的分支机构，也可以办理国内企业之间商品交易的信用证结算业务。

四、银行存款的核算

（一）银行存款总分类核算

银行存款的总分类核算在"银行存款"账户中进行。"银行存款"账户属于资产类账户，借方反映银行存款的增加数，贷方反映银行存款的减少数，期末借方余额表示企业银行存款的结余数。

除商业汇票外，企业收到结算凭证，如银行支票、银行本票、银行汇票等，都要填写进账单，将款项存入银行，根据进账单回单联编制收款凭证，借记"银行存款"账户，贷记相关账户。企业采用支票结算方式进行转账付款时，应根据支票存根联和有关原始凭证编制付款凭证，借记相关账户，贷记"银行存款"账户。企业采用其他结算方式时，需要将金额从"银行存款"账户转入"其他货币资金"账户进行核算。

【例2-4】 大华公司于20×1年6月1日发生下列有关银行存款的收付业务：

（1）将现金8 000元存入银行。根据"现金解款单"回单联编制记账凭证，作会计分录如下：

借:银行存款　　　　　　　　　　　　　　　　　　　　　　　　8 000
　　贷:库存现金　　　　　　　　　　　　　　　　　　　　　　　　8 000

(2) 佳乐公司送来银行本票一张,金额为10 000元,系偿还上月购货款。填写进账单将银行本票存入银行。根据进账单回单联编制记账凭证,作会计分录如下:

借:银行存款　　　　　　　　　　　　　　　　　　　　　　　　10 000
　　贷:应收账款——佳乐公司　　　　　　　　　　　　　　　　　10 000

(3) 开出转账支票一张,偿还前欠新新公司货款9 360元。根据支票存根联编制记账凭证,作会计分录如下:

借:应付账款——新新公司　　　　　　　　　　　　　　　　　　9 360
　　贷:银行存款　　　　　　　　　　　　　　　　　　　　　　　9 360

(二) 银行存款的明细分类核算

银行存款明细分类核算在银行存款日记账中进行。银行存款日记账由企业的银行出纳根据银行存款的收款凭证和付款凭证,按照经济业务发生的先后顺序,逐日逐笔序时进行登记,现金存入银行的业务,根据现金付款凭证登记。银行存款日记账应每日结出余额。银行存款明细账应该根据开户银行或其他金融机构的名称、存款种类分别设置。有外币业务的企业,还需分别人民币和外币币种设置银行存款日记账,进行明细分类核算。银行存款日记账应定期与银行对账单核对,至少每月一次。月度终了,银行存款日记账的余额必须与银行存款总账余额核对相符。

(三) 银行存款的清查

每月终了,企业要将银行存款日记账与银行对账单进行核对,如果企业账面余额与银行对账单余额出现差额,必须逐笔查明原因,并编制"银行存款余额调节表"调节相符。

银行存款日记账与银行对账单核对出现差额的原因主要有两个方面:一是记账差错;二是未达账项。记账差错是指企业或银行中某一方在记账过程中发生的错误,如企业编制的记账凭证中选用账户或金额出现错误,银行存款日记账登记方向或登记金额错误;银行记账发生串户等。未达账项是指企业单位与银行之间,对同一项经济业务,由于凭证传递上的时间差所形成的一方已经登记入账,而另一方因尚未收到相关凭证,从而尚未登记入账的事项。

在对账中发现的记账错误,应及时更正。因企业单位原因造成的记账错误,必须按照会计制度所规定的错账更正方法进行更正;因银行方面原因造成的错误,必须立即通知银行加以更正。

未达账项是造成银行对账单上余额与企业账面余额不一致的主要原因。造成未达账项的原因主要有以下几种情况:

(1) 企业已收款入账,而银行尚未收款入账。例如,企业送存银行的支票,企业根据经银行盖章退回的进账单回单联可直接登记银行存款日记账。银行则要在款项收妥后才能记账。

(2) 企业已付款入账,而银行尚未付款入账。例如,企业开出支票或其他付款凭证,已登记银行存款的减少,收款人尚未到银行办理提款或转账。

(3) 银行已收款入账,而企业尚未收款入账。即银行已根据有关凭证,增加了企业的存款,但企业因尚未收到通知,尚未记录收款的业务。例如,银行支付给企业的存款利息,企业委托银行代收的款项。

(4) 银行已付款入账,而企业尚未付款入账。即银行已根据有关规定和有关付款凭证,减少了企业的存款,但企业因没有收到有关通知或凭证,尚未记录支付款项的业务。例如,银行代企业支付水电费、通讯费等公用事业费。

【例 2-5】 大华公司于 20×1 年 9 月 30 日收到其开户行转来的银行对账单一张,对账单上的余额为 19 880 元,企业银行存款的账面余额为 18 760 元。经查对,发现下列未达账项:

(1) 企业送存银行转账支票一张,价值 30 000 元,已登记入账,银行尚未入账。
(2) 企业开出转账支票一张,价值 10 000 元,持票单位尚未到银行办理转账手续。
(3) 企业委托银行代收货款 24 320 元,银行已收妥并登记入账,企业尚未收到收款通知。
(4) 企业短期借款利息 1 200 元,银行已从企业存款中扣除,企业尚未收到付款通知。
(5) 银行代企业支付电话费 2 000 元,银行已登记入账,企业尚未收到银行付款通知。

大华公司根据上述资料编制的"银行存款余额调节表"如图表 2-1 所示。

图表 2-1

大华公司银行存款余额调节表

20×1 年 9 月 30 日

单位:元

企业"银行存款"账户	金 额	银 行 对 账 单	金 额
账面余额	18 760	对账单余额	19 880
加:银行已代收的货款	24 320	加:企业已存入银行的支票	30 000
减:银行已代付的电话费	2 000	减:企业已开出的支票	10 000
借款利息	1 200		
调节后余额	39 880	调节后余额	39 880

【小案例】

审计人员在对 A 公司银行存款审计时,发现 5 月份银行对账单上存在 2 处收付相同的金额:10 日,收到转账支票,存入 5 000 元;15 日,开出现金支票,提现 5 000 元;25 日,存入银行本票 7 000 元,开出现金支票,提现 7 000 元。

问题与思考:

1. 这 2 处业务是否属于正常的经济业务? 为什么?
2. 如果你是一位审计人员,接下去你会如何进行?

五、其他货币资金的核算

其他货币资金是指企业除现金、银行存款以外的具有各种用途的货币资金。其他货币资金主要包括银行汇票存款、银行本票存款、外埠存款、信用证保证金存款、信用卡存款和存出投资款等。

对于其他货币资金，企业设置"其他货币资金"账户进行总分类核算，并按照其他货币资金的内容，设置"银行汇票""银行本票""外埠存款""信用证保证金""信用卡"和"存出投资款"等明细账户进行明细分类核算。

（一）银行汇票存款的核算

银行汇票存款是指企业为取得银行汇票，按规定存入银行的款项。付款方有关银行汇票业务的会计处理包括申请银行汇票、持票结算（兑付款项）和结清余额三个部分。收款方收到银行汇票的会计处理与收到支票的会计处理相同。

【例2-6】 大华公司20×1年9月发生如下有关银行汇票结算业务：

(1) 公司向开户银行申请办理银行汇票，金额为100 000元。取得汇票后，根据银行盖章的汇票申请书存根联编制会计分录如下：

借：其他货币资金——银行汇票　　　　　　　　　　　　　100 000
　　贷：银行存款　　　　　　　　　　　　　　　　　　　　100 000

(2) 公司持银行汇票办理异地采购。购货金额为70 000元，增值税税率为17%。根据从收款方取得的发票及开户银行转来的银行汇票副联编制会计分录如下：

借：原材料　　　　　　　　　　　　　　　　　　　　　　　70 000
　　应交税费——应交增值税（进项税额）　　　　　　　　　11 900
　　贷：其他货币资金——银行汇票　　　　　　　　　　　　81 900

(3) 公司收到开户行汇票多余款18 100元退回通知。根据多余款收账通知编制会计分录如下：

借：银行存款　　　　　　　　　　　　　　　　　　　　　　18 100
　　贷：其他货币资金——银行汇票　　　　　　　　　　　　18 100

(4) 假定上述大华公司100 000元汇票因超过付款期限或其他原因未曾使用，向开户行申请退回款项。根据退款收账通知编制会计分录如下：

借：银行存款　　　　　　　　　　　　　　　　　　　　　　100 000
　　贷：其他货币资金——银行汇票　　　　　　　　　　　　100 000

（二）银行本票存款的核算

银行本票与银行汇票性质基本相同，是一种见票即付的票据。其差别在于银行汇票适用于异地结算,银行本票适用于同城结算。银行本票存款会计核算与银行汇票存款相同。收款方根据收到的银行本票填制进账单,将款项解入银行,然后根据本票进账单回单联及相关凭证,借记"银行存款"账户,贷记相关账户。付款方通过设置"其他货币资金——银行本票存款"账户,核算银行本票的申请、使用和因超过付款期等原因而退款等有关业务。

【例2-7】 大华公司20×1年9月发生如下有关银行本票的结算业务:

(1) 公司向银行提交银行本票申请书申请办理银行本票30 000元,并将30 000元交存银行。取得银行本票后,根据银行盖章退回的申请书存根联编制会计分录如下:

借:其他货币资金——银行本票　　　　　　　　　　　　　　　　　　30 000
　　贷:银行存款　　　　　　　　　　　　　　　　　　　　　　　　　30 000

(2) 公司用银行本票支付蔷薇公司货款,购货金额为25 641元,增值税额为4 359元。材料已经验收入库。根据从蔷薇公司取得的发票及开户银行转来的银行本票副联编制会计分录如下:

借:原材料　　　　　　　　　　　　　　　　　　　　　　　　　　　25 641
　　应交税费——应交增值税(进项税额)　　　　　　　　　　　　　　4 359
　　贷:其他货币资金——银行本票　　　　　　　　　　　　　　　　 30 000

(三) 外埠存款的核算

外埠存款是指企业到外地进行临时或零星采购时,汇往采购地银行开立采购专户的款项。企业汇出款项时,须填写汇款委托书。汇入银行对汇入的采购款项,以汇款单位名义开立采购账户。采购专户只付不收,付完结束账户。除采购员差旅费用可以支取少量现金外,其他支出一律转账。

【例2-8】 某公司发生如下有关外埠存款的业务:

(1) 公司到外地采购材料,委托开户银行将采购款项50 000元汇往采购地银行开立采购专户。根据汇款单回单联,作会计分录如下:

借:其他货币资金——外埠存款　　　　　　　　　　　　　　　　　　50 000
　　贷:银行存款　　　　　　　　　　　　　　　　　　　　　　　　　50 000

(2) 公司收到采购人员交来的供应单位发票账单等报销单据,其中材料货款40 000元,增值税税率17%。该公司采用实际成本法核算材料。根据发票等有关凭证作会计分录如下:

借:在途物资　　　　　　　　　　　　　　　　　　　　　　　　　　40 000
　　应交税费——应交增值税(进项税额)　　　　　　　　　　　　　　6 800
　　贷:其他货币资金——外埠存款　　　　　　　　　　　　　　　　　46 800

(3) 外埠采购结束,将外埠存款清户,收到银行转来收账通知,采购专户存款余额 3 200 元已经汇回,收妥入账。根据收账通知编制会计分录如下:

借:银行存款   3 200
　　贷:其他货币资金——外埠存款   3 200

（四）信用证保证金存款的核算

信用证保证金存款是指采用信用证结算方式的企业为开具信用证而存入银行信用证保证金专户的款项。企业向银行申请开出信用证用于支付供货单位购货款项时,根据开户银行盖章退回的"信用证委托书"回单,借记"其他货币资金——信用证保证金"账户,贷记"银行存款"账户。企业收到供货单位信用证结算凭证及所附发票账单,经核对无误后进行会计处理,借记"在途物资""应交税费——应交增值税（进项税额）"等账户,贷记"其他货币资金——信用证保证金"账户。如果企业收到未用完的信用证存款余款,应借记"银行存款"账户,贷记"其他货币资金——信用证保证金"账户。

（五）信用卡存款的核算

信用卡存款是指企业为取得信用卡而存入银行信用卡专户的款项。企业申领信用卡,按照有关规定填制申请表,并按银行要求交存备用金,银行开立信用卡存款账户,发给信用卡。企业根据银行盖章退回的交存备用金的进账单,借记"其他货币资金——信用卡"账户,贷记"银行存款"账户。企业收到开户银行转来的信用卡存款的付款凭证及所附发票账单,经核对无误后进行会计处理,借记"管理费用"等相关账户,贷记"其他货币资金——信用卡"账户。

（六）存出投资款

存出投资款是指企业已存入证券公司但尚未进行投资的货币。

企业向证券公司划出资金时,应按实际划出的金额,借记"其他货币资金——存出投资款"账户,贷记"银行存款"账户;购买股票、债券等时,按实际发生的金额,借记"交易性金融资产"等账户,贷记"其他货币资金——存出投资款"账户。

 问题与思考

学生小李在做货币资金核算的作业时发现,付款方在对各种支付结算方式核算时,有时贷记"银行存款"账户,有时则贷记"其他货币资金""应付票据"账户。收款方对应的是借记"银行存款"和"应收票据"账户,小李不明白:

(1) 为什么收款方不使用"其他货币资金"账户?

(2) 为什么付款方、收款方要使用不同账户?

(3) "银行存款""其他货币资金"和"应付票据"账户存在哪些区别?

(4) 能否使用一张汇总表列示不同支付结算方式下收付款方使用的账户?

复习思考题

1. 简述货币资金内部控制的基本要点。
2. 简述现金结算的基本范围。
3. 简述基本账户等各种银行结算账户的性质及用途。
4. 目前我国银行支付结算方法有哪些？简述各种结算方法下收款方与付款方的会计核算。

练 习 题

一、判断题

1. 库存现金是指企业为了备付日常零星开支而保留的现金。（ ）
2. 支票的起点金额是1 000元，付款期限为10天。（ ）
3. 货币资金是流动性最强的货币性资产之一，由现金和银行存款组成。（ ）
4. 企业因特殊情况，事先经开户银行审批，可以在开户银行核定的坐支范围和金额内坐支现金。（ ）
5. 月末银行存款的实有数额应为银行对账单所列金额。（ ）
6. 为避免现金收支出现差错，企业的现金应由出纳人员一个人单独处理。（ ）
7. 企业办理信用卡，交存一定金额的备用金，可以不做任何会计处理。（ ）
8. 利用汇兑结算方式在异地开设采购专户，应通过"其他货币资金"账户核算。（ ）
9. 为加强货币资金的内部控制，企业的法人专用章、财务专用章应该分别保管。（ ）
10. 银行汇票存款结算后余额只能从收款单位收取，不能从银行转回。（ ）

二、单项选择题

1. 下列项目中，不允许使用现金的是（   ）。
   A. 向个人收购废旧物资   B. 支付个人劳动报酬
   C. 出差借支差旅费   D. 购置固定资产
2. 企业现金清查中，经检查仍无法查明原因的现金溢余，经批准正确的处理方法是（   ）。
   A. 将其从"待处理财产损溢"账户转入"管理费用"账户
   B. 将其从"待处理财产损溢"账户转入"营业外收入"账户

C. 将其从"待处理财产损溢"账户转入"其他应付款"账户
D. 将其从"待处理财产损溢"账户转入"其他应收款"账户

3. 下列各项中,不通过"其他货币资金"账户核算的是(　　)。
   A. 信用证存款　　B. 银行汇票存款　　C. 银行承兑汇票　　D. 银行本票存款

4. 同城或异地均能采用的票据是(　　)。
   A. 支票　　　　B. 商业汇票　　　C. 银行汇票　　　D. 银行本票

5. 具有结算金额起点限制的结算方式是(　　)。
   A. 银行本票　　B. 托收承付　　　C. 委托收款　　　D. 商业汇票

6. 编制银行存款余额调节表时,对公司银行存款的利息收入应该(　　)。
   A. 减少银行存款账面余额　　　　B. 增加银行存款账面余额
   C. 减少银行对账单余额　　　　　D. 增加银行对账单余额

7. 在核对银行存款账目时,对于未达账项,应该编制"银行存款余额调节表",下列说法中,错误的是(　　)。
   A. 调节后,双方余额如果相等,一般说明银行与企业双方记账没有错误
   B. 调节后,双方余额如果不相等,说明一方或双方记账有错,需要进一步查对
   C. 因未达账项而使双方账面余额出现的差异,无需调整当期的账面余额
   D. 因未达账项而使双方账面余额出现的差异,必须调整当期的账面余额

8. 下列票据中,应作为应收票据和应付票据核算的是(　　)。
   A. 银行本票　　B. 银行汇票　　　C. 支票　　　　　D. 商业汇票

三、核算题

习 题 一

大华公司为增值税一般纳税人,20×1年3月发生以下经济业务:

(1) 1日,公司填写银行汇票委托书,向银行办理签发银行汇票35 000元。银行受理并签发了银行汇票。

(2) 8日,公司持上述银行汇票在异地购入原材料,原材料价款为28 000元,增值税额为4 760元。

(3) 15日,上述银行汇票余款2 240元退回公司,公司收到"多余款项收账通知"。

(4) 18日,开出转账支票,支付水电费1 800元。

(5) 20日,总务部门领用核定的供周转使用备用金3 000元,以现金支付。

(6) 25日,销售商品,售价20 000元,增值税额3 400元,收到对方给予的银行本票,并存入银行。

(7) 26日,委托银行将款项50 000元汇往江西某建设银行,开立采购专户。

(8) 26 日，填写银行本票申请书，申领办理银行本票，并收到银行开出的一张面额为 15 000 元的本票。

(9) 28 日，总务部门备用金保管员持购买办公用品、差旅费发票等账单前来报销费用，金额共计 2 850 元，以现金支付。

要求：根据以上经济业务编制会计分录。

习 题 二

世济公司 20×1 年 12 月 31 日银行存款日记账余额是 769 660 元，银行送来的对账单上余额是 793 356 元，经逐笔核对，发现该月存在以下几笔未达账项：

(1) 28 日，公司委托银行代收的销货款 17 400 元，银行已经收到入账，公司尚未收到银行的入账通知。

(2) 28 日，银行代公司支付水费 522 元，公司尚未收到付款通知，尚未登账。

(3) 29 日，公司为购买材料开出支票一张，金额为 8 700 元，持票人尚未将支票存入银行。

(4) 31 日，公司送存银行转账支票一张，金额为 11 042 元，银行尚未登账。

(5) 31 日，银行收到保险公司赔偿给本公司的款项 6 700 元，公司尚未收到银行的收账通知。

(6) 31 日，公司开出转账支票 2 460 元，购买办公用品，对方企业尚未将支票存入银行。

要求：根据以上资料为世济公司编制"银行存款余额调节表"。

第三章 应收项目

章前案例

一汽轿车作为一个汽车行业中的国产老品牌,一直在国内汽车行业保持着领先水平。其旗下产品——红旗、奔腾、马自达等均在行业中具有一定的知名度且市场占有率较高。人们通常认为轿车作为一汽轿车的存货,应该是这家公司最主要的流动资产。但是截至2014年年底,应收款项占总资产比重却远远高于存货比重,高达29.2%。其中应收票据占总资产比重29%,是一汽轿车最主要的流动资产。

从一汽轿车2014年的资产负债表(如图表3-1所示)中可以发现,截至2014年年底,一汽轿车拥有60.8亿元应收票据,而存货则是以42.02亿元位居第二。

图表 3-1

一汽轿车 2014 年 12 月 31 日资产负债表(摘录)

单位:人民币百万元

资产	2014 年	2013 年
货币资金	744	1 285
应收票据	6 080	6 909
应收账款	35	80
存货	4 202	2 626
预付款项	207	416
其他流动资产	416	
流动资产合计	11 287	11 420
非流动资产合计	9 648	9 666
资产总计	20 936	21 086

> **学习目的**
>
> - 区分商业承兑汇票和银行承兑汇票
> - 掌握应收票据的现值、到期值、贴现值等有关数据的计算
> - 掌握应收票据和应收票据贴现的核算
> - 掌握备抵法下坏账损失金额确定的不同方法
> - 学会应收账款和坏账损失的核算
> - 解释预付账款和其他应收款

第一节 应收票据的核算

一、应收票据概述

应收票据是指企业因销售商品、产品、提供劳务等,采用商业汇票支付方式进行交易而收到的商业汇票。

商业汇票属于远期票据。在商业汇票未到期前,持票人将其作为一种债权,在资产负债表中以应收票据反映;付款人将其作为一种债务,在资产负债表中以应付票据反映。

在西方会计中,应收票据按承付日期长短分为1年内的短期应收票据和长于1年的长期应收票据。在我国,商业汇票的付款期限最长不得超过6个月。

商业汇票按承兑人的不同分为商业承兑汇票和银行承兑汇票。商业承兑汇票到期日付款人账户不足支付时,其开户银行会将商业承兑汇票退给收款人或被背书人,由其自行处理。同时,银行对付款人按票面金额处以5%但不低于50元的罚款。在办理商业汇票承兑时,银行按承兑金额的0.5‰向出票人收取承兑手续费,每笔不足10元的,按10元计收。每张银行承兑汇票金额不超过1 000万元。银行承兑汇票的付款人于汇票到期日未能足额交存票款时,承兑银行除凭票向持票人无条件付款外,对出票人尚未支付的汇票金额按照每天0.5‰计收罚息。

符合条件的商业汇票持票人在汇票到期以前如果急需资金,可以持未到期的商业汇票连同贴现凭证向银行申请贴现。贴现是指持有汇票的收款人将未到期的商业汇票交给银行,银行将票面金额扣除贴现日至票据到期前一日的利息后的款项支付给持票人的行为。

商业汇票按照是否带息划分,可以分不带息商业汇票和带息商业汇票两种。不带息商业汇票是指商业汇票到期时,承兑人只按票面金额(即面值)向收款人或被背书人支付票款的汇票。带息商业汇票是指商业汇票到期时,承兑人按票面金额(即面值)加上应计利息向

收款人或被背书人支付票款的汇票。在我国,一般使用的商业汇票为不带息商业汇票。在涉外业务中,企业可能会收到带息商业汇票。

企业为核算销售商品或产品、提供劳务等收到的商业汇票,应设置"应收票据"总分类账户。该账户属于资产类账户,借方登记收到商业汇票的票面金额,贷方登记背书转让、或到期票款收回、或未到期商业汇票向银行贴现、或因未能收回票款转作应收账款的应收票据票面金额,期末借方余额反映企业持有的应收票据的票面金额。

"应收票据"账户应按照开出、承兑商业汇票的单位进行明细分类核算。同时,应当设置"应收票据备查簿",逐笔登记商业汇票的种类、号数和出票日、票面金额、交易合同号和付款人、承兑人、背书人的姓名或单位名称、到期日、背书转让日、贴现日、贴现率和贴现净额以及收款日和收回金额、退票情况等资料。商业汇票到期结清票款或退票后,在备查簿中应予注销。

二、不带息应收票据的核算

【例 3-1】 A 公司为增值税一般纳税人,20×1 年 3 月 1 日,向 B 公司销售商品一批,货款为 1 000 000 元,适用的增值税税率为 17%,收到 B 公司开出并承兑的 3 个月期的商业汇票一张。20×1 年 6 月 1 日,A 公司如数收到该款项。A 公司作会计分录如下:

(1) 20×1 年 3 月 1 日,销售商品,收到商业承兑汇票:

借:应收票据——B 公司　　　　　　　　　　　　　　　　　1 170 000
　　贷:主营业务收入　　　　　　　　　　　　　　　　　　　　　1 000 000
　　　　应交税费——应交增值税(销项税额)　　　　　　　　　　　170 000

(2) 20×1 年 6 月 1 日,兑现票据款,存入银行:

借:银行存款　　　　　　　　　　　　　　　　　　　　　　1 170 000
　　贷:应收票据——B 公司　　　　　　　　　　　　　　　　　　1 170 000

如果 6 月 1 日该票据到期,B 公司无力偿还时:

借:应收账款——B 公司　　　　　　　　　　　　　　　　　1 170 000
　　贷:应收票据——B 公司　　　　　　　　　　　　　　　　　　1 170 000

三、带息应收票据的核算

(一) 利息、到期日和到期值的计算

带息票据的到期值为应收票据的面值加上票据利息。应收票据利息,按以下公式计算:

$$应收票据利息 = 应收票据面值 \times 利率 \times 票据持有期限 \qquad (3-1)$$

式(3-1)中的"利率"指年利率;"票据持有期限"指签发日至到期日的时间间隔(有效期)。在会计实际业务中,票据的持有期限用月或日表示。票据持有期限按月表示时,为"持有月份÷12";按日表示时,为"持有天数÷360"。①

票据期限按月表示时,票据到期日应该是到期月份中与出票日相同的那一天。如3月25日签发的1个月票据,到期日应为4月25日。月末签发的票据,不论月份大小,以到期月份的月末那一天为到期日。票据持有期限按月表示时,上述计算公式中的年利率要换算成月利率,即"年利率÷12"。

票据期限按日表示时,"票据持有期限"应从出票日起按实际经历天数计算。计算时,出票日和到期日只能计算其中1天,即"算头不算尾"或"算尾不算头"。如4月15日签发的90天票据,其到期日应为7月14日。其计算方法如下:

    4月份： 15天 （4月15日不算）
    5月份： 31天
    6月份： 30天
    7月份： <u>14天</u>
    合 计 <u>90天</u>

应收票据到期值的计算公式如下:

应收票据的到期值(本利和) ＝ 应收票据面值＋利息 ＝ 应收票据面值＋应收票据面值×利率×票据持有期限
       ＝ 应收票据面值×(1＋利率×票据持有期限)

(二) 带息应收票据的具体核算

企业收到带息商业汇票时的核算与收到不带息商业汇票核算相同。对于应收票据的利息收入,在实际收款时确认,冲减财务费用。当应收票据利息金额较大时,企业可按权责发生制,在中期期末和年度终了,按规定利率计算票据利息,借记"应收利息"账户,贷记"财务费用"账户。

【例3-2】 20×1年9月1日,A公司销售给C公司商品一批,货款为3 000 000元,适用的增值税税率为17%,收到C公司开出并承兑的票面利率为10%、6个月期的带息商业汇票一张。20×2年3月1日,A公司如数收到票据款项。A公司编制会计分录如下:

(1) 20×1年9月1日,A公司收到C公司交来的商业承兑汇票:

  借：应收票据——C公司   3 510 000
    贷：主营业务收入   3 000 000
      应交税费——应交增值税(销项税额)   510 000

---

① 为了计算方便,常把1年定为360天。

(2) 20×1年12月31日，A公司计算应收票据利息：

$$应收票据利息 = 3\ 510\ 000 \times 10\% \times 4 \div 12 = 117\ 000(元)$$

借：应收利息——C公司	117 000
贷：财务费用	117 000

(3) 20×2年3月31日，A公司如数收到票据本息：

$$收款金额 = 3\ 510\ 000 \times (1 + 10\% \times 6 \div 12) = 3\ 685\ 500(元)$$
$$20×2年票据利息收入 = 3\ 510\ 000 \times 10\% \times 2 \div 12 = 58\ 500(元)$$

借：银行存款	3 685 500
贷：应收票据——C公司	3 510 000
应收利息——C公司	117 000
财务费用	58 500

四、应收票据贴现的核算

应收票据贴现是用票据向银行借入资金的办法。如果企业（持票人）出现资金短缺，可以将其未到期的商业汇票背书签字后，向其开户银行申请贴现。银行按照规定的贴现率预先从贴现票据的到期值中扣除贴现期内的贴现利息后，将余额付给持票人，作为银行对企业的短期贷款。

（一）应收票据贴现值的计算

(1) 计算贴现票据的到期值。不带息票据的到期值即为票据的面值；带息票据的到期值为票据面值加上票据持有期内应收的利息。

(2) 计算票据贴现的日期。票据贴现日期按实际贴现的天数计算。计算时，票据的到期日算1天，票据的贴现日不算。①

(3) 计算贴现息。票据的贴现息是银行预先从票据的到期值中扣除的利息，是银行提供资金所得到的报酬。其计算公式如下：

$$贴现息 = 到期值 \times 贴现率 \times 贴现天数 \div 360\ 天$$

(4) 计算票据的贴现值。票据的贴现值即为企业票据贴现时实际可得到的现金。其计算公式如下：

$$贴现值 = 到期值 - 贴现息 = 到期值 - 到期值 \times 贴现率 \times 贴现天数 \div 360\ 天$$
$$= 到期值 \times (1 - 贴现率 \times 贴现天数 \div 360\ 天)$$

---

① 按照中国人民银行《支付结算办法》的规定，实付贴现金额按票面金额扣除贴现日至汇票到期前1日的利息计算。承兑人在异地的，贴现利息的计算应另加3天的划款日期。

（二）应收票据贴现的具体核算

根据《企业会计准则第23号——金融资产转移》的规定，对符合金融资产终止确认条件的商业汇票，如银行承兑汇票，企业持有其向银行贴现时，直接减少"应收票据"账户金额。对不符合金融资产终止确认条件的商业汇票，如商业承兑汇票，企业持有其向银行贴现时，通过"短期借款"账户进行核算。

【例3-3】 20×8年4月28日，M公司将其所持有的出票期为20×8年4月13日、60天期、票面金额为30 000元的A公司不带息银行承兑汇票向银行申请贴现，贴现率为8%。

因为贴现的票据为银行承兑汇票，到期不论出现什么情况，银行都将如数收到票据贴现款。这符合金融资产终止确认条件。M公司的会计处理如下：

贴现天数＝60－15＝45（天）

贴现息＝30 000×8%×45÷360＝300（元）

贴现值＝30 000－300＝29 700（元）

借：银行存款	29 700
财务费用	300
贷：应收票据——A公司	30 000

【例3-4】 20×8年4月28日，M公司将其所持有的出票期为20×8年3月29日、90天期、票面金额为60 000元、票面利率为6%的B公司商业承兑汇票向银行申请贴现，贴现率为8%。6月27日，B公司如数兑付票据。

因为贴现的票据为商业承兑汇票，到期若承兑人B公司银行存款账户金额不足时，银行拥有追索权。贴现的B公司票据不符合金融资产终止确认条件。M公司应将贴现所得确认为一项金融负债（短期借款），会计处理如下：

(1) 20×8年4月28日，收到贴现值，确认短期借款：

贴现天数＝90－(2＋28)＝60（天）

到期值＝60 000×(1＋6%×90÷360)＝60 900（元）

贴现值＝60 900×(1－8%×60÷360)＝60 088（元）

借：银行存款	60 088
短期借款——利息调整	812
贷：短期借款——成本	60 900

如果B公司到期不还，M公司到期应偿还银行60 900元。实际借款本金60 900元。60 900元和实际收到的贴现值60 088元之间的差额，应在票据贴现期间采用实际利率法确认为利息费用。

(2) 20×8年6月27日，M公司确认票据持有期利息收入：

借：应收利息——B公司	900
贷：财务费用	900

(3) 20×8年6月27日,贴现的商业承兑汇票到期,承兑人(B公司)如数兑付款项,M公司终止确认资产和金融负债:

  借:短期借款——本金   60 900
    贷:应收票据——B公司   60 000
      应收利息——B公司   900

(4) 20×8年6月27日,M公司确认票据持有期利息费用:

  借:财务费用   812
    贷:短期借款——利息调整   812

如果贴现商业承兑汇票到期时,承兑人(B公司)因银行存款账户金额不足没有付款,M公司收到银行退回的商业承兑汇票,根据银行规定划出款项。20×8年7月28日,应编制会计分录如下:

  借:短期借款——成本   60 900
    贷:银行存款   60900
  借:财务费用   812
    贷:短期借款——利息调整   812
  借:应收账款   60 900
    贷:应收票据——B公司   60 000
      财务费用   900

与应收账款(商业信用)相比,票据信用有更大的优越性。首先,票据是一种无条件付款的书面承诺,到期企业可按票面额收款,带息票据还可收取利息,与应收账款相比,发生坏账的风险较小;其次,拥有应收票据的企业如果发生资金困难,可以将票据背书后转让给第三者,或据以向银行申请贴现,取得现款;此外,应收票据比应收账款更具有法律的效力。因此,尽管许多企业采用应收账款进行货款结算,但在销售昂贵商品时或信用期较长时,往往采用应收票据结算。

第二节 应收账款的核算

一、应收账款概述

  应收账款是指企业因销售商品、产品或提供劳务等经营活动,应向购货客户或接受劳务的客户收取的款项或代垫的运杂费等。

会计上所指的应收账款有其特定的范围。首先,应收账款是指因销售活动形成的债权,即应收销货款,不包括应收职工欠款、应收债务人利息、应收投资入股款、应收保险赔款、应收已宣告分派的现金股利等。其次,应收账款是指流动资产性质的债权,不包括长期性质的债权,销售商品采用分期收款(1年以上)方式,实质上具有融资性质,属于长期应收款。最后,应收账款是指本企业应收客户的款项,不包括本企业付出的各类预付、暂付的款项,如投标保证金和租入包装物保证金、预付房租、预付保险费、预付广告费等。

二、应收账款的计价

应收账款通常按其账面余额计价,计价时还需要考虑商业和现金折扣的因素,现在分述如下。

(一)商业折扣

商业折扣是指企业根据市场供需情况或针对不同的顾客,在商品标价上给予的扣除。企业以扣除商业折扣后的金额作为销售发票价格。

【小案例】

"美登高"是美登高投资有限公司在美国注册的一种冰淇淋商标,美登高投资有限公司是在中国注册的美国独资公司,专门从事在中国境内食品及其他行业的投资。刚开始,该公司有着惊人的业绩和市场占有率,但后来由于冰淇淋市场竞争的激烈及公司管理的弱点,市场份额逐渐萎缩。之后,美登高投资有限公司采取了销售中商业折扣的做法:购买美登高冰淇淋达到一定的数量时,给予5%~10%的折扣,假如客户订货数量为100箱冰淇淋,折扣为10%,即客户只要花90箱冰淇淋的价格就可以得到100箱美登高冰淇淋。这样极大地刺激了批发商销售美登高的积极性,从而也给美登高公司带来了极大的收益。在冰淇淋行业乃至整个食品行业,这种销售方式为大多数生产及销售厂商所采用,具有很好的促销作用。

商业折扣一般在交易发生时即已确定,它仅仅是确定实际销售价格的一种手段,不需要在买卖双方任何一方的账上反映。因此,在存在商业折扣的情况下,企业应收账款和销售收入的入账金额应按扣除商业折扣以后的实际售价确认。

(二)现金折扣

现金折扣是指债权人为鼓励债务人在规定的期限内付款,而向债务人提供的债务扣除。企业为了鼓励客户提前偿付货款,在以赊销方式销售商品及提供劳务的交易中,通常与债务人达成协议,债务人在不同期限内付款可享受不同比例的折扣。现金折扣一般用符号"折扣/付款期限"表示。例如买方在发票的收款方式中标注"2/10,1/20,n/30",表示收款期为30天。其中,在10天内付款可给予售价2%的折扣;在20天内(超过10天)付款可给予售价1%的折扣,在30天内(超过20天)付款不给予折扣。

在存在现金折扣的情况下,应收账款入账金额的确认有两种处理方法可供选择:一种是总价法;另一种是净价法。

总价法是将未扣除现金折扣前的金额作为实际售价,记入"应收账款"账户。如果客户未提前付款,则销售方按发票金额收款;如果因客户在折扣期内付款,销售方将所给予的现金折扣视为融资费用,记入当期的"财务费用"账户。总价法将现金折扣理解为销售方从消费者中融得一笔资金,即提前收款所付出的代价,属于理财费用。

净价法是指将扣除现金折扣后的价格作为实际售价,记入"应收账款"账户;将客户过了折扣期的价格差额作为利息收入,冲销当期的财务费用。净价法将客户取得现金折扣视为正常现象,认为一般客户都会提前付款;由于客户超过折扣期限付款而使销售方多收的金额,视为销售方提供信贷资金所获得的收入。

我国目前的会计实务中,对应收账款核算采用总价法。

三、应收账款的核算

在存在现金折扣的情况下,应收账款入账金额的确认有两种处理方法可供选择:总价法和净价法。

总价法是指销售方将未扣除现金折扣前的金额作为实际售价,记入"应收账款"账户。如果客户未提前付款,销售方按发票金额收款;如果客户在折扣期内付款,销售方将所给予的现金折扣视为融资费用,记入当期"财务费用"账户的贷方。总价法将现金折扣理解为销售方从消费者中融得一笔资金,即提前收款所付出的代价,属于理财费用。

净价法是指销售方将扣除现金折扣后的价格作为实际售价,记入"应收账款"账户。净价法将客户取得现金折扣视为正常现象,认为一般客户都会提前付款。销售方对客户超过折扣期限付款而多收的金额,视为提供信贷资金所获得的利息收入,冲销当期的财务费用。

【例3-5】 D公司为增值税一般纳税人。20×1年3月5日,D公司销售给L公司商品一批,按价目表的金额计算,货款金额为40 000元,给予买方的商业折扣为25%,适用的增值税税率为17%,发票上注明的付款条件为"2/10,n/30"。当月14日,如数收到L公司货税款(增值税不享受现金折扣)。请分别用总价法和净价法编制D公司有关该商品销售及收款的会计分录。

1. 在总价法下,D公司有关该商品销售及收款的会计分录如下:

(1) 20×1年3月5日,赊销商品按扣除现金折扣前的全部价款入账:

借:应收账款——L公司　　　　　　　　　　　　　　　　　　 35 100
　　贷:主营业务收入[40 000×(1−0.25)]　　　　　　　　　　 30 000
　　　　应交税费——应交增值税(销项税额)　　　　　　　　　 5 100

(2) 20×1年3月14日，收到L公司货款：

借：银行存款　　　　　　　　　　　　　　　　　　　　　　　　　34 500
　　财务费用(30 000×2%)　　　　　　　　　　　　　　　　　　　　　600
　　贷：应收账款——L公司　　　　　　　　　　　　　　　　　　　　　　35 100

2. 在总价法下，D公司有关该商品销售及收款的会计分录如下：

(1) 20×1年3月5日，赊销商品按扣除现金折扣前的全部价款入账：

借：应收账款——L公司　　　　　　　　　　　　　　　　　　　　34 500
　　贷：主营业务收入[40 000×(1－0.25)×(1－2%)]　　　　　　　　29 400
　　　　应交税费——应交增值税(销项税额)　　　　　　　　　　　　5 100

(2) 20×1年3月14日，收到L公司货款：

借：银行存款　　　　　　　　　　　　　　　　　　　　　　　　　34 500
　　贷：应收账款——L公司　　　　　　　　　　　　　　　　　　　　　34 500

备注：如果在3月15日及以后收到L公司货款，则：

借：银行存款　　　　　　　　　　　　　　　　　　　　　　　　　35 100
　　贷：应收账款——L公司　　　　　　　　　　　　　　　　　　　　　34 500
　　　　财务费用　　　　　　　　　　　　　　　　　　　　　　　　　　600

我国目前的会计实务中，对应收账款核算采用总价法。

第三节　其他应收款项的核算

一、预付账款的核算

预付账款是指企业按照购货合同或劳务合同规定，预先支付给供货方或提供劳务方的账款，如预付材料款、预付采购商品款等。

会计上一般设置"预付账款"账户核算与监督预付账款的支付和结算情况。该账户为资产类账户，借方登记企业向供应单位预付和补付的货款，贷方登记企业收到所购物资时结转的预付款，期末借方余额反映企业的预付货款，期末贷方余额反映企业应补付的货款。"预付账款"账户按供货单位的名称设置明细分类账户，进行明细分类核算。

【例3-6】　D公司采购原材料采用预付账款结算，原材料按实际成本计价。20×8年10月20日，按购货合同的规定开出转账支票预付Q公司购买材料款，计15 000元；10月25日，收到Q公司发来的材料，发票金额为30 000元，增值税额为5 100元，原材料已验收入库；10月30日，开出转账支票补付货款。根据上述经济业务D公司编制相关会计分录如下：

(1) 10月20日,按购货合同的规定预付货款:

 借:预付账款——Q公司   15 000
  贷:银行存款   15 000

(2) 10月25日,收到购货发票账单,原材料验收入库:

 借:原材料   30 000
   应交税费——应交增值税(进项税额)   5 100
  贷:预付账款——Q公司   35 100

(3) 10月30日,补付货款:

 借:预付账款——Q公司   20 100
  贷:银行存款   20 100

在预付账款不多的企业,也可以将预付的货款记入"应付账款"账户的借方。此时,"应付账款"的某些明细账户会出现借方余额。在编制资产负债表时,应对"应付账款"的明细分类账户进行分析,分别确认实际的应付账款和预付账款金额,在资产负债表中分别项目进行列示。

二、应收股利的核算

应收股利是指企业应收取的现金股利和应收取其他单位分配的利润。应收股利产生于两个途径:一是企业取得权益性金融资产,如交易性金融资产、可供出售金融资产、长期股权投资等,支付的价款中包含的已宣告但尚未发放的现金股利或利润;二是企业持有权益性金融资产期间确认的被投资单位宣告发放的现金股利或利润。

会计上设置"应收股利"账户进行应收股利的总分类核算。该账户借方登记企业应收的股利和利润,贷方登记实际收到的股利和利润,期末借方余额反映企业尚未收回的现金股利或利润。"应收股利"账户按照被投资单位进行明细核算。

【例3-7】 E公司在证券市场上购买了F公司的股票,F公司20×2年6月20日宣布按照6月25日股东在册名单发放现金股利,6月28日发放。根据持有股数计算,E公司可以获得现金股利20万元。E公司的会计处理如下:

(1) 6月25日,确认应收股利:

 借:应收股利——F公司   200 000
  贷:投资收益   200 000

(2) 6月28日,实际收到现金股利:

 借:银行存款   200 000
  贷:应收股利——F公司   200 000

三、应收利息的核算

应收利息是指企业持有债权性金融资产,如交易性金融资产、持有至到期投资、可供出售金融资产,或发放贷款、存放中央银行款项、拆出资金、买入返售金融资产等应收取的利息。与应收股利类似,应收利息也产生于两个途径:取得债权性金融资产,如交易性金融资产、持有至到期投资、可供出售债券投资等,支付的价款中包含的已到付息期,但尚未领取的利息;企业持有债权性金融资产期间确认的应收利息。

企业设置"应收利息"账户进行应收利息的总分类核算。"应收利息"账户借方登记应收的利息,贷方登记实际收到的利息,期末借方余额反映企业尚未收回的利息。该账户应按照借款人或被投资单位进行明细核算。应收利息的会计处理将在第五章金融资产中详细介绍。

四、其他应收款的核算

其他应收款是指企业发生的除应收账款、应收票据、预付账款之外的其他各种应收、暂付款项,主要包括:① 应收预付给企业内部职能部门和职工(如采购员)的备用金;② 应收的各种赔款,如向过失人或保险公司收取的赔款;③ 应收的各种赔款、罚款;④ 应收包装物的租金;⑤ 存出的保证金,如包装物押金等;⑥ 应向职工个人收取的各种垫付款项;⑦ 应收、暂付上级单位、所属单位的款项等。

企业设置"其他应收款"账户,核算和监督其他应收款项的发生和结算情况。该账户借方反映企业发生的各项其他应收款,贷方反映企业收回和结转的其他应收款,期末借方余额反映应收未收的各项款项。该账户按不同债务人设置明细分类账户,进行明细分类核算。

【例3-8】 20×7年10月,D公司发生以下有关其他应收款的经济业务。

(1) 公司采购员王虹出差,暂借差旅费3 000元,以现金支付。出差回来后,实际报销2 800元,余款200元以现金形式交回。编制会计分录如下:

出差借款:

  借:其他应收款——王虹   3 000
    贷:库存现金   3 000

报销差旅费:

  借:管理费用   2 800
    库存现金   200
    贷:其他应收款——王虹   3 000

(2) 公司支付宝丽公司一笔包装物押金,计7 000元,款项已从银行存款中付出。编制

会计分录如下:

借:其他应收款——宝丽公司　　　　　　　　　　　　　　　　7 000
　　贷:银行存款　　　　　　　　　　　　　　　　　　　　　　7 000

(3) 公司仓库因火灾而被烧毁,共计损失 300 000 元。公司曾向保险公司投保,故向保险公司索赔。经保险公司核准后收到保险公司的赔款,款项解入银行。编制会计分录如下:

向保险公司索赔:

借:其他应收款——保险公司赔款　　　　　　　　　　　　　300 000
　　贷:待处理财产损溢——待处理流动资产损溢　　　　　　　300 000

收到保险公司赔款:

借:银行存款　　　　　　　　　　　　　　　　　　　　　　300 000
　　贷:其他应收款——保险公司赔款　　　　　　　　　　　　300 000

第四节　应收账款减值的核算

一、应收款项减值概述

应收账款减值又称坏账,是指企业确实无法收回或收回可能性很小的应收款项。企业采用赊销方式销售商品或提供劳务形成的应收款项,如应收账款、其他应收款、长期应收款,会因市场变化或客户原因导致其收不回来或者收回的可能性极小,产生可收回的应收款项减值,当确认应收款项确实收不回来时,即发生"坏账"。

(一) 应收款项减值的迹象

企业应收账款如果发生下列情况,表明其发生了减值:① 债务人发生严重财务困难。② 债务人违反了合同条款,如偿付利息或本金发生违约或逾期等。③ 债权人出于经济或法律等方面因素的考虑,对发生财务困难的债务人作出让步。④ 债务人很可能倒闭或进行债务重组。⑤ 无法辨认一组金融资产中的某项资产的现金流量是否已经减少,但根据公开的数据对其进行总体评价后发现,该组金融资产自初始确认以来的预计未来现金流量确已减少且可计量。如该组金融资产的债务人支付能力逐步恶化,或债务人所在国家或地区失业率提高、担保物在其所在地区的价格明显下降、所处行业不景气等。⑥ 债务人经营所处的技术、市场、经济或法律环境等发生重大不利变化,使债权人可能无法收回全部债权。⑦ 其他表明应收款项发生减值的客观证据。

(二)应收款项减值的测试

根据企业会计准则的规定,资产负债表日应该对包括应收款项的金融资产进行减值测试,减值测试的主要方法有个别认定法和组合认定法。

1. 个别认定法

对于单项金额重大的应收款项,或某项应收款项的可收回性与其他各项应收款项存在明显差别的,采用单独进行减值测试的方法。当测试结果表明,该项应收款项的可收回金额低于其账面价值,即将应收款项的账面价值减记至可收回金额,减记的金额确认为资产减值损失(应收款项减值损失),计入当期损益。

2. 组合认定法

组合认定法是按照各应收款项组合进行减值测试,计算确定资产减值损失的方法。在会计实务中,企业可以将单独测试未发生减值的应收款项(包括单项金额重大和不重大的应收账款),包括在具有类似信用风险特征的应收款项组合中再进行减值测试,分析判断其是否发生减值。具体来说,在资产负债表日,按照各应收款项组合余额的一定比例,计算确定减值损失,计提坏账准备。

会计实务中,企业可以将应收款项按类似信用风险特征(如应收款项账龄)划分为若干组合,也可以将扣除单项金额重大的应收款项后的剩余应收款项作为一个组合。

本期各项组合坏账准备的比例,一般根据以前年度与之相同或相类似的、具有类似信用风险特征的应收款项组合的实际损失率为基础,结合现时情况确定。

1) 账龄分析法

账龄分析法是指将应收款项按照客户所欠时间长短(即账龄)划分若干组合,并根据各组合的预计坏账准备比例,计算确定当期坏账准备需要数,进而预计当期减值损失金额的一种方法。具体会计处理步骤如下:

第一步,将应收款项的余额按客户拖欠时间长短分为几个组合,并根据各组合以前年度实际损失率确定当期坏账准备百分比。

第二步,在资产负债表日,计算"坏账准备"账户期末需要数。其计算公式如下:

"坏账准备"账户期末需要数 $= \sum$ 某组合应收款项余额 $\times$ 该组合坏账准备百分比

第三步,资产负债表日,计算当期确认的应收款项减值金额。其计算公式如下:

$$当期应收款项减值金额 = "坏账准备"账户期末需要数 - 调整前"坏账准备"①账户贷方余额数$$

【例3-9】 D公司20×2年12月31日"应收账款"账户余额为150 000元;调整前

---

① 借方余额时用"+"。

"坏账准备"账户为贷方余额1 200元,该企业按客户账龄长短,将应收账款划分为5个组合,根据实际情况确定各组合坏账准备百分比,计算坏账准备期末需要数(见图表3-2)。

图表3-2

坏账准备期末需要数计算表

20×2年12月31日　　　　　　　　　　　　　　　　　　　单位:元

应收账款账龄	应收账款金额	坏账准备百分比	坏账准备期末需要数
6个月以内	114 000	0.5%	570
6个月至1年	10 000	1%	100
1~2年	12 000	5%	600
2~3年	4 000	20%	800
3年以上	10 000	50%	5 000
合　计	150 000		7 070

已知,调整前"坏账准备"账户贷方余额1 200元,20×2年应确认的应收账款减值金额计算如下:

$$应收账款减值金额=7\ 070-1\ 200=5\ 870(元)$$

2) 应收账款余额百分比法

应收账款余额百分比法是指以扣除单项金额重大的应收账款后的剩余应收账款作为一个组合,并根据预计坏账准备比例计算确定当期坏账准备需要数,进而预计当期减值损失金额的一种方法。应收账款余额百分比法与账龄分析法的主要区别在于组合范围的确定。

【小案例】

特变电工2014年年报中有关应收款项减值确认标准的相关说明

特变电工是中国变压器行业首家上市公司,是中国重大装备制造业核心骨干企业。主营业务为变压器、电线电缆产品、输变电国际成套工程业务、多晶硅、太阳能硅片、逆变器的生产销售及光伏电站、风电系统集成业务、煤炭业务等。2014年,特变电工由于受到宏观经济的影响,应收账款收款速度回落,与2013年相比,应收账款金额大幅度上涨,从60.39亿元上升到79.47亿元;应收账款占总资产比重从10.47%上升到13.40%。同时,应收账款的质量下降。图表3-3为特变电工2014年应收账款及坏账准备分布情况。

图表3-3

特变电工2014年有关应收账款及坏账准备分布

单位:百万元

类别	年末余额					年初余额				
	账面余额		坏账准备		账面价值	账面余额		坏账准备		账面价值
	金额	比例	金额	比例		金额	比例	金额	比例	
单项金额重大并单项计提坏账准备的应收账款	185	2.21%	129	69.54%	56	72	1.30%	36	50.00%	36
按信用风险特征组合计提坏账准备的应收账款	8 193	97.79%	302	3.69%	7 891	5 508	98.70%	180	3.26%	5 328
单项金额不重大但单项计提坏账准备的应收账款	0	0.00%	0	0.00%	0	0	0.00%	0	0.00%	0
合计	8 378	100%	431		7 947	5 580	100%	216		5 364

特变电工2014年年报中有关应收款项减值确认标准的相关说明如下：

应收款项坏账损失确认标准：债务单位撤销、破产、资不抵债、现金流量严重不足、发生严重自然灾害等导致停产而在可预见的时间内无法偿付债务，经法定程序审核批准；其他确凿证据表明确实无法收回或收回的可能性不大。

对可能发生的坏账损失采用备抵法核算，年末单独或按组合进行减值测试，计提坏账准备，计入当期损益。对于有确凿证据表明确实无法收回的应收款项，经本集团按规定程序批准后作为坏账损失，冲销提取的坏账准备。

应收款项的判断依据和减值计提方法如下：

第一，单项金额重大并单项计提坏账准备的应收款项的判断依据和计提方法。

单项金额重大的判断依据或金额标准：单项金额重大的应收账款为期末余额大于等于400万元的应收款项，单项金额重大的其他应收款为期末余额大于等于100万元的应收款项。

单项金额重大并单项计提坏账准备的计提方法：单独进行减值测试，根据其预计未来现金流量现值低于其账面价值的差额，确认减值损失，计提坏账准备。

第二,单项金额不重大但按信用风险特征组合后该组合的风险较大的应收款项的判断依据和计提方法。

信用风险特征组合的确定依据:对于期末单项金额非重大的应收款项,采用与经单独测试后未减值的应收款项一起按类似信用风险特征划分为若干组合,再按这些应收款项组合有期末余额的一定比例计算确定减值损失,计提坏账准备。

该比例反映各项目实际发生的减值损失,即各项组合的账面价值超过未来现金流量现值的金额。根据以前年度与之相同或相类似的、具有类似信用风险特征的应收款项组合的实际损失率为基础,结合现时情况确定类似信用风险特征组合及坏账准备计提比例,计提坏账准备。

根据信用风险特征组合确定的计提方法:按照账龄分析法计提坏账准备。

组合中,采用账龄分析法计提坏账准备如图表3-4所示。

图表3-4

采用账龄分析法计提坏账准备

账 龄	应收账款计提比例	其他应收款计提比例
1年以内	2%	2%
1~2年	5%	5%
2~3年	20%	20%
3~4年	30%	30%
4~5年	50%	50%
5年以上	100%	100%

第三,单项金额不重大但单独计提坏账准备的应收款项的判断依据和计提方法。

单项金额不重大的判断依据:单项金额不重大且按照组合计提坏账准备不能反映其风险特征的应收款项。

单项金额不重大但单项计提坏账准备的计提方法:根据其未来现金流量现值低于其账面价值的差额,计提坏账准备。

(资料来源:巨潮资讯网)

(三)应收款项坏账的注销

应收款项减值可以采用测试的方法,但坏账的注销必须要有相关的凭证依据。对于确实无法收回的应收款项,企业应该按照管理权限报经批准,并获得相关凭证依据后才可以作为坏账,注销应收款项。其相关凭证依据有:法院的破产公告和破产清算的清偿文件;工商部门的注销、吊销证明;政府部门有关撤销、责令关闭等的行政决定文件;公安等有关部门的死亡、失踪证明;逾期3年以上及已无力清偿债务的确凿证明;债权人债务重组协议、法院判决、国有企业债转股批准文件;与关联方的往来账款必须有法院判决或所在地主管税务机关证明等。

（四）应收款项减值的转回

应收账款确认减值损失后,如有客观证据表明该应收账款价值已恢复,且客观上与确认该损失后发生的事项有关(如债务人的信用评级已提高等),原确认的减值损失应当予以转回,计入当期损益。

需要强调的是,企业应根据应收账款的实际可回收情况,合理计提坏账准备,不得多提或少提,否则应视为滥用会计估计,按照前期会计差错更正的方法进行会计处理。

二、应收款项减值的会计核算

（一）直接转销法

直接转销法是指将应收款项减值所造成的损失计入应收款项实际收不回来的会计期间。如果某一会计期间获得相关凭证依据,确认某笔应收款项确实收不回来,就在当期确认减值,注销应收款项;同时,将减值所造成的损失金额计入当期损益。

【例3-10】 A公司20×2年年末,收到B公司传来的法院通知——B公司已经破产,其应付A公告的账款50 000元已经无法支付。A公司确认坏账损失,编制会计分录如下:

　　借:资产减值损失　　　　　　　　　　　　　　　　　　　　　　50 000
　　　　贷:应收账款——B公司　　　　　　　　　　　　　　　　　　　　50 000

直接转销法的优点是会计处理简单,缺点是不符合收入与费用配比的要求,也不符合谨慎性的要求。因为,在直接转销法下,只有到坏账实际发生时才确认坏账损失,收入和与之相关的坏账费用不是在同一会计期间确认,会导致各期的损益计算不实,也无法如实反映各期的经营责任。在直接转销法下,资产负债表上反映的是应收款项总额,而不是可收回净值,在一定程度上歪曲了企业的财务状况。因此,我国会计实务中只允许小企业采用直接转销法核算坏账损失。

（二）备抵法

备抵法是指在每一会计期间对应收款项进行减值测试,估计确定减值造成的损失,计入当期费用,形成坏账准备;当企业收到相关凭证,确认某一笔应收款项收不回来时,根据确定的金额减少坏账准备,注销相应应收款项的一种方法。

在备抵法下,企业设置"坏账准备"账户核算应收款项的减值情况。"坏账准备"账户属于资产备抵账户,贷方登记按期估计的坏账准备数额和转销后又收回的应收款项,借方登记确实无法收回的,应予转销的应收款项数额,期末贷方余额表示企业已计提但尚未转销的坏账准备。

1. 计提坏账准备的核算

资产负债表日,企业对应收款项进行减值测试,确定"坏账准备"账户期末需要数和当期应计提的坏账准备金额。当期应计提的坏账准备金额为"坏账准备"账户期末需要数减去其账面余额的差额,根据当期应计提的坏账准备金额编制会计分录,借记"资产减值损失"账户,贷记"坏账准备"账户;当期应计提的坏账准备金额为"负",即"坏账准备"期末需要数小于其账面余额时,编制相反的会计分录。

2. 实际注销坏账的核算

对于确实无法收回的应收款项,按管理权限报经批准后作为坏账损失,注销应收款项,借记"坏账准备"账户,贷记"应收账款""应收票据""预付账款""其他应收款""长期应收款"等账户。

3. 收回已注销的应收款项的核算

已注销的应收款项又收回时,应按实际收回的金额,借记"应收票据""应收账款""预付账款""其他应收款""长期应收款"等账户,贷记"坏账准备"账户,同时,借记"银行存款"账户,贷记"应收票据""应收账款""预付账款""其他应收款""长期应收款"等账户。

【例3-11】 D公司从20×7年开始采用应收账款余额百分比法核算坏账损失,估计坏账率为应收账款余额的3‰。已知:该公司20×7年年末,"应收账款"账户余额为1 000 000元;20×8年,确认坏账80 000元;20×8年年末,"应收账款"账户余额为1 500 000元;20×9年,收回已注销的"应收账款"30 000元;20×9年年末,"应收账款"账户余额为1 100 000元。D公司20×7—20×9年应收账款减值的会计处理如下:

(1) 20×7年年末,提取坏账准备:

"坏账准备"账户期末需要数=1 000 000×3‰=30 000(元)

借:资产减值损失　　　　　　　　　　　　　　　　　　　　　　　　30 000
　　贷:坏账准备　　　　　　　　　　　　　　　　　　　　　　　　　　30 000

(2) 20×8年,确认坏账,注销应收账款:

借:坏账准备　　　　　　　　　　　　　　　　　　　　　　　　　　　80 000
　　贷:应收账款　　　　　　　　　　　　　　　　　　　　　　　　　　80 000

(3) 20×8年年末,提取坏账准备:

"坏账准备"账户期末需要数=1 500 000×3‰=45 000(元)
提取前"坏账准备"账户余额=30 000−80 000=−50 000(元)
当年应提取的坏账准备数=45 000−(−50 000)=95 000(元)

借:资产减值损失　　　　　　　　　　　　　　　　　　　　　　　　95 000
　　贷:坏账准备　　　　　　　　　　　　　　　　　　　　　　　　　　95 000

(4) 20×9年,收回已作坏账处理的应收账款:

借:应收账款　　　　　　　　　　　　　　　　　　　　　　　　　　　30 000
　　贷:坏账准备　　　　　　　　　　　　　　　　　　　　　　　　　　30 000

借：银行存款　　　　　　　　　　　　　　　　　　　　　　　　30 000
　　贷：应收账款　　　　　　　　　　　　　　　　　　　　　　　　　30 000

(5) 20×9年年末，提取坏账准备：

"坏账准备"账户期末需要数＝1 100 000×3‰＝33 000(元)
提取前"坏账准备"账户余额＝45 000＋30 000＝75 000(元)
当年应提取的坏账准备数＝33 000－75 000＝－42 000(元)

借：坏账准备　　　　　　　　　　　　　　　　　　　　　　　　42 000
　　贷：资产减值损失　　　　　　　　　　　　　　　　　　　　　　　42 000

已确认坏账并已注销的应收账款，如果以后又收回，应通过"应收账款"账户，分别进行转回坏账准备和收到银行存款的会计核算。这样处理的目的是便于提供分析债务人财务状况的信息，反映债务人的信用情况，确认将来是否与其进行财务往来。

在资产负债表中，"应收款项"项目应该为"应收款项"账户借方余额减去相应坏账准备账户贷方余额，反映扣减坏账准备后的可收回应收款项净值。

【小案例】

20×2年4月13日，A公司发布了业绩预亏公告：A公司20×1年度业绩将出现巨额亏损。随后，该公司又公布了经营业绩预亏的补充公告，公告中解释，造成巨额亏损是由于公司变更会计政策，提取坏账准备产生的。A公司在公布了预亏公告及补充公告之后，直到4月底才公布了20×1年度报告。在A公司迟缓公布年报的背后，自然是一份令人不满意的答卷。A公司20×1年度报告显示，主营业务收入64 846.90万元，同比减少18%；净利润－82 503.87万元，同比减少420%；调整后的每股净资产1.252元，同比减少27%；股东权益155 085.29万元，同比减少34%；每股收益－0.755 1元，净资产收益率－53.2%，均有大幅度的下滑。造成A公司巨额亏损的主要原因是，在A公司的资产构成中，充斥着大量的应收账款。截至报告期末，该公司的应收账款高达19.87亿元，其中5年期以上的应收账款达7.88亿元，占应收账款总额的39.6%。按账龄分析法A公司需要计提的坏账准备金高达9.47亿元，占应收账款总额的47.6%。正是巨额的坏账，导致A公司的巨额亏损，这说明公司在资产运作上存在很多问题。

问题与思考：

1. A公司的应收账款管理方面可能出现了什么问题？
2. 公司可以从哪几个方面加强应收账款的管理？

(资料来源：http://zhidao.baidu.com)

复习思考题

1. 对于商业承兑汇票和银行承兑汇票,应收票据贴现的会计处理有何区别?
2. 简述"应收账款"账户核算的范围。
3. 现金折扣与商业折扣有何区别?
4. 应收款项的减值金额可以采用哪些方法确定?请予以阐述。
5. 应收款项减值确认的标准有哪些?

练 习 题

一、判断题

1. 企业无论是采用直接转销法还是采用备抵法核算发生的坏账损失,其确认坏账的标准是相同的。( )
2. 企业应收债务人的利息在"应收账款"账户核算。( )
3. 商业折扣会影响应收账款的入账价值。( )
4. 已确认为坏账的应收账款,就意味着企业放弃了其追索权。( )
5. 在存在现金折扣的情况下,若采用总价法核算,应收账款应按销售收入扣除预计的现金折扣后的金额确认。( )
6. 对于超过承兑期收不回来的应收票据金额,应冲减坏账准备。( )
7. 总价法是指销售方将扣除现金折扣前的价格作为实际售价,记入"应收账款"账户。对客户在折扣期少支付的金额,作为支付给客户的利息费用,计入当期的财务费用。( )
8. 企业将一张未到期的商业票据向银行贴现,其贴现所得不一定小于票据面值。( )
9. 对已确认坏账的应收账款,并不意味着企业放弃其追索权。一旦重新收回,应及时入账。( )
10. 企业收到购货方预付货款时,可以记入"应收账款"账户的贷方。( )

二、单项选择题

1. 在采用总价法确认应收账款入账金额的情况下,销售方应将其给予客户的现金折扣计入( )。
   A. 管理费用   B. 销售费用   C. 财务费用   D. 营业外支出
2. A企业于某年8月8日将所收B公司当年5月10日签发并经银行承兑的商业汇票

到银行申请贴现。该票据的面值为50 000元,票面年利率为8%,到期日为当年9月7日。已知银行的贴现年利率为7%,则该票据的贴现收入为(　　)元。

　　A. 50 299.44　　　B. 51 033.89　　　C. 50 000　　　D. 51 333.33

3. 未贴现的商业承兑汇票到期,如果付款人无力支付票据,收款企业应(　　)。

　　A. 借记"应收账款"账户,贷记"应收票据"账户
　　B. 借记"应收账款"账户,贷记"应付票据"账户
　　C. 借记"应收票据"账户,贷记"应收账款"账户
　　D. 借记"应付票据"账户,贷记"应收账款"账户

4. S企业赊销商品一批,商品价款为50 000元,商业折扣为10%,增值税税率为17%,现金折扣条件为"3/10,n/20"。企业销售商品时代垫运杂费600元,若企业应收账款按总价法核算,则应收账款的入账金额为(　　)元。

　　A. 53 250　　　B. 50 600　　　C. 51 670.50　　　D. 52 650

5. 下列项目中,销售企业应当作为财务费用处理的是(　　)。

　　A. 销售方发生的销售折让　　　　B. 销售方发生的商业折扣
　　C. 购货方获得的现金折扣　　　　D. 购货方放弃的现金折扣

6. 企业销售商品时,根据市场供需情况或针对不同的顾客在商品标价上给予的扣除,称为(　　)。

　　A. 商业折扣　　　B. 现金折扣　　　C. 销货折扣　　　D. 购货折扣

7. 对应收账款计提坏账准备,确认资产减值损失,此项业务对财务报表造成的影响是(　　)。

　　A. 增加负债,减少所有者权益　　　　B. 增加费用,增加所有者权益
　　C. 减少资产,对净利润没有影响　　　D. 减少资产,减少所有者权益

8. A公司根据账龄分析法调整期末坏账准备金额。20×5年12月31日,A公司"应收账款"账户为借方余额200 000元,"坏账准备"(调整前)账户为贷方余额4 000元。应收账款余额分析表如图表3-5所示。

图表3-5

应收账款余额分析表　　　　　　　　　　　　　　　　金额单位:元

项　　目	应收账款余额	估计坏账百分比
未到期	160 000	4%
过期60天以内	32 000	10%
过期60天以上	8 000	21%
合　　计	200 000	

则 20×5 年 12 月 A 公司应计提的坏账费用金额为（　　）元。
A. 7 280　　　　B. 11 280　　　　C. 16 280　　　　D. 2 000
9. 承单项选择题 8，A 公司 20×5 年 12 月末应收账款净额为（　　）元。
A. 198 000　　　B. 192 720　　　C. 178 720　　　D. 183 720
10. 面值为 70 000 元，年利率为 12%，期限为 6 个月的应收票据，到期日的价值为（　　）元。
A. 70 000　　　　B. 78 400　　　　C. 65 800　　　　D. 74 200

三、核算题

习 题 一

甲公司为增值税一般纳税人，适用的增值税税率为 17%（假设运费不考虑增值税）。20×7 年甲公司发生的有关经济业务如下：

(1) 3 月 2 日，向乙公司赊销售商品一批，货款为 400 000 元，增值税销项税额为 68 000 元，销售成本为 320 000 元。付款条件为"2/10，n/30"，另以银行存款代垫运杂费 4 000 元。

(2) 3 月 12 日，收到乙公司开出的支付代垫运杂费 4 000 元的转账支票一张和用以偿付货税款的商业承兑汇票一张，商业承兑汇票面值为 468 000 元、期限为 6 个月。

(3) 4 月 12 日，将乙公司的商业承兑汇票到银行申请贴现，贴现率为 8%。

(4) 9 月 12 日，乙公司的商业承兑汇票到期，因乙公司存款不足，无法将款项付给银行。银行按商业承兑汇票的到期值从甲公司的银行存款账户中扣除。

要求：根据上述业务为甲公司编制会计分录。

习 题 二

A 公司为增值税一般纳税人，适用的增值税税率为 17%。某年 6 月份发生下列经济业务：

(1) 以银行本票支付广告费 3 500 元。

(2) 将一张面值 100 000 元、不带息的银行承兑汇票向银行申请贴现，收到贴现金额 97 000 元。

(3) 从甘肃某企业收到一张面值 585 000 元、3 个月期、票面利率 6% 的商业承兑汇票，用以代替应收账款。

(4) 上月赊购商品形成应付账款 40 000 元，付款条件是"2/10，n/30"。本月在折扣期内付款。

(5) 委托银行开出银行汇票一张，金额为 80 000 元，准备用于支付购货款。

(6) 销售商品一批,增值税专用发票上列示价款为 800 000 元,增值税额为 136 000 元。上月已预收货款 500 000 元,余款尚未收到。该批商品成本为 500 000 元。

(7) 一张为期 4 个月、面值 60 000 元的不带息应收票据到期,如数收到款项,存入银行。

(8) 销售商品一批,增值税专用发票上列示价款为 50 000 元、增值税额为 8 500 元;付款条件是"2/10,n/30"。该批商品成本为 30 000 元。

(9) 上项销售商品货款在折扣期第 8 天收到。

(10) 提取坏账准备 5 000 元。

(11) 应收 H 客户的账款 6 000 元,因对方企业已经倒闭,无法收回。经有关部门批准,注销应收账款。

(12) 开出转账支票,交纳上月城市维护建设税等税费 4 000 元。

要求:根据上述业务为 A 公司编制会计分录。

习 题 三

宏达公司采用应收账款余额百分比法核算坏账损失,坏账准备的提取比例为 5‰。有关资料如下:

(1) 公司从 20×4 年开始计提坏账准备,该年年末应收账款余额为 2 000 000 元。

(2) 20×5 年,经有关部门批准,确认一笔无法收回的应收账款,金额为 36 000 元。20×5 年年末应收账款余额为 5 000 000 元。

(3) 20×6 年 10 月,收回已核销的应收账款 10 000 元;该年年末应收账款余额为 4 400 000 元。

(4) 20×7 年年末,应收账款余额为 4 000 000 元。

要求:根据上述资料编制有关的会计分录。

习 题 四

宏伟公司采用账龄分析法核算坏账损失,20×7 年 12 月 31 日有关应收账款资料如图表 3-6 所示。

图表 3-6

有关应收账款资料表　　　　　　　　　　　　　单位:元

顾　客	金　额	余 额 分 析	
		比率	期限
W 公司	20 000	50%	3 年以上
		50%	2～3 年

(续表)

顾客	金额	余额分析	
		比率	期限
M公司	8 000	75%	1~2年
		25%	1年以内
S公司	10 000	60%	2~3年
		40%	1~2年
F公司	16 000	全部1年以内	
H公司	4 000	25%	2~3年
		75%	1年以内
其他	80 000	50%	1年以内
		30%	1~2年
		15%	2~3年
		5%	3年以上
合计	138 000		

要求：

(1) 编制账龄分析表，账龄按1年以内，1~2年，2~3年，3年以上分为四个组合。假定各应收账款组合的坏账百分比依次为0.2%，2%，10%和80%，计算"坏账准备"账户期末余额。

(2) 假定20×7年"坏账准备"账户期初余额为1 000元，当年曾经注销坏账6 400元，收回已注销的应收账款3 000元，计算该年应计提的减值金额。

(3) 编制计提坏账准备的会计分录。

第四章 存 货

> **章前案例**
>
> 苏宁环球(000718)于1999年3月在深圳证券交易所上市,现隶属房地产行业。凭借雄厚的实力,苏宁环球跻身中国企业500强前列,并以骄人的业绩位列中国房地产企业前20强。苏宁环球在不断做大、做强地产主业的同时,积极谋求多元化发展,在地产、商业、旅游、文化、农业、建筑、投资等多个产业领域均有涉猎,但房地产开发仍然是主营业务来源。
>
> 观其2014年资产负债表(如图表4-1和图表4-2所示)可知,房地产存货作为苏宁环球最主要的流动资产,占其总资产比重高达81.4%。其存货主要包括原材料、开发成本、开发产品、拟开发土地和库存商品五大类。

图表4-1

苏宁环球资产负债表

(部分摘要,2014年12月31日)　　　　　　　　单位:人民币百万元

	2013年	2014年
货币资金	1 830	1 608
应收票据	1	8
应收账款	176	170
存货	17 013	17 987
预付账款	377	377
其他流动资产	406	547
流动资产合计	19 871	20 793
非流动资产合计	826	584
资产总计	20 697	21 376

图表4-2

2014年12月31日苏宁环球存货分类

单位：人民币百万元

项目	账面余额	跌价准备	账面价值
原材料	4		4
开发成本	10 608	27	10 581
开发产品	3 275	26	3 250
拟开发土地	4 153		4 153
库存商品	1		1
合计	18 040	53	17 987

> **学习目的**
>
> - 掌握实际成本法下各种存货实际成本的构成
> - 理解实际成本法下存货的各种计价方法
> - 掌握各类存货收入、发出（销售）和期末计价的核算
> - 根据毛利率法估计存货金额和评价企业经营业绩
> - 说明存货差错对财务报表的影响

第一节 存货概述

一、存货的概念

(一) 存货的定义

存货是指企业在日常活动中持有以备出售的产成品或商品、处在生产过程中的在产品、在生产过程或提供劳务过程中耗用的材料和物料等。在企业的生产经营活动过程中，存货处在不断地被销售、耗用和重置之中。

存货由原材料、在产品、半成品、产成品、商品及周转材料等组成。

（1）原材料是指企业在生产过程中经加工改变其形态或性质并构成商品主要实体的各种原料及主要材料、辅助材料、外购半成品（外购件）、修理用备件、燃料、包装材料等。

（2）在产品是指正在制造过程中尚未完工的生产物，包括正在各个生产工序加工的产品和已加工完毕但尚未检验或已检验但尚未办理入库手续的产品。

（3）半成品是指经过一定生产过程并已检验合格交付半成品仓库保管，但尚未制造完工成为产成品，仍需进一步加工的中间产品；但不包括不能单独计算成本的自制半成品。

(4) 产成品是指工业企业已经完成全部生产过程并验收入库,可以按照合同规定的条件送交订货单位,或者可以作为商品对外销售的产品。企业接受外来原材料加工制造的代制品和为外单位加工修理的代修品,制造和修理完成验收入库后,应视同企业的产成品。

(5) 商品是指商品流通企业外购或委托加工完成验收入库用于销售的各种商品。

(6) 周转材料是指企业能够多次使用、逐渐转移其价值但仍保持原有形态不确认为固定资产的材料,如包装物和低值易耗品。其中,包装物是指为了包装本企业商品而储备的各种包装容器,如桶、箱、瓶、坛、袋等,其主要作用是盛装、装潢产品或商品。低值易耗品是指不符合固定资产确认条件的各种用具物品,如工具、管理用具、玻璃器皿、劳动保护用品以及在经营过程中周转使用的容器等。

(二) 存货的确认条件

《企业会计准则第 1 号——存货》规定:存货应在同时满足两个条件时,才能加以确认。这两个条件是:① 该存货包含的经济利益很可能流入企业;② 该存货的成本能够可靠地计量。

某个项目要确认为企业的存货,首先要符合存货的定义。在此条件下,还要符合存货确认的两个条件。通常,存货的法定所有权是存货包含的经济利益很可能流入企业的一个重要标志。也就是说,确定企业存货的范围,是以盘存日期法定所有权是否属于企业为依据,而不是以存货是否存放企业为依据。当法定所有权属于企业时,不论其存放地点在何处,都应视为企业的存货;当法定所有权已经转移时,即使存货还在企业,仍不应视为企业的存货。

(三) 存货的特点

第一,具有一定的实物形态。具有一定的实物形态使存货区别于其他无实物形态的资产,如应收账款、应收票据、无形资产等。

第二,变现速度快,有较大的流动性。存货在 1 年或一个经营周期内被耗用,价值发生转化,属于企业的流动资产。这一特性使存货区别于企业其他具有实物形态的资产,如固定资产和在建工程等。

第三,种类繁多,收发频繁,其取得成本受多种因素影响而经常不一致。存货的外购成本受一次购货量的多少和购货时间如旺季或闲季等的影响;存货的自制成本受其构成因素,如材料、人工、其他费用、一次制造数量等的影响。存货取得成本的不一致使其发出成本的确定方式区别于企业的其他资产,如计划成本计价、重置成本计价、销售价格计价等不能用于其他资产的计价。

第四,储存的目的是准备在正常的经营过程中出售或耗用,取得经济利益。存货的这一特征使其区别于企业的其他具有实物形态的资产。固定资产购入的目的是自用,不是为了出售,属于企业的劳动资料;工程物资的购入是为了建造固定资产,不属于正常经营过程中的耗费,也不是以出售为目的。

第五,具有实效性和发生潜在损失的可能性。一般情况下,存货的质量会因持有时间的增加而下降,如食品有保质期;存货的价值会因其重置成本的变化而提高或下降。

二、存货的初始计量

存货的初始计量,即存货取得时的计量。存货准则规定:"存货应当按照成本进行初始计量。"这里的"成本",是指存货取得时的实际成本,又称"历史成本",是企业为取得某种存货,或为使存货达到某种状态所付出的能用货币计量的代价。企业在日常核算中采用计划成本法或售价金额法核算的存货成本,实际上也是存货的实际成本。

(一)外购存货的成本构成

外购原材料、商品、周转材料等存货的成本是指其采购成本。采购成本包括:购买价款、相关税费、运输费、装卸费、保险费以及其他可直接归属于存货采购成本的费用。商品流通企业在采购商品过程中发生的运输费、装卸费、保险费以及其他可归属于存货采购成本的进货费用,可以先进行归集,期末根据所购商品的存销情况进行分摊。对于已售商品的进货费用,计入当期损益;对于未售商品的进货费用,计入期末存货成本。企业采购商品的进货费用金额较小的,可以在发生时直接计入当期损益。

(二)加工取得存货的成本

企业通过进一步加工取得的存货,主要包括产成品、在产品、半成品、委托加工物资等,其实际成本由采购成本、加工成本构成。某些存货还包括其他成本。

其中:采购成本由所使用或消耗的原材料采购成本转移而来。加工成本由直接人工和制造费用构成,其中,直接人工是指企业在生产产品过程中,直接从事产品生产的工人的职工薪酬。制造费用是指企业为生产产品和提供劳务而发生的各项间接费用,包括生产部门管理人员的职工薪酬、折旧费、办公费、水电费、机物料消耗、劳动保护费、季节性和修理期间的停工损失等。其他成本是指除采购成本、加工成本以外的,使存货达到目前场所和状态所发生的其他支出,如为特定客户设计产品所发生的设计费用,需要经过相当长时间的生产活动才能达到可销售状态的存货,占用借款而发生的借款费用等。

(三)其他方式取得存货的成本

企业取得存货的其他方式主要包括接受投资者投资、非货币性资产交换、债务重组以及存货盘盈等。

1. 投资者投入存货的成本

投资者投入存货的成本,按照投资合同或协议约定的价值确定。如果合同或协议约定的价值不公允,则按照该存货的公允价值确定。

2. 以非货币性交易换入存货的成本

以非货币性交易换入的存货成本,要视具体情况而定。以非货币性资产交换方式换入存货,如果同时满足"交换具有商业实质"和"公允价值能够可靠计量"两个条件,则以公允价值和应支付的相关税费作为换入存货的成本,公允价值与换出资产账面价值的差额计入当期损益(换入资产和换出资产公允价值均能够可靠计量的,以换出资产的公允价值确认为换入存货的成本)。如果未同时满足上述两个条件,则以换出资产的账面价值和应支付的相关税费作为换入存货的成本,不确认损益。

以非货币性资产交换方式换入存货时如果涉及补价,在按照公允价值计价的情况下,换入存货的成本为换出资产的公允价值加上支付的补价(或减去收到的补价)和应支付的相关税费。换出资产账面价值与公允价值的差额,计入当期损益。

未同时满足"交换具有商业实质"和"公允价值能够可靠计量"两个条件,涉及补价的非货币性资产交换,换入存货的成本,以换出资产的账面价值加上支付的补价(减去收到的补价)和应支付的相关税费计算,不确认损益。

3. 债务重组取得存货的成本

企业接受债务人以非现金资产抵偿债务方式取得的存货成本,按取得存货的公允价值入账,重组债权的账面余额与接受的存货公允价值之间的差额(债权已经计提减值准备的,将差额减去减值准备),确认为债务重组损失,计入当期营业外支出(债务重组损失)。

4. 盘盈存货的成本

盘盈存货应按其重置成本作为入账价值,并通过"待处理财产损溢"账户进行会计处理,按管理权限报经批准后,冲减当期管理费用。

(四)通过提供劳务取得的存货

通过提供劳务取得的存货,其成本按从事劳务提供人员的直接人工和其他直接费用,以及可归属于该存货的间接费用构成。

根据《企业会计准则第1号——存货》的规定,企业发生的下列费用应当在发生时确认为当期损益,不计入存货成本:

(1)非正常消耗的直接材料、直接人工和制造费用。例如,企业超定额的废品损失以及因自然灾害而发生的直接人工及制造费用。

(2)企业在采购入库后发生的仓储费用。但是在生产过程中为达到下一个生产阶段所必需的仓储费用应计入存货成本。例如,酒类产品生产企业为使生产的酒达到规定的产品质量标准而必须发生的仓储费用,应计入酒的成本。

(3)不能归属于使存货达到目前场所和状态的其他支出。

(4)企业采购用于广告营销活动的特定商品(计入当期销售费用)。

三、存货的后续计量

存货的后续计量是指发出存货成本的确定。由于各种存货是分次购入或分批生产形成的,受产地、市价、运费、生产成本等变动因素的影响,同一项存货的单位成本往往不同。要确定发出存货的成本,就需要选择一定的计价方法。

（一）存货计价的意义

在会计实务中，发出存货的计价方法是建立在成本流转与实物流转是否一致的基础之上的。假设存货的成本流转与实物流转相一致，则发出存货的实际成本按可供销售或耗用存货的实际成本计算，其实际成本计算方法为个别计价法。假设存货的成本流转与实物流转不一致，则发出存货的实际成本按成本流转的不同假设采用先进先出法、全月一次加权平均法和移动加权平均法等计算。

发出存货的计价方法不同，会直接影响企业财务状况、经营成果的报告。具体来说，存货计价的意义体现在以下三个方面：

第一，存货计价对企业损益的计算有直接影响。期末存货估价如果过低，会影响当期销售成本估价过高，进而使当期利润总额相应减少；反之，期末存货估价如果过高，会使当期净利润相应增加。另外，一定期间期末存货的低估或高估，会影响下期净利润的增加或减少。

第二，存货计价对企业资产负债表有关项目金额计算有直接影响，如存货、未分配利润等项目。其结果，会影响资产负债表的流动资产总额、所有者权益总额，进而影响有关指标，如流动比率、资产负债率、净资产利润率等的计算。

第三，存货计价方法的选择对计算交纳所得税金额有一定影响。因为不同的计价方法影响企业当期应纳税利润数额的确定。

（二）存货计价方法

1. 个别计价法

个别计价法又称个别认定法、具体辨认法、分批实际法。采用这一方法，是假定存货的成本流动与实物流动完全一致，按照各种存货，逐一辨认各批发出存货和期末存货所属的购进批别或生产批别，分别按其购入或生产时所确定的单位成本作为计算各批发出存货和期末存货成本的方法。

【例4-3】 某企业20×7年11月有关A材料的收发情况，如图表4-3所示。

图表4-3

A材料收发情况表

日　期	内　容	购　进		发出（件）	结存（件）
		数量（件）	单价（元/件）		
11月1日	期初存货	300	5		300
11月5日	购　入	400	6		700
11月15日	发　出			550	150
11月18日	购　入	500	6.5		650
11月20日	发　出			350	300
11月25日	购　入	100	7		400

假定经确认,该企业11月15日发出的550件A材料中,400件是11月5日购入的,150件是期初结存的;11月20日发出的350件A材料是11月18日购入的。按个别计价法计算如下:

11月份发出A材料的总成本=150×5+400×6+350×6.5=5 425(元)

11月月末结存A材料的总成本=150×5+150×6.5+100×7=2 425(元)

采用个别计价法,能准确地反映销货成本与期末存货成本。但这种方法的前提是要求存货分批存放,相应作详细记载,以便对每批发出存货和结存存货的批次进行具体认定;日常核算的工作量大,手续繁琐。一般来讲,这一方法比较适用于不能替代使用的存货或为特定项目专门购入或制造的存货,如房屋、汽车、珠宝、名画等。

2. 先进先出法

先进先出法是指以先购入的存货先发出这样一种存货实物流转假设为前提,对发出存货进行计价的方法。采用这种方法,先购入的存货成本在后购入的存货成本之前转出,据此确定发出存货和期末存货的成本。

【例4-2】 以[例4-1]A材料为例,在材料明细账中进行先进先出法下的发出存货和期末存货的成本计算,如图表4-4所示。

从图表4-4可以看出,按先进先出法,发出存货以最先购入存货的单位成本计算,如果发出的存货数量超过了先购入存货数量时,超过部分依次按下一批购入存货的单位成本计算。

采用先进先出法,一方面,期末存货按最近的单位成本计价,比较接近市价,能真实反映企业的财务状况。而且先进先出法下存货计价可以防止任意计价调整当期损益,对于有一定保质期限的存货,成本流转与实物流转相一致。但另一方面,按早期存货成本计价与现行收入相配比,当物价上涨时,会虚增利润,不符合谨慎性要求。

图表4-4

A材料明细账(先进先出法)

20×7年		摘要	收入			发出			结存		
月	日		数量	单位成本	总成本	数量	单位成本	总成本	数量	单位成本	总成本
11	1	期初							300	5	1 500
	5	购入	400	6	2 400				300 400	5 6	1 500 2 400
	15	发出				300 250	5 6	1 500 1 500	150	6	900

(续表)

20×7年 月	日	摘要	收入 数量	单位成本	总成本	发出 数量	单位成本	总成本	结存 数量	单位成本	总成本
	18	购入	500	6.5	3 250				150 500	6 6.5	900 3 250
	20	发出				150 200	6 6.5	900 1 300	300	6.5	1 950
	25	购入	100	7	700				300 100	6.5 7	1 950 700
11	30	本月合计	1 000	—	6 350	900	—	5 200	300 100	6.5 7	1 950 700

3. 全月一次加权平均法

全月一次加权平均法，是指以本月全部进货数量加月初存货数量为权数，去除本月全部进货成本加上月初存货成本，计算出存货的加权平均单位成本，从而确定存货发出和库存成本的一种方法。其计算公式如下：

$$\text{存货单位成本} = \frac{\text{月初存货实际成本} + \sum\left[\text{本月某批进货的实际单位成本} \times \text{本月某批进货的数量}\right]}{\text{月初库存存货的数量} + \text{本月各批进货数量之和}}$$

月末库存存货成本 = 月末库存存货数量 × 存货单位成本

本月发出存货成本 = 本月发出存货数量 × 存货单位成本

或：

$$= \text{月初存货实际成本} + \text{本月进货实际成本} - \text{月末库存存货成本}$$

【例 4-3】 仍以[例 4-1]A 材料为例，采用全月一次加权平均法计算其存货成本如下：

$$\text{A 存货平均单位成本} = \frac{1\,500 + 2\,400 + 3\,250 + 700}{300 + 400 + 500 + 100} = 6.04 \text{（元）}$$

月末库存存货成本 = 400 × 6.04 = 2 416（元）

本月发出 A 材料成本 = 1 500 + 6 350 − 2 416 = 5 434（元）

采用全月一次加权平均法对存货进行计价，月末一次加权平均单价，比较简单，而且在物价波动时所计算出来的单位成本平均化，对存货成本的分摊较为折中；由于全月一次加权平均法所确定的存货成本，受各批进货数量的影响，因而对存货计价的数据比较客观，不易被人为任意调控，并且操作手续简便，便于操作。但是，全月一次加权平均法平时无法从账上提供发出和结存存货的单价和金额,因而不利于对存货的管理。

4. 移动加权平均法

移动加权平均法,是指本次进货的成本加原有库存的成本,除以本次进货数量加原有存货数量,据以计算加权单价,并对发出存货进行计价的一种方法。其计算公式如下:

$$存货单位成本 = \frac{原有库存存货实际成本 + 本次进货的实际成本}{原有库存存货数量 + 本次进货数量}$$

$$\frac{本次库存}{存货成本} = \frac{本次发货后}{库存存货数量} \times \frac{本次发货前}{货的单位成本}$$

本次发出存货成本 = 本次发货数量 × 本次发货前存货的单位成本

或:

$$= \frac{本次发货前}{库存存货成本} - \frac{本次发货后}{库存存货成本}$$

【例 4-4】 仍以[例 4-1]A 材料为例,在材料明细账中进行移动加权平均法下的发出存货和期末存货的成本计算,如图表 4-5 所示。

图表 4-5

A 材料明细账(移动加权平均法)

20×7年		摘要	收入			发出			结存		
月	日		数量	单位成本	总成本	数量	单位成本	总成本	数量	单位成本	总成本
11	1	期初							300	5	1 500
	5	购入	400	6	2 400				700	5.57	3 900
	15	发出				550	5.57	3 064.5	150	5.57	835.5
	18	购入	500	6.5	3 250				650	6.29	4 085.5
	20	发出				350	6.29	2 198.5	300	6.29	1 887
	25	购入	100	7	700				400	6.47	2 587
11	30	本月合计	1 000		6 350	900		5 263	400	6.47	2 587

移动加权平均法是一种较为客观、一致,不易受主观影响的存货计价方法。因为对存货的每一笔收发都要在明细账上记录,可随时了解存货的收入、发出和结存的数量和金额,因而也有利于对存货的管理。

5. 一次转销法

一次转销法是指低值易耗品或包装物等周转材料在领用时,就将其全部账面价值一次计入当期损益的方法。

一次转销法通常适用于价值较低或极易损坏的管理用具,小型工具、卡具,为制造某批订货所用的专用工具等低值易耗品;生产领用的包装物,随同商品出售的包装物,数量不多、金额较小且业务不频繁的出租或出借包装物。

使用一次转销法进行领用低值易耗品或包装物的核算,应加强对收回的已使用、已出租或出借包装物的实物管理。

6. 五五摊销法

五五摊销法是指低值易耗品在领用时,或包装物出租、出借时,先摊销其成本的一半,计入有关成本和当期损益;在报废时,再摊销其成本的另一半,即分两次各按50%进行摊销的方法。

五五摊销法计算比较简便,有利于对低值易耗品和包装物的管理与控制,适用于领用和报废较为均衡的低值易耗品或包装物。

7. 毛利率法

毛利率法是根据本期销售净额乘以前期实际毛利率或本期计划毛利率匡算本期毛利并计算销售商品成本的一种方法。运用毛利率法计算发出存货成本与期末存货成本的基本步骤如下:

(1) 参考有关历史资料,计算过去一定期间(上年、上季或上月)平均毛利率。

$$平均毛利率 = \frac{一定会计期间的销售毛利}{同一会计期间的销售净额} \times 100\%$$

其中: 销售净额 = 商品销售收入 − 销售退回与折让

(2) 结合过去的平均毛利率和当期的实际销售收入,估计确定本期销售成本。

$$销售成本 = 销售净额 − 销售毛利 = 销售净额 \times (1 − 平均毛利率)$$

【例4-5】 某商场20×7年10月初有鞋类商品10 000元,10月份购入80 000元,销售65 000元,销售退回与折让5 000元,上季度该类商品毛利率为30%。计算该类商品10月份的商品销售成本和期末成本。

$$商品销售成本 = (65\,000 − 5\,000) \times (1 − 30\%) = 42\,000(元)$$

$$期末存货成本 = 10\,000 + 80\,000 − 42\,000 = 48\,000(元)$$

在会计实务中,毛利率法还经常被用于审计师查账、保险公司估算企业存货损失数额等。

第二节 原材料的核算

一、原材料核算概述

原材料是指工业企业库存的各种材料。原材料属于企业的流动资产,是生产加工过程中的劳动对象，随着加工过程的进行和最后完工，其实物形态会发生变化，其价值会全部转移到商品成本中去。

原材料的品种规格很多。为便于管理和核算，在工业企业，原材料可以按照其在生产过程中的作用不同，分为原料及主要材料、辅助材料、燃料、修理用备件、外购半成品和包装材料等。其中：原料及主要材料是指经加工后构成商品实体的各种原料和主要材料；辅助材料是指在生产加工过程中有助于商品形成但不构成商品实体的材料（如机器润滑油）；燃料是指在生产加工过程中用来燃烧发热以产生热能的各种固体、液体和气体材料；修理用备件是指为修配自有机器设备和运输设备所备用的各种零部件；外购半成品是指从外单位购入由本单位继续加工的半成品；包装材料一般是指用于包装本企业商品而储备的纸、绳、铁丝等物品。

工业企业外购原材料，由于其采购地点和结算方式不同，业务程序也会有所不同。

在同城采购原材料，通常采用转账支票结算方式和银行本票结算方式。其业务程序通常是：采购员携带转账支票或银行本票去供应单位采购原材料，支付货款，取回发票和提货单；根据发票填制收料单，交由仓库准备验收材料；提货单交由运输部门提货，送仓库验收；发票交会计部门入账。仓库凭收料单验收材料后，将收料单交由会计部门入账。

在异地采购原材料，通常采用银行汇票结算、商业汇票结算和托收承付结算方式。在托收承付结算方式下，其业务程序是：由供货单位根据合同发货，并将有关发票、运单等凭证通过银行转寄。购货单位会计部门收到由银行转来的供货单位托收凭证及内附的发票和运杂费凭证，在备查簿上登记并转交供应部门。供应部门在与供应合同核对相符后，根据发票相关内容填制收料单。然后将托收凭证及其附件退还财会部门，据以支付款项；将收料单转交仓库，通知其准备验收材料；将提货单交付运输部门提回材料，交付仓库验收入库。仓库凭收料单验收材料后，将收料单交由会计部门入账。

原材料可以采用实际成本进行核算，也可以采用计划成本进行核算。不论原材料是采用实际成本计价，还是采用计划成本计价，企业都应设置"原材料"账户核算原材料实际成本（或计划成本）的增减变化。

"原材料"账户属于资产类账户，借方登记入库原材料的实际成本（计划成本），贷方登记发出原材料的实际成本（计划成本），期末借方余额表示库存原材料的实际成本（计划成本）。原材料账户可以按照材料的保管地点、材料的类别、品种和规格等设置明细账户，进行明细核算。

二、按实际成本计价的原材料核算

（一）原材料增加的核算

1. 外购原材料的核算

由于采购地点远近不同，经常会出现验收材料和收取发票凭证、支付货款不同时的情况。相应的，其账务处理也有所不同。

（1）发票账单和材料同时到达的采购业务。材料验收入库的标志是会计部门收到验收仓库转交的收料单。企业会计部门收到购货发票、账单等结算凭证表明材料的所有权已经取得,可以根据实际情况进行会计处理,增加企业的存货。

对于购入原材料业务的会计核算,应注意:购货企业是增值税一般纳税人还是小规模纳税人,根据购货单位的性质确定增值税进项税额是否应包含在原材料采购成本核算中。按照我国税法的规定,对销售货物征收的增值税是价外税,不包括在销售货款内。因此,增值税一般纳税人的原材料采购成本不包含代消费者预付的增值税进项税额;同时,为简化管理,税法又规定,小规模纳税人支付的增值税进项税额,包含在材料的采购成本之中。本章假定购货企业是增值税一般纳税人[①]。

在发票账单和材料同时到达的情况下,购货单位根据购货发票账单、原材料入库单上确认的材料采购成本,借记"原材料"账户;根据取得的增值税专用发票上注明的增值税额,借记"应交税费——应交增值税(进项税额)"账户;根据货款的支付方式,贷记"银行存款"(开出支票)"其他货币资金"(银行本票或银行汇票)"应付票据"(银行承兑汇票或商业承兑汇票)或"应付账款"(商业信用)等账户。

【例 4-6】 曙光公司经有关部门核定为增值税一般纳税人,20×8 年 10 月 5 日,从康立公司购入圆钢 12 吨,取得增值税专用发票,发票上注明原材料价款为 42 000 元,增值税额为 7 140 元,发票等结算凭证已收到,材料已验收入库,开出 60 天期的商业承兑汇票承兑货款。根据上述资料编制会计分录如下:

借:原材料——圆钢　　　　　　　　　　　　　　　　　　　　42 000
　　应交税费——应交增值税(进项税额)　　　　　　　　　　　 7 140
　　　贷:应付票据——康立公司　　　　　　　　　　　　　　　　49 140

(2) 先支付(承付)货款,后收到原材料的采购业务。对于已经付款或已开出、承兑商业汇票,但材料尚未运达或尚未验收入库的采购业务,会计上通过"在途物资"账户进行核算。"在途物资"账户属于资产类账户,用于核算企业已经付款或已开出商业承兑汇票但尚未验收入库的材料或商品的采购成本。其借方登记企业购入的材料、商品采购成本,贷方登记验收入库的材料、商品的采购成本,期末借方余额表示在途物资的采购成本。

对于先支付(承付)货款,后收到原材料的采购业务,会计人员收到发票账单支付或承付货款时,按照增值税专用发票上注明的货款,借记"在途物资"账户,按增值税专用发票上注明的准予抵扣的增值税额,借记"应交税费——应交增值税(进项税额)"账户,按实际支付(或承付)的款项,贷记"银行存款""应付票据"等账户;原材料到达验收入库后,根据收料单,借记"原材料"账户,贷记"在途物资"账户。

---

① 关于增值税的问题,将在后续章节详细介绍。本章所有采购业务举例均假定购货企业是增值税一般纳税人。

【例4-7】 曙光公司20×8年10月9日购入螺纹钢7吨,收到增值税专用发票和相关结算凭证,合计金额为40 950元。其中,原材料价款35 000元,增值税额5 950元。货款于当天开出转账支票支付,钢材于10月20日运达,并验收入库。其会计处理如下:

10月9日,收到增值税专用发票和相关结算凭证时:

借:在途物资　　　　　　　　　　　　　　　　　　　　　　35 000
　　应交税费——应交增值税(进项税额)　　　　　　　　　　5 950
　贷:银行存款　　　　　　　　　　　　　　　　　　　　　　40 950

10月20日,收到仓库转来的收料单时:

借:原材料——螺纹钢　　　　　　　　　　　　　　　　　　35 000
　贷:在途物资　　　　　　　　　　　　　　　　　　　　　　35 000

(3) 先收到原材料,因未收到发票账单而未付款的采购业务。对于材料已经运达并验收入库,但因发票账单等结算凭证尚未收到,尚未付款或承付的采购业务,在月中,可以暂时不进行会计核算,待收到发票账单等结算凭证后按正常程序处理。如果跨月收到发票账单等结算凭证,则应于验收材料的当月月末,按材料的合同价或暂估价,借记"原材料"账户,贷记"应付账款——暂估应付账款"账户;于下月月初用红字作同样的记账凭证予以冲回。待下月收到发票账单等结算凭证后,按正常程序处理。

【例4-8】 曙光公司20×8年10月25日收到外购圆钢10吨,并已验收入库。发票账单等结算凭证于当年11月5日收到,金额合计71 604元,其中货款计61 200元,增值税额计10 404元,当即支付货款。该材料合同价为60 000元。其会计处理如下:

20×8年10月25日,材料验收入库,因未收到发票账单,不作会计处理。

20×8年10月31日,还未收到发票账单,按合同价暂估入账时:

借:原材料——圆钢　　　　　　　　　　　　　　　　　　　60 000
　贷:应付账款——暂估应付账款　　　　　　　　　　　　　　60 000

20×8年11月1日,红字冲回上述会计分录时:

借:原材料——圆钢　　　　　　　　　　　　　　　　　　　60 000
　贷:应付账款——暂估应付账款　　　　　　　　　　　　　　60 000

20×8年11月5日,收到有关结算凭证,支付货款时:

借:原材料——圆钢　　　　　　　　　　　　　　　　　　　61 200
　　应交税费——应交增值税(进项税额)　　　　　　　　　　10 404
　贷:银行存款　　　　　　　　　　　　　　　　　　　　　　71 604

(4) 采用预付账款发生的采购业务。采用预付货款方式采购材料时,应在预付材料价款时,按照实际预付金额,借记"预付账款"账户,贷记"银行存款"账户;已经预付货款的材料验收入库时,根据发票账单等所列的价款和增值税额等,借记"原材料"和"应交税费——应交增值税(进项税额)"账户,贷记"预付账款"账户;对于预付款项的不足或多余,采用补付或退回的方式进行会计处理。

【例 4-9】 曙光公司 20×8 年 10 月 26 日向青鸟公司购入煤炭 100 吨,每吨价格为 600 元。根据合同先预付 20% 货款,10 天后收货时再支付其余的 80% 货款及增值税进项税额。同年 11 月 5 日,如数收到货物,并支付余款。其会计处理如下:

20×8 年 10 月 26 日,签发转账支票,预付购煤款 12 000 元(100×600×20%)时:

  借:预付账款——青鸟公司   12 000
    贷:银行存款   12 000

20×8 年 11 月 5 日,煤炭验收入库时:

  借:原材料——燃料   60 000
    应交税费——应交增值税(进项税额)   10 200
    贷:预付账款——青鸟公司   70 200

20×8 年 11 月 5 日,签发转账支票,支付余额时:

  借:预付账款——青鸟公司   58 200
    贷:银行存款   58 200

(5)外购材料短缺或溢余的核算。企业购进材料,应认真进行验收,如果在验收过程中发现材料短缺或溢余,除将实收数量填入收料单外,还应查明原因,根据具体情况分别加以处理。

企业购进材料发生短缺或溢余,如果属于运输途中的正常损耗(定额内)或升溢,应计入材料的采购成本,相应调整验收入库材料的单位成本。

如果属于其他原因发生短缺或溢余,则应先按实收数结转材料采购成本,将短缺或溢余材料的价税合计记入"待处理财产损溢"账户,等查明原因后再作处理。如果是供应单位少发材料,作退货处理,则根据对方开来的红字专用发票,按价税合计借记"应付账款"(或"应收账款")账户,贷记"待处理财产损溢"账户。如果是供应单位多发材料,补作进货处理,则根据对方补开的增值税专用发票,借记"原材料""应交税费——应交增值税(进项税额)"账户,贷记"待处理财产损溢"账户。如果是供应单位少发材料,由供应单位补足材料,则可以根据验收入库材料(补收)的"收料单",借记"原材料""应交税费——应交增值税(进项税额)"账户,贷记"待处理财产损溢"账户。如果属于运输单位责任,由其负责赔偿时,则根据实际金额借记"其他应收款"或"银行存款"账户,贷记"待处理财产损溢"账户。

【例 4-10】 曙光公司向青鸟公司采购煤炭 150 吨,每吨 600 元。

20×8年11月10日,收到增值税专用发票,开出转账支票支付货款及增值税进项税额,材料尚在运输途中。编制会计分录如下:

借:在途物资 90 000
　　应交税费——应交增值税(进项税额) 15 300
　贷:银行存款 105 300

20×8年11月20日,收到仓库转来收料单,煤炭实际验收入库123吨,经供应单位与对方联系,发现对方少发25吨,将作退货处理。另2吨属于正常损耗。编制会计分录如下:

借:原材料——燃料(125×600) 75 000
　　待处理财产损溢——待处理流动资产损溢 17 550
　贷:在途物资 90 000
　　　应交税费——应交增值税(进项税额) 2 550

收到青鸟公司开来的红字专用发票,退货款15 000元,退增值税2 550元,货款尚未收到。编制会计分录如下:

借:应收账款——青鸟公司 17 550
　贷:待处理财产损溢——待处理流动资产损溢 17 550

2. 投资者投入材料的核算

企业接受投资者投入材料,应按公允价值作为材料的实际成本,按确定的出资额作为实收资本(股本)入账。核算时,按照投资各方所确认的材料公允价值,借记"原材料"账户,按照增值税专用发票上确认的增值税额,借记"应交税费——应交增值税(进项税额)"账户,按双方确定的出资额,贷记"实收资本(或股本)"账户,按其差额,贷记"资本公积"账户。

3. 以非货币性资产交换方式取得原材料的核算

企业以非货币性资产交换换入的原材料,按确定的实际成本,借记"原材料"账户;按可抵扣的增值税进项税额,借记"应交税费——应交增值税(进项税额)"账户,按应支付的相关税费,贷记"银行存款"等账户,按换出资产的不同类型,分别贷记有关账户。涉及补价的,按收到或支付的补价,借记或贷记"银行存款"账户。

4. 接受债务人以非现金资产抵偿债务方式取得原材料的核算

企业以应收债权换入的原材料,应以换入原材料的公允价值作为其实际成本。会计核算时,根据换入原材料的实际成本,借记"原材料"账户,按增值税专用发票上确定的增值税额,借记"应交税费——应交增值税(进项税额)"账户,按应收债权已计提的坏账准备,借记"坏账准备"账户,按应收债权的账面余额,贷记"应收账款"等账户,按应支付的相关税费,贷记"银行存款""应交税费"等账户,按其差额,借记"营业外支出(债务重组损失)"账户或贷记"资产减值损失"账户。

【例4-11】 甲公司与乙公司均为增值税一般纳税人。甲公司因销售商品拥有应收乙公司的账款160 000元,已计提坏账准备8 000元。20×8年6月30日,甲公司同意乙公司以原材料一批清偿该项债务。该批原材料公允价值为 120 000 元,适用增值税税率为 17%。甲公司取得乙公司开出的增值税专用发票。交换过程中,甲公司以银行存款支付其他相关税费 3 000 元。甲公司编制会计分录如下:

借:原材料 120 000
　　应交税费——应交增值税(进项税额) 20 400
　　坏账准备 8 000
　　营业外支出——债务重组损失 14 600
　贷:银行存款 3 000
　　　应收账款 160 000

(二) 原材料减少的核算

原材料的减少业务主要包括生产领用、维修领用、委托加工或销售发出等。原材料发出的业务程序一般是:各部门需要领用材料时,由领料人根据任务需要填制领料单,在领料单上注明领用材料的名称、规格、数量及用途。经领料部门主管审核签章后,领料人凭领料单向仓库领料,仓库根据领料单发料。仓库在发料后,据实在领料单上填写实发数量、单价和金额。领料单一式数联,其中:一联由领料部门带回汇总;一联由仓库留存,登记材料明细分类账;一联交会计部门进行总分类核算。

1. 领用原材料的核算

由于企业领、发料比较频繁,为简化会计核算工作,对原材料发出业务,平时只按照领料单登记材料明细分类账,反映各种材料的收发和结存金额。月末,汇总领料单,编制发料汇总表,根据发料汇总表编制记账凭证,登记总分类账。

企业生产经营领用原材料,按实际成本,借记"生产成本""制造费用""销售费用""管理费用"等账户,贷记"原材料"账户;企业委托外单位加工发出原材料,按实际成本,借记"委托加工物资"账户,贷记"原材料"账户。

福利等部门领用原材料,按实际成本加上不予抵扣的增值税额,借记"应付职工薪酬"等账户,按实际成本,贷记"原材料"账户;按不予抵扣的增值税额,贷记"应交税费——应交增值税(进项税额转出)"账户。

【例 4-12】 兆和公司 20×7 年 12 月份各部门领用原材料实际成本汇总如图表 4-6 所示,根据汇总数编制会计分录。

借:生产成本 200 000
　　制造费用 75 000
　　销售费用 4 800
　　管理费用 3 600
　　委托加工物资 18 000
　贷:原材料 301 400

图表 4-6

材料发出汇总表

应借账户 \ 应贷账户	原 材 料	备 注
生产成本	200 000	生产产品领用
制造费用	75 000	生产车间一般耗用
销售费用	4 800	销售领用包装材料
管理费用	3 600	行政管理部门领用
委托加工物资	18 000	委托外单位加工领用
合　　计	301 400	

2. 出售原材料的核算

企业出售原材料,开出增值税专用发票,按已收或应收的款项,借记"银行存款""应收账款"或"应收票据"账户,按原材料的售价,贷记"其他业务收入"账户,按应交纳的增值税额,贷记"应交税费——应交增值税(销项税额)"账户。期末,结转已售原材料的实际成本,按出售原材料的实际成本,借记"其他业务成本"账户,贷记"原材料"账户。如果该原材料曾经计提跌价准备的,还需将已计提的跌价准备金额,借记"存货跌价准备"账户,贷记"其他业务成本"账户。

【例 4-13】 C 公司为增值税一般纳税人,增值税税率为 17%。20×8 年 3 月 10 日,C 公司销售一批因转产不再使用的原材料给 A 公司,售价为 30 000 元,增值税额为 5 100 元。原材料成本为 28 000 元。增值税专用发票已经开出,A 企业开出支票转账付款,并已提货。C 公司的会计处理如下:

(1) 出售原材料,确认收入时:

借:银行存款	35 100
贷:其他业务收入	30 000
应交税费——应交增值税(销项税额)	5 100

(2) 结转原材料成本时:

借:其他业务成本	28 000
贷:原材料	28 000

三、按计划成本计价的原材料核算

有的工业企业,材料的品种规格繁多,购入、领用频繁,会计核算工作量很大。为简化核算手续,对材料可以采用计划成本法进行核算。

(一) 计划成本法概述

计划成本法是指企业材料的购入、发出和结存均按预先制定的计划成本计价,同时另设

"材料成本差异"账户,登记实际成本与计划成本差额的方法。

"材料成本差异"账户用来核算企业各种材料的实际成本与计划成本的差异。其借方登记发出材料的实际成本大于计划成本的差异,贷方登记实际成本小于计划成本的差异和月末结转发出材料应负担的成本差异,实际成本大于计划成本的差异,用蓝字登记;实际成本小于计划成本的差异,用红字登记。期末,借方余额反映企业库存材料实际成本大于计划成本的差异;贷方余额反映实际成本小于计划成本的差异。

采用计划成本法的前提条件是制定每一品种、规格材料的计划成本。材料的计划成本由企业的会计部门、采购部门及相关部门共同制定。计划成本应尽可能与实际成本接近。计划成本的制定应遵循历史成本计价原则,其构成内容应与实际成本的构成内容保持一致,包括买价、运杂费和有关税金等。

采用计划成本法,企业材料的日常核算基本程序如下:

(1) 制定各品种规格材料的计划成本目录,规定材料的分类、名称、规格、编号、计量单位和计划单位成本。除特殊情况,计划成本一般年内不作调整。

(2) 计划成本法下取得材料的核算通过"材料采购""原材料"和"材料成本差异"等账户进行。企业采购材料时,材料采购的实际成本,借记"材料采购"账户;材料验收入库时,按验收入库材料的计划成本,由"材料采购"账户贷方转入"原材料"账户的借方,实际成本与计划成本的差异转入"材料成本差异"账户。

(3) 月内领用、发出材料时,按计划单位成本计算发出材料的计划成本。

(4) 月末,将期初和当期形成的材料成本差异在当期已发出材料和期末结存材料之间分配,计算发出材料和期末库存材料应负担的材料成本差异。有关计算公式如下:

$$本月材料成本差异率 = \frac{月初结存材料的成本差异 + 本月收入材料的成本差异}{月初结存材料的计划成本 + 本月收入材料的计划成本} \times 100\%$$

$$本月发出材料应负担的差异 = 本月发出材料的计划成本 \times 本月材料成本差异率$$

为简化会计核算,也可以使用按月初材料成本差异率计算本月发出材料应负担的材料成本差异,即:

$$月初材料成本差异率 = \frac{月初结存材料的成本差异}{月初结存材料的计划成本} \times 100\%$$

$$本月发出材料应负担的差异 = 本月发出材料的计划成本 \times 月初材料成本差异率$$

(5) 将发出材料应负担的材料成本差异由"材料成本差异"账户转入相关成本费用账户,借记"生产成本""制造费用""管理费用""销售费用""委托加工物资""其他业务成本"等账户,贷记"材料成本差异"账户。实际成本大于计划成本的差异,用蓝字登记;实际成本小于计划成本的差异,用红字登记。

(二)计划成本法下材料的核算

【例4-14】 顺和公司为增值税一般纳税人,材料的增值税税率为17%,运输费增值税税率为7%。其对材料的核算采用计划成本法,材料成本差异分配按照大类材料进行,按本月材料成本差异率计算发出及结存材料应负担的材料成本差异额。20×8年10月,月初结存某类材料情况如下:

甲材料:数量为4 000千克,单位计划成本为20元,计划成本合计80 000元。
乙材料:数量为2 000千克,单位计划成本为25元,计划成本合计50 000元。
丙材料:数量为1 000千克,单位计划成本为15元,计划成本合计15 000元。
材料成本差异(借方):6 776元。

10月份材料采购、收发及成本差异结转业务及会计处理如下:

(1) 10月2日,购入甲材料3 000千克,每千克21元,共计货款63 000元,增值税额10 710元,运杂费3 000元。增值税专用发票已经收到,货款通过银行转账支付。

公司一共支付货税款76 710元,其中,运输费的增值税进项税额210元(3 000×7%),进项税额合计10 920元。应计入材料采购成本的运输费为2 790元(3 000−210),材料采购成本为65 790元。

借:材料采购　　　　　　　　　　　　　　　　　　　　　　　　65 790
　　应交税费——应交增值税(进项税额)　　　　　　　　　　　　10 920
　　贷:银行存款　　　　　　　　　　　　　　　　　　　　　　　　76 710

(2) 10月2日,甲材料验收入库,计划成本60 000元(3 000×20)。

借:原材料——甲材料　　　　　　　　　　　　　　　　　　　　60 000
　　贷:材料采购　　　　　　　　　　　　　　　　　　　　　　　　60 000

借:材料成本差异　　　　　　　　　　　　　　　　　　　　　　 5 790
　　贷:材料采购　　　　　　　　　　　　　　　　　　　　　　　　 5 790

两笔会计分录也可以合并成一笔:

借:原材料——甲材料　　　　　　　　　　　　　　　　　　　　60 000
　　材料成本差异　　　　　　　　　　　　　　　　　　　　　　 5 790
　　贷:材料采购　　　　　　　　　　　　　　　　　　　　　　　　65 790

(3) 10月8日,购入乙材料2 000千克,每千克价格为24元,共计货款48 000元,增值税额8 160元,运杂费1 800元。增值税专用发票已经收到,双方商定,采用商业承兑汇票结算方式支付货款,付款期限3个月。已开出并承兑商业汇票。

公司一共支付货税款 57 960 元,运输费的增值税进项税额为 126 元(1 800×7%),进项税额合计 8 286 元。应计入材料采购成本的运输费为 1 674 元(1 800-126),材料采购成本为 49 674 元。

借:材料采购　　　　　　　　　　　　　　　　　　　　　49 674
　　应交税费——应交增值税(进项税额)　　　　　　　　　 8 286
　贷:应付票据　　　　　　　　　　　　　　　　　　　　　57 960

(4) 10 月 8 日,乙材料验收入库,计划成本为 50 000 元。

借:原材料——乙材料　　　　　　　　　　　　　　　　　50 000
　贷:材料采购　　　　　　　　　　　　　　　　　　　　　49 674
　　　材料成本差异　　　　　　　　　　　　　　　　　　　　326

(5) 10 月 22 日,购入丙材料 1 000 千克,材料已验收入库,但发票账单到月末尚未收到,货款尚未支付。月末按计划成本暂估入账。

借:原材料　　　　　　　　　　　　　　　　　　　　　　15 000
　贷:应付账款——暂估应付账款　　　　　　　　　　　　　15 000①

(6) 10 月 31 日,汇总当月领用材料数量,生产产品领用甲材料 4 000 千克,计划成本 80 000 元;领用乙材料 2 500 千克,计划成本 62 500 元。车间一般消耗领用丙材料 1 000 千克,计划成本 15 000 元。

借:生产成本　　　　　　　　　　　　　　　　　　　　142 500
　　制造费用　　　　　　　　　　　　　　　　　　　　 15 000
　贷:原材料——甲材料　　　　　　　　　　　　　　　　 80 000
　　　　　　——乙材料　　　　　　　　　　　　　　　　 62 500
　　　　　　——丙材料　　　　　　　　　　　　　　　　 15 000

(7) 10 月 31 日,计算当月领用材料应负担的材料成本差异。计算如下:②

$$本月材料成本差异率 = \frac{6\,776 + 5\,790 - 326}{145\,000 + 60\,000 + 50\,000 + 15\,000}$$

---

① 11 月 1 日,用红字作同样的会计分录冲回。

借:原材料　　　　　　　　　　　　　　　　　　　　　　15 000
　贷:应付账款——暂估应付账款　　　　　　　　　　　　　15 000

收到发票账单时,按正常程序入账。

② 如果采用上月材料成本差异率计算,则:

上月材料成本差异率 = $\frac{6\,776}{145\,000} \times 100\% = 4.67\%$

本月生产产品领用材料应负担的成本差异 = 142 500×4.67% = 6 654.75(元)

本月车间一般耗用材料应负担的成本差异 = 15 000×4.67% = 700.5(元)

$$=\frac{12\ 240}{270\ 000}\times 100\%=4.533\ 3\%$$

本月生产产品领用材料应负担的成本差异 $=142\ 500\times 4.533\ 3\%=6\ 460(元)$

本月车间一般耗用材料应负担的成本差异 $=15\ 000\times 4.533\ 3\%=680(元)$

编制会计分录如下：

借：生产成本　　　　　　　　　　　　　　　　　　　　　　　6 460
　　制造费用　　　　　　　　　　　　　　　　　　　　　　　　680
　　贷：材料成本差异　　　　　　　　　　　　　　　　　　　　　7 140

将上述会计分录过入"原材料"和"材料成本差异"账户，并结出月末余额(见图表4-7)。

图表 4-7

相 关 账 户

原材料				材料成本差异			
月初余额	145 000	(6)	157 500	月初余额	6 776	(4)	326
(2)	60 000			(2)	5 790	(7)	7 140
(4)	50 000						
(5)	15 000			本月合计	5 790	本月合计	7 466
				月末余额	5 100		
本月合计	12 5000	本月合计	157 500				
月末余额	112 500						

材料核算采用计划成本法时必须注意以下几个方面：

(1) 验收入库材料的实际成本与计划成本差异可以逐笔结转，也可以在月末一次结转，将"材料采购"账户的借(贷)方差额一次从贷方(借方)转入"材料成本差异"账户的借方(贷方)。

(2) 发出材料应负担的成本差异，必须按月分摊，不得在季末或年末一次计算。

(3) 发出材料应负担的成本差异，除委托外部加工发出材料可按上月的差异率计算外，都应使用当月的实际差异率；如果上月的成本差异率与本月成本差异率相差不大，也可按上月的成本差异率计算。计算方法一经确定，不得随意变动。如果确需变更，应在会计报表附注中予以说明。

(4) 在计划成本法下，包装物、低值易耗品、委托加工物资等存货产生的材料成本差异，也通过"材料成本差异"账户核算。企业应按照存货的类别，如原材料、包装物、低值易耗品等，对材料成本差异进行明细核算，但不能使用一个综合差异率来分摊发出存货和结存存货应负担的成本差异。

(5) 经过材料成本差异分配后,属于月末库存材料应负担的材料成本差异仍然保留在"材料成本差异"账户中,作为库存材料计划成本的调整金额。

第三节 其他存货的核算

一、委托加工物资的核算

在企业经营中,有时会因各种原因,将本单位的材料、商品等物资委托其他单位加工,然后将加工后的物资收回,或直接销售,或由本单位继续加工。委托加工物资的业务程序为:发出需委托其他单位加工的物资、支付加工费用和相关税金、收回委托加工完毕的物资和剩余物资。其会计核算包括委托加工物资的拨付和收回,加工费用的支付,委托加工材料实际成本的计算。

委托加工材料的会计核算在"委托加工物资"账户中进行。"委托加工物资"账户核算企业委托外单位加工的各种材料、商品等物资的实际成本。其借方登记企业发给外单位加工的物资实际成本、支付加工费、运杂费等,贷方登记加工完成验收入库物资和剩余物资的实际成本,期末借方余额反映企业委托外单位加工尚未完成物资的实际成本。该账户按加工合同、受托加工单位以及加工物资的品种等进行明细核算。

(1) 企业委托外单位加工物资时,根据材料"领料单"或"商品出库单"中标明的实际成本,借记"委托加工物资"账户,贷记"原材料""库存商品"等账户。按计划成本(或售价)核算的企业,还应同时结转材料成本差异或商品进销差价。

(2) 企业支付或应付加工费、运杂费和应负担的增值税等时,借记"委托加工物资""应交税费——应交增值税(进项税额)"账户,贷记"银行存款""应付账款"等账户。其中,委托加工材料应负担的增值税按应支付的加工费用和规定的增值税税率计算。交纳的增值税可以抵扣。对于需要交纳消费税的委托加工物资,由受托方代收代缴消费税。

对于由受托方代扣代缴的消费税,委托方的会计处理需要考虑收回后的物资是否直接用于销售。

如果委托加工物资收回后直接用于销售,该物资销售时不再交纳消费税,委托方应将受托方代收代缴的消费税计入委托加工物资的成本,借记"委托加工物资"账户,贷记"银行存款""应付账款"等账户。

如果委托加工物资收回后用于连续生产应税消费品的,则该物资销售时要按照销售价格计算应交消费税,由受托方代收代缴的消费税可以在未来应交消费税中抵扣。因此,委托方应按准予抵扣的消费税,借记"应交税费——应交消费税"账户,贷记"银行存款""应付账款"等账户。

(3) 加工完成验收入库的物资和剩余的物资,应按加工收回物资的实际成本和剩余物资的实际成本,借记"库存商品""原材料"账户,贷记"委托加工物资"账户。

委托加工物资的实际成本计算公式如下:

收回后用于连续生产应税消费品时:

$$委托加工物资成本=原材料成本+加工费$$

收回后直接用于销售时:

$$委托加工物资成本=原材料成本+加工费+消费税$$

其中:

$$委托加工物资涉及的消费税=组成计税价格×消费税税率$$

$$组成计税价格=\frac{委托加工原材料成本+加工费}{1-消费税税率}$$

【例4-15】 永红公司委托锦程公司加工材料一批(属于应税消费品),原材料成本为36 000元,支付的加工费为18 000元(不含增值税),消费税税率为10%,增值税税率为17%。假定:材料已加工完成验收入库,无剩余材料;加工费用、税金等已经支付,该材料收回后直接用于销售。永红公司委托加工材料全过程的会计分录如下:

(1) 发出委托加工材料时:

借:委托加工物资　　　　　　　　　　　　　　　　　　　　　　　36 000
　　贷:原材料　　　　　　　　　　　　　　　　　　　　　　　　　36 000

(2) 支付加工费用、增值税和消费税时:

消费税组成计税价格=(36 000+18 000)÷(1-10%)=60 000(元)
(受托方)代收代缴消费税=60 000×10%=6 000(元)
委托加工材料加工成本=18 000+6 000=24 000(元)
应交增值税=18 000×17%=3 060(元)

借:委托加工物资　　　　　　　　　　　　　　　　　　　　　　　24 000
　　应交税费——应交增值税(进项税额)　　　　　　　　　　　　　3 060
　　贷:银行存款　　　　　　　　　　　　　　　　　　　　　　　　27 060

(3) 收回加工后材料时:

借:原材料　　　　　　　　　　　　　　　　　　　　　　　　　　60 000
　　贷:委托加工物资　　　　　　　　　　　　　　　　　　　　　　60 000

二、周转材料的核算

(一) 周转材料概述

周转材料是指企业能够多次使用、逐渐转移其价值但仍保持原有形态,不确认为固定资产的包装物、低值易耗品以及建造承包企业的钢模板、木模板、脚手架和其他周转使用的材料。

包装物是指为了包装本企业产成品和商品而储备的各种包装容器,如桶、箱、瓶、坛、袋等。包装物包括:

(1) 生产过程中用于包装产品作为产品组成部分的包装物。
(2) 随同产品出售不单独计价的包装物。
(3) 随同产品出售单独计价的包装物。
(4) 出租或出借给购买单位使用的包装物。

低值易耗品是指不能作为固定资产的各种用具物品,如工具、管理用具、玻璃器皿、劳动保护用品以及在经营过程中周转使用的容器,由于其价值较低,且易于损坏,为便于核算和管理,在会计上将其归入存货类,视同存货进行实物管理。

(二) 周转材料的核算

企业设置"周转材料"账户核算企业周转材料的计划成本或实际成本。按周转材料的种类,分别设置"在库""在用"和"摊销"明细账户,进行明细核算。该账户的借方登记企业购入、自制、委托外单位加工完成并已验收入库的周转材料的实际成本或计划成本,贷方登记采用一次转销法下领用周转材料的账面价值,以及采用其他摊销法下领用材料实际摊销的金额,期末借方余额反映企业在库周转材料的实际成本或计划成本以及在用周转材料的摊余价值。

对于企业的包装物、低值易耗品,也可以单独设置"包装物""低值易耗品"账户进行核算。

1. 生产、销售领用包装物

对于生产部门领用的构成商品实体的包装物,销售部门领用的,不构成商品实体,随同商品出售但不单独计价的包装物,在领用时,将实际成本分别不同用途,计入产品成本或当期销售费用。

对于销售部门领用的,随同商品出售并单独计价的包装物,其会计核算类似于原材料销售,确认其他业务收入及其他业务成本。

【例 4-16】 20×7 年 9 月 15 日,上海日化厂生产车间领用构成商品实体的包装物 1 000 元,领用不构成商品实体,随同商品出售不单独计价的包装物 500 元。作会计分录如下:

借:生产成本　　　　　　　　　　　　　　　　　　　　　　　　　　 1 000
　　销售费用　　　　　　　　　　　　　　　　　　　　　　　　　　　 500
　　贷:周转材料——包装物　　　　　　　　　　　　　　　　　　　　 1 500

【例 4-17】 20×7 年 10 月 15 日,康立炼油厂销售汽油 1 500 千克,每千克价格为 10 元,总价为 15 000 元,增值税额为 2 550 元。随同汽油出售铁桶 50 只,每只售价为 100 元,总价为 5 000 元,增值税额为 850 元。汽油每千克成本为 7.5 元,铁桶每只成本为 80 元。款项均已收到。根据上述资料,作会计分录如下:

(1) 确定销售收入时:

借:银行存款	23 400
贷:主营业务收入——汽油	15 000
其他业务收入——铁桶	5 000
应交税费——应交增值税(销项税额)	3 400

(2) 结转销售成本时:

借:主营业务成本——汽油	11 250
其他业务成本——铁桶	4 000
贷:库存商品	11 250
周转材料——包装物	4 000

2. 出租包装物

包装物出租时,提供包装物的单位收取一定数额的押金,包装物使用完毕收回时,按实际租用天数收取租金,并退还押金。

在出租包装物核算中,押金的收取和退回通过"其他应付款"账户核算,租金收入作为"其他业务收入"处理。出租包装物的成本可以采用一次转销法,在第一次领用新包装物时,记入"其他业务成本"账户。为加强对出租包装物的管理,对用于出租的包装物应在备查簿上进行登记。

【例 4-18】 上海日化厂 20×7 年 11 月发生的有关包装物出租的事项如下:

(1) 5 日,向上海百货公司出租新铁桶 100 只,每只成本为 40 元,共计 4 000 元。

(2) 5 日,出租铁桶时向租用单位上海百货公司收到押金,每只押金为 24 元,款项已存入银行。

(3) 25 日,出租上述铁桶的租金每个每天 2 元(含税)。收回铁桶,按实际出租 20 天计算租金,共计 4 000 元,扣除押金,收到全部余款,款项已存入银行。

根据上述业务编制会计分录如下:

(1) 出租铁桶,结转包装物成本时:

借:其他业务成本	4 000
贷:周转材料——包装物	4 000

(2) 出租铁桶,收到租用单位上海百货公司押金时:

借:银行存款	2 400
贷:其他应付款——上海百货公司	2 400

(3) 收回铁桶,确认租金收入,扣除押金后收到全部余款时:

租金收入(含税)＝100×2×20＝4 000(元)
租金收入(不含税)＝4 000÷1.17＝3 418.8(元)
应交增值税＝3 418.8×17%＝581.2(元)

借:银行存款	1 600.00
其他应付款——上海百货公司	2 400.00
贷:主营业务收入	3 418.80
应交税费——应交增值税(销项税额)	581.20

若上述铁桶逾期未退,则没收押金时:

借:其他应付款	2 400.00
贷:其他业务收入	2 051.28
应交税费——应交增值税(销项税额)	348.72

3. 出借包装物

包装物出借时,提供包装物的单位同样要收取一定数额的押金。包装物供购货单位无偿使用,押金待包装物收回后全额退还。

出借包装物的押金收取和退回通过"其他应付款"账户核算,没收逾期未退回的包装物押金时,记入"其他业务收入"账户,不同的是,出借包装物的成本,在第一次领用新包装物时,记入"销售费用"账户。

【例4-19】 上海食品厂20×7年11月发生有关塑料周转箱出借的事项:11月5日,出租周转箱20只,计划成本每只20元,材料成本差异率5%。收取押金600元,存入银行。11月25日,收回出租的周转箱,退回押金600元,以现金支付。其会计处理如下:

(1) 11月5日,出借周转箱,结转成本时:

借:销售费用	420
贷:周转材料——包装物	400
材料成本差异	20

(2) 11月5日,收到押金时:

借:银行存款	600
贷:其他应付款	600

(3) 11月25日,收到退回的周转箱,退回押金时:

借:其他应付款	600
贷:库存现金	600

收回的周转箱应妥善保管,备查簿登记。

4. 领用工具、用具等低值易耗品

低值易耗品可以在生产经营过程中周转使用,不改变其原有实物形态,其价值逐渐转移。对低值易耗品的领用和价值摊销,可以根据其价值大小、使用期限长短等情况,分别采用一次摊销法和五五摊销法等进行核算。

【例 4-20】 甲公司对低值易耗品采用实际成本核算,并按五五摊销法进行价值摊销。20×7年3月,其生产车间领用工具一批,实际成本为5 000元。该批工具当年12月报废,报废时残料价值为200元,作为原材料入库。甲公司对此项工具领用、摊销和报废的会计核算如下:

(1) 3月份领用工具,并摊销工具的一半价值时:

借:周转材料——低值易耗品(在用) 　　　　　　　　　　　　　　　　5 000
　　贷:周转材料——低值易耗品(在库) 　　　　　　　　　　　　　　　　　5 000
借:制造费用 　　　　　　　　　　　　　　　　　　　　　　　　　　　　　2 500
　　贷:周转材料——低值易耗品(摊销) 　　　　　　　　　　　　　　　　　2 500

(2) 12月份工具报废,残值验收入库,摊销剩余成本,注销报废工具的账面价值时:

借:原材料 　　　　　　　　　　　　　　　　　　　　　　　　　　　　　　200
　　贷:周转材料——低值易耗品(在用) 　　　　　　　　　　　　　　　　　　200
借:制造费用 　　　　　　　　　　　　　　　　　　　　　　　　　　　　2 300
　　贷:周转材料——低值易耗品(摊销) 　　　　　　　　　　　　　　　　　2 300
借:周转材料——低值易耗品(摊销) 　　　　　　　　　　　　　　　　　　4 800
　　贷:周转材料——低值易耗品(在用) 　　　　　　　　　　　　　　　　　4 800

三、库存商品的核算

库存商品包括库存产成品、外购商品、存放在门市部准备出售的商品、发出展览的商品以及寄存在外的商品等。工业企业接受来料加工制造的代制品和为外单位加工修理的代修品,在制造和修理完成验收入库后,视同企业的产成品,属于库存商品。已经完成销售手续并确认销售收入,但购买单位未提取的商品,应作为企业的代管商品,在"代管商品登记簿"补充登记,不属于企业的库存商品。

企业设置"库存商品"账户核算企业库存的各种商品的实际成本(或进价)或计划成本(或售价),并按库存商品的种类、品种和规格设置明细账户,进行明细核算。该账户的借方登记验收入库的库存商品的实际成本(或进价)或计划成本(或售价),贷方登记出库商品的实际成本(或进价)或计划成本(或售价),期末借方余额表示库存商品的实际成本(或进价)或计划成本(或售价)。

（一）工业企业库存商品的核算

工业企业的库存商品主要指产成品。在特殊情况下，也有少量的外购商品。

工业企业生产的产成品一般按实际成本进行核算，对发出和销售的产成品，采用先进先出法、全月一次加权平均法、移动加权平均法或者个别计价法等确定其实际成本。产成品种类比较多的企业，也有按计划成本进行日常核算，实际成本与计划成本的差异，单独设置"产品成本差异"账户进行核算。

工业企业库存商品的会计核算主要包括：

（1）对生产完成验收入库的产成品，按实际成本，借记"库存商品"账户，贷记"生产成本"账户。

（2）对外销售产成品（包括采用分期收款方式销售产成品），结转销售成本时，借记"主营业务成本"账户，贷记"库存商品"账户。

在产成品采用计划成本核算的情况下，对于完工验收入库产品的实际成本大于计划成本的超支差异，应借记"产品成本差异"账户，贷记"生产成本"账户，节约差异编制相反分录；对于对外销售产成品应负担的实际成本大于计划成本的差异，应借记"主营业务成本"账户，贷记"产品成本差异"账户，负担节约差异编制红字会计分录。

【例4-21】 永红公司库存商品采用实际成本核算。20×7年10月31日，验收入库A产品2 000件，单位成本为230元，计460 000元，B产品1 200件，单位成本为180元，计216 000元。根据"产成品入库汇总表"编制会计分录如下：

借：库存商品——A产品　　　　　　　　　　　　　　　　　460 000
　　　库存商品——B产品　　　　　　　　　　　　　　　　　216 000
　贷：生产成本——A产品　　　　　　　　　　　　　　　　　460 000
　　　生产成本——B产品　　　　　　　　　　　　　　　　　216 000

（二）商品流通企业库存商品的核算

商品流通企业的库存商品主要是指外购或委托加工完成验收入库用于销售的各种商品。

商品流通企业库存商品的实际成本包括商品的买价、应负担的税费和商品采购费用。商品采购费用包括商品运输、抵达仓库前发生的运输费、装卸费、保险费、包装费、运输途中的合理损耗和入库前的挑选整理费用等。

商品流通企业库存商品的核算有两种方法，即采用进价核算和采用售价核算。

1. 库存商品采用进价金额核算

商品流通企业库存商品采用进价核算时，其增加核算采用的方法同工业企业的原材料按实际成本进行的核算，减少核算采用的方法同工业企业的库存商品按实际成本进行的核算。简述如下：

(1) 企业采购商品,收到发票账单,商品验收入库,根据取得的发票账单和商品入库单,借记"库存商品""应交税费——应交增值税(进项税额)"账户,贷记"银行存款""应付账款""应付票据"等账户。

(2) 对于在途商品通过"在途物资"账户核算。收到发票账单,支付货款时,借记"在途物资""应交税费——应交增值税(进项税额)"账户,贷记"银行存款"账户,商品验收入库时,借记"库存商品"账户,贷记"在途物资"账户。

(3) 对于已验收入库,但尚未收到发票账单的购入商品,通过"应付账款——暂估应付账款"账户核算。月中暂时不进行会计核算,待收到发票账单后按正常程序处理。如果月末尚未收到发票账单,则按商品的合同价或暂估价,借记"库存商品"账户,贷记"应付账款——暂估应付账款"账户;下月月初,用红字作同样的会计分录予以冲销。下月收到发票账单后,按正常程序处理。

(4) 商品销售时,选用先进先出法、全月一次加权平均法、移动加权平均法或者个别计价法、毛利率法等确定已销商品的实际成本,借记"主营业务成本"账户,贷记"库存商品"账户。

【例 4-22】 中联股份有限公司为商品流通企业,采用进价金额核算。20×7 年 11 月 2 日,从顺昌公司购入商品一批,商品价款为 40 000 元,增值税进项税额为 6 800 元。增值税专用发票已经收到,货款尚未支付,商品已经验收入库。编制会计分录如下:

借:库存商品　　　　　　　　　　　　　　　　　　　　　　　40 000
　　应交税费——应交增值税(进项税额)　　　　　　　　　　　 6 800
　　贷:应付账款——顺昌公司　　　　　　　　　　　　　　　　　46 800

2. 库存商品采用售价金额核算

零售企业对库存商品采用售价金额核算时,"库存商品"账户按商品的零售价(含税价,下同)记账,另外设置"商品进销差价"账户核算库存商品的购进成本与含税售价之间的差额。"商品进销差价"账户按商品类别或实务负责人设置明细账户,进行明细核算。期(月)末该账户的贷方余额,反映企业库存商品的进销差价。库存商品采用售价金额核算的基本核算步骤如下:

(1) 企业购入、加工收回以及销售退回等增加库存商品时,按商品售价,借记"库存商品"账户,按商品进价,贷记"银行存款""委托加工物资""在途物资"等账户,按售价与进价之间的差额,贷记"商品进销差价"账户。

(2) 销售商品发出商品时,按含税售价借记"银行存款""应收账款""应收票据"等账户,贷记"主营业务收入"账户,同时按含税售价,借记"主营业务成本"账户,贷记"库存商品"账户。

(3) 期(月)末,转销已销商品应分摊转销的进销差价,借记"商品进销差价"账户,贷记"主营业务成本"账户。销售商品应分摊的商品进销差价,按以下公式计算:

$$\text{商品进销差价率} = \frac{\text{期末分摊前"商品进销差价"账户余额}}{\left(\text{"库存商品"账户期末余额} + \text{"委托代销商品"账户期末余额} + \text{"发出商品"账户期末余额} + \text{本期"主营业务收入"账户贷方发生额}\right)} \times 100\%$$

$$\text{本期销售商品应分摊的商品进销差价} = \text{本期"主营业务收入"账户贷方发生额} \times \text{商品进销差价率}$$

企业的商品进销差价率各期之间比较均衡的,也可以采用上期商品进销差价率计算分摊本期的商品进销差价。年度终了时,应对商品进销差价进行核实调整。

(4) 将主营业务收入由含税收入转为不含税收入,确认已销商品应负担的增值税销项税额,借记"主营业务收入"账户,贷记"应交税费——应交增值税(销项税额)"账户。

【例 4-23】 某商品流通企业为增值税一般纳税人,增值税税率为 17%,购入商品当即付款,销售商品款项当天存入银行,不通过"库存现金"账户核算。20×7 年 11 月份期初,"库存商品"账户借方余额为 60 000 元,"商品进销差价"账户贷方余额为 10 000 元。当月购入商品,实际成本为 100 000 元,增值税额为 17 000 元,货税款均以银行存款支付;购进商品的含税售价为 150 000 元。当月销售收入(含税)为 180 000 元。该企业 11 月份有关商品购销业务的会计核算如下:

(1) 购入商品时:

借:库存商品　　　　　　　　　　　　　　　　　　　　　　　　　150 000
　　应交税费——应交增值税(进项税额)　　　　　　　　　　　　　17 000
　　贷:银行存款　　　　　　　　　　　　　　　　　　　　　　　　117 000
　　　　商品进销差价　　　　　　　　　　　　　　　　　　　　　　50 000

(2) 销货商品,按含税售价分别记录销售收入和结转销售成本时:

借:银行存款　　　　　　　　　　　　　　　　　　　　　　　　　180 000
　　贷:主营业务收入　　　　　　　　　　　　　　　　　　　　　　180 000
借:主营业务成本　　　　　　　　　　　　　　　　　　　　　　　180 000
　　贷:库存商品　　　　　　　　　　　　　　　　　　　　　　　　180 000

(3) 月末,计算商品进销差价率和已销商品应分摊的进销差价时:

月末分摊前"商品进销差价"账户余额=10 000+50 000=60 000(元)
月末"库存商品"账户余额=60 000+150 000-180 000=30 000(元)
当月"主营业务收入"账户贷方发生额=180 000(元)
商品进销差价率=60 000÷(30 000+180 000)×100%=28.57%
已销商品应分摊的进销差价=180 000×28.57%=51 426(元)

(4) 结转已销商品应分摊的商品进销差价时:

借:商品进销差价　　　　　　　　　　　　　　　　　　　　　　　51 426
　　贷:主营业务成本　　　　　　　　　　　　　　　　　　　　　　51 426

(5) 确认已销商品应负担的增值税销项税额时:

增值税销项税额=180 000÷1.17×17%=26 153.85(元)

借: 主营业务收入 26 153.85
　　贷: 应交税费——应交增值税(销项税额) 26 153.85

第四节　存货的期末核算

企业期末存货的实际价值多少,关系到企业资产负债表流动资产总额和利润表净利润的确定。为了如实地反映企业期末财务状况,正确计算会计期间的净利润,必须进行期末存货的计量,如实反映期末存货的价值。

一、期末存货数量的确定

在会计上,确定期末存货数量的方法有两种: 实地盘存制和永续盘存制。

(一) 实地盘存制

实地盘存制亦称为定期盘存制,是指在期末通过盘点实物,来确定库存品数量,并据以算出库存成本和销售或耗用成本的一种方法。实地盘存制用于商品流通企业时,称为"以存计销制"或"盘存计销制";用于工业企业时,称为"以存计耗制"或"盘存计耗制"。采用这种方法,平时只记录存货的购进或收入数量,不记其发出数量,会计期末,通过实地盘点,确定每种存货的结存数量,倒轧出每种存货当期的发出数量,然后按一定的价格计算期末库存成本和销售或耗用成本。其计算公式如下:

本期发出数量=期初结存数量+本期收入数量−期末结存数量

期末库存成本=期末结存数量(实地盘存数)×进货单价

$$\text{本期销售(或耗用)成本} = \text{期初库存成本} + \text{本期购进(或收入)金额} - \text{期末库存成本}$$

实地盘存制的优点是: 平时对销售或发出和结存的数量可以不作明细记录;存货账户可不按具体品种规格设置,可以简化存货的日常核算工作。其缺点是: 首先,不能随时反映存货的收入、发出和结存动态,不便于管理人员对存货的控制和管理;其次,由于以存计销或以存计耗,倒轧销售成本或耗用成本,从而使存货的非正常销售或存货损失、浪费、偷盗等问题,都将掩盖在出售或耗用的存货成本之中,影响了成本计算的正确性;最后,采用实地盘存制不能随时结转销售或耗用成本。所以,实地盘存制实用性较差,仅适用于那些消耗大、数量不稳定的鲜活商品等。

(二) 永续盘存制

永续盘存制亦称账面盘存制,是指对存货项目设置经常性的库存记录,即分别品名规格设置存货明细账,逐笔或逐日地登记收入发出的存货,并随时记录结存数的一种方法。

采用永续盘存制,通过账簿记录可以完整反映存货的收、发、存情况。在没有偷盗和丢失的情况下,存货账户的余额应该与实际存货一致。采用永续盘存制,仍须定期或不定期地对存货地进行实地盘点,以加强对存货的管理,及时发现账存数和实存数不一致的情况。

永续盘存制的优点是:首先,有利于加强对存货的管理。在各种存货明细账卡中,可以随时反映出每种存货的收入、发出和结存情况,并在数量和金额两方面进行控制。明细账卡的结存数量,可以通过盘点与实存数量进行核对,可以及时发现存货溢余或短缺,并查明原因,进行账务处理。其次,通过账簿记录,可以与预定的最高和最低库存限额进行比较,随时发现存货的剩余或不足,合理组织货源,加速资金周转。

与实地盘存制相比,在控制和保护财产物资安全方面,永续盘存制具有明显的优越性,在实际工作中,除少数存货外,一般都采用永续盘存制。企业应根据存货类别和管理要求,对有些存货实行永续盘存制,对有些存货实行实地盘存制,将两者结合使用。但不论采用何种方法,前后各期应保持一致。

二、期末存货清查的核算

企业采用永续盘存制对存货进行清查盘点,对清查出的存货溢余或短缺,应填制原始凭证"存货账存实存对比表",并对清查结果进行会计处理。为核算企业在存货清查中查明的各项存货盘盈、盘亏和毁损,企业应设置"待处理财产损溢——待处理流动资产损溢"账户,账户的借方登记各种材料、产成品、商品、生物资产等存货的盘亏、毁损金额以及按规定批准处理的存货盘盈金额;贷方登记各种材料、产成品、商品、生物资产等存货的盘盈金额以及按规定批准处理的存货盘亏、毁损金额。按照规定,企业的财产损溢,应查明原因,在期末结账前处理完毕,因此,"待处理财产损溢"账户没有期末余额。

(一) 存货的盘盈

盘盈的存货,通常是由企业日常收发计量或核算上的差错造成的。对于盘盈的存货,应及时办理存货入账手续,调整存货实存数。在报经有关机构批准前,按盘盈的实际成本,借记相关存货账户,贷记"待处理财产损溢——待处理流动资产损溢"账户;在经相关机构部门批准后,计入当期损益,借记"待处理财产损溢——待处理流动资产损溢"账户,贷记"管理费用"账户。

(二) 存货的盘亏和毁损

存货盘亏和毁损的会计处理与盘盈存货相似。发生存货盘亏和毁损时,先核减存货的账面价值,并将盘亏和毁损金额,记入"待处理财产损溢——待处理流动资产损溢"账户,清查中对查明的盘亏毁损金额,借记"待处理财产损溢——待处理流动资产损溢"账户,贷记相关存货账户。采用计划成本(或售价)核算的,应同时结转成本差异(或商品进销差价)。涉及增值税的,应进行相应处理。期末根据造成盘亏或毁损的不同原因,按以下原则进行会计处理。

(1) 属于自然损耗产生的定额内损耗,计入管理费用。

(2) 属于计量收发差错和管理不善等原因造成的存货短缺和毁损,应先扣除残料价值、可以收回的过失人的赔偿,然后将净损失计入管理费用。

(3) 属于自然灾害或意外事故等原因造成的非常损失,应先扣除残料价值、可以收回的保险赔偿和过失人的赔偿,然后将净损失计入营业外支出。

【例4-24】 某企业为增值税一般纳税人,原材料采用计划成本核算。某会计期末存货清查时发现盘亏材料一批,其计划成本为3 000元,材料成本差异率为1%。经调查发现,其中的20%属于自然损耗;30%属于收发计量上的差错,由保管员赔偿一半,赔偿款尚未收到;另50%由水淹造成,属于非常损失。

(1) 材料盘亏时,编制"存货账存实存对比表",并据此编制会计分录如下:

借:待处理财产损溢——待处理流动资产损溢　　　　　　　　　　3 545.10
　　贷:原材料　　　　　　　　　　　　　　　　　　　　　　　3 000.00
　　　　材料成本差异　　　　　　　　　　　　　　　　　　　　　30.00
　　　　应交税费——应交增值税(进项税额转出)　　　　　　　　515.10

(2) 月末,根据批准的处理意见编制会计分录如下:

借:管理费用(3 545.1×35%)　　　　　　　　　　　　　　　1 240.79
　　其他应收款——×保管员(3 545.1×15%)　　　　　　　　　531.76
　　营业外支出(3 545.1×50%)　　　　　　　　　　　　　　　1 772.55
　　贷:待处理财产损溢——待处理流动资产损溢　　　　　　　　3 545.10

三、期末存货减值的核算

(一)存货期末计量原则

存货期末计量的原则是,资产负债表日,存货应当按照成本与可变现净值孰低计量。所谓"成本与可变现值孰低",是指对期末存货按照成本与可变现净值两者之中较低者进行计价的方法。当存货成本低于可变现净值时,存货按成本计价;当存货成本高于可变现净值时,存货按可变现净值计价,并按其差额计提存货跌价准备,计入当期损益。

成本与可变现净值孰低计量的目的主要是使存货符合资产的定义。当存货的可变现净值下跌至成本以下时,表明该存货会给企业带来的未来经济利益低于其账面成本,存货资产出现虚计现象。因此,需要将这部分损失从资产价值中扣除,计入当期损益。

当企业存货存在下列情况之一时,表明可变现净值低于成本,存货出现减值。

(1) 市价持续下跌,并且在可预见的未来无回升的希望。

(2) 企业使用该项原材料生产的产品的成本大于产品的销售价格。

(3) 企业因产品更新换代,原有库存原材料已不适应新产品的需要,而该原材料的市场价格又低于其账面成本。

(4) 因企业所提供的商品或劳务过时或消费者偏好改变而使市场的需求发生变化，导致市场价格逐渐下跌。

(5) 其他足以证明该项存货实质上已经发生减值的情形。

当存在以下一项或若干项情况时，表明存货的价值为零：

(1) 已霉烂变质的存货。

(2) 已过期且无转让价值的存货。

(3) 生产中已不再需要，并且已无使用价值和转让价值的存货。

(4) 其他足以证明已无使用价值和转让价值的存货。

(二) 存货可变现净值的确定

确定存货的可变现净值应当注意以下几个方面：一是以取得的可靠证据为基础。这里的可靠证据是指对确定存货的可变现净值有直接影响的确凿证明，如商品或产品的市场销售价格、与企业产品相同或类似商品的市场销售价格、供货方（销货方）提供的有关资料、产品的生产成本等；二是考虑持有存货的持有目的。企业存货的持有目的是不同的，有的是为了在生产过程或提供劳务过程中消耗的，如原材料等；有的则是以备出售的，如库存商品。在库存以备出售的库存商品中，有的已经签订了销售合同，有明确的销售对象，有的则还没有明确的销售对象。存货持有的目的不同，其可变现净值的确定也有不同。三是要考虑资产负债表日后事项等的影响。

可变现净值是指在日常活动中，存货的估计售价减去至完工时估计将要发生的成本、估计的销售费用以及相关税费后的金额。存货的可变现净值由存货的估计售价、至完工时将要发生的成本、估计的销售费用和估计的相关税费等内容构成。采用成本与可变现净值孰低法的关键是存货可变现净值的确定。不同存货，其用途不同，可变现净值的确定也不同。

1. 产成品、商品和用于出售的材料

产成品、商品和用于出售的材料等直接用于出售的商品存货在正常生产经营过程中，应当以该存货的估计售价减去估计的销售费用和相关税费后的金额，确定其可变现净值。

在确定用于出售的商品存货估计售价时应注意：为执行销售合同或者劳务合同而持有的存货，以存货的合同价格作为其可变现净值的计量基础。当企业与购买方签订的销售合同数量大于或等于企业持有存货的数量时，企业存货应当以销售合同价格作为其可变现净值的计量基础；当企业与购买方签订的销售合同订购数量小于其持有的存货数量时，超出部分的存货应当以一般销售价格作为其可变现净值的计量基础，不得相互抵销。用于出售的材料等，以市场价格作为其可变现净值的计量基础。

【例4-25】 某公司20×7年12月31日有库存A商品10台，其单位成本为38万元，账面价值为380万元，12月31日，市场售价为36万元/台。假定一：12月曾与客户签订合约，销售A商品12台，售价为40万元/台。假定二：12月曾与客户签订合约，销售A商品8台。售价为40万元/台。其可变现净值的确定如下：

假定一,销售合同订购数量大于持有的存货,以合同价计算存货可变现净值:

$$12月31日A商品的可变现净值=10\times40=400(万元)$$

假定二,持有存货数量大于销售合同订购数量,销售合同订购数量以合同价计算存货可变现净值;其余数量以市价计算可变现净值。

$$12月31日A商品的可变现净值=8\times40+2\times36=392(万元)$$

2. 为生产而持有的材料等

为生产而持有的材料,如果用其生产的产成品的可变现净值预计高于成本,则该材料仍然应当按照成本计量。如果材料价格的下降表明产成品的可变现净值低于成本,则该材料应当按可变现净值计量,按其差额计提存货跌价准备。材料的可变现净值为其所生产的产成品的估计售价减去至完工时估计将要发生的成本、估计的销售费用和相关税费后的金额。

【例4-26】 20×7年12月31日,甲公司库存原材料——B材料的账面成本为600万元。单位成本为6万元/件,数量为100件,可用于生产100台X型机器。B材料的市场销售价格为5万元/件。将每件B材料加工成X型机器尚需投入8万元,估计发生运杂费等销售费用0.5万元/台。假定一:X型机器的市场销售价格为15万元/台。假定二:因为原材料市场价格下降,造成X型机器的市场销售价格降低为14万元/台。分析如下。

假定一:

计算用该原材料所生产的产成品的成本与可变现净值:

$$X型机器的成本=原材料成本+加工成本=(6+8)\times100=1\,400(万元)$$

$$X型机器的可变现净值=X型机器估计售价-估计销售费用-估计相关税费$$
$$=15\times100-0.5\times100=1\,450(万元)$$

根据上述资料可知,20×7年12月31日,B材料的账面成本(600万元)高于其市场价格(500万元),但是由于用其生产的产成品——X型机器可变现净值(1 450万元)大于其成本(1 400万元),表明用该原材料生产的最终产品此时并没有发生价值减损。因此,B材料仍应当按成本进行计量,20×7年12月31日资产负债表的B材料存货金额为600万元。

假定二:

(1) 计算用该原材料所生产的产成品的成本与可变现净值:

$$X型机器的成本=原材料成本+加工成本=(6+8)\times100=1\,400(万元)$$

$$X型机器的可变现净值=X型机器估计售价-估计销售费用-估计相关税费$$
$$=14\times100-0.5\times100=1\,350(万元)$$

因为B原材料价格的下降,造成X型机器的售价下降,B原材料生产的X型机器的可变现净值1 350万元小于其成本1 400万元,表明用该原材料生产的最终产品已经发生价值减损。因此,B材料应当按可变现净值计量。

(2) 计算该原材料的可变现净值：

B材料的可变现净值＝X型机器的售价总额－将B材料加工成X型机器尚需投入的成本
－估计销售费用－估计相关税费
＝(14－8－0.5)×100＝550(万元)

B材料的可变现净值550万元小于其成本600万元，因此，C材料的期末价值应为其可变现净值550万元，即20×7年12月31日资产负债表的B材料存货金额为550万元。

【小案例】

中国神华是一家国内领先的以煤炭为基础的一体化能源上市公司。其主营业务为煤炭的生产与销售、煤炭和其他相关物资的铁路及港口运输以及电力生产和销售等。

在2014年披露的年报中，中国神华实现营业收入2 484亿元和净利润368.07亿元，较之2013年分别下滑12.5%和19.4%。

煤炭是中国神华最为主要的业务，由于受经济下行、煤炭需求疲弱的的宏观经济的影响，市场煤炭普遍供大于求，中国神华的煤炭产品在2014年的生产和销售量也出现双双下滑的迹象。

值得注意的是，公司对以下辅助材料零部件和房地产开发产品分别进行了存货跌价准备12.21亿元和1 500万元，但对于超过42亿元的煤炭存货并未计提任何跌价准备，如图表4-8所示。

图表4-8

存货分类及跌价准备

单位：人民币百万元

项 目	年末余额			年初余额		
	账面余额	跌价准备	账面价值	账面余额	跌价准备	账面价值
煤炭存货	4 246	—	4 246	5 246	—	5 246
辅助材料、零部件及小型工具	11 038	1 221	9 817	11 465	1 016	10 449
房地产开发产品及开发成本	1 742	15	1 727	1 962	16	1 946
合 计	17 026	1 236	15 790	18 673	1 032	17 641

问题与思考：

1. 中国神华认为"煤炭存货没有达到计提的标准"，也有券商资深分析师认为"煤炭存货跌价不计提跌价准备"。你认为煤炭存货需要计提跌价准备吗？为什么？

2. 中国神华未对超42亿元的煤炭存货计提跌价准备，会对其利润表造成什么影响？

（三）计提存货跌价准备的方法

（1）通常应当按照单个存货项目计提存货跌价准备。企业在计提存货跌价准备时通常应当以单个存货项目为基础。即将每个存货项目的成本与其可变现净值逐一进行比较，按较低者计量存货，并且按成本高于可变现净值的差额，计提存货跌价准备。按单个存货项目计提存货跌价准备适用于企业采用计算机信息系统进行会计处理的情况。

（2）对于数量繁多、单价较低的存货，可以按照存货类别计提存货跌价准备。此种方法是按存货类别的成本总额与可变现净值总额进行比较，每个存货类别均取较低者确定存货期末价值。

（3）与在同一地区生产和销售的产品系列相关、具有相同或类似最终用途或目的，且难以与其他项目分开计量的存货，可以合并计提存货跌价准备。

图表4-9举例说明成本与可变现净值孰低法的比较。

图表4-9

成本与可变现净值孰低法比较

单位：元

项 目	成 本	可变现净值	期 末 存 货		
			单项比较法	分类比较法	总额比较法
男西装	2 000	2 500	2 000		
男 裤	1 000	850	850		
合 计	3 000	3 350		3 000	
女上装	5 000	4 500	4 500		
女 裤	4 000	4 400	4 000		
合 计	9 000	8 900		8 900	
总 计	12 000	12 250	11 350	11 900	12 000

（四）存货减值的会计核算

企业设置"存货跌价准备"账户核算企业存货发生减值时提取的跌价准备。该账户的贷方登记期末计提的存货跌价准备，借方登记转出或转回的存货跌价准备，期末贷方余额反映企业已计提但尚未转销的存货跌价准备，该账户按照存货跌价准备计提方法确定明细分类账户。

（1）资产负债表日，企业应根据存货可变现净值低于成本的差额，确定存货跌价准备需要数，然后与"存货跌价准备"账户明细数余额进行比较，补提或转销存货跌价准备。补提时，借记"资产减值损失"账户，贷记"存货跌价准备"账户；转销时则编制相反的会计分录。

（2）对于已经计提了存货跌价准备的存货销售时，在按单项存货计提跌价准备的情况下,企业应在结转其销售成本的同时,结转对其已计提的存货跌价准备。因债务重组、非货币性资产交换转出存货时,也应同时结转已计提的存货跌价准备;在按存货类别计提存货跌价准备的情况下,企业应当按照发生销售、债务重组、非货币性资产交换等转出存货的成本占存货未转出前该类别存货成本的比例结转相应的存货跌价准备。结转的存货跌价准备冲减主营业务成本,借记"存货跌价准备"账户,贷记"主营业务成本"账户。

【4-27】 A公司20×2年12月31日,有库存甲电子设备1 000台,单位成本为1 500元,同期市场销售价格为1 400元/台,预计销售税费为100元/台。

20×3年1月6日,A公司向D公司销售甲电子设备100台,每台价格为1 350元,增值税税率为17%,货税款已收到。

20×3年1月31日,甲电子设备市场销售价格为1 420元/台,预计销售税费为100元/台。

20×2年12月31日,A公司"存货跌价准备"账户余额为零,其他存货市场销售价格均高于其成本。

要求:对上述已发生业务进行会计处理。

(1) 20×2年12月31日,需要存货跌价准备15万元,上期末没有存货跌价准备,本期应计提存货跌价准备15万元。

甲电子设备可变现净值=(1 400-100)×1 000=1 300 000(元)

甲电子设备账面余额=1 500×1 000=1 500 000(元)

存货跌价准备需要数=1 500 000-1 300 000=200 000(元)

借:资产减值损失　　　　　　　　　　　　　　　　　　　　200 000
　　贷:存货跌价准备　　　　　　　　　　　　　　　　　　　　200 000

(2) 20×3年1月6日,A公司向D公司销售甲电子设备。确认销售收入,结转销售成本,同时结转已销售品应负担的跌价准备。

借:银行存款　　　　　　　　　　　　　　　　　　　　　　1 579 500
　　贷:主营业务收入　　　　　　　　　　　　　　　　　　　1 350 000
　　　　应交税费——应交增值税(销项税额)　　　　　　　　　229 500
借:主营业务成本　　　　　　　　　　　　　　　　　　　　1 500 000
　　贷:库存商品　　　　　　　　　　　　　　　　　　　　　1 500 000

因销售应结转的存货跌价准备=200 000÷1 000×100=20 000(元)

借:存货跌价准备　　　　　　　　　　　　　　　　　　　　　20 000
　　贷:主营业务成本　　　　　　　　　　　　　　　　　　　　20 000

(3) 20×3年1月31日,需要存货跌价准备16.2万元,"存货跌价准备"账户调整前余额为18万元。当期转回1.8万元。

甲电子设备可变现净值＝(1 420－100)×900＝1 188 000(元)
甲电子设备账面余额＝1 500×900＝1 350 000(元)
存货跌价准备需要数＝1 350 000－1 188 000＝162 000(元)

借:存货跌价准备　　　　　　　　　　　　　　　　　　　　　　　　18 000
　　贷:资产减值损失　　　　　　　　　　　　　　　　　　　　　　　　18 000

复习思考题

1. 存货应以什么为基础进行计价? 为什么?
2. 发出存货的计价方法对企业的财务状况、经营成果有何影响?
3. 简述发出存货的各种计价方法。
4. 原材料按实际成本计价和按计划成本计价在会计核算上有何区别?
5. 商品流通企业存货计价通常有哪几种形式? 各有哪些特点?
6. 存货期末采用成本与可变现净值孰低法,应如何进行会计核算?

练习题

一、判断题

1. 在通货膨胀情况下,存货发出采用先进先出法计价比采用移动加权平均法计价,可以使企业的盈利增加。　　　　　　　　　　　　　　　　　　　　　　(　　)
2. 除自然灾害以外的原因造成的存货短缺所发生的净损失,应计入管理费用。(　　)
3. 采用永续盘存制,平时既要记录存货购进的数量和金额,也要记录存货发出的数量。
　　　　　　　　　　　　　　　　　　　　　　　　　　　　　　　　(　　)
4. 采用成本与可变现净值孰低法确定存货的期末价值,当存货的成本低于可变现净值时,期末存货应按可变现净值计量。　　　　　　　　　　　　　　　(　　)
5. 已计提跌价准备的存货价值以后得以恢复时,不能冲减现有的存货跌价准备金额。
　　　　　　　　　　　　　　　　　　　　　　　　　　　　　　　　(　　)
6. 企业购入原材料时,运输途中发生的合理损耗不需要单独进行账务处理。(　　)
7. "存货跌价准备"账户属于损益类账户,期末余额应结转至"本年利润"账户。(　　)
8. 存货计价方法的选择,只会影响资产负债表中资产总额的多少,不会影响利润表中的净利润。　　　　　　　　　　　　　　　　　　　　　　　　　　　(　　)
9. 属于非常损失造成的存货毁损,应按该存货的实际成本计入营业外支出。(　　)

10. 企业进行财产清查时,对于盘亏的材料,应先记入"待处理财产损溢"账户,待期末或报经批准后,根据不同的原因可转入相应费用账户。（   ）

二、单项选择题

1. 对于增值税一般纳税人来说,其购入材料时不能计入存货成本的项目是（   ）。
   A. 入库前发生的挑选费　　　　　B. 买价及运杂费
   C. 运输中的合理损耗　　　　　　D. 支付的增值税额

2. 下列与原材料相关的损失项目中,应计入营业外支出的是（   ）。
   A. 自然灾害造成的原材料损失　　B. 人为责任造成的原材料损失
   C. 计量差错引起的原材料盘亏　　D. 运输途中发生的合理损耗

3. 企业对期末存货采用成本与可变现净值孰低法计量。20×0年12月31日,库存自制半成品的实际成本为35万元,预计进一步加工所需费用为12万元,预计销售费用及税金为7万元,该半成品加工完成后的产品预计销售价格为50万元。假定该企业以前年度未计提存货跌价准备,则该年12月31日该存货应计提的跌价准备为（   ）。
   A. 0　　　　　B. 3万元　　　　　C. 4万元　　　　　D. 5万元

4. A企业为增值税一般纳税人,适用的增值税税率为17%。本期购入原材料500千克,价款为64 000元。验收入库时发现短缺8%,经查属于运输途中合理损耗。该批原材料入库前的挑选整理费用为400元。该批原材料的实际单位成本为（   ）元/千克。
   A. 128.8　　　B. 140　　　　　C. 128　　　　　D. 139.13

5. 下列业务中,不会引起期末存货账面价值发生增减变化的是（   ）。
   A. 已确认销售但尚未发出商品
   B. 已收到发票账单并付款但尚未收到材料
   C. 已发出商品但尚未确认销售
   D. 计提存货跌价准备

6. A公司期初存货为110 000元,本期购入存货260 000元,销售收入为470 000元,正常毛利率水平为40%。根据毛利率法匡算,期末存货金额为（   ）元。
   A. 210 000　　B. 132 000　　C. 188 000　　D. 88 000

7. 下列说法中,正确的是（   ）。
   A. 价格上升时,先进先出法得出的期末存货价值最低
   B. 当期成本与当期收入最匹配的存货计价法是先进先出法
   C. 根据存货计价规则,存货价值可能低于存货成本
   D. 如果某年期末存货余额存在高估的差错,那么当年净利润会被低估

8. 公司销货成本是145 000元,期初存货和期末存货分别是15 000元和25 000元。当期购入的存货是（   ）元。

A. 136 000　　　　　B. 160 000　　　　　C. 155 000　　　　　D. 170 000

三、核算题

习 题 一

A公司为增值税一般纳税人,适用的增值税税率为17%,材料采用实际成本进行日常核算,在建工程为非增值税应税工程。该公司20×8年5月份发生下列经济业务:

(1) 2日,购买A材料一批,增值税专用发票上注明价款为1 600 000元,增值税额为272 000元,发票等结算凭证已收到,材料已验收入库,开出60天期的商业承兑汇票承兑货款。

(2) 5日,从外地购入的B材料一批,增值税专用发票上注明价款为800 000元,增值税额为136 000元。各种款项已于当天用银行存款支付,材料尚未到达。

(3) 12日,购入C材料一批,合同价款为500 000元,材料已经运达并已验收入库,发票账单等结算凭证尚未收到,货款尚未支付。

(4) 15日,销售商品一批,增值税专用发票上注明价款为销售价款1 200 000元,实际成本为900 000元,提货单和增值税专用发票已交购货方,商品已经发出,货款尚未收到。

(5) 20日。本月5日购入的B材料已经运达,发现短缺5%,其中2%属于定额内损耗,其余为运输单位责任,已提出索赔要求,其余材料验收入库。

(6) 22日,在建工程领用D材料一批,实际成本为300 000元。

(7) 31日,盘亏A材料一批,实际成本为10 000元,应由该批原材料负担的增值税额为1 700元。

(8) 31日,12日购入的C材料发票还未收到,按合同价格估计入账。

要求:根据上述经济业务编制会计分录("应交税费"账户要求写出明细账户及专栏名称)。

习 题 二

B公司为增值税一般纳税人,材料的增值税税率为17%,按照税法的有关规定,运费的增值税税率为11%。材料核算采用计划成本法,按本月材料成本差异率计算发出及结存材料应负担的材料成本差异额。已知20×6年3月1日"原材料"账户借方余额为450 000元,"材料成本差异"账户借方余额为13 500元。20×4年3月份该公司有关原材料增减的业务情况如下:

(1) 2日,购入材料一批,材料已运到并验收入库,发票等结算凭证尚未收到,货款尚未支付,该批材料的计划成本为120 000元。

(2) 15日,收到3月2日购进材料的增值税专用发票及其他账单,该批材料的买价为

127 670 元,增值税额为 21 590 元;对方代垫运输费 3 000 元,增值税额为 330 元。B 公司开出期限为 6 个月的商业承兑汇票结算价款。

(3) 17 日,购入原材料一批,取得的增值税专用发票上注明买价为 300 000 元,增值税额 51 000 元。另外,需要支付运输费 8 000 元,增值税额为 880 元。有关款项均已通过银行转账支付。原材料尚未运达。

(4) 25 日,3 月 17 日购入的原材料已经运达,验收入库,材料计划成本为320 000 元。

(5) 26 日,接受 F 公司投资转入的原材料一批,投资双方确认的不含税价值为182 000 元,该批原材料的计划成本为 180 000 元,投资方适用的增值税税率与 B 企业相同。F 公司应享有 B 公司注册资本 200 000 元。

(6) 31 日,3 月份发出原材料计划成本 600 000 元,其中:基本生产车间生产产品领用 400 000 元,辅助生产车间领用 100 000 元,生产车间管理部门领用消耗性材料 60 000 元,厂部管理部门领用消耗性材料 40 000 元。

(7) 31 日,计算并结转 3 月份发出原材料应分摊的材料成本差异。

要求:

(1) 根据上述经济业务编制会计分录。

(2) 计算 3 月份材料成本差异率。

习 题 三

C 公司 20×6 年 1 月 1 日甲商品结存数量为 2 000 件,单价为 5.80 元。20×6 年 1 月份该公司发生以下收发业务:

(1) 9 日,入库 6 000 件,单位成本 6.20 元。

(2) 10 日,销售 4 000 件。

(3) 12 日,入库 6 000 件,单位成本 6.40 元。

(4) 20 日,销售 5 000 件。

(5) 20 日,入库 3 000 件,单位成本 6.60 元。

(6) 25 日,销售 4 000 件。

(7) 26 日,入库 2 000 件,单位成本 6.70 元。

要求:分别采用全月一次加权平均法、移动加权平均法和先进先出法计算甲商品 1 月份的销售成本和期末库存成本(小数点保留两位)。

习 题 四

某会计师事务所为验证客户 20×6 年年底资产负债表中存货数据的客观性,使用毛利率法来估计期末库存商品成本。会计师事务所经过查询,得到下列数据:

(1) 过去 3 年的平均毛利率为 30%。

(2) 20×6年资产负债表中库存商品的年初金额为101 300元,年末金额为121 000元。

(3) 20×6年全年的购货净额为423 000元、销货净额为593 100元。

要求:对该客户库存商品金额的客观性作出评估。

习 题 五

CJ公司系上市公司,20×5年年末库存A材料、乙产品的账面余额分别为2 000万元和1 000万元;年末计提跌价准备前乙产品计提的跌价准备的账面余额为200万元。库存A材料将全部用于生产甲产品,预计甲产品的市场价格总额为2 200万元,预计生产甲产品还需发生加工成本为600万元,预计为销售甲产品发生的相关税费总额为50万元。甲产品销售中有固定销售合同的占60%,合同价格总额为1 530万元。乙产品的市场价格总额为700万元,预计销售乙产品发生的相关税费总额为20万元。

要求:判断CJ公司是否需要对A材料和乙产品计提存货跌价准备。如果需要计提,请分别计算确认20×5年A材料和乙产品应计提的存货跌价准备。计算过程请列出算式。

四、案例分析题

某市地税稽查局在20×5年税收财务大检查中,发现该市A公司在20×5年上半年和下半年对存货成本采用了不同的计价方法。上半年,发出原材料和产成品成本计算均采用先进先出法。下半年,因原材料市场价格上涨,自7月份起该公司在未经税务机关批准的情况下,擅自将存货计价方法改为全月一次加权平均法,致使20×5年产品销售成本上升了将近400万元,应纳税所得额相应减少了近400万元,少交企业所得税98万元。

请思考:

(1) A公司能否够随意更改存货计价方法?A公司若要改变存货计价方法,需要满足哪些条件?

(2) 在物价上涨时,更改存货计价法将对资产负债表、利润表和现金流量表产生哪些影响?

第五章 金融资产

章前案例

汇丰控股的可供出售金融资产会计处理

2010年3月1日,汇丰控股有限责任公司(以下简称汇丰控股)集团行政总裁纪勤在中国香港宣布2009年业绩。汇丰控股未扣除贷款减值及其他信贷风险准备的营业收益净额下跌19%,从2008年的81.68亿美元下跌至2009年的66.18亿美元;同时,除税前利润下跌24%,从2008年的93.07亿美元到2009年的70.79亿美元,平均股东权益回报率为5.1%,2008年为4.7%。因为汇丰控股公布的业绩逊于市场一般预期,3月2日其股价急挫7.04%,仅一天就蒸发市值13.5亿美元。

从宏观上来讲,汇丰控股业绩的下跌,主要是因为全球经济的原因。2009年,全球经济陷入衰退,特别是上半年,贷款、贸易融资和投资产品的需求都在下降。相比起来,下半年的经济环境有所改善。

从会计分析角度来讲,汇丰控股业绩的下跌,部分是因为贷款减值准备的原因。2009年全年,汇丰控股贷款减值准备为26.5亿美元,较2008年增加了1.55亿美元。但是,扣除坏账准备中为可供出售债务证券所提的减值准备1.5亿多美元,实际上汇丰控股为贷款及其相关产品计提的减值准备为24.9亿美元,仅比2008年的24.1亿美元增加0.8亿美元。所以,贷款减值准备并不是汇丰控股业绩下降的主要原因。

在汇丰控股业绩中存在一个潜在的浮亏,这是汇丰控股市值下跌的主导力量。汇丰控股年报显示,2009年年末,汇丰控股共持有53.8亿美元的资产抵押证券,其中5.3亿美元被划分为交易性金融资产;其余48.5亿美元,有48.3亿美元划分为可供出售金融资产,0.2亿美元划分为持有至到期投资。而这48.3亿美元的可供出售金融资产,截至2009年年末,其公允价值仅为34.7亿美元,较其账面价值低13.6亿美元。但在2009年年末,汇丰控股仅为这项数十亿的公允价值变动,计提了1.5亿美元的减值准备。

可供出售金融资产的公允价值变动计入所有者权益,而资产减值准备计入当期损益。汇丰控股公允价值变动使得所有者权益减少13.6亿美元,而利润中资产减值准备仅提1.5亿美元,这使得所有者权益需要为12.1亿美元的公允价值变动承担风险。

在现有企业会计准则中，企业可以选择将金融资产划分为可供出售金融资产进行核算和披露，使得企业报告之间的可比性减弱；而可供出售金融资产公允价值变动计入其他综合收益，使企业净资产中掺杂未实现金额；公允价值变动和减值准备计提的不同步，将导致企业报告中的净利润数据不能准确反映企业会计期间经济活动的结果。

（资料来源：胡顺华.浅析可供出售金融资产会计核算中存在的漏洞——基于汇丰控股的案例分析）

学习目的

- 了解金融资产的概念、分类和重分类条件
- 了解不同类别金融资产的特征
- 掌握各类金融资产的确认和初始计量
- 掌握按公允价值计量的金融资产后续计量及其不同账务处理
- 掌握实际利率法下持有至到期投资利息收入和摊余成本的计算
- 掌握金融资产减值的判断标准及相应的会计处理

第一节 以公允价值计量且其变动计入当期损益的金融资产的核算

金融资产是企业资产的重要组成部分。金融资产主要包括：库存现金、银行存款、应收账款、应收票据、其他应收款、股权投资、债权投资和衍生金融工具形成的资产。

企业根据企业自身业务的特点、投资策略和风险管理要求，在初始确认时将金融资产相应归入以下几类：① 以公允价值计量且变动计入当期损益的金融资产；② 持有至到期投资；③ 贷款和应收款项；④ 可供出售的金融资产。金融资产分类与金融资产计量密切相关。不同类别的金融资产，其初始计量和后续计量采用的基础不完全相同。因此，金融资产分类一经确定，不得随意变更。

一、以公允价值计量且其变动计入当期损益的金融资产概述

以公允价值计量且其变动计入当期损益的金融资产，可以进一步划分为交易性金融资产和直接指定为以公允价值计量且其变动计入当期损益的金融资产两个部分。

（一）交易性金融资产

交易性金融资产主要是指企业以交易为目的而持有的股权投资、债权投资、基金投资和

权证投资。按照有关规定,满足下列条件的金融资产为交易性金融资产:

(1) 取得该金融资产的目的,主要是为了近期内出售或回购,如企业以赚取差价为目的从二级市场购入的股票、债券、基金,以及不作为有效套期工具的衍生工具(如远期合同、期货合同、互换和期权,以及具有远期合同、期货合同、互换和期权中一种或一种以上特征的工具)等。

(2) 属于进行集中管理的可辨认金融工具组合的一部分,且有客观证据表明企业近期采用短期获利方式对该组合进行管理。例如,企业基于风险管理、战略投资需要,从事短期获利活动而将某些金融资产进行的组合。

(3) 属于衍生工具,如国债期货、远期合同和股指期货等。当其公允价值变动大于零时,其变动的金额应确认为交易性金融资产。

交易性金融资产会计核算的特点是,采用公允价值计量,对其持有期间公允价值的变化计入当期损益。

(二) 直接指定为以公允价值计量且其变动计入当期损益的金融资产

这通常是指不满足确认为交易性金融资产确认条件的,企业仍可在其符合某些特定条件时,对其采用公允价值计量,并将其公允价值的变化计入当期损益的金融资产。按照准则规定,只有符合下列条件之一的金融资产,才可以在初始确认时指定为以公允价值计量且其变动计入当期损益的金融资产:

(1) 该指定可以消除或明显减少由于该金融资产的计量基础不同所导致的相关利得或损失在确认或计量方面不一致的情况。

(2) 企业风险管理或投资策略的正式书面文件已载明,该金融资产组合,或该金融资产和金融负债组合,以公允价值为基础进行管理、评价并向关键管理人员报告。

二、以公允价值计量且变动计入当期损益的金融资产核算

企业设置"交易性金融资产"账户,核算企业持有的以公允价值计量且其变动计入当期损益的金融资产的增减变动及其余额。该账户的借方反映企业购入以公允价值计量且变动计入当期损益的金融资产的入账价值,及持有以公允价值计量且变动计入当期损益的金融资产期间公允价值的增加,贷方反映因以公允价值计量且变动计入当期损益的金融资产出售转出的成本及其持有期间公允价值的减少,期末借方余额表示企业实际拥有的以公允价值计量且变动计入当期损益的金融资产的公允价值。该账户按照以公允价值计量且变动计入当期损益的金融资产的类别和品种设置明细分类账户,并分别"成本""公允价值变动"项目进行明细分类核算。

以公允价值计量且变动计入当期损益的金融资产持有期间因公允价值变动形成的应计入当期损益的利得或损失在损益类账户"公允价值变动损益"中核算。

出售金融资产所获得的利得和损失,在损益类账户"投资收益"中核算。

（一）以公允价值计量且变动计入当期损益的金融资产的初始计量

以公允价值计量且变动计入当期损益的金融资产的初始计量是指其取得时的计量。以公允价值计量且变动计入当期损益的金融资产取得时，投资者所支付的全部价款包括金融资产的公允价值、交易费用和已宣告发放尚未支付的现金股利或债券利息。此处的公允价值是指在公平交易中，熟悉情况的交易双方自愿进行资产交换或者债务清偿的金额；交易费用是指支付的税费和直接支付给代理机构、咨询公司、券商等的手续费、佣金及其他必要支出。

其处理方法为：以支付的公允价值作为以公允价值计量且变动计入当期损益的金融资产的入账价值，记入"交易性金融资产（成本）"账户；支付的交易费用记入"投资收益"账户；支付的已宣告但尚未发放的现金股利或已到付息期但尚未领取的债券利息作为应收款项单独确认，记入"应收股利"或"应收利息"账户。

（二）以公允价值计量且变动计入当期损益的金融资产的后续计量

1. 以公允价值计量且变动计入当期损益的金融资产持有期获得的利息或股利收入

企业在持有以公允价值计量且变动计入当期损益的金融资产期间，对被投资单位宣告发放的现金股利或资产负债表日按债券票面利率计算的债券利息，作为投资收益处理，借记"应收股利"或"应收利息"账户，贷记"投资收益"账户；收到现金股利或债券利息时，冲减应收款项。对在投资期内获得的股票股利不作核算处理，直接增加股票数量，降低股票单位成本。

2. 以公允价值计量且变动计入当期损益的金融资产持有期内公允价值的变动

在资产负债表日，企业应对以公允价值计量且变动计入当期损益的金融资产的账面价值进行调整，确定其公允价值的变动，并将变动金额计入当期损益。

会计上，设置损益类账户"公允价值变动损益"核算以公允价值计量且变动计入当期损益的金融资产等因公允价值变动形成的应计入当期损益的利得或损失。

其具体核算方法是，在资产负债表日，对以公允价值计量且变动计入当期损益的金融资产的公允价值高于其账面余额的差额，借记"交易性金融资产（公允价值变动）"账户，贷记"公允价值变动损益"账户；公允价值低于其账面余额的差额，作相反的会计分录。

3. 以公允价值计量且变动计入当期损益的金融资产的终止确认

以公允价值计量且变动计入当期损益的金融资产终止确认的会计处理包括两个部分：一是计算确定被出售的以公允价值计量且变动计入当期损益的金融资产的公允价值与账面余额之间的差额，确认投资收益；二是将该以公允价值计量且变动计入当期损益的金融资产原记录在"公允价值变动损益"账户的金额转入"投资收益"账户。

其具体核算方法是，按实际收到的金额，借记"银行存款"等账户，按该金融资产的账面余额，贷记"交易性金融资产（成本、公允价值变动）"账户，按其差额，贷记或借记"投资收益"账户。同时，按该金融资产原已记录的公允价值变动金额转出，借记或贷记"公允价值变动损益"账户，贷记或借记"投资收益"账户。

【例 5-1】 甲公司 20×1 年 2 月至 20×2 年 5 月，有关投资 D 公司股票的交易如下：

20×1年2月1日,购入D公司股票1 000股,每股市价为4.8元,其中包含已宣告尚未领取的股利每股0.40元,另支付交易费用19元。

20×1年2月5日,收到D公司分派的上述现金股利400元。

20×1年8月28日,D公司宣告分派上半年现金股利,每股0.2元,计200元。

20×1年8月30日,收到D公司分派的上述现金股利200元。

20×1年12月31日,D公司股票在证券市场的收盘价为每股5元。

20×2年5月1日,出售上述D公司股票,扣除税费后实际每股收到金额4.9元,合计4 900元。

甲公司编制的会计分录如下:

(1) 20×1年2月1日,购入D公司股票1 000股。

  借:交易性金融资产——D股票(成本)   4 400
    应收股利——D股票   400
    投资收益   19
    贷:银行存款   4 819

(2) 20×1年2月5日,收到D公司分派的现金股利。

  借:银行存款   400
    贷:应收股利——D股票   400

(3) 20×1年8月28日,D公司宣告分派现金股利,确认投资收益。

  借:应收股利——D股票   200
    贷:投资收益   200

(4) 20×1年8月30日,甲公司收到D公司分派的现金股利。

  借:银行存款   200
    贷:应收股利——D股票   200

(5) 20×1年12月31日,根据D股票证券市场收盘价调整账面价值。D公司股票账面余额为4 400元,资产负债表日公允价值为5 000元(1 000×5),公允价值变动收益为600元。

  借:交易性金融资产——D股票(公允价值变动)   600
    贷:公允价值变动损益   600

(6) 20×2年5月1日,出售D公司股票,确认处置损益。

  借:银行存款   4 900
    投资收益   100
    贷:交易性金融资产——D股票(成本)   4 400
      交易性金融资产——D股票(公允价值变动)   600

借：公允价值变动损益　　　　　　　　　　　　　　　　　　600
　　贷：投资收益　　　　　　　　　　　　　　　　　　　　　　　600

注意，上述两笔分录也可以合并成一笔：

借：银行存款　　　　　　　　　　　　　　　　　　　　　4 900
　　公允价值变动损益　　　　　　　　　　　　　　　　　　　600
　　贷：交易性金融资产——D股票(成本)　　　　　　　　　　　4 400
　　　　交易性金融资产——D股票(公允价值变动)　　　　　　　　600
　　　　贷：投资收益　　　　　　　　　　　　　　　　　　　　　500

【小案例】

　　维科精华(600152)2010年中期报告显示，其2010年上半年净亏损2 952万元。维科精华表示，公司亏损的主要原因是股票二级市场亏损额度较大以及公司实施产业转移(维钟印染歇业)造成的相应损失。维科精华上半年公允价值变动净损失1 924万元。

　　作为纺织品行业生产销售的领军企业，维科精华2010年第一季度大幅增加股票投资额度，资产负债表数据显示，公司2009年年末的交易性金融资产总额为5 950.68万元，2010年一季度增加到15 392.99万元，比年初增加1.59倍，到2010年6月，由于出售和出现减值，交易性金融资产总额下降到11 756.35万元，大致相当于年初金额的两倍。

　　上市公司炒股是个敏感话题，用闲置资金炒股无可厚非，但挪用经营性资金炒股就有点不务正业了。2010年一季度A股正处于年内高位，6月底时股指正处于年内至今为止的最低谷。维科精华一季度大批购入股票炒股，使得公司出现大量公允价值变动损失，加剧了企业亏损严重程度。

　　(资料来源：http://finance.jrj.com.cn/focus/ssgszbksly9dg/)

第二节　持有至到期投资的核算

一、持有至到期投资概述

　　持有至到期投资是指到期日固定、回收金额固定或可确定，且企业有明确意图和能力持有至到期的非衍生金融资产。通常情况下，能够划分为持有至到期投资的金融资产，主要是债券性投资，如企业从二级市场上购入的固定利率国债、浮动利率金融债券等。持有至到期投资通常具有长期性质，但期限较短(1年以内)的债券投资，符合持有至到期投资条件的，也可以将其划分为持有至到期投资。企业不能将以下三种划分为持有至到期投资：① 在初始确认时即被指定为以公允价值计量且变动计入当期损益的非衍生金融工具;② 在初始确认时被指定为可供出售的非衍生金融资产;③ 符合贷款和应收款项定义的非衍生金融资产。判断持有至到期投资的标准主要有以下三个。

1. 该金融资产到期日固定、回收金额固定或可确定

"到期日固定、回收金额固定或可确定"是指相关合同明确了投资者在确定的时间内,获得或应收取现金流量的金额和时间。企业从二级市场上购入的固定利率3年期国债、浮动利率2年期企业债券等,如符合持有至到期投资的条件,可以划分为持有至到期投资;企业进行的权益工具投资因其没有固定的到期日,不符合持有至到期投资的条件,不能划分为持有至到期投资。

2. 企业有明确意图将该资产持有至到期

"有明确意图将该资产持有至到期"是指投资者在取得投资时意图就是明确的,除非遇到一些企业所不能控制、预期不会重复发生、且难以合理预计的独立事项,否则企业都将持有直至到期出售。如果出现下列情况,表明企业没有明确意图将该金融资产持有至到期:

(1) 持有该金融资产的期限不确定。

(2) 发生市场利率变化、流动性需要变化、替代投资机会及其投资收益率变化、融资来源和条件变化、外汇风险变化等情况时,将出售该金融资产。但是,无法控制、预期不会重复发生且难以合理预计的独立事项引起的金融资产出售除外。

(3) 该金融资产的发行方可以按照明显低于其摊余成本的金额清偿。

(4) 其他表明企业没有明确意图将该金融资产持有至到期的情况。

3. 企业有能力将该资产持有至到期

"企业有能力将该资产持有至到期"是指企业有足够的财务资源,有能力将该资产持有至到期,并不受外部因素影响。

如果出现下列情况,表明企业没有能力将具有固定期限的金融资产持有至到期。

(1) 企业出现没有可利用的财务资源持续地为该金融资产投资提供资金支持,使该金融资产投资持有至到期。

(2) 受法律、行政法规的限制,企业难以将该金融资产持有至到期。

(3) 其他表明企业没有能力将具有固定期限的金融资产持有至到期的情况。

二、持有至到期投资的会计核算

持有至到期投资的会计核算包括:持有至到期投资的取得、持有期实际利率和利息的计算、持有期收益的确定、处置及处置损益的确定等。

企业设置"持有至到期投资"账户核算持有至到期投资的摊余成本。该账户的借方登记持有至到期投资的面值、溢价金额、到期一次还本付息债券投资按票面利率计算的应收未收利息和债券折价的摊销,贷方登记持有至到期投资的折价金额、债券溢价的摊销和处置时转

出的持有至到期投资的账面价值,期末借方余额反映企业持有至到期投资的摊余成本。该账户按照持有至到期投资的类别和品种,分别"成本""利息调整"和"应计利息"等设置明细账户,进行明细核算。

(一)持有至到期投资的初始计量

企业取得持有至到期投资时,应按取得该投资的公允价值与相关交易费用之和作为初始确认金额。支付的价款中包含的已到付息期但尚未领取的利息,单独确认为应收项目。

持有至到期投资初始确认时,应当计算确定其实际利率,并在该持有至到期投资预期存续期间或适用的更短时间内保持不变。

投资者取得分期付息,到期还本的持有至到期投资时,以取得该投资的面值,借记"持有至到期投资(成本)"账户;以支付的价款中包含的已到付息期但尚未领取的利息,借记"应收利息"账户,到期还本付息债券的应收利息,借记"持有至到期投资(应计利息)"账户;以取得该投资实际支付的金额,贷记"银行存款"等账户。按其差额,借记或贷记"持有至到期投资(利息调整)"账户。

【例5-2】 20×1年1月3日,A公司按每张1 015.40元的价格,购入C公司20×0年1月1日发行的5年期、票面年利率为5%、债券面值为1 000元的公司债券60张,另支付相关税费426元。该债券每年付息一次,下一年度1月15日支付上年债券利息,最后1年偿还本金并支付最后一次利息。A公司计划将购入的C公司债券持有至到期。

分析:

    C公司债券投资初始金额＝1 015.40×60＋426＝61 350(元)

其中:

    面值＝1 000×60＝60 000(元)

    已到付息期尚未发放的债券利息＝1 000×60×5%＝3 000(元)

    利息调整＝61 350－60 000－3 000＝－1 650(元)

会计分录如下:

(1) 20×1年1月3日,购入债券时:

借:持有至到期投资——C公司债券(成本)	60 000
应收利息——C公司债券利息	3 000
贷:银行存款	61 350
持有至到期投资——C公司债券(利息调整)	1 650

(2) 20×1年1月15日,收到利息时:

借:银行存款	3 000
贷:应收利息——C公司债券利息	3 000

(二) 持有至到期投资的后续计量

投资者应定期(按月、按季或按年)计算利息收入,计入当期的投资收益。利息收入按照实际利率法计算确认。实际利率在取得持有至到期投资时确定,在随后期间保持不变。持有至到期投资确认利息收入和相关溢(折)价的调整同时进行。

企业持有的债券,有的按债券面值购入,有的按高于(低于)债券面值的价格溢价(折价)购入。购入债券出现溢价或折价,是因为债券的名义利率和实际利率不同而引起的。债券的名义利率又称票面利率,是指债券发行单位以后支付利息的利率。债券的实际利率,又称市场利率,是指债券发行时与债券期限、风险相仿的证券市场上通行的借贷资本的利率。债券的实际利率是债券投资者投资债券所愿意接受的最低投资收益率。债券的名义利率高于实际利率,意味着债券发行单位未来实际支付的利息将高于按市场利率计算的利息。此时,债券发行单位会按照高于债券票面价值的价格(溢价)发行债券,债券溢价是投资者为了以后逐期多得利息而预先付出的代价。反之,债券的名义利率低于实际利率,表明发行单位今后实际支付的利息低于按照市场利率计算的利息。此时,债券发行单位将按照低于票面价值的价格(折扣)发行债券,债券折价是发行单位为补偿投资者以后各期少得的利息而给予的补偿。

此处需要明确几个基本概念:

(1) 实际利率。这是指将金融资产或金融负债在预期存续期间或适用的更短期间内的未来现金流量,折现为该金融资产或金融负债当前账面价值所使用的利率。实际利率在持有至到期投资取得时,按照插入法确定。其中:分期付息、到期还本的债券实际利率,根据"摊余成本=债券到期应收本金按实际利率计算的复利现值+各期收取的债券利息按实际利率计算的年金现值"公式,采用"插入法"计算得出。到期一次还本付息债券实际利率,根据"摊余成本=债券到期应收本金、利息按实际利率计算的复利现值"公式,采用"插入法"计算得出。

(2) 实际利率法。这是指按照金融资产或金融负债(含一组金融资产或金融负债)的实际利率计算其摊余成本及各期利息收入或利息费用的方法。

(3) 摊余成本。这是指该金融资产的初始确认金额经过下述调整后的结果:扣除已偿还的本金;加上或减去采用实际利率法将该初始确认金额与到期日金额之间的差额进行摊销形成的累计摊销额,扣除已发生的减值损失。其计算公式如下:

$$\frac{摊余}{成本} = \frac{初始确}{认金额} - \frac{已偿还}{的本金} + \frac{累计折价摊销额}{(或-累计溢价摊销额)} - \frac{已发生的}{减值损失}$$

【例 5-3】 承[例 5-2],采用实际利率法为 A 公司持有至到期投资进行持有期利息收入的会计核算。

根据分期收取利息、到期一次收回本金的债券实际利率计算公式进行实际利率计算:

(1) 先按照 5% 的利率测试:

$1\,000 \times 60 \times 0.823 + 1\,000 \times 60 \times 5\% \times 3.546 = 49\,380 + 10\,638 = 60\,018(元) > 58\,350(元)$

0.823：4年后收取1元本金按5%的利率计算的贴现值。

3.546：4年中每年收取1元利息按5%的利率计算的贴现值。

（2）再按照6%的利率测试：

$$1\ 000×60×0.792+1\ 000×60×5\%×3.465=47\ 520+10\ 395=57\ 915(元)<58\ 350(元)$$

0.792：4年后收取1元本金按6%的利率计算的贴现值。

3.465：4年中每年收取1元利息按6%的利率计算的贴现值。

（3）根据插入法计算实际利率：

$$5\%+1\%×(60\ 018-58\ 350)÷(60\ 018-57\ 915)=5.793\%$$

（4）编制债券利息调整计算表（见图表5-1）。

图表5-1

债券利息调整计算表（实际利率法）

单位：元

计息日期	期初摊余成本A	实际利息收入 B=A×5.793%	现金流入C	摊余成本 D=A+B-C
20×1年12月	58 350	3 380	3 000	58 730
20×2年12月	58 730	3 402	3 000	59 132
20×3年12月	59 132	3 426	3 000	59 558
20×4年12月	59 558	3 442*	63 000	0

* 按公式计算的金额应为3 450元（59 558×5.793%），差额8元为计算小数点保留位数造成的，在最后1年调整。

（5）编制会计分录如下：

20×1年12月：

借：应收利息——C公司债券	3 000
持有至到期投资——C公司债券（利息调整）	380
贷：投资收益	3 380

20×2年12月：

借：应收利息——C公司债券	3 000
持有至到期投资——C公司债券（利息调整）	402
贷：投资收益	3 402

20×3年12月：

借：应收利息——C公司债券　　　　　　　　　　　　　　　　　　　　3 000
　　持有至到期投资——C公司债券(利息调整)　　　　　　　　　　　426
　　贷：投资收益　　　　　　　　　　　　　　　　　　　　　　　　　3 426

20×2—20×4年各年1月收到利息时：

借：银行存款　　　　　　　　　　　　　　　　　　　　　　　　　　3 000
　　贷：应收利息——C公司债券　　　　　　　　　　　　　　　　　　3 000

20×4年12月：

借：应收利息——C公司债券　　　　　　　　　　　　　　　　　　　　3 000
　　持有至到期投资——C公司债券(利息调整)　　　　　　　　　　　442
　　贷：投资收益　　　　　　　　　　　　　　　　　　　　　　　　　3 442

20×4年年末收回本息时：

借：银行存款　　　　　　　　　　　　　　　　　　　　　　　　　　63 000
　　贷：持有至到期投资——C公司债券(成本)　　　　　　　　　　　60 000
　　　　应收利息——C公司债券　　　　　　　　　　　　　　　　　　3 000

【例5-4】 承[例5-2]。假定[例5-2]中,A公司购入的C公司债券为到期一次还本付息债券,其他条件不变。为A公司进行债券投资全过程作出会计核算。

(1) 20×1年1月3日,购入债券时：

借：持有至到期投资——C公司债券(成本)　　　　　　　　　　　　60 000
　　持有至到期投资——C公司债券利息(应计利息)　　　　　　　　3 000
　　贷：银行存款　　　　　　　　　　　　　　　　　　　　　　　　61 350
　　　　持有至到期投资——C公司债券(利息调整)　　　　　　　　　1 650

实际利率计算：

$$(60\,000+15\,000)\times(1+r)^{-4}=61\,350$$
$$(1+r)^{-4}=61\,350\div 75\,000=0.818$$

查表：

$$(1+5\%)^{-4}=0.822\,7>0.818$$
$$(1+6\%)^{-4}=0.792\,1<0.818$$

采用插入法：

$$r=5\%+1\%\times(0.822\,7-0.818)\div(0.822\,7-0.792\,1)=5.15\%$$

债券利息调整表如图表5-2所示。

图表 5-2

债券利息调整计算表(实际利率法)

单位：元

计息日期	期初摊余成本 A	实际利息收入 B=A×5.15%	现金流入 C	摊余成本 D=A+B-C
20×1年12月	61 350.0	3 159.5	0	64 509.5
20×2年12月	64 509.5	3 322.2	0	67 831.7
20×3年12月	67 831.7	3 493.3	0	71 325.0
20×4年12月	71 325.0	3 675.0	75 000	0

(2) 20×1年12月，计算利息收入时：

借：持有至到期投资——C公司债券(应计利息)   3 000.00
   持有至到期投资——C公司债券(利息调整)   159.50
  贷：投资收益   3 159.50

(3) 20×2年12月，计算利息收入时：

借：持有至到期投资——C公司债券(应计利息)   3 000.00
   持有至到期投资——C公司债券(利息调整)   322.20
  贷：投资收益   3 322.20

(4) 20×3年12月，计算利息收入时：

借：持有至到期投资——C公司债券(应计利息)   3 000.00
   持有至到期投资——C公司债券(利息调整)   493.30
  贷：投资收益   3 493.30

(5) 20×4年12月，计算利息收入时：

借：持有至到期投资——C公司债券(应计利息)   3 000
   持有至到期投资——C公司债券(利息调整)   675
  贷：投资收益   3 675

(6) 20×4年12月，收到债券本金和利息时：

借：银行存款   75 000
  贷：持有至到期投资——C公司债券(应计利息)   15 000
    持有至到期投资——C公司债券(成本)   60 000

(三) 持有至到期投资的出售和重分类

企业将某类金融资产划分为持有至到期投资后，如果出现企业无法控制、预期不会重复发生、且难以合理预计的独立事项时,企业会根据《企业会计准则第22号——金融工具确认和计量》,将持有至到期投资出售或重分类为可供出售金融资产。

企业无法控制、预期不会重复发生、且难以合理预计的独立事项主要包括:

(1) 因被投资单位信用状况严重恶化,将持有至到期投资予以出售。

(2) 因相关税收法规取消了持有至到期投资的利息税前可抵扣政策,或显著减少了税前可抵扣金额,将持有至到期投资予以出售。

(3) 因发生重大企业合并或重大处置,为保持现行利率风险头寸或维持现行信用风险政策,将持有至到期投资予以出售。

(4) 因法律、行政法规对允许投资的范围或特定投资品种的投资限额作出重大调整,将持有至到期投资予以出售。

(5) 因监管部门要求大幅度提高资产流动性,或大幅度提高持有至到期投资在计算资本充足率时的风险权重,将持有至到期投资予以出售。

企业出售持有至到期投资时,所收到的价款与持有至到期投资账面价值、应收未收利息的差额计入当期损益。按收到的价款,借记"银行存款"账户,按持有至到期投资账面价值,贷记"持有至到期投资(成本)"账户,借记或贷记"持有至到期投资(利息调整)"账户,有应收未收的利息和已计提的减值准备要相应转出,差额记入"投资收益"账户。

持有至到期投资在重分类日的会计核算是:按该项持有至到期投资的公允价值记入"可供出售金融资产"账户,注意应分别确认成本(即面值)和利息调整;注销"持有至到期投资(投资成本、利息调整、应计利息)"账户账面余额,已计提减值准备的,还应注销减值准备。该转换投资的账面余额与公允价值之间的差额记入"其他综合收益"账户。

应该注意的是,企业将尚未到期的持有至到期投资在本年度内部分出售,应将其剩余部分重分类为可供出售金融资产;对于重分类为可供出售金融资产,在本年度及以后两个会计年度内不得将该金融资产划分为持有至到期投资。

【例5-5】 20×5年6月,由于贷款市场基准利率的变动和其他市场因素的影响,A公司持有的、原划分为持有至到期投资的B公司债券价格持续下降。为此,A公司于6月25日对外出售B公司债券的50%,收取价款60万元(所出售债券的公允价值)。A公司持有的B公司债券账面价值为116万元(期末一次还本付息),其中:面值100万元,应计利息12万元,利息调整4万元。A公司会计处理如下:

(1) 6月25日,A公司对外出售B公司债券的50%(不考虑其他因素影响):

借:银行存款　　　　　　　　　　　　　　　　　　　　　　　　　　600 000
　　贷:持有至到期投资——B债券(成本)　　　　　　　　　　　　　　500 000
　　　　持有至到期投资——B债券(应计利息)　　　　　　　　　　　　60 000
　　　　持有至到期投资——B债券(利息调整)　　　　　　　　　　　　20 000
　　　　投资收益　　　　　　　　　　　　　　　　　　　　　　　　　20 000

(2) 6月25日,A公司将属于B公司的债券重分类为可供出售金融资产:

借:可供出售金融资产——B债券(成本)	500 000
可供出售金融资产——B债券(应计利息)	60 000
可供出售金融资产——B债券(利息调整)	40 000
贷:持有至到期投资——B债券(成本)	500 000
持有至到期投资——B债券(应计利息)	60 000
持有至到期投资——B债券(利息调整)	20 000
其他综合收益	20 000

(四)持有至到期投资的期末计量

资产负债表日,企业应当对持有至到期投资进行减值测试,如果有客观证据表明其发生了减值,需要根据其账面价值与预计未来现金流量现值之间的差额计算确认减值损失。

1. 持有至到期投资减值的确认标准

表明持有至到期投资发生减值的客观证据,是指持有至到期投资初始确认后实际发生的、对该持有至到期投资的预计未来现金流量有影响,且企业能够对该影响进行可靠计量的事项。持有至到期投资发生减值的客观证据,主要包括以下各项:

(1)发行方或债务人发生严重财务困难。
(2)债务人违反了合同条款,如偿付利息或本金发生违约或逾期等。
(3)债权人出于经济或法律等方面因素的考虑,对发生财务困难的债务人作出让步。
(4)债务人很可能倒闭或进行其他财务重组。
(5)因发行方发生重大财务困难,该持有至到期投资无法在活跃市场继续交易。
(6)其他表明持有至到期投资发生减值的客观证据。

2. 持有至到期投资的减值测试

持有至到期投资减值测试时,企业应根据自身管理水平和业务特点,采用单项金额测试或组合方式测试的方法。对于单项金额重大的持有至到期投资应当逐项检查,单独进行减值测试;对于单项金额不重大的持有至到期投资,可以单独进行减值测试,也可以包括在具有类似信用风险特征的金融资产组合中进行减值测试。

单项金额重大和不重大的持有至到期投资单独测试未发生减值的,应当包括在具有类似信用风险特征的持有至到期投资组合中再进行减值测试。已单项确认减值损失的金融资产,不应包括在具有类似信用风险特征的金融资产组合中进行减值测试。

企业应当根据实际情况确定单项金额重大的标准,该项标准一经确定,应当遵循一致性原则,不得随意变更。

3. 持有至到期投资减值的会计处理

企业设置"持有至到期投资减值准备"账户,核算企业持有至到期投资发生减值时计提的减值准备。资产负债表日,企业确定持有至到期投资发生减值的,按确定的减值金额,借记"资产减值损失"账户,贷记"持有至到期投资减值准备"账户。持有至到期投资确认减值后,利息收入应当按照计提减值准备后的摊余成本和重新确定的实际利率计算确定。

已计提减值准备的持有至到期投资价值以后又得以恢复的,应在原已计提的减值准备金额内,按恢复增加的金额,借记"持有至到期投资减值准备"账户,贷记"资产减值损失"账户。

第三节 可供出售金融资产的核算

可供出售金融资产是指企业初始确认时即被指定为可供出售金融资产,以及没有被划分为以公允价值计量且其变动计入当期损益的金融资产、持有至到期投资、贷款和应收款项的金融资产。当企业出于风险管理的需要或其他意图,既想在较长的时间内获得较为丰厚的收益,又要保证资金的灵活运用,在活跃的证券市场购入随时可以出售的股票、债券、基金或其他有价证券,同时又不准备将其划入以公允价值计量且其变动计入当期损益的金融资产,就可以将其作为可供出售金融资产,进行管理与核算。

可供出售金融资产的会计处理,与以公允价值计量且变动计入当期损益的金融资产相似,但也有区别,具体如下:

(1) 初始确认时都应按照公允价值计量,以公允价值计量且变动计入当期损益的金融资产的相关交易费用计入当期损益,而可供出售金融资产的相关交易费用计入初始入账金额。

(2) 资产负债表日,都应按照公允价值计量,以公允价值计量且变动计入当期损益的金融资产公允价值变动计入当期损益,而可供出售金融资产的公允价值变动计入其他综合收益。

可供出售金融资产可以划分为可供出售的债券投资、股票投资、基金投资等。为了核算企业持有的可供出售金融资产转出的公允价值变动情况,企业应设置"可供出售金融资产"账户,该账户按可供出售金融资产的类别和品种,分别"成本""利息调整""应计利息""公允价值变动"等设置明细账户,进行明细核算。可供出售金融资产发生减值的,应单独设置"可供出售金融资产减值准备"账户进行核算。

一、债券投资的核算

可供出售金融资产(债券投资)的核算基本与"持有至到期投资"相同。其区别在于使用的账户为"可供出售金融资产"。

【例5-6】 G公司20×1年1月1日以每张95.10元的价格购进面值100元、3年期、票面利率10%、分期付息、到期一次还本的B公司债券500张,税金、佣金等相关费用略。每年1月1日、7月1日支付上期利息,债券到期时偿还本金并支付最后一期利息(实际利率12%)。公司将其作为可供出售金融资产进行核算处理。20×2年1月15日,G公司因资金需要出售全部债券,实际收到价款51 500元。G公司按年计算确认债券利息收入。

分析:见图表5-3。

图表5-3

B公司债券利息调整计算表

单位:元

计息日期	期初摊余成本 A	实际利息收入 B=A×6%	现金流入 C	摊余成本 D=A+B-C
20×1年6月30日	47 550	2 853	2 500	47 903
20×1年12月31日	47 903	2 874	2 500	48 277
20×2年6月30日	48 277	2 897	2 500	48 674
20×2年12月31日	48 674	2 920	2 500	49 094
20×3年6月30日	49 094	2 946	2 500	49 540
20×3年12月31日	49 540	2 960*	2 500	50 000

*此处存在尾差12元。

作会计分录如下:

(1) 20×1年1月1日,购入债券时:

 借:可供出售金融资产——B公司债券(成本)   50 000
  贷:银行存款   47 550
    可供出售金融资产——B公司债券(利息调整)   2 450

(2) 20×1年6月30日,计提应收利息时:

 借:应收利息——B公司债券利息   2 500
   可供出售金融资产——B公司债券(利息调整)   353
  贷:投资收益——债券利息收入   2 853

(3) 20×1年7月1日,收到上半年利息时:

 借:银行存款   2 500
  贷:应收利息——B公司债券利息   2 500

(4) 20×1年12月31日,计提应收利息时:

借：应收利息——B公司债券利息　　　　　　　　　　　　　2 500
　　可供出售金融资产——B公司债券(利息调整)　　　　　　374
　　贷：投资收益——债券利息收入　　　　　　　　　　　　　　2 874

(5) 20×2年1月1日,收到20×1年下半年利息时:

借：银行存款　　　　　　　　　　　　　　　　　　　　　　　2 500
　　贷：应收利息——B公司债券利息　　　　　　　　　　　　　2 500

(6) 20×2年1月15日,出售B公司债券时:

借：银行存款　　　　　　　　　　　　　　　　　　　　　　　51 500
　　可供出售金融资产——B公司债券(利息调整)　　　　　　1 723
　　贷：可供出售金融资产——B公司债券(成本)　　　　　　　50 000
　　　　投资收益　　　　　　　　　　　　　　　　　　　　　　3 223

二、股票(基金)投资的核算

可供出售金融资产(股票投资、基金投资等)的核算,在"可供出售金融资产"账户中进行。"可供出售金融资产"账户按照可供出售金融资产的类别或品种,分别"成本""公允价值变动"等设置明细账户,进行明细核算。其中:"成本"明细账户反映购入可供出售的股票、基金等金融资产取得时的公允价值,"公允价值变动"明细账户则反映可供出售股票、基金等金融资产在企业持有期间的公允价值变动。

可供出售金融资产(股票投资和基金投资)的会计核算包括其初始金额的确认,持有期内其公允价值变动的确认和计量,持有期内收到现金股利或股票股利的确认和计量,以及最后出售损益的确定。

(1) 购入可供出售金融资产(股票投资、基金投资),以其公允价值与交易费用之和作为初始确认金额。对于实际支付的价款中包含的已宣告但尚未发放的现金股利,作为应收股利单独反映。

(2) 可供出售金融资产(股票投资、基金投资等)持有期间取得的现金股利,计入投资收益。

(3) 持有期内对公允价值的调整。可供出售金融资产(股票投资、基金投资)在持有期,除了因特殊情况发生严重价值减值,需要计提资产减值准备外,因公允价值变动形成的利得或损失,记入"其他综合收益"账户。

(4) 企业出售可供出售金融资产(股票投资、基金投资)时,一方面要按照实际收到的金额,注销可供出售金融资产的账面价值(成本和公允价值变动),确认投资收益;另一方面要将原计入其他综合收益的因公允价值变动形成的利得和损失,转计入当期损益。

【例5-7】 20×1年3月1日,X公司购入A开放式基金,X公司将其归入可供出售金融资产核算,购入当日,A基金的公允价值为170万元,其中包含已经宣告将要在3月5日发放的现金红利 2 万元。购买时企业实际支付价款 170 万元及手续费 1 万元。20×1 年 3 月 5 日,收到基金红利 2 万元。20×1 年 6 月 30 日,该基金的公允价值为 185 万元。20×1 年 8 月 15 日,A 基金宣布发放现金红利,X 公司可获得 3 万元。20×1 年 8 月 20 日,X 公司收到现金红利 3 万元。20×1 年 12 月 31 日,该基金的公允价值为 190 万元。20×2 年 5 月 1 日,X 公司将此基金出售,当日该基金的公允价值为 188 万元。作会计分录如下:

(1) 20×1 年 3 月 1 日,购买 A 基金时:

借:可供出售金融资产——A 基金(成本)　　　　　　　　　　　1 690 000
　　应收股利——A 基金股利　　　　　　　　　　　　　　　　　　　20 000
　贷:银行存款　　　　　　　　　　　　　　　　　　　　　　　　1 710 000

(2) 20×1 年 3 月 5 日,收到基金红利时:

借:银行存款　　　　　　　　　　　　　　　　　　　　　　　　　　20 000
　贷:应收股利——A 基金红利　　　　　　　　　　　　　　　　　　　20 000

(3) 20×1 年 6 月 30 日,记录 A 基金的公允价值变动为 16 万元(185－169)时:

借:可供出售金融资产——A 基金(公允价值变动)　　　　　　　　　160 000
　贷:其他综合收益　　　　　　　　　　　　　　　　　　　　　　　160 000

(4) 20×1 年 8 月 15 日,A 基金宣布发放现金红利时:

借:应收股利——A 基金红利　　　　　　　　　　　　　　　　　　　30 000
　贷:投资收益　　　　　　　　　　　　　　　　　　　　　　　　　　30 000

(5) 20×1 年 8 月 20 日,收到 A 基金现金红利时:

借:银行存款　　　　　　　　　　　　　　　　　　　　　　　　　　30 000
　贷:应收股利——A 基金红利　　　　　　　　　　　　　　　　　　　30 000

(6) 20×1 年 12 月 31 日,记录 A 基金的公允价值变动为 5 万元(190－185)时:

借:可供出售金融资产——A 基金(公允价值变动)　　　　　　　　　　50 000
　贷:其他综合收益　　　　　　　　　　　　　　　　　　　　　　　　50 000

(7) 20×2 年 5 月 1 日,出售 A 基金,当日该基金的公允价值为 188 万元时:

借:银行存款　　　　　　　　　　　　　　　　　　　　　　　　1 880 000
　　投资收益　　　　　　　　　　　　　　　　　　　　　　　　　　20 000
　贷:可供出售金融资产——A 基金(成本)　　　　　　　　　　　　1 690 000
　　　可供出售金融资产——A 基金(公允价值变动)　　　　　　　　　210 000
借:其他综合收益　　　　　　　　　　　　　　　　　　　　　　　　210 000
　贷:投资收益　　　　　　　　　　　　　　　　　　　　　　　　　210 000

三、可供出售金融资产减值的核算

资产负债表日,企业应对持有的可供出售金融资产进行检查,当有客观证据表明该金融资产发生减值时,应确认可供出售金融资产的减值损失,计提可供出售金融资产的减值准备。可供出售金融资产发生减值时,即使该金融资产没有终止确认,原直接计入所有者权益("其他综合收益"账户的),因公允价值下降而发生的累计损失金额,应该予以转出,计入当期损益,即"资产价值损失"账户。

对于已确认减值损失的可供出售金融资产(债券投资),在随后的会计期间公允价值上升,且客观上与确认原减值损失事项有关的,原确认的减值损失应当予以转回,确认为当期收益。对于原已确认减值损失的可供出售金融资产(股票投资、基金投资),在随后的会计期间公允价值上升,原确认的减值损失可以转回,但不能通过损益转回,只能转回所有者权益账户"其他综合收益"。

【例 5-8】 20×1 年 5 月,Z 公司购入 A 公司股票,归入"可供出售金融资产"账户核算。购入时,实际支付价款(公允价值与相关交易费用之和)356 000 元,假定 Z 公司按季进行金融资产的公允价值调整。20×1 年 6 月末和 9 月末,A 公司股票的公允价值分别为 358 000 元和 350 000 元。

20×1 年 12 月 31 日,A 股票的公允价值为 200 000 元。Z 公司了解到 A 公司 20×1 年因一件诉讼案败诉,造成公司巨大损失。这一损失会影响 A 公司未来 2 年的盈利水平,继而对 A 公司股票价格产生长期影响。

Z 公司有关投资 A 公司股票的会计核算如下:

(1) 20×1 年 5 月,购入 A 股票时:

 借:可供出售金融资产——A 股票(成本)   356 000
  贷:银行存款   356 000

(2) 20×1 年 6 月末,记录公允价值变动时:

 借:可供出售金融资产——A 股票(公允价值变动)   2 000
  贷:其他综合收益   2 000

(3) 20×1 年 9 月末,记录公允价值变动时:

 借:其他综合收益   8 000
  贷:可供出售金融资产——A 股票(公允价值变动)   8 000

(4) 20×1 年 12 月末,记录资产减值损失时:

 借:资产减值损失   156 000
  贷:可供出售金融资产——A 股票(公允价值变动)   150 000
    其他综合收益   6 000

【小案例】

　　光大证券股份有限公司（以下简称"光大证券"）于2009年8月4日首次公开发行A股,并于8月18日在上海证券交易所挂牌上市。根据光大证券年报数据,自2009年上市至2012年,其可供出售金融资产占总资产年度平均比重逐年递增。公司管理层基于风险管理、投资策略及持有目的,将金融资产分为四类,其中可供出售金融资产是初始确认时即被指定为可供出售的非衍生金融资产,以及没有划分为以公允价值计量且其变动计入当期损益的金融资产、持有至到期投资、贷款和应收款项的金融资产。其主要包括：公司初始确认时即被指定为可供出售的股票、基金、债券等非衍生金融资产；公司持有的对上市公司不具有控制、共同控制或重大影响的限售股权；以自有资金参与集合资产管理计划,并在集合资产管理计划存续期间不得退出的部分；以余额包销、全额包销方式进行证券承销而持有的证券；融资专用券。光大证券可供出售金融资产由股票、债券、基金、集合资产管理计划和融资专用券构成,其中股票占比最高。

　　2010年和2011年,资本市场处在下行期,公司管理者倾向于选择公允价值变动计入所有者权益的会计处理,将较多的证券划分为可供出售金融资产。光大证券上市后遭遇了连年"熊市",金融资产公允价值大幅下跌。但是在2010年公司没有计提可供出售金融资产减值,即使2011年年末资产账面亏损21亿元,也仅仅计提1.39亿元,其余巨额损失直接冲减资本公积,否则2011年净利润将从15.4亿元变为亏损。而在市场有上行空间的2009年和2012年,光大证券持有的交易性金融资产超出了可供出售金融资产。

（资料来源：根据光大证券2009、2010和2011年年报整理）

复习思考题

　　1. 金融资产在初始确认时可以分为哪四类？阐述各类金融资产的概念和特征。

　　2. 如何对以公允价值计量且变动计入当期损益的金融资产进行初始计量、后续计量和期末计量？如何对其进行会计处理？

　　3. 如何对持有至到期投资进行初始计量、后续计量和期末计量？如何计算持有至到期投资持有期的利息收入？如何对其进行会计处理？

　　4. 如何对可供出售金融资产进行初始计量、后续计量和期末计量？如何对其进行会计处理？

　　5. 以公允价值计量且变动计入当期损益的金融资产、持有至到期投资和可供出售金融资产的初始成本（入账金额）确定有何区别？

6. 持有至到期投资的核算与可供出售金融资产(债券投资)的核算有何区别?

7. 可供出售金融资产(股票投资、基金投资)与以公允价值计量且变动计入当期损益的金融资产的核算有何区别?

8. 在什么情况下,持有至到期投资可以重分类为可供出售金融资产?

9. 试述持有至到期投资和可供出售金融资产减值测试和会计处理的方法。

练 习 题

一、判断题

1. 在活跃市场中没有报价、公允价值不能可靠计量的权益工具投资,不得指定为以公允价值计量且变动计入当期损益的金融资产。（ ）

2. 企业取得以公允价值计量且变动计入当期损益的金融资产时支付的相关税费,应计入交易性金融资产的成本。（ ）

3. 企业在持有以公允价值计量且其变动计入当期损益金融资产期间取得的利息或现金股利,应当冲减交易性金融资产的账面价值。（ ）

4. 处置以公允价值计量且其变动计入当期损益金融资产时,该金融资产的公允价值与初始入账金额之间的差额应确认为投资收益,同时将原记入"公允价值变动损益"账户的金额转入"投资收益"账户。（ ）

5. 从投资者角度看,将某项投资划分为持有至到期投资时必须考虑可能存在的发行方重大支付风险。（ ）

6. 可供出售金融资产发生减值时,原直接计入所有者权益的因公允价值下降而发生的累计损失金额,应转入当期损益。（ ）

7. 资产负债表日,企业应当根据以公允价值计量且其变动计入当期损益金融资产的公允价值调整期账面价值,确定当期公允价值变动的损益。（ ）

8. 购入的股权投资因其没有固定的到期日,不符合持有至到期投资的条件,不能划分为持有至到期投资。（ ）

9. 持有至到期投资在满足相关的条件下,可以重分类为可供出售金融资产或交易性金融资产。（ ）

10. 企业在持有交易性金融资产期间,如果其账面价值严重下跌,企业应该考虑对其进行减值测试,确定资产减值损失。（ ）

二、单项选择题

1. 下列关于以公允价值计量且变动计入当期损益的金融资产的说法中,正确的是( )。
A. 交易费用计入到成本
B. 是为了短期获利
C. 只能是股权投资
D. 公允价值变动计入到所有者权益

2. 华美公司20×5年3月1日从证券市场上购入S公司发行在外的股票4万股作为交易性金融资产,每股支付价款6元(含已宣告尚未发放的现金股利0.50元)。5月15日,收到S公司分派的现金股利2万元,股票股利1万股。20×5年5月31日,华美公司所持S公司股票每股成本为( )元。
A. 3.60　　　　B. 4.40　　　　C. 4.80　　　　D. 6.00

3. 甲公司于20×2年4月5日从证券市场上购入乙公司发行在外的股票600万股作为可供出售金融资产,每股支付价款6元(含已宣告但尚未发放的现金股利1.5元),另支付相关费用20万元,甲公司可供出售金融资产取得时的入账价值为( )万元。
A. 3 020　　　B. 2 720　　　C. 2 700　　　D. 3 000

4. 下列关于可供出售金融资产计量的说法中,正确的是( )。
A. 应当按取得的可供出售金融资产的公允价值加上相关交易费用作为初始确认金额
B. 应当按取得的可供出售金融资产的公允价值作为初始确认金额
C. 持有期间获得的利息或现金股利,应当冲减成本
D. 资产负债表日,可供出售金融资产应当以公允价值计量,且公允价值变动计入当期损益

5. A公司20×5年11月5日从证券市场上购入B公司发行在外的股票200万股作为交易性金融资产,每股支付价款5元,另支付相关税费20万元。20×5年12月31日,这部分股票的公允价值为1 050万元。20×5年12月31日,A公司应确认的公允价值变动损益为( )。
A. 0
B. 收益50万元
C. 收益30万元
D. 损失50万元

6. 下列各项资产减值准备中,在相应资产的持有期间内可以转回的是( )。
A. 固定资产减值准备
B. 持有至到期投资减值准备
C. 商誉减值准备
D. 长期股权投资减值准备

7. 企业在持有"持有至到期投资"期间,每一资产负债表日,应按照( )计算确定投资收益。
A. 债券面值乘以票面利率
B. 债券面值乘以实际利率
C. 期初摊余成本乘以实际利率
D. 期初摊余成本乘以票面利率

8. 到期一次还本付息的可供出售债券投资,资产负债表日计算确定的应收未收利息应记入的账户是( )。
A. "应收利息"
B. "可供出售金融资产(应计利息)"

C. "可供出售金融资产(利息调整)"   D. "应计利息"

9. 企业因持有至到期投资部分出售或重分类的金额较大,且不属于企业会计准则所允许的例外情况,使该投资的剩余部分不再适合划分为持有至到期投资的,企业应将该投资的剩余部分重分类为可供出售金融资产。下列说法中,不正确的是(   )。

A. 重分类日该剩余部分划分为可供出售金融资产,按照公允价值入账
B. 重分类日该剩余部分的账面价值和公允价值之间的差额记入"其他综合收益"账户
C. 在出售重分类为可供出售金融资产时,原记入"其他综合收益"账户的部分应相应的转出
D. 重分类日该剩余部分划分为可供出售金融资产,按照摊余成本进行后续计量

10. 20×5年12月31日,甲公司持有的某项可供出售权益工具投资的公允价值为2 200万元,账面价值为3 500万元。该可供出售权益工具投资前期已因公允价值下降减少账面价值1 500万元。考虑到股票市场持续低迷已超过9个月,甲公司判断该资产价值发生严重且非暂时性下跌。甲公司对该金融资产应确认的减值损失金额为(   )万元。

A. 700   B. 1 300   C. 1 500   D. 2 800

三、核算题

习 题 一

甲公司20×1年和20×2年发生以下有关交易性金融投资的经济业务:

(1) 20×1年8月1日,在证券市场购入乙公司同年5月1日发行的5年期、年利率6%、每张面值为1 000元的企业债券30张,实际支付买价30 000元,交易费用500元。该债券每年5月1日和11月1日付息两次。当年11月1日,收到半年利息900元存入银行;20×1年12月31日,该债券公允价值为29 900元;20×2年3月1日,出售上述全部债券,扣除交易费用后,实际收到价款30 750元。

(2) 20×1年9月1日,在证券市场上购入丙公司股票10 000股,实际支付价款45 000元(含已宣告发放但尚未支取的现金股利600元),另支付交易费用400元。9月16日,收到现金股利600元。12月31日,该股票的公允价值为每股4.40元。20×2年3月10日,出售上述丙公司的全部股票,扣除交易费用后,实际收到价款55 000元。假定甲公司每年6月30日和12月31日对外提供财务报告。

要求:根据甲企业发生的经济业务编制会计分录。

习 题 二

W公司于20×1年1月1日购入丁公司20×0年1月1日发行、面值为750 000元、期限为5年、年利率为6%、到期一次还本付息债券准备持有至到期,实际支付款项820 600元,

其中包括应计利息45 000元和交易费用3 100元。假定W公司每年年末提供一次财务报告。

要求：根据上述资料为W公司进行有关持有至到期投资的会计核算(请列出"持有至到期投资"账户的明细账户)。

习 题 三

A公司20×1年1月1日购入B公司股票2万股作为企业可供出售金融资产，每股价格为8元(含已宣告将要在1月5日发放的现金股利0.5元)，另支付交易费用600元。1月5日，收到现金股利10 000元。6月30日，该股票的公允价值为每股7.75元。8月10日，B公司宣告分派现金股利每股1.50元。8月15日，A公司收到该现金股利。12月31日，该股票的公允价值为每股7元。20×2年2月1日，A公司将此股票出售，当日该股票的公允价值为每股8.50元。

要求：为A公司编制从购入B公司股票到出售此股票为止的全部会计分录。

习 题 四

甲公司20×1年3月2日购入乙上市公司的股票100万股作为可供出售金融资产，每股3元，另支付相关费用4 000元。6月30日，每股公允价值为2.8元；9月30日，每股公允价值为3.2元；12月31日，由于乙公司发生严重财务危机，每股公允价值为2元，甲公司对该股票投资计提减值准备。20×2年2月1日，甲公司将上述股票对外出售，每股售价为2.3元(已扣除手续费)。甲公司对外提供季度财务报告。

要求：根据上述资料编制相关会计分录。

第六章　长期股权投资

章前案例

深圳市大富科技股份有限公司(以下简称"大富科技")成立于2001年6月,2010年10月26日在深圳证券交易所创业板挂牌上市(股票代码为300134)。公司是一家主要从事移动通信基站产品研发、生产和服务的高新技术企业,主要产品有移动通信基站射频器件、射频结构件等。

深圳市华阳微电子有限公司(以下简称"华阳微电子")成立于1996年,是一家专业封装电子标签的高科技企业,公司的经营范围包括IC卡模块的生产、电子标签的生产、销售和设计,以及集成电路、智能卡的设计和销售等,股东为自然人滕玉杰(持股比例90%)和滕玉东(持股比例10%)。

2011年8月25日,大富科技发布收购公告,宣布以自有资金1 000万元收购华阳微电子52%的股权,其中,以808万元人民币收购华阳微电子股东滕玉杰持有的42%的股份,以192万元人民币收购华阳微电子股东滕玉东持有的10%的股份。收购完成后,大富科技持有华阳微电子52%的股份,滕玉杰持有48%的股份。被收购前后华阳微电子的股权结构变化如图表6-1所示。通过此次收购,大富科技成为华阳微电子的控股股东,华阳微电子成为大富科技的子公司。

图表6-1

2011年被收购前后华阳微电子的股权结构变化表

股东名称	收购前持有股份	收购后持有股份
滕玉杰	90%	48%
滕玉东	10%	0
深圳市大富科技股份有限公司	0	52%

2014年2月15日,大富科技发布股权转让公告宣布,公司董事会审议通过《关于转让深

圳市华阳微电子有限公司部分股权的议案》,大富科技决定将持有的华阳微电子2.5%的股权转让给股东滕玉杰,以华阳微电子2013年6月末为基准日的资产预估值5.41亿元为基础计算确定,转让价格为1350万元。本次股份转让完成后,大富科技持有华阳微电子的股权比例由52%降至49.5%,华阳微电子由大富科技的控股子公司变为参股子公司,具体变化如图表6-2所示。

表6-2

2014年转让前后华阳微电子的股权结构变化表

股东名称	转让前持有股份	转让后持有股份
滕玉杰	48%	50.5%
深圳市大富科技股份有限公司	52%	49.5%

大富科技转让华阳微电子2.5%股权后,华阳微电子由其控股子公司变为参股公司。大富科技转让华阳微电子部分股权的公告中披露,依据《企业会计准则解释第4号》及《公开发行证券的公司信息披露解释性公告第5号》的规定,本次交易预计增加大富科技财务报表投资收益约人民币2.27亿元,计入2014年度非经常性损益。

大富科技2014年第一季度报告显示,报告期内公司主营业务保持持续良好的发展态势,2014年第一季度主营业务净利润增速高于预期,公司实现归属于上市公司股东的净利润28 661.03万元,同比增长12 893.92%,其中,公司长期股权投资余额较期初增加约28 177.61万元,主要原因系出售华阳微电子部分股权,并对该公司剩余股权按照公允价值进行重新计量所致。由图表6-3和图表6-4中可以看出,2014年大富科技的财务数据增长很快。营业利润由2013年度的3 622.86万元增长到2014年度的56 313.11万元,增幅达1 454.38%;归属于上市公司普通股股东的净利润由2013年度的5 531.40万元增长到2014年度的53 550.26万元,增幅达868.11%。相较于2012年度的公司净利润亏损而言,2014年度的公司业绩堪称"大变脸",根据公司财务报表附注披露的信息,利润的大幅增长与出售华阳微电子2.5%的股权投资所引起的财务报表投资收益的变化密切相关。

表6-3

大富科技核心财务数据表(一)

单位:万元

项 目	2014年	2013年	本年比上年增减	2012年
营业收入	245 086.40	189 527.31	29.31%	150 395.53
营业成本	173 886.52	146 258.74	18.89%	124 049.51

(续表)

项目	2014年	2013年	本年比上年增减	2012年
投资净收益	23 924.03	-329.74		283.40
营业利润	56 313.11	3 622.86	1 454.38%	-26 909.27
利润总额	63 887.4	6 453.74	889.93%	-20 692.82
归属于上市公司普通股股东的净利润	53 550.26	5 531.40	868.11%	-19 118.35
归属于上市公司普通股股东的扣除非经常性损益的净利润	27 018.84	3 240.02	733.91%	-24 688.37
经营活动现金流量净额	47 570.85	21 984.99	116.38%	-12 925.90

图表6-4   **大富科技核心财务数据表(二)**

单位:万元

项目	2014年年末	2013年年末	本年年末比上年年末增减	2012年年末
资产总额	346 194.16	298 481.79	15.99%	322 892.59
长期股权投资	28 403.38	225.77	12 580.67%	276.68
负债总额	88 321.64	75 748.15	16.60%	99 708.43
资产负债率	25.51%	25.38%	0.13%	30.88%

(资料来源:宋建波、文雯,《长期股权投资成本法转权益法的会计处理探讨》)

学习目的

- 正确判断长期股权投资的三种类型
- 掌握不同情况下企业长期股权投资的初始计量
- 掌握不同情况下企业长期股权投资的后续计量
- 掌握长期股权投资后续计量成本法与权益法的区别
- 掌握长期股权投资转换的会计处理
- 准确判断长期股权投资是否发生减值

第一节 长期股权投资概述

长期股权投资是指投资方对被投资单位实施控制、重大影响的权益性投资,以及对其合营企业的权益性投资。即长期股权投资分为对子公司、联营企业、合营企业的投资。投资企业通过支付现金、发行权益性证券、转让非现金资产或债务重组等方式对被投资单位进行投资,取得被投资单位的股权,达到与被投资单位合并、合营或联合经营的目的。投资企业也可以通过长期股权投资,获得投资收益或满足企业长期经营发展的需要。

长期股权投资依据对被投资单位所产生的影响,分为三种类型。

一、投资企业能对被投资单位实施控制的权益性投资

控制是指投资方拥有对被投资方的权利,通过参与被投资方的相关活动而享有可变回报并且有能力运用对被投资方的权力影响其回报金额。通常来说,如果投资企业能够直接控股被投资单位50%以上股权的,或虽然控股50%以下,但具有实质控股权的,如通过与其他投资者的协议,投资企业拥有被投资单位50%以上的表决权资本,根据章程和协议,投资企业有权控制被投资单位的财务和经营政策,投资企业有权任免被投资单位董事会等类似权力机构的多数成员;投资企业在董事会或类似权力机构会议上有半数以上投票权的,就可以称其为投资企业能够对被投资单位实施控制的长期股权投资。投资方能够对被投资单位实施控制的,被投资单位为其子公司。投资方属于《企业会计准则第33号——合并财务报表》规定的投资性主体且子公司不纳入合并财务报表的情况除外。

二、投资企业与其他合营方一同对被投资单位实施控制的权益性投资

共同控制是指按照合同约定对某项安排所共有的控制,并且该安排的相关活动必须经过分享控制权的参与方一致同意后才能决策。仅在与该项经济活动相关的重要财务和经营政策需要分享控制权的投资方一致同意时存在。投资企业与其他方对被投资单位实施共同控制的,被投资单位为其合营企业。在确定是否构成共同控制时,一般可以考虑以下情况作为确定基础:①任何一个合营方均不能单独控制合营企业的生产经营活动;②涉及合营企业基本经营活动的决策需要各合营方一致同意;③各合营方可能通过合同或协议的形式任命其中的一个合营方对合营企业的日常活动进行管理,但其必须在各合营方已经一致同意的财务和经营政策范围内行使管理权。

三、投资企业对被投资单位具有重大影响的权益性投资

重大影响是指投资方对被投资单位的财务和经营政策有参与决策的权力,但并不能够

控制或者与其他方一起共同控制这些政策的制定。在确定能否对被投资单位施加重大影响时,应当考虑投资方和其他方持有的被投资单位当期可转换公司债券、当期可执行认证股权证等潜在表决权因素。投资企业直接或通过子公司拥有被投资单位20%以上但低于50%的表决权股份时,一般认为对被投资单位具有重大影响。投资企业拥有被投资单位20%以下表决权资本时,如果符合下列情况之一的,也可以确认为投资企业对被投资单位具有重大影响:①投资企业在被投资单位的董事会或类似的权力机构中派有代表,并相应享有实质性的参与决策权;②投资企业参与被投资单位财务和经营政策制定过程;③向被投资单位派出管理人员;④被投资单位依赖投资企业的技术资料等情况;⑤投资企业与被投资单位之间发生重要交易。投资方能够对被投资单位施加重大影响的,被投资单位称为投资企业的联营企业。

【小案例】

特变电工2015年上半年长期股权投资明细情况如图表6-5所示。

图表6-5

特变电工2015年上半年长期股权投资明细情况

子公司名称	持股比例
(1) 对被投资企业实施控制(通过设立或投资等方式取得的子公司)	
特变电工沈阳变压器集团有限公司	100.00%
特变电工衡阳变压器有限公司	100.00%
特变电工国际工程有限公司	100.00%
特变电工山东鲁能泰山电缆有限公司	88.99%
特变电工(德阳)电缆股份有限公司	84.61%
天津市特变电工变压器有限公司	55.00%
新特能源股份有限公司	71.56%
新疆天池能源有限责任公司	85.78%
特变电工新疆新能源有限公司	70.63%
(2) 能够对被投资企业实施共同控制或重大影响	
特变电工新利钢(沈阳)金属制品有限公司	50.00%
新疆淮东五彩湾北一电厂有限公司	50.00%
四方特变电工只能电气有限公司	50.00%
吉木乃新特风电有限公司	49.00%
新疆新特顺电力设备有限责任公司	39.00%
昌吉雪峰爆破工程有限公司	37.50%
新疆众和股份有限公司	28.14%
中疆物流有限责任公司	25.00%

(续表)

子公司名称	持股比例
大唐特变电工吐鲁番新能源有限公司	20.00%
特变电工阿瓦提县新能源有限责任公司	20.00%
库尔勒新科太阳能发电有限公司	20.00%
新疆华电和田光伏发电有限责任公司	20.00%
新疆华电焉耆太阳能发电有限公司	20.00%

(资料来源：根据特变电工2015年半年报整理)

第二节 长期股权投资的初始计量

长期股权投资在个别财务报表中的初始确认和计量，分为企业合并取得和其他方式取得两种类型。

一、企业合并形成的长期股权投资

(一) 企业合并概述

企业合并是指将两个或两个以上单独的企业合并形成一个报告主体的交易或者事项。

1. 企业合并按合并方式进行的划分

企业合并按合并方式划分，分为吸收合并、新设合并和控股合并三种。

(1) 吸收合并是指合并方在企业合并中取得被合并方的全部净资产，并将有关资产、负债并入合并方的账簿和财务报表进行核算。企业合并后，注销被合并方的法人资格，由合并方取得被合并方的资产、负债，在新的基础上继续经营。

(2) 新设合并是指原参与合并各方在合并后均注销其法人资格，重新注册一家新的企业，由新注册成立的企业持有参与合并各方的资产、负债，在新的基础上经营。

(3) 控股合并是指合并方通过合并交易或者事项取得被合并方的控制权，企业合并后能够通过所取得的股权等主导被合并方的生产经营决策并自合并方的生产经营活动中获利，被合并方在企业合并后仍维持其独立法人资格，继续经营。

在控股合并的情况下，合并方能够主导被合并方的生产经营决策，从而将被合并方纳入其合并会计报表范围，形成一个报告主体。被合并方被合并后仍然保持其法人资格，继续经营。

吸收合并和新设合并后，被合并方已经不复存在，没有长期股权投资核算问题。只有在控股合并下，合并方的账簿和财务报表中才确认长期股权投资。

2. 企业合并按控制对象进行的划分

企业合并按控制对象，即是否在同一控制下进行的企业合并，分为同一控制下的企业合并和非同一控制下的企业合并。

（1）同一控制下的企业合并是指参与合并的各方在合并前后均受同一方或相同的多方最终控制且该控制并非暂时性的行为。一般情况下，同一企业集团内部各子公司之间、母子公司之间的合并属于同一控制下的企业合并。同一控制下的企业合并往往存在下列特点：从最终实施控制方的角度来看，其所能够实施控制的净资产，没有发生变化。由于该类合并发生于关联方之间，交易作价往往不公允，容易产生利润操纵。

（2）非同一控制下的企业合并是指不存在一方或多方控制的情况下，一个企业购买另一个或多个企业股权或净资产的行为。参与合并的各方，在合并前后均不属于同一方或多方的最终控制。

（二）同一控制下企业合并形成的长期股权投资

（1）合并方以支付现金、转让非现金资产或承担债务方式作为合并对价的，在合并日按照所取得被合并方在最终控制方合并财务报表中的净资产的账面价值的份额作为长期股权投资的初始投资成本。被合并方在合并日的净资产账面价值为负数的，长期股权投资成本按零确定，同时在备查簿中予以登记。长期股权投资根据初始投资成本与支付的现金、转让的非现金资产以及所承担债务账面价值之间的差额，调整资本公积（资本溢价或股本溢价）；资本公积（资本溢价或股本溢价）的余额不足冲减的，调整留存收益，依次冲减盈余公积和未分配利润。

合并方或购买方为企业合并发生的审计、法律服务、评估咨询等中介费用及其他相关管理费用，于发生时计入当期损益。

如果被合并方在被合并以前是最终控制方通过非同一控制下的企业合并所控制的，则合并方长期股权投资的初始成本还应包含相关的商誉金额。

具体会计核算方法是，合并方在合并日按取得被合并方在最终控制方财务报表中的净资产的账面价值的份额，借记"长期股权投资"账户，按享有被投资单位已宣告但尚未发放的现金股利或利润，借记"应收股利"账户，按支付的合并对价的账面价值，贷记有关资产账户或借记有关负债账户，如为贷方差额，贷记"资本公积——资本溢价或股本溢价"账户，如为借方差额，借记"资本公积——资本溢价或股本溢价"账户，资本公积（资本溢价或股本溢价）不足冲减的，借记"盈余公积""利润分配——未分配利润"账户。

（2）合并方以发行权益性证券作为合并对价的，在合并日按照取得被合并方在最终控制方合并财务报表中的净资产的账面价值的份额作为长期股权投资的初始投资成本。按照发行股份的面值总额作为股本，按照长期股权投资初始投资成本与所发行股份面值总额之间的差额，调整资本公积（资本溢价或股本溢价）；资本公积（资本溢价或股本溢价）不足冲减的，调整留存收益，依次冲减盈余公积和未分配利润。

与发行权益性工具作为合并对价直接相关的交易费用,应当冲减资本公积(资本溢价或股本溢价),不足冲减的依次冲减盈余公积和未分配利润;与发行债务性工具作为合并对价直接相关的交易费用,应当计入债务性工具的初始确认金额。

具体会计核算方法是:合并方在合并日,应按取得被合并方所有者权益的账面价值,借记"长期股权投资"账户,按享有被投资单位已宣告但尚未发放的现金股利或利润,借记"应收股利"账户,按发行权益性证券的面值,贷记"股本"账户,按其贷方差额,贷记"资本公积——资本溢价或股本溢价"账户,如为借方差额的,借记"资本公积——资本溢价或股本溢价"账户,资本公积(资本溢价或股本溢价)不足冲减的,借记"盈余公积""利润分配——未分配利润"账户。

【例6-1】 20×2年1月1日,H公司向同一集团内L公司的原股东A公司定向增发5 000万股普通股(每股面值为1元,市价为12元),取得L公司100%的股权,并于当日起能够对L公司实施控制。合并后L公司仍维持其独立法人资格,继续经营。L公司之前为A公司于20×1年以非同一控制下企业合并的方式收购的全资子公司。两公司在合并前采用的会计政策相同。合并日,L公司资产负债表中所有者权益账面总额为7 200万元。A公司合并财务报表中的L公司净资产账面价值为9 000万元。

L公司在合并后维持其法人资格继续经营。合并日,H公司在其账簿及个别财务报表中应确认对B公司的长期股权投资,并作会计处理如下:

借:长期股权投资　　　　　　　　　　　　　　　　　　　　　　　　90 000 000
　　贷:股本　　　　　　　　　　　　　　　　　　　　　　　　　　50 000 000
　　　　资本公积——股本溢价　　　　　　　　　　　　　　　　　40 000 000

【例6-2】 甲公司和乙公司同为A集团的子公司,20×2年6月1日,甲公司以银行存款900万元取得乙公司所有者权益的80%,同日乙公司在A公司合并报表中净资产的账面价值为1 000万元。乙公司在合并后维持其法人资格继续经营。甲公司的会计处理如下:

借:长期股权投资　　　　　　　　　　　　　　　　　　　　　　　　8 000 000
　　资本公积——资本溢价　　　　　　　　　　　　　　　　　　　1 000 000
　　贷:银行存款　　　　　　　　　　　　　　　　　　　　　　　9 000 000

合并方在确认长期股权投资初始成本时应注意以下几点:

(1) 被合并方与合并方的会计政策、会计期间是否一致。如果不一致,应基于重要性原则,统一合并方与被合并方的会计政策。在按照合并方的会计政策对被合并方净资产的账面价值进行调整的基础上,确定长期股权投资的初始投资成本。

(2) 被合并方账面所有者权益是指被合并方的所有者权益相对最终控制方而言的账面价值。

(3) 如果子公司按照改制时确定的资产、负债经评估确认的价值调整资产、负债账面价值的,合并方应当按照取得子公司经评估确认的净资产的份额作为长期股权投资的初始投资成本。

(4) 如果被合并方本身编制合并财务报表的,被合并方的账面所有者权益的价值应当以其合并财务报表为基础确定。

(三) 非同一控制下企业合并形成的长期股权投资

非同一控制下的企业合并中,购买方应当按照确定的企业合并成本作为长期股权投资的初始投资成本。企业合并成本包括购买方付出的资产、发生或承担的负债、发行的权益性工具或债务性工具的公允价值之和。购买方为企业合并发生的审计、法律服务、评估咨询等中介费用以及其他相关管理费用应当于发生时计入当期损益;购买方作为合并对价发行的权益性工具或债务性工具的交易性费用,应当计入权益性工具或债务性工具的初始确认金额。

具体会计核算方法是:在购买日按企业合并成本(不含应自被投资单位收取的现金股利或利润),借记"长期股权投资"账户,按享有被投资单位已宣告但尚未发放的现金股利或利润,借记"应收股利"账户,按支付合并对价的账面价值,贷记有关资产账户或借记有关负债账户,按其差额,贷记"营业外收入"或"投资收益"等账户(或借记"营业外支出"或"投资收益"等账户);按发生的直接相关费用,借记"管理费用"账户,贷记"银行存款"等账户。

非同一控制下企业合并支付非货币性资产作为对价的,所支付的非货币性资产在购买日的公允价值与其账面价值的差额作为资产处置损益,计入企业合并当期的利润表(营业外收入或支出)。如果涉及以库存商品等作为合并对价的,按库存商品的公允价值,贷记"主营业务收入"账户,并同时结转相关的成本。涉及增值税的,还应进行相应的处理。以可供出售金融资产作为合并对价的,将可供出售金融资产持有期间公允价值变动形成的其他综合收益应一并转入投资收益,借记"其他综合收益"账户,贷记"投资收益"账户。

【例 6-3】 20×1 年 2 月 5 日,H 公司与 Y 公司达成合并协议,约定 H 公司以一条生产流水线和 200 万元的货币资金向 Y 公司投资,取得 Y 公司 70% 的股权。该生产流水线的原始成本为 1 000 万元,累计已提折旧 400 万元,公允价值为 800 万元。款项已经通过银行转账。为核实 Y 公司的资产价值,H 公司聘请专业资产评估机构对 Y 公司的资产进行评估,支付评估费用 200 万元。假定合并前,H 公司与 Y 公司不存在任何关联关系。

分析:因为合并前 H 公司与 Y 公司不存在任何关联关系,所以,作为非同一控制下的企业合并处理。H 公司有关投资的会计处理如下:

借:长期股权投资	10 000 000
管理费用	2 000 000
累计折旧	4 000 000
贷:固定资产	10 000 000
银行存款	4 000 000
营业外收入	2 000 000

通过多次交换交易，分步取得股权最终实现非同一控制下企业合并的，合并企业应以购买日之前所持被购买方的股权投资账面价值与购买日新增投资成本之和，作为该项投资的初始投资成本。其中：达到企业合并前对持有的长期股权投资采用成本法核算的，长期股权投资在购买日的初始投资成本应为原成本法下账面价值加上购买日取得进一步的股份新支付对价的公允价值之和；购买日之前采用权益法核算的，长期股权投资在购买日的初始投资成本为原权益法下的账面价值加上购买日取得进一步股份新支付对价的公允价值之和；达到企业合并前对长期股权投资采用公允价值计量的（如，原分类为可供出售金融资产的股权投资），长期股权投资在购买日的初始投资成本为原公允价值计量的账面价值加上购买日取得进一步股份新支付对价的公允价值之和。购买日之前持有的被购买方的股权涉及其他综合收益的，应当在处理该项投资时将与其相关的其他综合收益转入当期投资收益。

【例6-4】 A司公司20×1年以3 000万元取得B上市公司5%股权，对B公司不具有重大影响，A公司将其分类为可供出售金融资产，按公允价值计量。A公司在取得对B公司的长期股权投资后，B公司未宣告发放现金股利。A公司持有的B公司5%股权20×1年12月31日公允价值为3 000万元，20×2年3月31日公允价值为3 500万元。

20×2年4月1日，A公司又斥资35 000万元自C公司取得B公司另外50%股权。A公司与C公司不存在任何关联方关系。

本例中，A公司通过分步购买最终达到对B公司的控制，因A公司与C公司不存在任何关联方关系，故形成非同一控制下企业合并。

A公司投资B公司股权的相关会计处理如下：

(1) 20×1年4月1日，A公司购入B公司股票，作为可供出售金融资产。

借：可供出售金融资产——B公司股票（成本） 30 000 000
　　贷：银行存款 30 000 000

(2) 20×2年3月31日，A公司调整可供出售金融资产公允价值。

借：可供出售金融资产——B公司股票（公允价值变动） 5 000 000
　　贷：其他综合收益 5 000 000

(3) 20×2年4月1日购买日，A公司确认对B公司的长期股权投资。

借：长期股权投资——B公司 350 000 000
　　贷：银行存款 350 000 000

借：长期股权投资——B公司 35 000 000
　　贷：可供出售金融资产——B公司股票（成本） 30 000 000
　　　　可供出售金融资产——B公司股票（公允价值变动） 5 000 000

借:其他综合收益　　　　　　　　　　　　　　　　　　　　　　　5 000 000
　　贷:投资收益　　　　　　　　　　　　　　　　　　　　　　　　5 000 000

【例6-5】 A公司于20×1年3月1日以12 000万元取得B公司30%的股权,应能够对B公司施加重大影响,对所取得的B公司长期股权投资采用权益法核算。20×1年年末,B公司宣告实现净利润1 500万元,不进行利润分配。20×2年4月1日,A公司又斥资15 000万元自C公司取得B公司另外30%的股权。假定A公司对该项长期股权投资未计提任何减值准备。A公司与B公司不存在任何关联方关系。20×2年4月1日,A公司的会计处理如下:

借:长期股权投资——B公司　　　　　　　　　　　　　　　　　12 450
　　贷:长期股权投资——B公司(成本)　　　　　　　　　　　　　12 000
　　　　长期股权投资——B公司(损益调整)　　　　　　　　　　　　450

借:长期股权投资——B公司　　　　　　　　　　　　　　　　　150 000 000
　　贷:银行存款　　　　　　　　　　　　　　　　　　　　　　　150 000 000

购买日对B公司长期股权投资的账面余额=(12 000+1 500×30%)+15 000=27 450(万元)

二、不形成控股合并的长期股权投资

除了企业合并形成的长期股权投资外,以其他方式取得的长期股权投资,应按下列规定确定初始投资成本。

(1) 投资企业以支付现金取得长期股权投资,初始投资成本按实际支付的全部价款(包括取得长期股权投资过程中支付的相关费用、税金及其他必要支出)减去已宣告但尚未领取的现金股利或利润的差额确认。实际支付的价款中包含的已宣告但尚未领取的现金股利作为应收项目单独核算。

(2) 投资企业以发行权益性证券取得的长期股权投资,按照发行权益性证券的公允价值作为初始投资成本。与发行权益性证券直接相关的费用应自所发行证券的溢价发行收入中扣除,溢价收入不足冲减的,应依次冲减盈余公积和未分配利润。

【例6-6】 20×1年7月1日,A公司通过增发3 000万公司普通股(每股面值为1元)取得B公司20%的股权。该3 000万股股份的公允价值为9 600万元,为增发该部分股份,A公司向证券承销机构等支付了192万元的佣金和手续费。假定A公司取得该部分股权后,能够对B公司的财务和生产经营决策施加重大影响。A公司的会计处理如下:

(1) 以发行股份的公允价值作为长期股权投资:

借:长期股权投资　　　　　　　　　　　　　　　　　　　　　　96 000 000
　　贷:股本　　　　　　　　　　　　　　　　　　　　　　　　　30 000 000
　　　　资本公积——股本溢价　　　　　　　　　　　　　　　　　66 000 000

(2) 以银行存款支付佣金和手续费：

借：资本公积——股本溢价　　　　　　　　　　　　　　　　　1 920 000
　　贷：银行存款　　　　　　　　　　　　　　　　　　　　　　　1 920 000

(3) 投资企业以投资者投入方式取得的长期股权投资，按照投资合同或协议约定的价值作为初始投资成本，但合同或协议约定价值不公允的除外。

(4) 投资企业以非货币性交易换入的长期股权投资，初始投资成本按换出资产的公允价值加上应支付的相关税费确认，换出资产的公允价值与其账面价值的差额计入当期损益。如果涉及补价，在收到补价的情况下，长期股权投资的初始投资成本加上收到的补价之和与换出资产的账面价值加上应支付的相关税费之和的差额计入当期损益；在支付补价的情况下，长期股权投资的初始投资成本与换出资产的账面价值加上应支付的相关税费和补价之和的差额计入当期损益。

(5) 投资企业接受债务人以非现金资产抵偿债务方式取得的长期股权投资，以应收款项换入的长期股权投资，按长期股权投资的公允价值加上应支付的相关税费作为初始投资成本。

【小案例】

20×9年1月26日，三一重工股份有限公司（股票简称：三一重工）实施了定向增发，向董事长梁稳根等10名自然人购买其所持有的三一重机投资有限公司（以下简称"三一重机投资"）100%的股份。三一重工的控股股东为三一集团，梁稳根因控股三一集团为三一重工的实际控制人，同时，三一重机投资的股东为梁稳根等10名自然人，三一重机投资也为梁稳根所控制。此项定向增发购买资产交易中，交易所涉及资产的根据评估定价为19.8亿元，高出定价基准日账面价值875 821 750.35元的4.36倍。三一重工定向增发的股票价格以董事会公告日前20个交易日的股票均价为基础，最终以16.62元/股实施。

该项交易完成后，三一重机投资成为三一重工的全资子公司。

（资料来源：根据《三一重工股份有限公司向梁稳根等10名自然人发行股份购买资产暨关联交易实施情况及股份变动报告书》整理）

问题与思考：

三一重工应如何核算该项投资？

第三节　长期股权投资的后续计量

企业取得的长期股权投资，在持有期间，应当根据投资企业对被投资单位的影响程度进行划分,分别采用成本法或权益法进行核算。

一、长期股权投资的成本法

成本法是指长期股权投资按初始投资成本计价的方法。成本法适用于投资方能够对被投资单位实施控制的长期股权投资。投资方为投资性主体且子公司不纳入其合并财务报表的除外。投资方在判断被投资单位是否具有控制时,应综合考虑直接持有的股权和通过子公司间接持有的股权。

长期股权投资的成本法核算方法如下:

(1) 长期股权投资按初始投资成本计价。在追加投资时,按照追加投资支付的公允价值及发生的相关交易费用增加长期股权投资的账面价值。投资企业对外进行长期股权投资时,按照实际投资成本,借记"长期股权投资"账户,贷记相关资产账户。

(2) 被投资单位宣告分派利润或现金股利时,投资企业按应享有的部分,确认当期投资收益,借记"应收股利"账户,贷记"投资收益"账户。

(3) 被投资单位实际分派现金股利或利润时,投资企业按实际收到的金额,借记"银行存款"账户,贷记"应收股利"账户。收到股票股利时,应调整持股数量,降低单位持股成本,不进行账务处理。

在投资企业对子公司的投资中,若子公司将未分配利润或盈余公积转增股本(实收资本),且未向投资方提供等值现金股利或利润的选择权时,投资方并没有获得收取现金或者利润的权力,该项交易通常属于子公司自身权益结构的重分类,投资方不应确认相关的投资收益。

【例6-7】 20×5年1月10日,甲公司自非关联处以货币资金800万元取得对乙公司60%的股权,相关手续于当日完成,并能够对乙公司实施控制。20×6年4月5日,乙公司宣告分派现金股利,甲公司按其持股比例可取得18万元。20×6年4月15日,甲公司收到现金股利并存入银行。假设不考虑相关税费等其他因素影响。甲公司的会计处理如下:

(1) 20×5年1月10日,取得对乙公司60%的股权:

借:长期股权投资　　　　　　　　　　　　　　　　　　　　8 000 000
　　贷:银行存款　　　　　　　　　　　　　　　　　　　　　8 000 000

(2) 20×6年4月15日,获悉乙公司宣告分派现金股利:

借:应收股利　　　　　　　　　　　　　　　　　　　　　　　180 000
　　贷:投资收益　　　　　　　　　　　　　　　　　　　　　　180 000

(3) 20×6年4月15日,甲公司收到现金股利:

借:银行存款　　　　　　　　　　　　　　　　　　　　　　　180 000
　　贷:应收股利　　　　　　　　　　　　　　　　　　　　　　180 000

二、长期股权投资核算的权益法

权益法是指长期股权投资最初以初始成本计价,在投资持有期间,根据被投资单位所有者权益的变动,投资企业按应享有被投资企业所有者权益的份额调整其投资账面价值的方法。投资方对联营企业和合营企业的权益性投资,采用权益法核算。但是,投资方对联营企业的权益性投资,其中一部分通过风险投资机构、共同基金、信托公司或包括投连险基金在内的类似主体间接持有的,无论以上主体是否对这部分投资具有重大影响,投资方都可以按照《企业会计准则第22号——金融工具确认和计量》的有关规定,对间接持有的该部分投资选择以公允价值计量且其变动计入损益,并对其余部分采用权益法核算。

投资方在判断对被投资单位是否具有共同控制、重大影响时,应综合考虑直接持有的股权和通过子公司间接持有的股权。在综合考虑直接持有的股权和通过子公司间接持有的股权后,如果认定投资方在被投资单位拥有共同控制或重大影响,在个别财务报表中,投资方进行权益法核算时,应仅考虑直接持有的股权份额;在合并财务报表中,投资方进行权益法核算时,应同时考虑直接持有和间接持有的份额。

在权益法下,企业在"长期股权投资"账户下分别设置"投资成本""损益调整"和"所有者权益其他变动"等明细账户,对因采用权益法核算而产生的影响长期股权投资账面余额的增减变动因素分别核算和反映。其中:

(1)"投资成本"明细账户核算投资的初始成本,以及对初始投资成本的调整金额。

(2)"损益调整"明细账户核算因被投资单位实现净利润或发生净亏损而调整长期股权投资账面价值的金额。

(3)"所有者权益其他变动"明细账户核算因被投资单位除净损益外的所有者权益的其他变动而调整长期股权投资账面价值的金额。

(一)长期股权投资初始投资成本的确认

与成本法不同的是,权益法下长期股权投资取得的核算需要确认投资企业享有被投资单位可辨认净资产公允价值的份额,并对初始投资成本与所占份额之间的差额进行处理。股权投资差额主要产生于:① 从证券市场购入某一上市公司的股票,购买价格高于或低于按持股比例计算的应享有被投资单位所有者权益;② 投资企业直接投资于某一非上市企业,投出资产的价值高于或低于按持股比例计算的应享有被投资单位所有者权益;③ 原采用成本法核算的长期股权投资,改按权益法核算时,由于被投资单位历年累积盈亏等所产生的长期股权投资的账面价值高于或低于应享有被投资单位所有者权益份额。

按照《企业会计准则第2号——长期股权投资》的规定:在权益法下,长期股权投资的初始投资成本大于投资时应享有被投资单位可辨认净资产公允价值份额的,不调整已确认的初始投资成本,在投资时,根据初始投资成本,借记"长期股权投资(投资成本)"账户,贷记相关资产账户。长期股权投资的初始投资成本小于投资时应享有被投资单位可辨认净资产公允价值份额的,其差额计入当期损益,借记"长期股权投资(投资成本)"账户,贷记"营业外收入"账户。

【例 6-8】 A 公司于 20×1 年 7 月 1 日以 1 940 元购入 B 公司普通股,占 B 公司普通股的 30%,并对 B 公司有重大影响。

20×1 年 8 月 5 日,B 公司发布半年报,20×1 年年初所有者权益合计 3 600 万元,上半年发放 20×0 年现金股利 400 万元,实现净利润 800 万元(假定 B 公司各项可辨认资产、负债的公允价值与账面价值相同)。

A 公司在取得 B 公司股权后,派人参与了 B 公司法人生产经营,对 B 公司的市场经营决策产生重大影响,A 公司对该投资采用权益法核算。A 公司的会计处理如下:

(1) 20×1 年 7 月 1 日,以 1 940 万元购入 B 公司股票:

借:长期股权投资——B 公司股票(投资成本)   19 400 000
  贷:银行存款   19 400 000

(2) 20×1 年 8 月 5 日,按享有 B 公司净资产公允价值的份额对初始投资成本进行调整:

投资时 B 公司所有者权益公允价值 = 36 000 000 - 4 000 000 + 8 000 000 = 40 000 000(元)
A 公司应享有 B 公司所有者权益份额 = 40 000 000 × 30% = 12 000 000(元)

因为 A 公司的投资成本大于 B 公司可辨认净资产公允价值的份额,所以不调整已确认的成本。

【例 6-9】 承[例 6-8],如果 A 公司以 1 140 万元购入 B 公司 30% 的普通股。其他资料同[例 6-8],则 A 公司的会计处理如下:

(1) 20×1 年 7 月 1 日,以 1 140 万元购入 B 公司股票:

借:长期股权投资——B 公司股票(投资成本)   11 400 000
  贷:银行存款   11 400 000

(2) 20×1 年 8 月 5 日,按享有 B 公司净资产公允价值的份额对初始投资成本进行调整。A 公司实际投资成本低于取得投资时应享有被投资单位可辨认净资产公允价值 60 万元(1 200 - 1 140),两者之间的差额体现为 B 公司在交易作价过程中对 A 公司的让步,A 公司对该部分让步计入当期的营业外收入:

借:长期股权投资——B 公司股票(投资成本)   600 000
  贷:营业外收入   600 000

(二) 长期股权投资持有期投资损益的确认

持有投资期间,随着被投资单位所有者权益的变动相应调整增加或减少长期股权投资的账面价值,并确定为当期投资损益。

1. 被投资单位当年实现利润

投资企业取得长期股权投资后,被投资单位当年实现利润,投资企业按照应享有的份额,确认投资收益并调增长期股权投资账面价值,借记"长期股权投资——股票投资(损益调整)"账户,贷记"投资收益——股权投资收益"账户。

2. 被投资单位当年发生净亏损

投资企业取得长期股权投资后,被投资单位当年发生净亏损,投资企业应按所持表决权资本的比例,计算应负担的份额,调减长期股权投资账面价值,确认为当期投资损失。投资企业确认被投资单位发生的净亏损,应当以长期股权投资的账面价值以及其他实质上构成对被投资单位净投资的长期权益减记至零为限,投资企业负有承担额外损失义务的除外。

其他实质上构成对被投资单位净投资的长期权益通常是指长期应收项目。企业对被投资单位的长期债权,该债权没有明确的清收计划、且在可预见的未来期间不准备收回的,实质上构成对被投资单位的净投资。

投资企业确认应分担被投资单位亏损时,应按以下顺序进行处理:

(1) 冲减长期股权投资的账面价值,借记"投资收益——股权投资损失"账户,贷记"长期股权投资——股票投资(损益调整)"账户。

(2) 冲减长期应收项目等的账面价值。长期股权投资的账面价值不足以冲减的,应当以其他实质上构成对被投资单位净投资的长期权益账面价值为限继续确认投资损失,冲减长期应收项目等的账面价值,借记"投资收益"账户,贷记"长期应收款"等账户。

(3) 确认预计负债,因投资合同或协议约定导致投资企业需要承担额外义务的,按照或有事项准则的规定,按预计承担的义务确认预计负债,计入当期投资损失,借记"投资收益"账户,贷记"预计负债"账户。

(4) 备查簿补充登记。除上述情况仍未确认的应分担被投资单位的损失,应在账外备查登记。

在确认了有关的投资损失以后,被投资单位于以后期间实现盈利的,应按以上相反顺序处理。减记账外备查登记的金额、已确认的预计负债、恢复其他长期权益及长期股权投资的账面价值,同时确认投资收益。即按顺序分别借记"预计负债""长期应收款""长期股权投资"等账户,贷记"投资收益"账户。

3. 取得现金股利或利润

被投资单位宣告分派现金股利或利润时,投资企业按所持表决权资本的比例计算应分配的现金股利或利润,冲减长期股权投资账面价值,借记"应收股利"账户,贷记"长期股权投资——股票投资(损益调整)"账户。实际收到现金股利或利润时,借记"银行存款"账户,贷记"应收股利"账户。

【例6-10】承[例6-8]。20×1—20×3年,B公司盈亏情况如下:

(1) 20×2年2月末,B公司宣告,20×1年B公司全年实现净利润1 600万元,其中下半年实现净利润800万元。

(2) 20×2年3月,B公司宣告分派现金股利600万元。

(3) 20×2年4月,发放现金股利600万元。

(4) 20×3年2月末,B公司宣告,20×2年B公司全年发生净亏损7 000万元。A公司账上存有应收B公司长期应收款80万元,该款项并非产生于商品购销等日常活动,没有明确的清偿计划。

(5) 20×4年2月末,B公司宣告,20×3年B公司全年实现净利润3 000万元。

根据:上述情况,A公司20×1—20×3年有关投资损益确认的会计核算如下:

(1) 20×2年2月末,获得B公司实现净利润消息,A公司按持股比例计算应享有的份额,并确认投资收益:

借:长期股权投资——B公司股票(损益调整)(8 000 000×30%)　　2 400 000
　　贷:投资收益——股权投资收益　　　　　　　　　　　　　　　2 400 000

(2) 20×2年3月,B公司宣告分派现金股利,A公司按应享有的份额冲减长期股权投资账面价值:

借:应收股利——B公司(6 000 000×30%)　　　　　　　　　　　1 800 000
　　贷:长期股权投资——B公司股票(损益调整)　　　　　　　　　1 800 000

(3) 20×2年4月,A公司收到B公司发放的现金股利:

借:银行存款　　　　　　　　　　　　　　　　　　　　　　　　1 800 000
　　贷:应收股利——B公司股票(损益调整)　　　　　　　　　　　1 800 000

此时,"长期股权投资"账户账面余额为2 000万元(1 940+240-180)。

(4) 20×3年2月末,A公司获知B公司20×2年亏损,按持股比例承担亏损额。已知,20×2年,A公司按持股比例应承担亏损额2 100万元(7 000×30%),因为"长期股权投资"账户账面价值只有2 000万元,按规定首先将长期股权投资账面价值减记至零;A公司账上存有应收(没有明确的清偿计划)的B公司长期应收款80万元,确认损失80万元;剩余的20万元作为未确认的亏损分担额,在备查簿中登记:

借:投资收益——股权投资损失　　　　　　　　　　　　　　　　20 800 000
　　贷:长期股权投资——B公司股票(损益调整)　　　　　　　　　20 000 000
　　　　长期应收款——B公司　　　　　　　　　　　　　　　　　　 800 000

(5) 20×4年2月末,A公司获知B公司20×3年实现净利润,按持股比例确认投资收益。

A公司应享有份额为900万元(3 000×30%)。按照20×2年亏损确认的相反顺序进行调整。首先，注销备查簿 20 万元的未确认亏损分担额，然后恢复 80 万元的长期应收款，最后 800 万元差额恢复长期股权投资账面价值：

借：长期股权投资——B 公司股票（损益调整）　　　　　　　　　　8 000 000
　　长期应收款——B 公司　　　　　　　　　　　　　　　　　　　800 000
　　贷：投资收益——股权投资收益　　　　　　　　　　　　　　　8 800 000

投资企业采用权益法核算投资损益时需要注意：

如果取得投资时被投资企业各项资产、负债的公允价值与其账面价值不同，或者被投资企业采用的会计政策和会计期间与投资企业不一致，投资企业在确认应享有或应分担被投资单位的净利润或净亏损时，不能直接以被投资单位自身核算的净利润或净亏损与持股比例计算确定，需要对被投资企业的净利润或经亏损进行调整。

(1) 当被投资单位采用的会计政策和会计期间与投资企业不一致时，应按投资企业的会计政策和会计期间对被投资企业的财务报表进行调整，以调整后的净利润为基础计算确认投资损益。

(2) 以取得投资时被投资单位固定资产、无形资产的公允价值为基础计提的折旧额或摊销额，以及以投资企业取得投资时的公允价值为基础计算确定的资产减值准备金额等对被投资企业净利润进行调整。

【例 6-11】 X 公司于 20×3 年 1 月 10 日购入 Y 公司 30% 的股份，购买价款为 5 000 万元，并自取得投资之日起派人参与乙公司的财务和生产经营管理。取得投资当日，Y 公司可辨认净资产公允价值为 10 000 万元。其中：某项固定资产账面原价 2 400 万元，累计已提折旧 480 万元，预计使用年限 20 年，按年限平均法计提折旧；取得投资当日公允价值为 3 200 万元，该项目固定资产尚可使用 16 年，折旧方法不变。除该项固定资产外，Y 公司其他资产、负债的公允价值与账面价值相同。

20×3 年，Y 公司公布于 20×2 年实现净利润 1 200 万元，X 公司与 Y 公司的会计年度及采用的会计政策相同。两公司间未发生任何内部交易。

分析：X 公司在确定其应享有的投资收益时，应在 Y 公司实现净利润的基础上，根据取得投资时乙公司有关资产的账面价值与其公允价值差额的影响进行调整（假定不考虑所得税影响）。

固定资产公允价值与账面价值的差额对净利润的影响：

$$3\,200 \div 16 - 2\,400 \div 20 = 200 - 120 = 80(万元)$$
$$调整后的净利润 = 1\,200 - 80 = 1\,120(万元)$$
$$X 公司应享有份额 = 1\,120 \times 30\% = 336(万元)$$

借：长期股权投资——Y 公司股票（损益调整）　　　　　　　　　3 360 000
　　贷：投资收益　　　　　　　　　　　　　　　　　　　　　　3 360 000

（三）其他综合收益的核算

在权益法核算下，被投资单位确认的其他综合收益及其变动，会影响被投资单位所有者权益总额变动，进而影响投资企业应享有被投资单位所有者权益的份额。因此当被投资单位其他综合收益发生变化时，投资企业应当按照归属于本企业的部分相应调整长期股权投资的账面价值，同时增加或减少其他综合收益。

【例6-12】 甲公司拥有乙公司30%的股权，能对乙公司施加重大影响。20×5年，乙公司将作为存货的房地产转换为以公允价值模式计量的投资性房地产。转换日，公允价值大于账面价值500万元，计入了其他综合收益。不考虑其他因素。

甲公司按权益法核算时，应按持股比例，确认其他综合收益，其会计处理如下：

甲公司应确认的其他综合收益=500×30%=150（万元）

借：长期股权投资——乙公司（其他综合收益）　　　　　1 500 000
　　贷：其他综合收益　　　　　　　　　　　　　　　　　1 500 000

（四）被投资企业其他所有者权益其他变动的处理

采用权益法核算时，投资企业对于被投资单位除净损益、其他综合收益以及利润分配以外的因素（如被投资单位接受其他股东的资本性投入；被投资单位发行可分离交易的可转换公司债券中包含的权益成分；被投资单位以权益结算的股份支付等）导致所有者权益的其他变动，在持股比例不变的情况下，投资企业应按照持股比例计算归属于本企业的部分，调整本企业的长期股权投资的账面价值，相应增加或减少资本公积（其他资本公积）金额。

【例6-13】 甲公司持有乙公司40%的股份，长期股权投资核算采用权益法。20×2年1月，乙公司接受其他投资者的增资，导致资本公积增加500 000元。甲公司按其持有的股份比例计算确定应享有的份额200 000元（500 000×40%）。编制会计分录如下：

借：长期股权投资——乙公司（其他权益变动）　　　　　　200 000
　　贷：资本公积——其他资本公积　　　　　　　　　　　　200 000

三、长期股权投资的减值

长期股权投资的减值是指长期股权投资未来可收回金额低于其账面价值所发生的损失。企业应对长期股权投资的账面价值定期逐项进行检查，至少于每年年末检查一次。如果由于市价持续下跌或被投资单位经营状况变化等原因导致可收回金额低于投资的账面价值，应当计提减值准备。可收回金额应当根据资产的公允价值减去处置费用后的净额与资产预计未来现金流量的现值之间较高者确定。

对于在活跃市场中有报价的长期股权投资，如果出现以下情况就应判断其发生了减值，需要计提减值准备：① 市价持续2年低于账面价值；② 该项投资暂停交易1年或1年以上；

③ 被投资单位当年发生严重亏损；④ 被投资单位持续2年发生亏损；⑤ 被投资单位进行清理整顿、清算或出现其他不能持续经营的迹象等情况。

对于在活跃市场中没有报价的长期股权投资,如果出现以下情况,就应判断其发生了减值,需要计提减值准备：① 影响被投资单位经营的政治或法律环境的变化,可能导致被投资单位出现巨额亏损；② 被投资单位所供应的商品或提供的劳务因产品过时或消费偏好改变而使市场的需求发生变化,从而导致被投资单位财务状况发生严重恶化；③ 被投资单位所在行业的生产技术等发生重大变化,被投资单位已失去竞争能力,从而导致财务状况发生严重恶化,如进行清理准备、清算等；④ 有证据表明该项投资实质上已经不能再给企业带来经济利益的其他情形。

企业应设置"长期权投资减值准备"账户,核算长期股权投资减值准备的计提情况。该账户的贷方登记长期股权投资减值准备的计提数,借方登记处置长期股权投资时转出的长期股权投资减值准备,期末贷方余额反映企业已计提但尚未转销的长期股权投资减值准备。该账户按被投资单位设置明细账户,进行明细核算。企业计提长期股权投资减值时,借记"资产减值损失"账户,贷记"长期股权投资减值准备"账户。长期股权投资确认减值损失后,原确认的减值损失不得转回。

第四节 长期股权投资核算方法的转换及处置

一、长期股权投资的处置

企业转让股权确认投资收益的标志是：被转让股权所有权上的风险和报酬实质上已经转移给购买方,并且相关的经济利益很可能流入企业。在会计实务中,只有当下列保护相关各方权益的所有条件均能满足时,才能确认股权转让收益。这些条件包括：① 出售协议已获股东大会(或董事会)批准通过；② 与购买方已办理必要的财产交接手续；③ 已取得购买价款的大部分(一般应超过50%)；④ 企业已不能再从所持的股权中获得利益和承担风险等。

长期股权投资处置需要确认投资损益。投资收益(损失)等于收到的处置收入减去长期股权投资账面价值、已确认但尚未收到的应收股利和已计提的减值准备。

出售采用权益法核算的长期股权投资时,还应按处置长期股投资的投资成本比例将原记入"资本公积——其他资本公积"和"其他综合收益"账户的金额,转记入"投资收益"账户。

【例6-14】 假设丙公司原持有乙公司25%的股权,能够对乙公司施加重大影响,长期股权投资出售前按权益法核算。20×2年5月30日,丙公司将持有的乙公司股权全部出售。出售实际得到的价款为80万元,已存入银行。出售前"长期股权投资"各明细账户的借方余

额分别为:投资成本50万元,损益调整10万元,其他权益变动15万元,其他综合收益2万元。根据以上资料编制会计分录如下:

借:银行存款　　　　　　　　　　　　　　　　　　　　　　　　800 000
　　贷:长期股权投资——乙公司(投资成本)　　　　　　　　　　　500 000
　　　　长期股权投资——乙公司(损益调整)　　　　　　　　　　　100 000
　　　　长期股权投资——乙公司(其他权益变动)　　　　　　　　　150 000
　　　　长期股权投资——乙公司(其他综合收益)　　　　　　　　　 20 000
　　　　投资收益　　　　　　　　　　　　　　　　　　　　　　　 30 000

同时,将原记入"资本公积——其他资本公积""其他综合收益"账户的金额,转为出售当期的投资收益:

借:资本公积——其他资本公积　　　　　　　　　　　　　　　　150 000
　　其他综合收益　　　　　　　　　　　　　　　　　　　　　　 20 000
　　贷:投资收益　　　　　　　　　　　　　　　　　　　　　　　170 000

部分处置某项长期股权投资时,应按处置投资占该项总投资成本的比例确定处置部分成本,并按相应比例结转已计提的减值准备和资本公积准备项目。

二、长期股权投资核算方法的转换

长期股权投资在持有期间,因个别情况发生变化,如持股比例变化、会计政策变化等,可能导致其相应改变核算方法。

(一)成本法核算转换为权益法

当投资方因处置部分权益性投资导致对被投资单位影响能力下降,由控制转为与其他投资方一起共同控制,或转为具有重大影响,即由对子公司的投资转换为对联营企业和合营企业的投资。处置后的剩余股权能够对被投资单位实施共同控制或施加重大影响的,改按权益法核算,即对长期股权投资的核算由成本法转为权益法,并对该剩余股权视同自取得时即采用权益法核算进行调整。

核算的基本程序如下:

(1)处置部分长期股权投资,按处置或收回投资的比例结转应终止确认的长期股权投资成本。处置部分长期股权投资的账面价值与实际取得价款之间的差额,计入当期损益。

(2)比较剩余长期股权投资的成本与按照剩余持股比例计算原投资时应享有被投资单位可辨认净资产公允价值的份额,前者大于后者的,属于投资作价中体现的商誉部分,不调整长期股权投资的账面价值;前者小于后者的,在调整长期股权投资成本的同时,调整留存收益。

(3)对于原取得投资至处置投资(转为权益法核算)之间被投资单位实现净损益中投资

方应享有的份额,一方面应当调整长期股权投资的账面价值,同时,对于原取得投资时至处置投资当期期初被投资单位实现的净损益(扣除已发放及已宣告发放的现金股利和利润)中应享有的份额,调整留存收益,对于处置投资当期期初至处置投资之日被投资单位实现的净损益中享有的份额,调整当期损益;被投资单位在其他综合收益变动中应享有的份额,在调整长期股权投资账面价值的同时,应当记入其他综合收益;除净损益、其他综合收益和利润分配外的其他原因导致被投资单位其他所有者权益变动中应享有的份额,在调整长期股权投资账面价值的同时,应当记入"资本公积——其他资本公积"账户。

(4) 长期股权投资自成本法转为权益法后,未来期间应当按照企业会计准则规定计算确认应享有被投资单位实现的净损益、其他综合收益和所有者权益其他变动的份额。

【例 6-15】 A 公司原持有 B 公司 60% 的股权,其账面余额为 6 000 万元,未计提减值准备。取得时,B 公司可辨认净资产公允价值与账面价值相同,为 9 000 万元(假定可辨认净资产的公允价值与账面价值相同)。自取得对 B 公司长期股权投资后至处置投资前,B 公司实现净利润 5 000 万元。假定,除所实现净损益外,B 公司未发生其他计入资本公积的交易或事项,B 公司一直未进行利润分配。除所实现净损益外,B 公司未发生其他计入资本公积的交易或事项。A 公司按净利润的 10% 提取盈余公积。

20×2 年 10 月 2 日,A 公司出售其持有的对 B 公司 20% 的股权,取得价款 3 600 万元,当日 B 公司可辨认净资产公允价值总额为 14 000 万元。

在出售 20% 的股权后,A 公司对 B 公司的持股比例为 40%,尽管在被投资单位董事会中派有代表,但不能对 B 公司的生产经营决策实施控制。对 B 公司的长期股权投资应由成本法改为按照权益法进行核算。不考虑相关税费等其他因素影响。A 公司的会计处理如下:

(1) 出售 20% 股权,确认长期股权投资处置损益:

借:银行存款　　　　　　　　　　　　　　　　　　　　36 000 000
　　贷:长期股权投资　　　　　　　　　　　　　　　　　20 000 000
　　　　投资收益　　　　　　　　　　　　　　　　　　　16 000 000

(2) 确定是否调整剩余长期股权投资账面价值:

剩余长期股权投资账面价值(投资成本)=6 000-2000=4 000(万元)
原投资时应享有被投资单位可辨认净资产公允价值份额=9 000×40%=3 600(万元)

剩余长期股权投资成本大于原投资时应享有被投资单位可辨认净资产公允价值份额,不需要对长期股权投资的成本进行调整。

(3) 对被投资企业可辨认净资产在原投资时至新增投资交易日之间公允价值变动,按原持股比例调整长期股权投资成本和留存收益:

投资后被投资单位实现净利润部分=5 000×40%=2 000(万元)

借:长期股权投资——B公司股票(损益调整)　　　　　　　　　　20 000 000
　　贷:盈余公积　　　　　　　　　　　　　　　　　　　　　　 2 000 000
　　　　利润分配——未分配利润　　　　　　　　　　　　　　　18 000 000

(二)公允价值计量或权益法转换为成本法

因增加投资原因导致原持有的分类为以公允价值计量且变动计入当期损益的金融资产,或分类为可供出售金融资产,以及对联营企业或合营企业投资转变为对子公司投资的核算,相当于通过多次交换交易,分步取得股权最终实现非同一控制下企业合并的会计核算。详见本章第一节。

(三)公允价值计量转换为权益法

投资企业对原持有的被投资单位的股权不具有控制、共同控制或重大影响,作为金融资产进行会计处理的,因追加投资等原因导致持股比例上升,使投资企业能够对被投资单位施加共同控制或重大影响的,转按权益法核算。转换核算的基本思路是:将原有按公允价值计量的金融资产处置,确认其处置损益,按处置价格加上追加投资新支付的对价,作为新投资的初始投资成本。其核算方法如下:

(1) 在转换日,按照原股权投资的公允价值加上为取得新增投资而支付对价的公允价值,作为改按权益法核算的初始投资成本。

(2) 原股权投资于转换日的公允价值与账面价值之间的差额,以及原计入其他综合收益的累积公允价值变动转入改按权益法核算的当期损益。

(3) 比较初始投资成本与按照追加投资后全新的持股比例计算确定的应享有被投资单位在追加投资日可辨认净资产公允价值之间的差额,前者大于后者的,不调整长期股权投资的账面价值;前者小于后者的,差额调整长期股权投资的账面价值,并将其计入当期营业外收入。

(4) 原持有的股权投资分类为可供出售金融资产的,其公允价值与账面价值之间的差额以及原计入其他综合收益的累积公允价值变动转入改按权益法核算的当期损益。

【例6-14】 20×2年2月,A公司以600万元货币资金自非关联方取得B公司10%的股权。A公司根据金融工具确认和计量准则将其作为可供出售金融资产核算。20×3年1月2日,A公司又以1 200万元的货币资金自另一非关联方处取得B公司12%的股权,相关手续于当日完成。当日,B公司可辨认净资产公允价值总额为8 000万元,A公司对B公司的可供出售金融资产的账面价值为1 000万元,计入其他综合收益的累积公允价值变动为400万元。取得该部分股权后,按照B公司章程规定,A公司能够对B公司施加重大影响,对该项长期股权投资转为采用权益法核算。不考虑相关税费等其他因素影响。

分析:

(1) 20×3年1月2日原账户余额:长期股权投资1 000万元,公允价值800万元(8 000×10%),差额转为当期投资收益。

(2) 原计入其他综合收益的400万元转为当期投资收益。

(3) 20×3年1月2日A公司对B公司22%股权的初始投资成本为2 000万元(800+1 200);A公司应享有B公司可辨认净资产公允价值的份额1 760万元(8 000×22%),小于初始投资成本,无需调整长期股权投资金额。A公司会计处理如下:

借:长期股权投资——投资成本　　　　　　　　　　　　　　　　20 000 000
　　投资收益　　　　　　　　　　　　　　　　　　　　　　　　　2 000 000
　　贷:可供出售金融资产——投资成本　　　　　　　　　　　　　　6 000 000
　　　　可供出售金融资产——公允价值变动　　　　　　　　　　　　4 000 000
　　　　银行存款　　　　　　　　　　　　　　　　　　　　　　　12 000 000
借:其他综合收益　　　　　　　　　　　　　　　　　　　　　　　　4 000 000
　　贷:投资收益　　　　　　　　　　　　　　　　　　　　　　　　4 000 000

(四)权益法转换公允价值计算

投资企业原持有的对被投资单位具有共同控制或重大影响的长期股权投资,因部分处置等原因导致持股比例下降,不能再对被投资单位实施共同控制或重大影响的,应于失去共同控制或重大影响时,改按金融工具确认和计量准则的规定对剩余股权投资进行处理。将剩余股权投资转为金融资产。转换的基本思路是:假设将原有按权益法核算的长期股权投资全部处置,部分收到银行存款,部分转为金融资产,转为金融资产的部分按转换日公允价值计价。确认长期股权投资处置损益;将原有投资企业记录的因被投资方除净损益、其他综合收益和利润分配以外的其他所有者权益变动而确认的所有者权益,全部转入当期损益。

【例6-16】 甲公司持有乙公司30%的有表决权股份,能够对乙公司施加重大影响,对该股权投资采用权益法核算。20×2年10月,甲公司将该项投资中的一半出售给非关联方,取得价款1 800万元。相关手续于当日完成。甲公司无法再对乙公司施加重大影响,将剩余股权投资转为可供出售金融资产。出售时,该项长期股权投资的账面价值为3 200万元,其中各明细分类账户余额为:投资成本2 600万元,损益调整300万元,其他综合收益200万元(性质为被投资单位的可供出售金融资产的累计公允价值变动),除净损益、其他综合收益和利润分配外的其他权益变动100万元。剩余股权的公允价值为1 800万元。不考虑相关税费等其他因素影响。转换日甲公司会计处理如下:

(1)假设按权益法核算的长期股权投资处置,同时确认金融资产成本:

借:银行存款　　　　　　　　　　　　　　　　　　　　　　　　18 000 000
　　可供出售金融资产——乙公司股票　　　　　　　　　　　　　18 000 000
　　贷:长期股权投资——乙公司(投资成本)　　　　　　　　　　26 000 000
　　　　长期股权投资——乙公司(损益调整)　　　　　　　　　　　3 000 000
　　　　长期股权投资——乙公司(其他权益变动)　　　　　　　　　1 000 000
　　　　长期股权投资——乙公司(其他综合收益)　　　　　　　　　2 000 000
　　　　投资收益　　　　　　　　　　　　　　　　　　　　　　　4 000 000

(2) 将原计入资本公积的其他所有者权益变动全部转入当期损益：

借：资本公积——其他资本公积　　　　　　　　　　　　　　　1 000 000
　　贷：投资收益　　　　　　　　　　　　　　　　　　　　　　　　1 000 000

(3) 将原确认的相关其他综合收益全部转入当期损益：

借：其他综合收益　　　　　　　　　　　　　　　　　　　　　　2 000 000
　　贷：投资收益　　　　　　　　　　　　　　　　　　　　　　　　2 000 000

（五）成本法转换公允价值计算

投资方对子公司的投资，因部分处置权益性投资，持股比例下降而丧失了对被投资单位的控制、共同控制或重大影响的长期股权投资时，应该改按金融工具确认和计量准则的规定对剩余股权投资进行会计处理。于丧失控制权日，将剩余股权按公允价值重新计量，公允价值与其账面价值之间的差额应当计入当期损益。

【例6-17】 甲公司持有乙公司60%的有表决权股份，投资成本8 000万元，能够对乙公司实施控制，对该股权投资采用成本法核算。20×2年10月，甲公司将该项投资中的80%出售给非关联方，取得价款8 000万元。相关手续于当日完成。甲公司无法再对乙公司实施控制，也不能施加共同控制或重大影响，将剩余股权投资转为可供出售金融资产。不考虑相关税费等其他因素影响。该项长期股权投资的账面价值为8 000万元，剩余股权投资的公允价值为2 000万元。甲公司丧失权日的有关会计处理如下：

(1) 出售股权：

借：银行存款　　　　　　　　　　　　　　　　　　　　　　　80 000 000
　　贷：长期股权投资——乙公司股票　　　　　　　　　　　　　　64 000 000
　　　　投资收益　　　　　　　　　　　　　　　　　　　　　　　16 000 000

(2) 剩余股权转换：

借：可供出售金融资产——乙公司股票　　　　　　　　　　　　　20 000 000
　　贷：长期股权投资——乙公司股票　　　　　　　　　　　　　　16 000 000
　　　　投资收益　　　　　　　　　　　　　　　　　　　　　　　 4 000 000

三、股票股利

股票股利是企业用增发的股票代替现金发放给股东的股利。发放股票股利又称送红股。对投资企业来说，收到股票股利，表面上看，其所持有的被投资单位的股票股数增加了，而实际上，投资企业没有获得任何收益。这是因为：投资企业既没有收到资产（现金或现金等价物），也没有增加其所持有的股份比例；股票股数增加了，每股所代表的净资产却减少了；随着股票股利的发放，投资者所持有的被投资企业股票的市价会等比例下降，投资者所持有的股票市价总值不会增加；即使以后股票产生填权效应填权指股票除权后价格上涨，直到除权前的价格。根据收入实现原则，在股票尚未出售前也不能确认收益。因此，对于投资企业来说，收到股票股利，不需要编制任何会计分录或进行任何会计处理。所需要的只是在备查簿中登记所增加的股数，降低每股股票持有成本。在部分股票出售时，按降低后的每股持有成本计算结转出售股票总成本。

复习思考题

1. 长期股权投资有哪几种类型？试阐述其判断的标志。
2. 如何进行长期股权投资的初始计量？
3. 同一控制下企业合并与非同一控制下企业合并形成的长期股权投资初始投资成本确定有何区别？
4. 简述长期股权投资核算成本法的特点及适用性。
5. 简述长期股权投资核算权益法的特点及适用性。
6. 长期股权投资时，为什么要对已宣告发放但尚未领取的现金股利单独列项核算？
7. 企业在什么情况下应该计提长期股权投资减值准备？
8. 长期股权投资转换会计核算有何规律？
9. 在长期股权投资核算权益法下，哪些业务计入资本公积？哪些业务计入其他综合收益？

练 习 题

一、判断题

1. 通常情况下，投资企业能够拥有被投资单位50%以上表决权资本，即表明投资企业能够对被投资单位实施控制。（ ）
2. 不论是同一控制下的企业合并，还是非同一控制下的企业合并，合并方发生的审计、法律服务、评估咨询等直接费用及其他相关管理费用，于发生时计入当期管理费用。（ ）
3. 吸收合并和新设合并会计处理不涉及长期股权投资的核算。（ ）
4. 在长期股权投资成本法核算中，企业取得长期股权投资后，除了投资企业追加或收回投资外，长期股权投资账面价值保持不变。（ ）
5. 无论是成本法还是权益法，长期股权投资的都需要根据投资企业在被投资单位所有者权益中所占有的份额，对初始投资成本进行调整。（ ）
6. 对长期股权投资采用权益法核算时，投资企业在确认应享有被投资单位净损益的份

额时,应当以取得投资时被投资单位各项可辨认资产负债等的公允价值为基础,对被投资单位的净利润进行调整后确认。( )

7. 非同一控制下的企业合并,投资企业能够对被投资单位实施控制,当初始投资成本小于投资时应享有被投资单位可辨认净资产公允价值的份额时,应在个别会计报表中确认营业外收入。( )

8. 处置长期股权投资时,实际取得价款与其账面价值的差额,应当计入当期损益,采用权益法核算的长期股权投资,因被投资单位除净损益以外所有者权益的其他变动而计入所有者权益的,处置该项投资时应当将原计入所有者权益的部分按相应处置比例直接转入留存收益。( )

9. 长期股权投资的后续计量不论采用成本法还是权益法,"长期股权投资"账户所属明细分类账户的设置都是一样的。( )

10. 投资企业在采用权益法进行长期股权投资的后续计量时,被投资单位所有者权益的任何变动都会影响投资企业的所有者权益变动。( )

二、单项选择题

1. 甲公司和乙公司同为 A 集团的子公司,20×2 年 6 月 1 日,甲公司以银行存款 1 450 万元取得乙公司所有者权益的 80%,同日乙公司所有者权益的账面价值为 2 000 万元,可辨认净资产公允价值为 2 200 万元。20×2 年 6 月 1 日,长期股权投资的入账价值为( )万元。
   A. 1 450 B. 1 760 C. 2 000 D. 2 200

2. 20×3 年 1 月 2 日,甲公司以货币资金取得乙公司 30% 的股权,初始投资成本为 2 500 万元,投资时乙公司各项可辨认资产、负债的公允价值与其账面价值相同,可辨认净资产公允价值及账面价值的总额均为 7 000 万元。甲公司取得投资后即派人参与乙公司生产经营决策,但无法对乙公司实施控制。乙公司 20×3 年实现净利润 500 万元。假定不考虑所得税因素,该项投资对甲公司 20×3 年度损益的影响金额为( )万元。
   A. 50 B. 100 C. 150 D. 250

3. 对非同一控制下的企业合并,购买方对合并成本小于合并中取得的被购买方可辨认净资产公允价值份额的差额应( )。
   A. 计入当期损益   B. 确认为负商誉
   C. 计入资本公积   D. 计入长期股权投资成本

4. 同一控制下的企业合并中,以发行权益性证券取得的长期股权投资,其初始投资成本应为( )。
   A. 发行权益性证券的公允价值
   B. 发行权益性证券的账面价值

C. 发行权益性证券的面值总额

D. 取得的长期股权投资原投资单位所有者权益账面价值的份额

5. 符合下列条件时,长期股权投资需采用成本法核算的是( )。

A. 投资企业拥有被投资企业53%的表决权资本

B. 投资企业拥有被投资企业18%的表决权

C. 投资不足20%但具有重大影响

D. 与其他企业一起共同控制被投资企业

6. 某企业于20×1年6月1日以银行存款取得M公司10%的股份,作为长期股权投资核算。M公司当年实现净利润120万元(假定利润均衡实现),20×2年5月20日宣告分配上年现金股利50万元,该企业当年应确认的投资收益为( )万元。

A. 7.2   B. 5   C. 4.2   D. 0.6

7. A公司于20×2年1月1日以4 000万元款项取得B上市公司5%的股权,对B公司不具有重大影响,A公司将其分类为可供出售金融资产。20×3年4月1日,A公司又斥资50 000万元自C公司取得B公司另外50%的股权,能够控制B公司的生产经营决策。假定A公司在取得对B公司的股权投资以后,B公司未宣告发放现金股利。A公司原持有B公司5%的股权,20×2年12月31日的公允价值为5 000万元,20×3年4月1日的公允价值为5 100万元。A公司与C公司合并前不存在任何关联方关系。20×3年4月1日长期股权投资的账面价值为( )万元。

A. 55 000   B. 54 000   C. 55 100   D. 54 500

8. 甲公司20×6年购入乙公司30%的股份,甲公司作为长期股权投资核算,本年乙公司可供出售金融资产的公允价值增加了200万元,宣告发放股票股利100万元,甲公司下列会计处理中,正确的是( )。

A. 不进行账务处理

B. 借:长期股权投资——其他权益变动　　　　　　　　60
　　　贷:资本公积——其他资本公积　　　　　　　　　　60

C. 借:长期股权投资——其他综合收益　　　　　　　　60
　　　贷:其他综合收益　　　　　　　　　　　　　　　　60

D. 借:长期股权投资——损益调整　　　　　　　　　　30
　　　贷:投资收益　　　　　　　　　　　　　　　　　　30

三、核算题

习 题 一

甲公司20×0年3月1日至20×2年1月5日发生下列与长期股权投资有关的经济

业务：

(1) 20×0 年 3 月 1 日，从证券市场上购入乙公司发行在外 30% 的股份并准备长期持有，从而对乙公司能够施加重大影响，实际支付款项 2 000 万元（含已宣告但尚未发放的现金股利 60 万元），另支付相关税费 10 万元。20×0 年 3 月 1 日，乙公司可辨认净资产公允价值为 6 600 万元，与账面价值相同。

(2) 20×0 年 3 月 20 日，收到现金股利。

(3) 20×0 年 12 月 31 日，乙公司可供出售金融资产的公允价值变动使乙公司资本公积增加了 200 万元。

(4) 乙公司 20×0 年实现净利润 510 万元，其中 1 月份和 2 月份共实现净利润 100 万元。

(5) 乙公司 20×1 年实现净利润 612 万元。

(6) 20×2 年 1 月 5 日，甲公司将持有乙公司 15% 的股份对外转让，收到款项 1 000 万元存入银行。转让后，持有乙公司 15% 的股份，对乙公司不具有共同控制和重大影响。

要求：为甲公司 20×0 年 3 月 1 日至 20×2 年 1 月 5 日发生的与长期股权投资有关的经济活动编制会计分录。

习 题 二

A 公司系股份有限公司，于 20×1 年 1 月 2 日分别用一项价值 50 万元的全新的生产用设备和银行存款 30 万元对 B 公司投资，从而拥有 B 公司 30% 的股权，并对 B 公司具有重大影响。B 公司当时净资产的公允价值为 320 万元。B 公司的所得税税率为 25%。

(1) 20×1 年，B 公司实现净利润 56 万元，提取盈余公积 12 万元，宣告分派现金股利 16 万元，并实际发放。

(2) 20×2 年，B 公司发生净亏损 160 万元。

(3) 20×3 年，B 公司发生净亏损 138 万元，以资本公积 50 万元转增股本。

(4) 20×4 年，B 公司实现净利润 36 万元，未进行利润分配。

要求：根据上述资料为 A 公司编制对 B 公司长期股权投资的全部会计分录（列出"长期股权投资"账户的全部明细账户）。

习 题 三

甲公司 20×4 年 3 月 1 日至 20×6 年 1 月 5 日发生下列与长期股权投资有关的经济业务：

(1) 甲公司于 20×4 年 3 月 1 日从证券市场上购入乙公司发行在外 30% 的股份并准备长期持有，从而对乙公司能够施加重大影响，实际支付款项 2 000 万元（含已宣告但尚未发放的现金股利 60 万元），另支付相关税费 10 万元。20×4 年 3 月 1 日，乙公司可辨认净资产公允价值为 6 600 万元。

(2) 20×4 年 3 月 20 日，收到现金股利。

(3) 20×4年12月31日,因乙公司可供出售金融资产的公允价值变动使乙公司资本公积增加了200万元。

(4) 20×4年,乙公司实现净利润510万元。

(5) 20×5年3月10日,乙公司宣告分派现金股利100万元。

(6) 20×5年3月25日,收到现金股利。

(7) 20×5年,乙公司实现净利润612万元。

(8) 20×6年1月5日,甲公司将持有乙公司5%的股份对外转让,收到款项390万元存入银行。转让后持有乙公司25%的股份,对乙公司仍具有重大影响。

要求:

(1) 编制上述有关业务的会计分录。

(2) 计算20×6年1月5日出售部分股份后长期股权投资的账面价值。

第七章　固定资产

章前案例

福建发展高速公路股份有限公司(以下简称"福建高速")由福建省高速公路有限责任公司作为主发起人,以泉厦高速公路中的经营性净资产作为出资,联合福建省汽车运输总公司等4家单位于1999年6月共同发起设立。

福建高速对全省高速公路系统实行省公司、所属运营公司和基层所站队的三级架构管理模式,因为机构地域分布较散、固定资产种类繁杂、数量巨大,若采用传统的方式进行管理,工作强度大、事务烦琐、信息查询不便,无法动态掌握固定资产的真实使用状况,对固定资产进行统筹调控。因此,在充分研究分析福建高速资产管理的业务需求的基础上,福建高速采取以BPM为核心的固定资产管理系统,对资产进行统一的管理,主要包括用户登录、资产信息录入、资产信息查询、资产变更管理、统计报表生成、用户权限分配、日志管理等功能,有效解决固定资产管理难题,强化固定资产管理。

福建高速2014年资产负债表相关情况如图表7-1所示。

图表7-1

福建高速资产负债表(分析摘录)

2014年12月31日　　　　　　　　　　　　　　　　　　单位:万元

资　产	2014年	2013年
流动资产:		
流动资产合计	138 372.0	99 858.2
非流动资产:	0	0
长期股权投资	38 209.5	49 427.8
固定资产原值	2 058 942.8	2 061 650.5
减:累计折旧	375 853.6	318 485.3
固定资产净值	1 683 089.2	1 743 165.2

(续表)

资　产	2014 年	2013 年
固定资产净额	1 683 089.2	1 743 165.2
在建工程	5 814.5	3 207.4
固定资产清理	1 164.7	327.1
其他非流动资产	2 360.7	25 101.9
非流动资产合计	1 730 638.7	1 821 229.4
资产总计	1 869 010.6	1 921 087.6

学习目的

- 确定不同方式取得的固定资产成本
- 掌握固定资产折旧的计算与会计核算
- 描述固定资产减值判断标准与固定资产减值会计核算
- 分析固定资产折旧及固定资产处置对企业财务状况的影响

第一节　固定资产概述

一、固定资产的确认

（一）固定资产的定义

固定资产是指同时具有下列两个特征的有形资产：① 为生产商品、提供劳务、出租或经营管理而持有的；② 寿命超过一个会计期间。

固定资产具有以下特征：

（1）固定资产是一种有形资产。有形资产是人们通过直观感觉能感知的实物形态，如房屋及建筑物、机器设备、运输设备、工具器具等。不具备实物形态的资产，如长期投资、无形资产等，不属于固定资产。

（2）为生产商品提供劳务、出租或经营管理所持有的。企业持有固定资产的目的是为了在生产经营中使用，作为劳动资料，为当前的生产商品、提供劳务、出租或经营管理而持有，而不是为了出售或为了其他目的。销售公司为销售而购置的机器设备，房地产公司为出售而购置或建造的房屋属于企业的存货，而非固定资产。以投资为目的而购置的资产（如土地）是为了在未来为生产经营做准备或取得较高的经济利益，属于企业的长期投资。

(3)使用寿命超过一个会计年度。所谓使用寿命,是指企业使用固定资产的预计期间,或者该固定资产所能生产产品或提供劳务的数量。固定资产在使用中保持原来的物质形态基本不变,其价值逐渐地、部分地以折旧的形式转入到产品成本中。

由于各单位的经营内容、经营规模各不相同,固定资产的标准不能强求绝对一致。

(二)固定资产的确认条件

固定资产在符合定义的前提下,应当同时满足以下两个条件,才能加以确认。

1. 与该固定资产有关的经济利益很可能流入企业

企业确认固定资产时,必须判断与该项固定资产有关的经济利益是否很可能流入企业。符合固定资产的定义,并且满足与该项固定资产有关的经济利益很可能流入企业的条件,企业应将其确认为固定资产;反之,则不应将其确认为固定资产。

2. 该固定资产的成本能够可靠地计量

一般情况下,企业确定固定资产成本时必须取得确凿证据,如购入固定资产必须取得供应方、运输单位等开具的发票等。但在一些特殊情况下,则可以在一段时间内对固定资产的成本加以合理估计。例如,企业自建房屋、建筑物等固定资产,已达到(或部分达到)预定可使用状态但尚未办理竣工决算,为保证会计核算的准确性,需要按照企业会计准则的要求,根据工程预算、工程造价或工程实际发生的成本等资料,估计实际成本,结转固定资产价值,待该固定资产办理竣工决算后,再按照实际成本调整原来的暂估价值。

二、固定资产的分类

(一)按经济用途分类

固定资产按经济用途分类,可分为生产经营用固定资产和非生产经营用固定资产两大类。生产经营用固定资产是指直接参加生产经营过程或直接服务于生产经营过程的各种固定资产,如生产经营用的房屋、建筑物、机器、设备、工具、器具等。非生产经营用固定资产是指不直接服务于生产过程的各种固定资产,如职工宿舍、食堂、浴室、附属学校等单位使用的房屋、设备及其他固定资产等。

固定资产按经济用途分类,可以归类反映和监督企业经营用固定资产和非经营用固定资产之间的组成和变化情况,以促使企业合理分配固定资产,发挥其效用。

(二)按使用情况分类

固定资产按使用情况分类,可分为使用中固定资产、未使用固定资产和不需用固定资产三大类。使用中固定资产是指正在使用中的经营性或非经营性的固定资产,包括内部替换使用和出租(经营租赁)给其他单位使用的固定资产,以及因季节性原因停用或大修理停用的固定资产。未使用固定资产是指已完工或已购建的尚未正式使用的新增固定资产,以及因进行改建、扩建等原因暂停使用的固定资产和因经营任务变更停止使用的固定资产及主要的备用设备等。不需用固定资产是指本企业的多余或不适用的各种固定资产。

固定资产按使用情况分类，可以反映固定资产的使用情况和比例关系，便于分析固定资产的利用效率，挖掘固定资产的使用潜力，合理使用固定资产，同时也是固定资产折旧的依据。

（三）按经济用途和使用情况综合分类

企业的固定资产按照其经济用途和使用情况进行综合分类，可以分为以下七类：

（1）生产经营用固定资产。

（2）非生产经营用固定资产。

（3）租出固定资产，是指经营租赁方式下出租给外单位使用的固定资产。

（4）不需用固定资产。

（5）未使用固定资产。

（6）土地，是指过去已经估价单独入账的土地。

（7）融资租入固定资产，是指企业以融资租赁方式租入的固定资产，在租赁期间，视同自有固定资产进行管理。以经营租赁方式租入的房屋建筑物或机器设备，在备查簿中进行登记，不属于企业的固定资产。

第二节 固定资产增加的核算

固定资产的计量分为初始计量和后续计量。固定资产的初始计量是指固定资产取得时入账价值的确定；固定资产的后续计量是指对固定资产的使用寿命、预计净残值、各期折旧额以及减值的确定。

固定资产应当按照成本进行初始计量。固定资产成本是指企业为取得某项固定资产达到预定可使用状态前所发生的一切合理的、必要的支出。已入账的固定资产成本也被称为固定资产原值。固定资产由于取得的途径和方式不同，其成本的确定也有所差异。

一、购入固定资产

企业外购的固定资产成本包括购买价款、进口关税等相关税费，以及为使固定资产达到预定可使用状态前所发生的可直接归属于该资产的其他支出，如场地整理费、运输费、装卸费、安装费和专业人员服务费等。

在实务中，企业可能以一笔款项同时购入多项没有单独标价的固定资产。如果这些资产符合固定资产的定义，满足固定资产的确认条件，则应按照各项固定资产公允价值的比例，对总成本进行分配，确定各项固定资产的成本（入账价值）。如果以一笔款项购入的多项资产中还包括固定资产以外的其他资产，则也应按类似的方法进行处理。

企业购入的固定资产，有的不需要安装就可直接投入使用，有的则需要安装后才能投入使用。企业应根据不同情况进行以下会计处理。

(一) 购入不需要安装的固定资产

企业购入不需要安装的固定资产时,按购买过程中实际支付的买价、包装费、运杂费、装卸费、保险费、进口关税和其他税费(不含可抵扣的增值税进项税额),以及为使固定资产达到预期可使用状态前所发生的费用,作为购入的固定资产的原始价值入账,借记"固定资产"账户,贷记"银行存款"等相关账户。

【例 7-1】 某企业购入不需要安装的设备一台,增值税专用发票注明价款为 60 000 元,增值税额为 10 200 元,装卸费为 5 000 元,款项均以银行转账支票支付,设备已验收交付使用。编制会计分录如下:

借:固定资产	65 000
应交税费——应交增值税(进项税额)	10 200
贷:银行存款	75 200

若供货方在付款方面存在一定折扣优惠,不论是否获得该现金折扣,固定资产一般按净额计价。如果购货企业未能于折扣期内付款,多付的货币资金作为财务费用处理,不计入固定资产成本。

【例 7-2】 20×1 年 4 月 21 日,甲公司向乙公司一次购入 3 种不同型号且有不同生产能力的设备 A、B、C,甲公司以银行存款支付该批设备货款 500 万元,增值税进项税额 85 万元,保险费 1.7 万元,运输费 0.3 万元,增值税进项税额 0.033 万元。假定 A、B、C 设备分别满足固定资产确认标准,其公允价值分别为 156 万元、234 万元和 130 万元,且不考虑其他税费。

固定资产成本＝500+1.7+0.3＝502(万元)

固定资产公允价值合计＝156+234+130＝520(万元)

借:固定资产——A 设备(502×156/520)	1 506 000
固定资产——B 设备(502×234/520)	2 259 000
固定资产——C 设备(502×130/520)	1 255 000
应交税费——应交增值税(进项税额)	850 330
贷:银行存款	5 870 330

【例 7-3】 某公司购入不需要安装的设备一台,增值税专用发票注明价款为 10 000 元,增值税额为 1 700 元,付款条件为"2/10,n/30"。

(1) 购置固定资产时,编制会计分录如下:

借:固定资产	9 800
应交税费——应交增值税(进项税额)	1 700
贷:应付账款	11 500

(2) 如果在 10 天内付款,编制会计分录如下:

借:应付账款　　　　　　　　　　　　　　　　　　　　　　　　11 500
　　贷:银行存款　　　　　　　　　　　　　　　　　　　　　　　　11 500

(3) 如果在折扣期限后付款,编制会计分录如下:

借:应付账款　　　　　　　　　　　　　　　　　　　　　　　　11 500
　　财务费用　　　　　　　　　　　　　　　　　　　　　　　　　　200
　　贷:银行存款　　　　　　　　　　　　　　　　　　　　　　　　11 700

(二) 购入需要安装的固定资产

企业购入需要安装的固定资产,由于从固定资产购入到正式投入使用,要发生各种安装成本,因此,需要先记入"在建工程"账户,归集成本及安装费用,完工后,再转入"固定资产"账户。

【例 7-4】　某企业购入需要安装的设备一台,取得的增值税专用发票注明价款 50 000 元,增值税进项税额 8 500 元,运输费发票金额 1 000 元及增值税进项税额 110 元。以上款项均以银行存款支付。安装设备时领用本公司原材料一批,价值为 2 000 元,应付安装工人薪酬 3 000 元。假定不考虑其他相关税费,该企业的有关会计处理如下(除特殊说明外,本章例题中的企业均为增值税一般纳税人):

(1) 购入设备,支付买价、增值税及运输费时:

借:在建工程　　　　　　　　　　　　　　　　　　　　　　　　51 000
　　应交税费——应交增值税(进项税额)　　　　　　　　　　　　8 610
　　贷:银行存款　　　　　　　　　　　　　　　　　　　　　　　　59 610

(2) 安装领用本公司原材料,应付安装工人薪酬时:

借:在建工程　　　　　　　　　　　　　　　　　　　　　　　　5 000
　　贷:原材料　　　　　　　　　　　　　　　　　　　　　　　　　2 000
　　　　应付职工薪酬　　　　　　　　　　　　　　　　　　　　　3 000

(3) 设备安装完毕交付使用,确定固定资产入账价值时:

借:固定资产　　　　　　　　　　　　　　　　　　　　　　　　56 000
　　贷:在建工程　　　　　　　　　　　　　　　　　　　　　　　　56 000

(三) 分期付款方式购入固定资产

企业购买固定资产通常在正常的信用条件期限内付款,但也会发生超过正常信用期限购买固定资产的经济业务,如采用分期付款方式购入固定资产,且合同中规定的付款期限比较长,超过正常信用条件。分期付款方式购入固定资产实质上是一种由出租方向承租方提供长期信贷资金的行为。在这种分期付款购入固定资产的方式下,经济业务具有融资性质,购入固定资产的成本不能以各期付款额之和确定,而应以各期付款额的现值之和确定。固定资产购买价款的现值,应当按照各期支付的价款选择恰当的折现率进行折现后的金额加以确定。该折现率实质上是供货企业的必要报酬率。各期实际支付的价款之和与其现值之间的差额,在达到预定可使用状态之前符合《企业会计准则第 17 号——借款费用》中规定的资本化条件的,通过在建工程计入固定资产成本,其余部分应当在信用期间内确认为财务费用,计入当期损益。其账务处理为:购入固定资产时,按购买价款的现值,借记"固定资产"账户,按应支付的金额,贷记"长期应付款——应付融资租赁款",按其差额,借记"未确认融资费用"账户。未确认融资费用应当在租赁期内各会计期间采用实际利率法进行摊销,分摊计入各期的"财务费用"。如果企业融资租入的固定资产需要安装,应先记入"在建工程"账户,工程完工交付使用时,由"在建工程"账户转入"固定资产"账户。

【例 7-5】 20×1 年 1 月 1 日,A 公司与 B 公司签订一项购货合同,A 公司从 B 公司购入一台需要安装的特大型甲设备。合同约定,A 公司采用分期付款方式支付价款。该设备价款共计 500 万元(假设不考虑增值税),在 20×1 年至 2×5 年的 5 年内每年年末支付 100 万元。

20×1 年 1 月 1 日,设备如期运抵 A 公司并开始安装。20×1 年 12 月 31 日,设备达到预定可使用状态,发生安装费用 30 万元(假设不考虑增值税),已用银行存款付讫。A 公司适用的年折现率为 20%。

(1) 购买价款的现值为:

$$1\,000\,000 \times (P/A, 20\%, 5) = 1\,000\,000 \times 2.991 = 2\,991\,000(元)$$

20×1 年 1 月 1 日,A 公司的账务处理如下:

借:在建工程——甲设备   2 991 000
    未确认融资费用   2 009 000
  贷:长期应付款——B 公司   5 000 000

(2) 确定信用期间未确认融资费用的分摊,如图表 7-2 所示。

图表 7-2

未确认融资费用分摊表

20×1 年 1 月 1 日   单位:元

日期	分期付款额	确认的融资费用	应付本金减少额	应付本金余额
①	②	③=期初⑤×20%	④=②-③	期末⑤=期初⑤-④
20×1 年 1 月 1 日				2 991 000
20×1 年 12 月 31 日	1 000 000	598 200	401 800	2 589 200
20×2 年 12 月 31 日	1 000 000	517 840	482 160	2 107 040

(续表)

日 期	分期付款额	确认的融资费用	应付本金减少额	应付本金余额
20×3年12月31日	1 000 000	421 408	578 592	1 528 448
20×4年12月31日	1 000 000	305 689.6	694 310.4	834 137.6
20×5年12月31日	1 000 000	165 862.4	834 137.6	0
合 计	5 000 000	2 009 000	2 991 000	0

(3) 20×1年1月1日至20×1年12月31日为设备的安装期间,未确认融资费用的分摊符合资本化的条件,计入固定资产成本。

20×1年12月31日,A公司的账务处理如下:

借:在建工程——甲设备　　　　　　　　　　　598 200
　　贷:未确认融资费用　　　　　　　　　　　　598 200
借:在建工程——甲设备　　　　　　　　　　　300 000
　　贷:银行存款　　　　　　　　　　　　　　　300 000
借:长期应付款——B公司　　　　　　　　　　1 000 000
　　贷:银行存款　　　　　　　　　　　　　　1 000 000
借:固定资产——甲设备　　　　　　　　　　　3 889 200
　　贷:在建工程——甲设备　　　　　　　　　3 889 200

固定资产的成本＝2 991 000＋598 200＋300 000＝3 889 200(元)

(4) 20×2年1月1日至20×5年12月31日,该设备已经达到了预定可使用状态,未确认融资费用的分摊额不再符合资本化条件,应计入当期损益。

20×2年12月31日,A公司的账务处理如下:

借:财务费用　　　　　　　　　　　　　　　　517 840
　　贷:未确认融资费用　　　　　　　　　　　　517 840
借:长期应付款——B公司　　　　　　　　　　1 000 000
　　贷:银行存款　　　　　　　　　　　　　　1 000 000

以后期间的账务处理与20×2年12月31日相同,故省略。

二、自行建造的固定资产

自建固定资产是指企业新建、改建、扩建房屋、建筑物,自己制造生产经营所需的特定机器设备,对固定资产进行技术改造、设备更新而由企业自行建造的固定资产。自行建造固定资产的成本,按建造该项资产达到预定可使用状态前所发生的必要支出,作为入账价值,其中"建造该项资产达到预定可使用状态前所发生的必要支出"包括工程用物资成本、人工成本、交纳的相关税费、应予资本化的借款费用以及应摊销的间接费用等。企业无论采取何种方式自行建造固定资产，均应通过"在建工程"账户进行核算。固定资产在建工程中支付的增值税进项税额应记入"应交税费——应交增值税（进项税额）"账户，予以抵扣。

企业自行建造固定资产按其实施的方式不同，分为自营工程和出包工程两种。

（一）自营工程的核算

在自营工程中，购入为工程准备的物资时，按实际支付或应付的价款数，借记"工程物资""应交税费——应交增值税（进项税额）"账户，贷记"银行存款""其他应付款"等账户。领用工程用物资时，按工程物资的实际成本，借记"在建工程——建筑工程、安装工程"账户，贷记"工程物资"账户。工程领用本企业材料时，按材料的实际成本借记"在建工程——建筑工程、安装工程"账户，贷记"原材料"账户。原材料采用计划成本核算时，同时结转应分摊的成本差异。工程领用本企业商品产品时，应视同本企业商品产品销售，按商品产品的售价，借记"在建工程"账户和"应交税费——应交增值税（进项税额）"账户，贷记"主营业务收入"账户和"应交税费——应交增值税（销项税额）"账户，同时结转商品产品成本。工程应负担的职工薪酬，借记"在建工程"账户，贷记"应付职工薪酬"账户；工程负担辅助生产车间为工程提供的水、电、设备安装、修理、运输等劳务，借记"在建工程"账户，贷记"生产成本——辅助生产成本"账户。工程发生的工程管理费、征地费、可行性研究费、临时设施费、公证费、监理费，工程在达到预定可使用状态前发生的有关测试费用等，借记"在建工程"账户，贷记"银行存款"等账户。工程达到预定可使用状态后交付使用固定资产时，借记"固定资产"账户，贷记"在建工程"账户。

工程完工后，剩余的工程物资转为本企业存货的，按其实际成本或计划成本进行结转。建设期间发生的工程物资盘亏、报废及毁损，减去残料价值以及保险公司、过失人等赔款后的净损失，计入所建工程项目的成本；盘盈的工程物资或处置净收益，冲减所建工程项目的成本。工程完工后发生的工程物资盘盈、盘亏、报废、毁损，计入当期损益。

工程在达到预定可使用状态前，因进行试运转而形成的、能够对外销售的产品，其发生的成本，计入在建工程成本，销售或转为库存商品时，按实际销售收入或按预计售价冲减工程成本。

所建造的固定资产已达到预定可使用状态，但尚未办理竣工决算时，自达到预定可使用状态之日起，根据工程预算、造价或者工程实际成本等，按暂估价值转入固定资产成本，待办理竣工决算手续后再作调整。

【例7-6】 甲公司自行建造一条生产流水线，20×5年4~9月发生下列经济业务：

（1）购进工程所需物资一批，价款为200 000元，增值税进项税额为34 000元，物资已验收入库，款项通过银行转账支付。

（2）工程在建过程中先后领用工程物资150 000元。

（3）领用本企业生产用材料一批用于工程建设，材料实际成本为80 000元。

（4）工程建设中应付工程人员薪酬34 200元。

（5）为工程建造应予以资本化的借款利息4 000元（借款采用到期还本付息）。

(6) 用银行存款支付工程其他所需费用 80 000 元(增值税略)。
(7) 工程剩余物资转作企业的材料,其所含的增值税进项税额可以抵扣。
(8) 工程完工交付使用。
假定不考虑其他相关税费。甲公司的会计处理如下:
(1) 购入工程所需物资时:

  借:工程物资   200 000
    应交税费——应交增值税(进项税额)   34 000
    贷:银行存款   234 000

(2) 工程领用物资时:

  借:在建工程——生产流水线   150 000
    贷:工程物资   150 000

(3) 工程领用材料时:

  借:在建工程——生产流水线   80 000
    贷:原材料   80 000

(4) 应付工程人员薪酬时:

  借:在建工程——生产流水线   34 200
    贷:应付职工薪酬   34 200

(5) 工程借款利息资本化时:

  借:在建工程——生产流水线   4 000
    贷:长期借款——应计利息   4 000

(6) 支付工程其他费用时:

  借:在建工程——生产流水线   80 000
    贷:银行存款   80 000

(7) 工程剩余物资转作存货时:

  借:原材料   50 000
    贷:工程物资   50 000

(8) 工程完工交付使用时:

  借:固定资产   348 200
    贷:在建工程——生产流水线   348 200

(二) 出包工程的核算

在出包方式下,企业通过招标方式将工程项目发包给建造承包商,由建造承包商(即施工企业)组织工程项目施工。企业要与建造承包商签订建造合同,企业作为建设单位,负责筹集资金和管理工程建设,建造承包商负责建筑安装工程施工任务。

企业以出包方式建造的固定资产,其成本为建造该项固定资产达到预定可使用状态前所发生的必要支出,包括建筑工程支出、安装工程支出和分摊计入各固定资产价值的待摊支出。

出包工程应负担的增值税税率为11%,在工程竣工结算时记入"应交税费——应交增值税(进项税额)"账户,予以抵扣。

在出包方式下,"在建工程"账户实际成为企业与建造承包商办理工程价款结算的账户。"在建工程"账户可以按照工程性质设置"建筑工程""安装工程"和"待摊支出"明细分类账户。企业按合理估计的工程进度和合同规定预付建造承包商的工程价款;工程完工收到承包单位账单,补付的工程款;将需安装设备运抵现场安装;为建造固定资产发生待摊支出;出包工程在竣工结算之前应负担的长期负债利息等,均应通过"在建工程——××工程"或"在建工程——待摊支出"账户核算。

在建工程达到预定可使用状态时,首先,要计算分配待摊支出;其次,计算确定已完工的固定资产成本;最后,进行债务处理,按实际发生的全部支出,结转在建工程成本,借记"固定资产"账户,贷记"在建工程——××工程"账户。其中:

$$待摊支出分配率 = \frac{累计发生的待摊支出}{建筑工程支出 + 安装工程支出 + 在安装设备支出} \times 100\%$$

$$××工程应分摊的待摊支出 = \left(××工程的建筑工程支出 + ××工程的安装工程支出 + ××工程的在安装设备支出\right) \times 待摊支出分配率$$

房屋、建筑物等固定资产成本 = 建筑工程支出 + 应分摊的待摊支出

需要安装设备的成本 = 设备成本 + 为设备安装发生的基础、支座等建筑工程支出 + 安装工程支出 + 应分摊的待摊支出

【例7-7】 星星公司以出包方式建造固定资产,以支付给承包单位的工程价款作为固定资产的成本。20×5年6月2日,该公司将1幢新建厂房出包给科万建筑公司,按规定先向承包单位预付工程价款2 500 000元,以银行存款转账支付。20×5年8月1日,工程达到预定可使用状态后,收到承包单位的有关工程结算单据,补付工程款560 000元及工程应负担的增值税额336 600元,以银行存款转账支付。20×5年8月2日,工程达到预定可使用状态后交付使用。星星公司的账务处理如下:

(1) 20×5年6月2日,星星公司向承包单位预付工程价款2 500 000元:

借:在建工程　　　　　　　　　　　　　　　　　　　　　　　2 500 000
　　贷:银行存款　　　　　　　　　　　　　　　　　　　　　　　2 500 000

(2) 20×5年8月1日,星星公司补付工程款560 000元及增值税额336 600元:

借:在建工程　　　　　　　　　　　　　　　　　　　　　　　560 000
　　应交税费——应交增值税(销项税额)　　　　　　　　　　　336 600
　　贷:银行存款　　　　　　　　　　　　　　　　　　　　　　　896 600

(3) 20×5年8月2日,工程达到预定可使用状态后交付使用:

借:固定资产　　　　　　　　　　　　　　　　　　　　　3 060 000
　贷:在建工程　　　　　　　　　　　　　　　　　　　　　　3 060 000

三、其他方式取得的固定资产

1. 投资转入的固定资产

投资者投入固定资产的成本,按照投资合同或协议约定的价值确定,但合同或协议约定价值不公允的除外。在投资合同或协议约定的价值不公允的情况下,投资者投入固定资产的成本,按照该项固定资产的公允价值确定。

企业接受其他单位投资转入的固定资产,在办理固定资产移交手续后,按照投资合同或协议约定的价值加上应支付的相关税费,作为固定资产的入账价值,借记"固定资产"账户,按投资合同或协议约定的价值在其注册资本中所占的份额,贷记"实收资本"或"股本"账户,差额贷记"资本公积"账户。

【例7-8】 甲企业的注册资本为2 000 000元。20×5年10月,甲企业接受乙企业以一台设备进行的投资。该设备的原价为870 000元,累计折旧为350 000元,经协商,双方确认以资产评估师的评估价550 000元作为固定资产的入账价值,占甲企业注册资本的20%。假定不考虑其他相关税费。甲企业的会计处理如下:

借:固定资产　　　　　　　　　　　　　　　　　　　　　550 000
　贷:实收资本——乙企业　　　　　　　　　　　　　　　　400 000
　　　资本公积——资本溢价　　　　　　　　　　　　　　　150 000

2. 通过非货币性资产交换、债务重组、企业合并等方式取得的固定资产

企业通过非货币资产交换、债务重组、企业合并等方式取得的固定资产,其成本应分别按照《企业会计准则第7号——非货币性资产交换》《企业会计准则第12号——债务重组》《企业会计准则第20号——企业合并》等的规定确定。但是后续计量应当执行固定资产准则的规定。

3. 盘盈的固定资产

盘盈的固定资产,作为前期差错处理。在按管理权限报经批准处理前,应先通过"以前年度损益调整"账户核算。

企业在固定资产清查中,对未在账面中记录但实际存在的固定资产,确认为盘盈的固定资产。对盘盈固定资产,应编制"固定资产盘盈报告表",并应该及时查明原因。经查如果确属企业所有,则应根据"固定资产盘盈报告表"填制"固定资产交接单",经有关人员签字后,送交企业会计部门,并为盘盈固定资产开立固定资产卡片,进行会计处理。

根据我国《企业会计准则》的规定,盘盈固定资产应视作前期差错,采用追溯重述法进行

会计处理①。所谓追溯重述法是指在发现前期差错时,视同该项前期差错从未发生过,从而对财务报表相关项目进行更正的方法。

固定资产盘盈采用追溯重述法,即假定盘盈的固定资产以前应该已经入账,已经计提折旧。因此,需要调整以前年度的损益,调整以前年度的所得税费用,调整以前年度的净利润,调整以前年度的利润分配,调整以前年度的财务报表相关金额。

【例7-9】 20×5年12月31日,某企业发现20×3年12月购入的一台价值96 000元的管理设备在当时计入了管理费用。该资产预计使用4年,无净残值,固定资产折旧采用年限平均法。企业所得税税率为25%。采用追溯重述法进行会计处理如下(假定税费允许调整应交所得税,不考虑留存收益的后续调整):

(1) 确定固定资产盘盈金额时:

  借:固定资产——机床   96 000
    贷:以前年度损益调整   96 000

(2) 调整以前年度累计折旧时:

  借:以前年度损益调整(96 000×2/4)   48 000
    贷:累计折旧   48 000

(3) 调整以前年度所得税费用和应交所得税时:

  借:以前年度损益调整(48 000×25%)   12 000
    贷:应交税费——应交所得税   12 000

(4) 将"以前年度损益调整"账户余额转入"利润分配"账户时:

  借:以前年度损益调整   36 000
    贷:利润分配——未分配利润   36 000

4. 取得存在弃置费用的固定资产

弃置费用也称为弃置成本,通常是指根据国家法律和行政法规、国际公约等规定,企业承担的环境保护和生态恢复等义务所确定的支出,如核电站核设施、石油开采设施等的弃置和恢复环境义务等。

对于特殊行业的特定固定资产确定其初始成本时,还要考虑弃置费用。弃置费用需要考虑货币的时间价值。对于这些特殊固定资产应该按照现值计算确定应计入固定资产成本的金额和相应的预计负债。在固定资产的使用寿命内按照预计负债的摊余成本和实际利率计算确定利息费用,在发生时计入财务费用。

一般企业的固定资产报废清理费用不属于弃置费用。

---

① 前期差错通常包括计算错误、应用会计政策错误、疏忽或曲解事实和舞弊产生的影响以及存货、固定资产盘盈等。

【例7-10】 经国家批准的某核电站在20×5年11月建造完成,核电站核设施交付使用。该核电站建造成本为300亿元,预计使用寿命为40年。根据法律规定,在该项设施使用期满后拆除并需要对生态环境进行治理,预计发生弃置费用30亿元,假设折现率为10%。该核电站的会计处理如下:

(1) 20×5年11月,计算确定固定资产成本:

$$弃置费用的现值 = 30 \times (P/F, 10\%, 40) = 30 \times 0.0221 = 0.663(亿元)$$

$$固定资产成本 = 300 + 0.663 = 300.663(亿元)$$

借:固定资产　　　　　　　　　　　　　　　　　　　　　　　30 066 300 000
　贷:在建工程　　　　　　　　　　　　　　　　　　　　　　30 000 000 000
　　　预计负债——××核反应堆(弃置费用)　　　　　　　　　　66 300 000

(2) 第一年:

$$应负担的利息费用 = 0.663 \times 10\% = 0.0663(亿元)$$

借:财务费用　　　　　　　　　　　　　　　　　　　　　　　　6 630 000
　贷:预计负债——××核反应堆(弃置费用)　　　　　　　　　　6 630 000

(3) 第二年:

$$应负担的利息费用 = (0.663 + 0.0663) \times 10\% = 0.07293(亿元)$$

借:财务费用　　　　　　　　　　　　　　　　　　　　　　　　7 293 000
　贷:预计负债——××核反应堆(弃置费用)　　　　　　　　　　7 293 000

以后年度,企业应当按照实际利率法计算确定每年的财务费用。

(4) 40年后,实际发生弃置费用:

借:预计负债——××核反应堆(弃置费用)　　　　　　　　　　3 000 000 000
　贷:银行存款　　　　　　　　　　　　　　　　　　　　　　　3 000 000 000

第三节　固定资产持有期的核算

固定资产持有期的核算主要包括固定资产折旧的核算、固定资产后续支出的核算和固定资产减值的核算。

一、固定资产折旧的核算

(一)固定资产折旧概述

固定资产折旧是指固定资产由于损耗而逐渐损耗的价值。固定资产在使用过程中,不改变其实物形态,但其自身的价值会随着其使用而逐渐减少,这部分减少的价值,应该在固定资产的有效使用寿命内作为折旧费用,分期计入各期生产成本。

固定资产折旧的过程实质上就是固定资产价值转移的过程,这种价值转移是企业生产经营活动所带来的。从本质上讲,购买固定资产是一种预付费用,是一种前期支出。这种预付费用(支出)的收益在资产投入使用后的有效期限内将逐期得以实现。因此,按照权责发生制基础和配比性的要求,这种预付费用(支出)应在固定资产的预计有效使用期内,以计提折旧的方式计入各期成本费用,从各期收入中逐步得到补偿。固定资产折旧的计提,既是正确计算产品成本和各期损益的前提条件,又是进行固定资产简单再生产的重要步骤。

企业应当根据固定资产的性质和消耗方式,合理地确定固定资产的预计使用年限和预计净残值,并根据科技发展、环境及其他因素,选择合理的固定资产折旧方法,按照管理权限,经股东大会或董事会,或经理(厂长)会议或类似机构批准,作为计提折旧的依据。同时,按照法律、行政法规的规定报送有关各方备案,并备置于企业所在地,以供投资者等有关各方查阅。企业已经确定并对外报送,或备置于企业所在地的有关固定资产预计使用年限和预计净残值、折旧方法等,一经确定不得随意变更,如需变更,仍然应当按照上述程序,经批准后报送有关各方备案,并在会计报表附注中予以说明。

(二) 计提固定资产折旧应考虑的因素

计提固定资产折旧应考虑的因素有以下几个方面。

1. 固定资产原始价值

固定资产的原始价值是指固定资产的取得成本,固定资产原始价值是计提固定资产折旧的基础,除了根据国家规定对固定资产进行重新估价或因更新改造外,企业不得任意变动固定资产的原始价值。

2. 固定资产的预计净残值

固定资产的预计净残值是假定固定资产预计使用寿命已满并处于使用寿命终了的预期状态,目前从该项资产处置中获得的扣除预计处置费用后的金额。企业应当根据固定资产的性质和使用情况,合理估计固定资产的预计净残值。企业持有待售固定资产时,应当对其预计净残值进行复核调整。在这种情况下,预计净残值通常应等于公允价值减去处置费用后的净额。

3. 固定资产减值准备

固定资产减值准备是指固定资产已计提减值准备的累计金额。固定资产计提减值准备后,应当在剩余使用寿命内根据调整后的固定资产账面价值(固定资产原值减去累计折旧和累计减值准备后的金额)和预计净残值,重新计算确定折旧率和折旧额。

4. 固定资产的预计使用寿命

固定资产的预计使用寿命是指固定资产预计经济使用年限,即折旧年限。企业确定固定资产预计使用寿命,应当考虑下列因素:① 预计生产能力或实物产量。② 预计有形损耗和无形损耗。有形损耗是指固定资产由于使用和自然力的影响或意外事故等原因而引起的价值减少,包括使用损耗和自然损耗,如房屋建筑物、机器设备因使用而产生价值损耗。无形损耗,是指由于科学技术进步、劳动生产率提高、消费者的爱好变化等原因而引起的生产同样设备需要耗费的成本更低或原有设备提前淘汰而造成的价值损耗。③ 法律或者类似规定对资产使用的限制。

在我国,各类固定资产的预计使用寿命的上下限由国家统一规定,各企业单位应根据国家有关规定,结合本企业固定资产的具体特点,合理确定本企业各类固定资产的预计使用寿命。

(三) 固定资产折旧的计算方法

固定资产的折旧方法,就是将应计折旧的成本分摊于各使用期间的方法。企业应当根据固定资产所含经济利益预期实现方式选择折旧方法。会计上常用的固定资产折旧方法有直线法和加速折旧法两类。

1. 直线法

直线法是指按照固定资产预计使用时间或完成的工作量计提折旧的方法,主要有年限平均法和工作量法两种。

1) 年限平均法

年限平均法是指按照固定资产的预计使用年限平均计提折旧的方法。采用这种方法是假定固定资产的使用效率会随着时间的推移而逐渐递减,其效能与固定资产的新旧程度无关。不论固定资产的使用情况如何,其价值都可以均匀地分摊于预计使用年限内的各个会计期间。其计算公式如下:

$$年折旧额 = \frac{固定资产原始价值 - 预计净残值}{固定资产预计使用年限}$$

在实际工作中,固定资产折旧额一般根据固定资产原始价值乘以折旧率计算。其计算公式如下:

$$年折旧率 = \frac{1 - 预计净残值率}{预计使用年限} \times 100\%$$

$$月折旧率 = 年折旧率 \div 12$$

$$月折旧额 = 固定资产原始价值 \times 月折旧率$$

【例 7-11】 A 公司拥有某项设备,原始价值为 50 000 元,预计可使用 10 年,按有关规定,该设备报废时的预计净残值率为 4%,采用年限平均法计算该项固定资产的折旧率和折旧额。相关计算如下:

$$年折旧率 = \frac{1 - 4\%}{10} \times 100\% = 9.6\%$$

$$月折旧率 = 9.6\% \div 12 = 0.8\%$$

$$月折旧额 = 50\ 000 \times 0.8\% = 400(元)$$

上述计算的折旧率是按个别固定资产单独计算的,亦称为个别折旧率,即某项固定资产在一定期间的折旧额与该项固定资产原始价值的比率。在会计实务中,按固定资产折旧计算范围的不同,还可以采用分类折旧率和综合折旧率。

分类折旧率是指某类固定资产在一定期间的折旧额与该类固定资产原始价值的比率。在采用分类折旧率时,首先,应将性质、结构和使用年限接近的固定资产归为一类,如房屋建筑物划为一类,机械设备划为一类等;其次,计算出该类固定资产按个别折旧率计算出的年折旧额之和;最后,将此折旧额去除以该类固定资产的原始价值,计算该类固定资产的折旧率和折旧额。其计算公式如下:

$$某类固定资产年分类折旧率 = \frac{该类固定资产年折旧额之和}{该类固定资产原始价值之和} \times 100\%$$

综合折旧率是指某一期间企业全部固定资产折旧额与全部固定资产原始价值的比率。其计算公式如下:

$$固定资产年分类折旧率 = \frac{各项固定资产年折旧额之和}{各项固定资产原始价值之和} \times 100\%$$

从计算方法的准确性来说,个别折旧率的计算结果最为准确,分类折旧率次之,综合折旧率相对最差。从计算的方便程度来说,则正好相反。实务中,通常采用个别折旧率或分类折旧率计提折旧。

2) 工作量法

工作量法是指按照固定资产的实际工作量平均计提折旧的方法。采用这种方法是假定固定资产的使用效率会随着完成工作量的增加而逐渐递减,其效能与固定资产的新旧程度无关。一定期间计提的折旧额是随着工作量的变动成正比例变动。一定期间内固定资产的工作量越多,其计提的折旧额也越多;反之则越少。其计算公式如下:

$$某项固定资产单位工作量折旧额 = \frac{固定资产原始价值 \times (1-预计净残值率)}{预计总工作量} \times 100\%$$

$$该项固定资产月折旧额 = 该项固定资产单位工作量折旧额 \times 该项固定资产当月完成的工作量$$

不同的固定资产,其工作量表现为不同的形式。对于运输设备,其工作量表现为行驶里程;对于机器设备,其工作量表现为工作小时或机器台班。因此,上述计算公式也可以进一步表现如下:

$$每千米折旧额 = \frac{固定资产原始价值 \times (1-预计净残值率)}{预计总行驶千米} \times 100\%$$

$$单位工时折旧额 = \frac{固定资产原始价值 \times (1-预计净残值率)}{预计总工作时数(工作台班)} \times 100\%$$

【例7-12】 B公司拥有一辆运货卡车,其原始价值为120 000元,预计总行驶里程为300 000千米,按有关规定,该卡车报废时的预计净残值率为4%。20×4年11月,该卡车的实际行驶里程为3 000千米。该卡车的单位工作量折旧额和该月折旧额计算如下：

每千米折旧额=120 000×(1-4%)÷300 000=0.384(元/千米)
该月折旧额=3 000×0.384=1 152(元)

对使用强度和使用效率相同的固定资产，如房屋建筑物、通用机器设备，宜采用年限平均法，将固定资产的原始价值平均地分摊到各个会计期间；对于使用效率和使用时间不均衡的固定资产，如运输设备、大型专用机器设备，宜采用工作量法，将固定资产的原始价值平均地分摊到每个工作量上。

2. 加速折旧法

加速折旧法亦称快速折旧法或递减折旧法，是指固定资产在使用的前期多提折旧，后期少提折旧，从而相对加快折旧速度的方法。

加速折旧法的理论依据是：① 固定资产的使用效率和经济效益是逐年递减的，折旧费用的逐年递减符合权责发生制基础和配比性的要求。② 固定资产的使用成本包括修理维护费用和折旧费用。随着固定资产的磨损，其修理维护费用逐年递增。在修理维护费用较少的固定资产使用前期多提折旧，在修理维护费用较多的固定资产使用后期少提折旧，可以均衡固定资产有效使用期内各期的使用成本。③ 科学技术的发展使得固定资产使用后期的收益不确定性增大，也可能使可用固定资产因不经济而提前淘汰。实行加速折旧法可以减少固定资产因提前报废而造成的损失。④ 可以推迟交纳所得税。企业留用资金增加，可以少借款、少付利息，等于政府给予企业一笔无息贷款，一方面，可增加企业的利税总额；另一方面，可促进企业加快固定资产的更新换代，从而促进产品的生产能力的提高。

【小贴士】

《中华人民共和国企业所得税法实施条例》第六十条规定：除国务院财政、税务主管部门另有规定外，固定资产计算折旧的最低年限如下：房屋、建筑物20年；飞机、火车、轮船、机器、机械和其他生产设备10年；与生产经营活动有关的器具、工具、家具等5年；飞机、火车、轮船以外的运输工具4年；电子设备3年。2014年10月，国务院常务会议决定，对生物药品制造业、专用设备制造业等六个行业的企业实行固定资产加速折旧政策。2015年9月16日，国务院第105次常务会议决定，将固定资产加速折旧优惠扩大到轻工、纺织、机械、汽车四个领域重点行业。

在六个行业和四个领域的所有企业里符合条件的固定资产均可使用加速折旧税收政策。具体做法是：企业在2014年1月1日后购进并专门用于研发活动的仪器、设备，单位价值不超过100万元的，可以一次性在计算应纳税所得额时扣除；单位价值超过100万元的，允许按不低于企业所得税法规定折旧年限的60%缩短折旧年限，或选择采取双倍余额递减法或年数总和法进行加速折旧。

1) 双倍余额递减法

双倍余额递减法是指在不考虑固定资产净残值的情况下，按期初固定资产净值和双倍直线法折旧率计算各使用年份固定资产折旧的一种方法。其计算公式如下：

$$年折旧率 = \frac{2}{预计使用年限} \times 100\%$$

$$年折旧额 = 年折旧率 \times 固定资产期初账面净值$$

$$月折旧额 = 年折旧额 \div 12$$

双倍余额递减法在计算年折旧率时未考虑预计净残值，但账面净值在固定资产最后处置时仍不得低于预计净残值。按照双倍余额递减法计算折旧，不可能在固定资产预计使用年限终了时，留下的固定资产账面净值与预计净残值自动相等。因此，我国会计准则规定，实行双倍余额递减法计提折旧的固定资产，在其折旧年限到期前2年，应将折旧方法改为直线法，即将固定资产账面净值减去预计净残值后的余额，在2年内平均分摊。

【例7-13】 A公司20×2年3月20日购入一台设备，原始价值为50 000元，预计净残值为800元，预计可使用5年。该设备采用双倍余额递减法计提折旧。该设备各年折旧率及各年折旧额的计算如图表7-3所示。

$$双倍余额递减法年折旧率 = 2 \div 5 \times 100\% = 40\%$$

图表7-3

折旧计算表（双倍余额递减法）

单位：元

年份	固定资产年初净值 ①	年折旧率 ②	年折旧额 ③=①×②	累计折旧额 ④	账面净额 ⑤=①－③
1	50 000	40%	20 000	20 000	30 000
2	30 000	40%	12 000	32 000	18 000
3	18 000	40%	7 200*	39 200	10 800
4	10 800		5 000	44 200	5 800
5	5 800		5 000	49 200	800

* 从第四年开始，将固定资产折余价值，在剩余2年中平均摊销。

2) 年数总和法

年数总和法又称折旧年限积数法。它是将固定资产的原始价值减去预计净残值后的净额乘以一个逐年递减的分数计算每年的折旧额。这个分数的分子代表固定资产尚可使用年数，分母代表使用年数的逐年数字总和。其计算公式如下：

$$第t年折旧率 = \frac{第t年尚可使用年数}{1+2+3+\cdots+折旧年限} \times 100\%$$

$$= \frac{预计使用年限 - 已使用年限}{预计折旧年限 \times (预计折旧年限 + 1) \div 2} \times 100\%$$

年折旧额 = (固定资产原始价值 - 预计净残值) × 年折旧率

月折旧额 = 年折旧额 ÷ 12

【例7-14】 承[例7-13],采用年数总和法计提折旧,各年折旧率及各年折旧额的计算如图表7-4所示。

图表7-4

折旧计算表(年数总和法)

单位:元

年份	原值-预计净残值 ①	尚可使用年限 ②	年折旧率 ③	年折旧额 ④=①×③	累计折旧 ⑤	固定资产年末净值 ⑥
1	49 200	5	5/15	16 400	16 400	33 600
2	49 200	4	4/15	13 120	29 500	20 480
3	49 200	3	3/15	9 840	39 340	10 640
4	49 200	2	2/15	6 560	45 820	4 080
5	49 200	1	1/15	3 280	49 200	800

采用年数总和法,计算折旧的基数是固定不变的,折旧率依固定资产尚可使用寿命来确定,各年折旧率呈递减趋势,因此计算的折旧额也呈递减趋势。

采用加速折旧法计算固定资产折旧时,应注意以下两点:

(1)"年份"的含义是指固定资产各使用年份的开始使用时间,并不是指日历年份开始时间。如[例7-13]中,固定资产从20×2年4月开始采用双倍余额递减法或年数总和法计提折旧,其使用第一年的期初时间为20×2年4月1日,其使用第二年的期初时间为20×3年4月1日,以下以此类推。

(2)为简化折旧计算工作,固定资产使用年份中各月的折旧额按年折旧额除以12计算。当固定资产开始计提折旧的时间不是年初的时候,会出现一个日历年份中前几个月折旧额与后几个月的折旧额不一致的情况。如[例7-13]中,该项固定资产20×2年4月到20×3年3月,各月的折旧额为1 667元(20 000÷12);20×3年4月至20×4年3月,各月的折旧额为1 000元(12 000÷12)。以此类推。

企业在计提固定资产折旧时,可以选择以上任意一种折旧计提方法。折旧方法的选择主要考虑两方面的因素:一是如何真实反映固定资产在各期的实际损耗价值,以便与固定资产带来的收益相配比,使财务报表能公正反映企业财务状况和经营成果;二是考虑到纳税的因素，即选择一种在税法允许范围内交税最少或最迟的折旧方法。但是，企业的折旧方法一经选定，就应保持前后一致，不得随意变更，如需变更，应当在会计报表附注中予以说明。

企业应当定期对固定资产的折旧方法进行复核。使用寿命预计数与原先估计数有差异的，调整固定资产折旧年限。预计净残值预计数与原先估计数有差异的，调整预计净残值。固定资产包含的经济利益的预期实现方式有重大改变的，相应改变固定资产折旧方法。

（四）固定资产折旧的核算

1. 计提折旧的范围

除了已提足折旧仍继续使用的固定资产和按照规定单独估价作为固定资产入账的土地不计提折旧外，企业应对所有固定资产计提折旧，包括：房屋和建筑物；机器设备、仪器仪表、运输工具、工具器具；季节性停用、大修理停用的固定资产；融资租入和以经营租赁方式租出的固定资产等。在具体确定固定资产的折旧范围和折旧金额时，还要注意以下几点：

（1）已达到预定可使用状态的固定资产，如果在年度内尚未办理竣工决算的，应当按估计价值暂估入账，并计提折旧；办理了竣工决算手续后，再按照实际成本调整原来的暂估价值，同时调整原已计提的折旧额。

（2）处于修理、更新改造过程而停止使用的固定资产，不符合固定资产两个确认条件的，转入在建工程，停止计提折旧；符合固定资产两个确认条件的，不转入在建工程，照提折旧。

（3）符合固定资产两个确认条件的固定资产装修费用，应当在两次装修期间与固定资产剩余使用寿命两者中较短的期间内计提折旧。融资租赁方式租入的固定资产发生的装修费用，符合固定资产两个确认条件的，应当在两次装修期间、剩余租赁期与固定资产剩余使用寿命三者中较短的期间内计提折旧。

2. 计提折旧的核算

企业固定资产折旧的核算通过"累计折旧"账户进行。"累计折旧"账户是"固定资产"账户的抵减调整账户。该账户的贷方登记计提固定资产折旧额，借方登记因出售、报废清理、盘亏等原因减少固定资产而相应转销的已提折旧额，期末贷方余额表示现有固定资产的累计折旧额。

固定资产按月计提折旧，并根据用途计入相关资产的成本或当期损益。按月计提折旧时，按其用途，分别借记"制造费用""管理费用""销售费用""其他业务成本"账户，贷记"累计折旧"账户。

按照企业会计准则的规定，当月增加固定资产，当月不提折旧；当月减少固定资产，当月照提折旧，按照月初固定资产的账面价值计提固定资产折旧额。

在会计实务中，为简化固定资产折旧的计算工作，企业通常按月编制"固定资产折旧计算表"，在上月计提折旧额基础上，根据上月固定资产的增减变动，计算本月应计提的固定资

产折旧额。其计算公式如下:

$$\text{本月应计提的折旧额} = \text{上月计提的折旧额} + \text{上月增加的固定资产应计提折旧额} - \text{上月减少的固定资产应计提折旧额}$$

固定资产折旧计算表的格式如图表 7-5 所示。

图表 7-5

固定资产折旧计算表

单位:××公司　　　　　　　20×2 年 9 月　　　　　　　　　　　　单位:元

使用部门	上月折旧额	上月增加固定资产		上月减少固定资产		本月折旧额	分配费用
		原价	折旧	原价	折旧		
基本生产车间	14 000	50 000	300			14 300	制造费用
机修车间	15 000					15 000	制造费用
销售部门	15 500			20 000	800	14 700	销售费用
厂部管理部门	7 000					7 000	管理费用
合　　计	51 500	50 000	300	20 000	800	51 000	

【例 7-15】 根据图表 7-4,编制固定资产折旧的会计分录如下:

借:制造费用——基本生产车间　　　　　　　　　　　　　　14 300
　　制造费用——机修车间　　　　　　　　　　　　　　　　15 000
　　销售费用　　　　　　　　　　　　　　　　　　　　　　14 700
　　管理费用——厂部管理部门　　　　　　　　　　　　　　 7 000
　贷:累计折旧　　　　　　　　　　　　　　　　　　　　　　51 000

按照企业会计准则的规定,企业应当至少于每年年度终了,对固定资产的使用寿命、预计净残值和折旧方法进行复核。使用寿命预计数与原先估计数有差异的,应当调整固定资产折旧年限。预计净残值预计数与原先估计数有差异的,应当调整预计净残值。固定资产包含的经济利益预期实现方式有重大改变的,应当改变固定资产折旧方法。固定资产使用寿命、预计净残值和折旧方法的改变作为会计估计变更,采用未来适用法进行相应会计处理。

二、固定资产后续支出的核算

固定资产的后续支出是指固定资产使用过程中发生的更新改造支出、修理支出等。固定资产后续支出的处理原则为:符合固定资产确认条件的,作为资本化的后续支出,计入固定资产成本,同时将被替换部分的账面价值扣除;不符合固定资产确认条件的,作为费用化支出,计入当期损益。

(一) 资本化的后续支出

固定资产资本化的后续支出主要是指能使流入企业的经济利益超过原先估计的支出。企业固定资产投入使用后,为了适应新技术发展的需要,或提高固定资产的使用效能,往往需要对现有固定资产进行改建、扩建或者改良,如通过对厂房进行改建、扩建而使其更加坚固耐用或使用寿命延长;通过对设备的改建改良,提高其生产能力,使产品质量实质性提高或使产品成本实质性降低等,总而言之,使可能流入企业的经济利益超过了原先的估计。

固定资产发生可资本化的后续支出时,企业一般应将该固定资产的原价、已计提的累计折旧和减值准备转销,将固定资产的账面价值转入在建工程,并在此基础上重新确定固定资产原价。因已转入在建工程,因此停止计提折旧。在固定资产发生的后续支出完工并达到预定可使用状态时,再从在建工程转为固定资产,并按重新确定的固定资产原价、使用寿命、预计净残值和折旧方法计提折旧。固定资产发生的可资本化的后续支出,通过"在建工程"账户核算。

固定资产发生可资本化的后续支出(固定资产更新改造)时的核算具体包括以下几个方面:① 在固定资产发生资本化支出前,将该固定资产的原始价值,已计提的累计折旧和减值准备转销,将固定资产的账面净值转入"在建工程"账户并停止计提固定资产折旧。② 在"在建工程"账户中归集资本化的后续支出。对于被替换的固定资产价值应予以扣除,冲减"在建工程"成本。③ 将被替换下来的设备价值从"在建工程"中扣除,确定营业外支出。④ 更新改造工程完工并达到预定可使用状态后,再从在建工程转为固定资产,并按重新确定的固定资产原始价值、预计使用寿命、预计净残值和折旧方法,重新确定固定资产折旧金额。

【例 7-16】 甲企业有一条生产流水线,该生产流水线 20×0 年 12 月建造完工,其建造成本为 908 250 元,采用年限平均法计提折旧,预计净残值率为固定资产原价的 4%,预计使用年限为 6 年。20×3 年 1 月 1 日,企业决定对其进行扩建,以提高其生产能力。在 20×3 年 1 月 1 日至 3 月 31 日 3 个月的改扩建期间,共发生支出 383 912 元,全部以银行存款支付;在改扩建中,拆除一零部件,其原值为 181 650 元。20×3 年 3 月 31 日,该生产流水线扩建工程完工。

该生产线扩建完工后预计能继续使用 8 年。假定改扩建后的生产流水线预计净残值率为改扩建后固定资产账面价值的 4%;折旧方法仍为年限平均法。该生产流水线按月计提固定资产折旧。甲企业 20×3 年有关该生产流水线的会计处理如下:

(1) 截至 20×3 年 1 月 1 日,甲企业已经对该项生产流水线计提折旧 290 640 元 [908 250×(1−4%)×2/6],固定资产开始扩建,将固定资产账面净值转入"在建工程"账户时:

借:在建工程　　　　　　　　　　　　　　　　　　　　　617 610
　　累计折旧　　　　　　　　　　　　　　　　　　　　　290 640
　　贷:固定资产　　　　　　　　　　　　　　　　　　　　908 250

(2) 20×3 年 1 月 1 日至 3 月 31 日,用银行存款支付扩建工程支出时:

借：在建工程 383 912
　　贷：银行存款 383 912

（3）终止确认被替换机器的账面价值时：

被替换机器的账面价值=181 650－(181 650×96‰×2÷6)=123 522(元)

借：营业外支出 123 522
　　贷：在建工程 123 522

（4）20×3年3月31日，扩建工程完工，生产流水线达到预定可使用状态，将后续支出全部资本化。固定资产账面价值为878 000元(617 610＋383 912－123 522)。将在建工程转入固定资产时：

借：固定资产 878 000
　　贷：在建工程 878 000

（5）从20×3年4月1日起，每月计提固定资产折旧：

每月固定资产折旧=878 000×(1－4%)÷(8×12)=8 780(元)

借：制造费用 8 780
　　贷：累计折旧 8 780

（二）费用化的后续支出

固定资产使用中的费用化支出主要是指不能同时满足资本化两个条件的一些支出，如固定资产的大修理费用和日常修理费用。

固定资产的日常修理是为了维护和保持固定资产正常工作状态所进行的经常性修理工作，如对机器设备进行局部检修，更换少数零部件以及房屋、建筑物的局部修理等。其特点是修理范围小，费用开支少，经常发生且费用比较均衡。为简化核算工作，在费用发生时可以直接计入当期损益。企业生产车间（部门）和行政管理部门等发生的固定资产修理费用计入管理费用；企业专设销售机构的，其发生的与专设销售机构相关的固定资产修理费用计入销售费用。

【例7-17】　某企业本月共发生修理费用4 500元，其中对生产车间设备局部检修发生2 500元，对管理部门房屋维修发生2 000元。其中，领用原材料1 000元，应付维修工人工资等薪酬1 500元，其余以银行存款支付。根据上述内容编制会计分录如下：

借：管理费用 4 500
　　贷：原材料 1 000
　　　　应付职工薪酬 1 500
　　　　银行存款 2 000

（三）资本化与费用化

一项支出属于资本化还是费用化，需要作出相应的判断。当这项支出能够提高资产性能或延长资产使用寿命则可以认为属于资本化，若支出仅用于修理或者使资产恢复之前状态则可以认为属于费用化。

企业应当正确区分资本化支出与费用化支出，不能利用资本化与费用化进行财务造假。如果将一项应该资本化的支出费用化，会导致高估当年的费用，低估当年的净利润；如果将一项应该费用化的支出资本化，会导致低估当年的费用，高估当年的净利润。

【小案例】

渝太白公司1997年年报中将该年度钛白粉工程项目建设期间的借款利息以及应付债券利息8 064万元资本化为在建工程成本。然而，实际上钛白粉工程已经于1995年下半年开始试产，1996年已经生产出合格产品。因此，注册会计师认为，这8 064万元应当作为财务费用，计入当期损益，而公司由于此举会导致亏损不同意这样处理，我国证券市场上出现第一份否定意见的审计报告。

三、固定资产减值的核算

（一）固定资产减值的判断标准

一般来说，判断固定资产减值与否，应该以该项固定资产是否在实质上发生了减值情况为标准。如果发现存在下列情况之一时，应当计算固定资产的可收回金额，以确定资产是否已经发生了减值：

（1）固定资产市价大幅度下跌，其跌幅大大高于因时间推移或正常使用而预计的下跌，并且预计在近期内不可能恢复。

（2）企业所处经营环境，如技术、市场、经济或法律，或者产品营销市场在当期或在近期发生重大变化，并对企业产生负影响。

（3）同期市场利率等大幅度提高，进而很可能影响企业计算固定资产可收回金额的折现率，并导致固定资产可收回金额大幅度降低。

（4）固定资产陈旧过时或发生实体损坏等。

（5）企业内部报告的证据表明固定资产的经济绩效已经低于或者将低于预期，如固定资产所创造的净现金流量或者实现营业利润（或者损失）远远低于预计金额。

（6）其他有可能表明资产已发生减值的情况。

（二）固定资产减值准备的确认

企业在期末，至少在年底，应该对固定资产逐项进行检查。对于拟计提减值准备的固定资产，要确认该项固定资产能否产生独立于其他资产的现金流入，如果可以确认，应单独计算该项资产的减值准备;否则,应以资产组或资产组组合为单位来计算减值准备,分别计算销售净价与使用价值(预计未来现金流量现值),两者较高者确认为可收回金额。计提减值准备时将可收回金额与资产净值比较,如果为正数,不计提减值准备;如果为负数,应当计提减值准备。

当存在下列情况之一时,企业应当按照固定资产的账面价值全额计提固定资产减值准备:

(1) 长期闲置不用,在可预见的未来不会再使用,且已无转让价值的固定资产。

(2) 由于技术进步等原因,已不可使用的固定资产。

(3) 虽然固定资产尚可使用,但使用后产生大量不合格品的固定资产。

(4) 已遭毁损,以至于不再具有使用价值和转让价值的固定资产。

(5) 其他实质上已经不能再给企业带来经济利益的固定资产。

(三) 固定资产减值的核算

对于固定资产的减值,企业设置损益类账户"资产减值损失"和固定资产抵减账户"固定资产减值准备"进行核算。当企业发生固定资产减值时,借记"资产减值损失"账户,贷记"固定资产减值准备"账户。固定资产的减值一经确认,在以后会计期间内不得转回。

已计提减值准备的固定资产,应当按照该固定资产的账面价值和尚可使用寿命重新计算确定折旧率和折旧额,已经全额计提减值准备的固定资产不再提取折旧。

【例 7-18】 某公司 20×0 年 12 月购入一台管理用设备,原值为 104 000 元,估计使用年限为 5 年,预计净残值为 4 000 元,按年限平均法计提折旧(假设在年末计提)。20×2 年年末经减值测试,估计固定资产的可收回金额为 54 000 元,预计净残值为 3 000 元,估计使用年限不变。

(1) 20×1 年年末,计提折旧 20 000 元[(104 000-4 000)÷5],编制会计分录如下:

  借:管理费用   20 000
    贷:累计折旧   20 000

(2) 20×2 年年末,计提折旧 20 000 元,编制会计分录如下:

  借:管理费用   20 000
    贷:累计折旧   20 000

(3) 20×2 年年末,计提减值准备。2002 年年末,固定资产账面净值为 64 000 元(固定资产原价 104 000 元,累计折旧 40 000 元);估计可收回金额为 54 000 元,需计提固定资产减值准备 10 000 元(64 000-54 000)。编制会计分录如下:

  借:资产减值损失   10 000
    贷:固定资产减值准备   10 000

(4) 20×2年年末,计提减值准备后,固定资产净额为 54 000 元,预计还可使用 3 年,预计净残值为 3 000 元,则从 2003 年起,每年年末计提折旧 17 000 元[(54 000－3 000)÷3],编制会计分录:

  借:管理费用   17 000
    贷:累计折旧   17 000

第四节 固定资产处置的核算

一、固定资产终止确认的条件

固定资产满足以下条件之一时,需要予以终止确认。

(一) 固定资产处于处置状态

固定资产的处置包括对不使用固定资产的出售、转让、报废、毁损,以及对外投资、捐赠、非货币性资产交换、抵债、调拨等。

(二) 该固定资产预期通过使用或处置不能产生经济利益

固定资产的确认条件之一是"与该固定资产有关的经济利益很有可能流入企业",如果一项固定资产预期通过使用或处置不能产生经济利益,那么它就不再符合固定资产的定义和确认条件,应终止确认。

二、固定资产处置的账务处理

除了固定资产盘亏外,企业其他固定资产的处置都需要通过"固定资产清理"账户进行核算。"固定资产清理"账户核算企业因出售、报废、毁损、对外投资、非货币性资产交换、债务重组等原因转出的固定资产价值以及在清理过程中发生的收入和费用等。该账户的借方登记企业因出售、报废、毁损、对外投资、非货币性资产交换、债务重组等转出的固定资产的账面价值和清理过程中支付的相关税费及其他费用,贷方登记收到的出售固定资产的价款、残料价值和变价收入等,清理结束后,将清理净损益结转当期损益。结转后,该账户没有余额。"固定资产清理"账户按被清理的固定资产项目进行明细核算。

在会计处理上,企业进行固定资产处置包括以下几个步骤:

第一,固定资产转入清理。企业出售、报废、毁损、对外投资、非货币性资产交换、债务重组等转出固定资产时,按该项固定资产的账面价值,借记"固定资产清理"账户,按已计提的折旧,借记"累计折旧"账户,按已计提的减值准备,借记"固定资产减值准备"账户,按固定资产原价,贷记"固定资产"账户。

第二,归集固定资产处置中发生的处置费用。对固定资产清理过程中实际发生的清理费用及相关税费,借记"固定资产清理"账户,贷记"银行存款""应交税费"等账户。

第三,确认出售收入、残料变价收入和保险赔偿收入。企业收到出售固定资产的价款、报废固定资产的残料价款、确认入库残料价值或收到保险赔款收入时,应冲减清理支出,借记"银行存款""原材料""其他应收款"等账户,贷记"固定资产清理"账户。

第四,进行清理净损益结转。固定资产清理后的净收益,计入当期营业外收入,借记"固定资产清理"账户,贷记"营业外收入"账户。固定资产清理后的净损失属于生产经营期间正常的处理损失,借记"营业外支出——处置非流动资产损失"账户,贷记"固定资产清理"账户;属于生产经营期间由于自然灾害等非正常原因造成的,借记"营业外支出——非常损失"账户,贷记"固定资产清理"账户。

(一) 自有固定资产处置

【例7-19】 某企业有旧机器一台,原始价值为50 000元,累计已提折旧48 000元,因使用期满予以报废。在清理过程中用银行存款支付清理费用1 000元,拆除的残料部分出售,收到2 000元,存入银行,另一部分作价1 500元,由仓库收作材料(假设固定资产清理中涉及的增值税略)。

(1) 固定资产转入清理,注销固定资产原值和已提折旧:

  借:固定资产清理   2 000
    累计折旧   48 000
    贷:固定资产   50 000

(2) 以银行存款支付清理费用:

  借:固定资产清理   1 000
    贷:银行存款   1 000

(3) 材料入库并收到变价收入:

  借:原材料   1 500
    银行存款   2 000
    贷:固定资产清理   3 500

(4) 清理完毕,结转清理净收益:

  借:固定资产清理   500
    贷:营业外收入——处置固定资产净收益   500

(二) 固定资产出售的处置

【例7-20】 某企业出售某项机器设备,该机器设备的原始价值为90 000元,累计折旧为48 000元,计提固定资产减值准备5 000元。清理过程中以现金支付清理费用500元,取得出售价款45 000元,已存入银行。假设不考虑增值税。会计处理如下:

(1) 出售固定资产转入清理：

借：固定资产清理	37 000
累计折旧	48 000
固定资产减值准备	5 000
贷：固定资产	90 000

(2) 支付清理费用：

借：固定资产清理	500
贷：银行存款	500

(3) 出售固定资产：

借：银行存款	45 000
贷：固定资产清理	45 000

(4) 结转机器设备清理净损益：

借：固定资产清理	7 500
贷：营业外收入	7 500

(三) 对外投资转出固定资产

【例7-21】 20×6年1月1日，甲公司以一台固定资产向乙公司投资，该固定资产的账面原始价值为8 000 000元，累计已提折旧为500 000元，已计提固定资产减值准备200 000元，该固定资产的公允价值为7 600 000元，以银行存款支付相关税费20 000元（假设不考虑增值税）。甲公司的会计处理如下：

(1) 固定资产转入清理时：

借：固定资产清理	7 300 000
累计折旧	500 000
固定资产减值准备	200 000
贷：固定资产	8 000 000

(2) 确认长期股权投资时：

借：长期股权投资	7 600 000
贷：固定资产清理	7 600 000
借：固定资产清理	20 000
贷：银行存款	20 000

(3) 确认固定资产清理收益时：

借：固定资产清理	280 000
贷：营业外收入	280 000

（四）对外捐赠的固定资产处置

企业以固定资产对外捐赠与固定资产对外投资不同。企业不对接受捐赠的单位或个人谋求任何经济利益,也不承担任何经济责任,但对外捐赠固定资产的行为致使企业资产流出,形成企业的营业外支出——捐赠支出。

【例7-22】 某企业将内部的办公设备捐赠给某学校。该设备原值为100 000元,累计折旧为40 000元,已计提的减值准备为5 000元。会计处理如下:

（1）将对外捐赠的固定资产转入清理,注销固定资产原值和已提折旧时:

借：固定资产清理	55 000
累计折旧	40 000
固定资产减值准备	5 000
贷：固定资产	100 000

（2）将捐赠固定资产的净值转入营业外支出时:

借：营业外支出——捐赠支出	55 000
贷：固定资产清理	55 000

三、盘亏的固定资产

为保障固定资产的安全完整,企业应对固定资产进行定期或不定期的清查,企业在清查中如发现盘亏的固定资产,应按其账面价值,借记"待处理财产损溢——待处理固定资产损溢"账户,按已提折旧,借记"累计折旧"账户,按该项固定资产已经计提的减值准备,借记"固定资产减值准备"账户,按固定资产账面原值,贷记"固定资产"账户。待报经批准后,将盘亏的固定资产净值转作营业外支出。

【例7-23】 某企业在财产清查中发现丢失设备一台,该设备的账面原始价值为80 000元,已提折旧为50 000元,计提的减值准备为3 000元。经查,该设备丢失系保管员看守不当造成。经董事会批准,由设备保管员赔偿15 000元。其会计处理如下:

（1）确认设备丢失:

借：待处理财产损溢——待处理固定资产损溢	27 000
累计折旧	50 000
固定资产减值准备	3 000
贷：固定资产	80 000

（2）报经董事会批准后,将盘亏固定资产净值转入营业外支出:

借：营业外支出——处置非流动资产损失	12 000
其他应收款	15 000
贷：待处理财产损溢——待处理固定资产损溢	27 000

复习思考题

1. 固定资产应如何分类？各种分类有何意义？
2. 从不同渠道取得的固定资产，应如何进行初始计量？
3. 影响固定资产折旧的因素有哪些？试述其影响。
4. 比较固定资产折旧的直线法和加速折旧法。说明各自的利弊。
5. 如何区分固定资产资本化的后续支出和费用化的后续支出？两者的划分对资产和损益确认有何意义？
6. 如何进行固定资产处置的会计核算？
7. 我国为什么要对固定资产减值加以确认？如何进行固定资产减值的核算？

练 习 题

一、判断题

1. 购买设备支付的增值税进项税额，应计入固定资产的成本。（ ）
2. 当月增加的固定资产，当月不计提折旧；当月减少的固定资产，当月照提折旧。（ ）
3. 企业出售固定资产取得的变价收入，应作为其他业务收入入账。（ ）
4. 固定资产减值准备一经计提，不得转回，应调整以后年度的固定资产折旧额。（ ）
5. 年数总和法计提折旧的特点是每年提取的折旧额相等。（ ）
6. A公司将机器设备的修理费计入了该设备的成本中，这将使A公司的本年利润虚增。（ ）
7. 固定资产的账面价值、账面余额、应计折旧额是同一个概念。（ ）
8. 固定资产使用过程中与其有关的经济利益预期实现方式发生变化，企业应相应改变其预期使用寿命和预计净残值。（ ）
9. 按照税法规定，与生产经营活动有关的器具、工具、家具等最低折旧年限是5年。（ ）

二、单项选择题

1. 企业发生的下列税费中,不能计入固定资产价值的是( )。
   A. 购买价款　　B. 运输费　　C. 进口关税　　D. 清理费用

2. 企业在固定资产清查中,发生盘盈的固定资产,按规定手续报经批准后,应( )。
   A. 计入营业外收入　　　　　　B. 冲减管理费用
   C. 计入其他业务收入　　　　　D. 调整以前年度损益

3. A公司购入一条需安装的生产线。该生产线购买价格为300万元,增值税额为51万元。该生产线安装期间,领用生产用原料的实际成本为20万元,增值税额为3.4万元,发生安装工人工资等费用13万元。假定该生产线达到预定可使用状态,其入账价值是( )万元。
   A. 320　　B. 321.4　　C. 333　　D. 387.4

4. 20×1年6月30日,万达公司采用出包方式对其一项固定资产进行改良,该项固定资产的账面原价为4 800万元,预计使用年限为8年,已使用3年,预计净残值为0,使用年限平均法计提折旧。万达公司支付出包工程款500万元。20×1年9月30日,改良工程达到可使用状态并投入使用,预计尚可使用7年,预计净残值为0,采用年限平均法计提折旧。20×1年,该项固定资产应计提的折旧是( )万元。
   A. 375　　B. 466.67　　C. 416.67　　D. 425

5. 下列固定资产处置中,不通过"固定资产清理"账户进行核算的是( )。
   A. 固定资产出售　　　　　　　B. 固定资产盘亏
   C. 以固定资产对外投资　　　　D. 固定资产使用届满报废

6. 下列资产中,不符合固定资产定义的是( )。
   A. 企业以融资租赁方式租入的机器设备
   B. 企业以经营租赁方式出租的机器设备
   C. 企业为生产持有的机器设备
   D. 企业以经营租赁方式租入的建筑物

7. 企业发生的下列税费中,不能计入固定资产价值的是( )。
   A. 购买价款　　B. 运输费　　C. 进口关税　　D. 清理费用

8. 企业对固定资产选择加速折旧法用于计税目的是因为( )。
   A. 与直线法相比,加速折旧法使固定资产处置时能实现更大的利得
   B. 加速折旧法前期折旧费用较高,因此前期的所得税支出较少
   C. 加速折旧法计算更容易,因为其忽略了净残值
   D. 加速折旧法在资产使用寿命内计提的折旧总额高于直线法

9. A公司20×1年7月1日购买一台新设备,成本为45 000元,预计使用寿命为5年,预计净残值为4 800元。采用年限平均法计提折旧。20×2年年末该资产的账面价值是

(　　)元。

A. 28 920　　　　B. 29 590　　　　C. 32 940　　　　D. 33 610

三、核算题

习 题 一

A公司20×1年12月份发生的有关固定资产增减的经济活动如下：

(1) 购入需要安装的设备一台，价款为600 000元，增值税税率为17％；运输费为3 000元，增值税税率为11％。全部款项已开出转账支票支付。

(2) 安装上述设备领用材料5 000元，购进这批材料时曾支付增值税额850元。

(3) 安装上述设备应付安装工人工资等薪酬2 280元。

(4) 设备安装完毕，交付使用，确定固定资产的入账价值。

(5) 接受B公司投资转入设备一台，该设备账面原始价值为550 000元，已提折旧150 000元，评估价为350 000元。A公司注册资本为1 000 000元，B公司投入设备价值占A公司注册资本的20％。

(6) 以设备一台对外投资，该设备的账面值原始价值为80 000元，累计已提折旧为25 000元，设备的公允价值为60 000元。

(7) 由于责任事故报废设备一台，该设备原始价值120 000元，已提折旧90 000元，在清理中，支付清理费用5 000元，收到过失人赔款和残料变价收入共计10 000元。款项已经存入银行。

(8) 在财产清查中发现盘亏的设备一台，该设备原始价值为40 000元，累计已提折旧为10 000元，经批准，该盘亏设备作为营业外支出处理。

要求：根据上述业务编制有关会计分录。

习 题 二

大华公司20×3—20×8年有关材料仓库的购建、使用、处置等业务如下：

(1) 20×3年，为自建材料仓库购买各种工程物资，买价300 000元，增值税额51 000元。价税款均以银行存款支付。工程物资已经验收入库。

(2) 为该材料仓库在建工程领用工程物资327 600元，剩余物资转作企业材料存货。

(3) 为建造该材料仓库领用原材料一批，成本为80 000元。

(4) 该在建工程应负担工人工资等薪酬114 000元。

(5) 企业辅助生产车间为工程提供有关服务支出共计40 000元。

(6) 以银行存款支付工程中发生的各项其他费用39 800元。

(7) 20×3年年末，工程完工并交付使用。结转完工工程实际成本。

(8) 该材料仓库预计可使用 20 年,预计净残值率为 4%。假定该公司采用直线法,按月计提折旧。编制 20×4 年 1 月计提折旧的会计分录。

(9) 若 20×8 年 6 月,公司因转产出售该材料仓库,收到价款 500 000 元,存入银行。另外,用银行存款支付清理费用 3 000 元。出售不动产增值税税率为 11%。

要求：根据上述业务,为该材料仓库进行购建、折旧、处置等经济业务的会计处理。

习 题 三

某企业对车间一生产线进行改扩建,改扩建前生产线的原始价值为 600 万元,已提折旧 150 万元,已提减值准备 50 万元。在改扩建过程中,领用生产用原材料 70.2 万元,领用改扩建需要的工程物资共计 80 万元。改扩建中,应付职工薪酬 20 万元,另外,用银行存款支付其他费用共计 18.5 万元。该生产线在 20×4 年 2 月 18 日达到预定可使用状态。该企业对改扩建后的固定资产采用年数总和法计提折旧,预计尚可使用年限为 6 年,预计净残值为 70 万元。

要求：
(1) 编制与固定资产改扩建经济活动相关的会计分录。
(2) 计算 20×4 年该生产线应计提的折旧额。

习 题 四

某公司于 20×5 年 6 月 18 日购入机器设备一台,设备价款为 800 000 元,增值税额为 136 000 元,装卸费等共计 2 000 元,该设备安装调试期间以银行存款支付安装调试费 30 000 元。这一设备于 20×5 年 6 月 30 日投入使用,预计使用年限为 5 年,预计净残值率为 5%,采用双倍余额递减法计提折旧。

要求：
(1) 计算该设备的入账价值。
(2) 为该机器设备编制 20×5 年 6 月购入、安装、交付使用的会计分录。
(3) 计算该机器设备 20×6 年 6 月、20×7 年 8 月应计提的固定资产折旧金额,并编制会计分录。
(4) 假设该机器设备于 20×7 年 10 月 5 日出售,收到价款 300 000 元,进行该固定资产清理的会计核算。

四、案例分析

A 公司是一家大型加工企业,2006 年 1 月 1 日外购一套进口生产线价值 7 600 万元。目前,A 公司处于正常纳税期,以前年度无亏损。在国税函〔2006〕452 号下文前,A 公司只能按最短 10 年采用年限平均法计提折旧,残值率为 5%。A 公司除了此项折旧影响因素外,税前利润每年为10 000万元，企业所得税税率为25%。按A公司的管理层分析，此生产线只能使用6年，每年正常使用4 800个小时。此设备生产的产品畅销期只有4年，最后2年只能每年使用2 400个小时，而后设备将被报废。企业管理层决定用工作量法计提折旧。假设2006年至2011年，此生产线每年使用时间为6 000、5 800、5 600、4 800、1 400和400小时。资金的折旧时间价值为10%，按年限平均法，年折旧额为722万元，年所得税金额为3 061.74万元，10年间所得税折现值共为18 813万元。

按产量法年折旧额为1 805万、1 745万、1 685万、1 444万、421万和120万元，前6年所得税金额分别为2 704万、2 724万、2 744万、2 823万、3 161万、3 260万元，折现金额为12 503万元，后4年企业所得税折现为5 904万元，10年间总折现值共为18 407万元。

筹划前后相比：A公司获得资金的时间价值为406万元(18 813－18 407)。

请思考：

企业采用工作量法达到了怎么样的效果？对我们有何启示？

(资料来源：www.lawtime.cn)

第八章 无形资产及其他资产

章前案例

永泰能源股份有限公司(以下简称"永泰能源")成立于1992年7月30日。自2009年以来,永泰能源紧紧抓住山西省煤炭资源整合这一重大历史机遇,充分利用资本市场的融资功能和放大效力,成功实现了公司的战略转型和煤炭主业的快速发展。

永泰能源无形资产占总资产的重要部分。从2009年购入煤矿资源开始,截至2014年年底这5年时间里,永泰能源的无形资产已经从当年的6.35亿元飙升至286.23亿元,涨幅近44倍。永泰能源无形资产由采矿权、探矿权、土地使用和软件四部分构成,而其中最重要的是采矿权和探矿权。采矿权和探矿权易受市场价格影响,一旦市场发生变故,无形资产将受到减值的风险,而永泰能源目前并没有计提减值。永泰能源部分资产负债表情况如图表8-1所示。

图表 8-1

永泰能源资产负债表(摘录)

2014年12月31日　　　　　　　　　　　　　　　　　单位:万元

资　产	2014年	2013年
流动资产:		
流动资产合计	1 415 571.5	1 400 221.3
非流动资产:		
可供出售金融资产	390.0	2 127.6
长期股权投资		390.0
投资性房地产	20 397.0	21 204.4
固定资产	616 625.2	607 084.5
在建工程	226 197.9	169 560.2
无形资产	2 862 256.6	2 491 216.0

(续表)

资 产	2014年	2013年
商誉	4 162.5	4 162.5
长期待摊费用	50 451.1	53 584.3
递延所得税资产	7 033.4	6 637.1
其他非流动资产	7 860.4	5 301.3
非流动资产合计	3 795 374.1	3 361 267.9
资产总计	5 210 945.6	4 761 489.2

> **学习目的**
> - 确定不同渠道取得无形资产的实际成本
> - 掌握无形资产摊销的计算与会计核算
> - 掌握无形资产转让使用权或使用权的会计核算
> - 确定投资性房地产的实际成本
> - 区分成本计量模式和公允价值计量模式下投资性房地产的会计处理

第一节 无形资产的核算

一、无形资产概述

（一）无形资产的定义和特征

无形资产是指企业拥有或控制的没有实物形态的可辨认非货币资产，包括专利权、非专利技术、商标权、著作权和土地使用权等。无形资产是长期资产的一种形式，除了具有长期资产的一般特征，即由过去的交易拥有或控制的，可以在较长时期内为企业带来未来经济利益，无形资产还具有以下特征。

1. 无形资产不具有实物形态

无形资产区别于其他资产的显著标志是其不具有实物形态，看不见，摸不着，但却具有价值。无形资产与固定资产不同，固定资产是通过实物价值的损耗和转移，为企业带来经济利益，而无形资产则很大程度上是通过自身所具有的技术优势或权利优势，为企业带来未来经济利益。

2. 无形资产价值具有不确定性

无形资产属于非货币性资产。作为一项非流动资产，企业为取得其所发生的支出为资本支出。无形资产价值的不确定主要表现在两个方面：一是无形资产没有发达的交易市场，一般不容易转让出售，不容易变现；二是无形资产的价值受企业内部经营因素和外部环境因素的影响较大，与其使用无很大关系。

3. 无形资产具有使用的专用性

无形资产使用的专用性（排他性），是指企业一旦拥有某种无形资产，就受到法律的保护，其他任何企业都不可以不受限制地取得和使用。例如，企业自行研究开发的技术通过申请依法取得专利权后，在一定的期限内拥有了该专利权的法定所有权。企业拥有了该专利权，就控制了该专利权未来产生的经济利益。

4. 无形资产具有可辨认性

要进行无形资产核算，就必须将其区别于其他资产，即可单独辨认，可单独计价。按照企业会计准则的规定，满足下列条件之一的，即可被认为属于具有可辨认性的无形资产：① 能够从企业分离或者划分出来，并能单独或者与相关合同、资产或负债一起出售、转移授予许可，租赁或者交换。② 源自合同性权利或其他法定权利，无论这些权利是否可以从企业或其他权利和义务中转移或者分离。

企业持有的专利权、非专利技术、商标权、土地使用权、特许权等，可以通过购买、研发等单独获得、出售、转让，作为企业的无形资产。自创的或在企业合并中取得的商誉，因不能单独辨认并独立确认其预期未来可获得的经济利益，不能作为企业的无形资产。

5. 无形资产创造未来经济利益的能力具有不确定性

科学技术迅猛发展和市场竞争日益加剧，可能导致某项无形资产所具有的优越性很容易被其他更先进的无形资产所取代，它原先能带来的超额盈利，可能在顷刻间不复存在。此外，无形资产的使用寿命与固定资产相比是较难确定的，一些特殊的无形资产只对特定企业有价值。

（二）无形资产的内容

无形资产一般包括专利权、非专利技术、商标权、土地使用权、著作权、特许权等。

1. 专利权

专利权是指国家专利机构依法授予发明创造专利申请人，对其发明创造在法定期限内所享有的专有权利，包括发明专利权、实用新型专利权和外观设计专利权。我国规定，发明专利权的期限为20年，实用新型专利权和外观设计专利权的期限为10年。并不是所有的专利权都能给持有者带来经济利益，有的专利可能没有经济价值或具有很小的经济价值；有的专利会被另外更有经济价值的专利所淘汰等。因此，在会计实务中，只有那些能够给企业带来较大经济价值，并且企业为此花费了支出的专利权才能作为其"无形资产"进行会计核算。

2. 非专利技术

非专利技术也称专有技术，是指发明人垄断的、不公开的、具有实用价值的先进技术、资料、技能、知识等。由于非专利技术未经公开也没有申请专利权，所以不受法律保护，但事实上具有专利权的效用。非专利技术以保密的方式来维持其独占性,具有经济性、机密性和动态性等特点。

3. 商标权

商标权是指企业专门在某种指定的商品上使用特定的名称、图案、标记的权利。根据我国《商标法》的规定,经商标局核准注册的商标为注册商标,商标注册人享有商标专用权,受法律保护。商标权的内容包括独占使用权和禁止使用权。商标权的价值在于它能使享有人获得较高的盈利能力。我国《商标法》规定,商标权的有限期限为10年,期满前可继续申请延长注册期。

4. 土地使用权

土地使用权是指国家准许某一企业在一定期间对国有土地享有开发、利用、经营的权利。根据我国土地管理法的规定,我国土地实行公有制,任何单位和个人不得侵占、买卖或者以其他形式非法转让。国有土地可依法确定给国有企业、集体企业等单位,其使用权可依法转让。对于企业来说,未花费支出获得的土地使用权,如通过行政划拨方式获得的土地使用权,不作为无形资产核算。花费支出取得土地使用权,如企业购入或以支付土地出让金方式取得的土地使用权,则应将所发生的支出予以资本化,作为无形资产进行核算。

5. 著作权

著作权是指作者对其创作的文学、科学和艺术作品等依法享有的某些特殊权利。著作权可以转让、出售或者赠与。著作权包括发表权、作者署名权、修改权、保护作品完整权、使用权和获得报酬权等。

6. 特许权

特许权也称专营权,是指在某一地区经营或者销售某种特定商品的权利,或是一家企业接受另一家企业使用其商标、商号、技术秘密等的权利。前者是由政府机构授权,准许企业使用或在一定地区享有经营某种业务的特权,如水、电、邮电通讯等专营权、烟草专卖权等等。后者是指企业间依照签订的合同,有限期或无限期地使用另一家企业的某些权利,如连锁店的分店等。

只有花费了代价取得的特许权才能作为无形资产进行会计核算。

(三) 无形资产的确认条件

无形资产应当在符合定义的前提下,同时满足以下两个确认条件时,才能予以确认。

1. 与该资产有关的经济利益很可能流入企业

作为无形资产确认的项目,必须具备产生的经济利益很可能流入企业。通常情况下,无形资产产生的未来经济利益可能包括在销售商品、提供劳务的收入中,或者企业使用该项无形资产而减少或节约的成本中,或体现在获得的其他利益中。例如,生产加工企业在生产工序中使用了某种知识产权,使其降低了未来生产成本。在实施这种判断时,需要对无形资产在预计使用寿命内可能存在的各种经济因素作出合理估计,并且应当有明确的论据支持。

更为重要的是关注一些外在因素的影响,比如是否存在相关的新技术、新产品冲击与无形资产相关的技术或据其生产的产品市场等。在实施判断时,企业的管理当局应对无形资产的预计使用寿命内存在的各种因素作出最稳健的估计。

2. 该无形资产的成本能够可靠地计量

成本能够可靠地计量是资产确认的一项基本条件。对于无形资产来说,这个条件相对更为重要。比如,企业内部产生的品牌、报刊名等,因其成本无法可靠计量,不作为无形资产确认。又如,一些高新科技企业的科技人才,假定其与企业签订了服务合同,且合同规定其在一定期限内不能为其他企业提供服务。在这种情况下,虽然这些科技人才的知识在规定的期限内预期能够为企业创造经济利益,但由于这些技术人才的知识难以辨认,且形成这些知识所发生的支出难以计量,因而不能作为企业的无形资产加以确认。

二、无形资产的初始计量

企业取得的无形资产应按取得时所发生的实际成本计量。无形资产的取得来源不同,其实际成本构成不同,会计核算也不同。

（一）购入无形资产

企业购入的专利权、非专利技术等可确认的无形资产,应按实际支付的价款作为实际成本。实际支付的价款包括买价及与其相关的费用,如律师费、咨询费、公证费、注册登记费等。

【例8-1】 S公司购入一项专利权,增值税专用发票注明价款为250 000元,增值税税率为6%,款项已通过银行转账支付。编制会计分录如下：

  借：无形资产——专利权   250 000
    应交税费——应交增值税（进项税额）   15 000
    贷：银行存款   265 000

（二）接受投资者投入的无形资产

接受投资者投入无形资产时,按投资合同或协议约定的价值,确定无形资产的取得成本,如果投资合同或协议约定的价格不公允,则按无形资产的公允价值作为其初始取得成本。

【例8-2】 J股份有限公司（简称J公司）接受A投资者以其所拥有的非专利技术进行投资,预计使用该技术后,J公司未来利润可增长30%。经双方协议确定,该非专利技术作价300 000元,已办妥相关手续。J公司另通过银行转账支付印花税等相关税费1 200元。J公司注册资本为2 000 000元,A投资的无形资产占注册资本的5%。J公司的会计处理如下：

  借：无形资产   301 200
    贷：股本   100 000
      银行存款   1 200
      资本公积   200 000

（三）内部研究开发形成的无形资产

通常企业自创商誉及内部产生的无形资产不确认无形资产，如企业经过长期积累形成的品牌或商标等。但是，对于通过研究开发形成的专利权或非专利技术等，如果其符合无形资产的定义和相关特征，成本能够可靠计量，预期能产生未来经济利益，就能确定为无形资产。

内部研究开发会计核算涉及哪些研究开发费用可以资本化，计入无形资产成本的问题。

按照企业会计准则的规定，对于企业自己进行的研究开发项目，需要区分研究阶段的费用和开发阶段的费用。只有开发阶段发生的，符合资本化条件的费用，才可确认为无形资产成本。

1. 研究阶段与开发阶段的划分

研究阶段是指为获取新的科学或技术知识并理解它们而进行的独创性的有计划调查。研究阶段所做的工作是探索性的工作，研究的目标还没有明确，研究的成功率还很难判断，还没有具体的、针对性的项目。研究项目未来是否能形成成果？其成果能否带来经济利益？一切都是未知数。因此，研究阶段所发生的费用不符合资本化的条件，不能计入无形资产的成本。

开发阶段是指在进行商业性生产或使用前，将研究成果或其他知识应用于某项计划或设计，以生产出新的或具有实质性改进的材料、装置、产品等。研究开发项目进入开发阶段，说明已经完成研究阶段的工作，在很大程度上形成新产品或新技术的基本条件已经具备，形成成果的可能性大大增加。

2. 开发阶段有关支出资本化的条件

会计实务中，并不是企业所有开发阶段发生的支出都可以资本化。只有在企业能够证明开发支出满足无形资产的定义及相关确认条件，其所发生的开发支出才可以资本化，确认为无形资产的成本。企业内部研究开发项目开发阶段的支出，能够证明下列各项时，确认为无形资产：

（1）从技术上来讲，完成该无形资产以使其能够使用或出售具有可行性。进一步开发所需的技术条件等已经具备，基本上不存在技术上的障碍或其他不确定性。

（2）具有完成该无形资产并使用或出售的意图。

（3）存在无形资产产生经济利益的方式。存在运用该无形资产生产产品的市场；存在该无形资产出售可获得经济利益的市场等。

（4）有足够的技术、财务资源和其他资源支持，以完成该无形资产的开发，并有能力使用或出售该无形资产。

（5）归属于该无形资产开发阶段的支出能够可靠地计量。

3. 内部研究开发无形资产成本的确定

内部研究开发的无形资产成本由以下内容组成：开发该无形资产时耗费的材料、劳务成本、注册费、在开发该无形资产过程中使用的其他专利权和特许权的摊销，按照借款费用的处理原则可资本化的利息支出，以及可直接归属于无形资产开发活动的其他支出。

在开发阶段发生的销售费用、管理费用等间接费用,无形资产达到预定用途前发生的可辨认的无效和初始运作损失,为运行该无形资产发生的培训支出等不构成无形资产的开发成本。开发阶段中达到资本化条件之前已经费用化、计入当期损益的支出不再进行调整。

4. 研究开发费用的会计核算

企业设置"研发支出"账户核算企业进行研究与开发无形资产过程中发生的各项支出。该账户按研究开发项目,分别"费用化支出""资本化支出"设置明细账户,进行明细核算。该账户的期末借方余额,反映企业正在进行无形资产研究开发项目满足资本化条件的支出。

企业自行开发无形资产发生不满足资本化条件的研发支出,在"研发支出——费用化支出"账户核算。每月末,将"研发支出——费用化支出"账户归集的费用化支出金额转入"管理费用"账户。

企业自行开发无形资产发生的满足资本化条件的研发支出,在"研发支出——资本化支出"账户核算。研究开发项目达到预定用途形成无形资产时,将"研发支出——资本化支出"账户的余额,转入"无形资产"账户。

【例 8-3】 20×7 年 10 月,L 公司试制成功并依法申请取得了某项专利。在该项专利研究过程中(20×7 年 5~7 月),共发生费用 486 000 元,包括材料费用 350 000 元,应付职工薪酬 80 000 元,用银行存款支付的其他费用 56 000 元。20×7 年 7 月,该项专利技术基本获得成功,进入全面开发阶段,并开始申请专利。在开发阶段,发生符合资本化条件的支出 210 000 元,包括材料费用 130 000 元,应付职工薪酬 30 000 元,用银行存款支付的其他费用 50 000 元。在申请专利权的过程中用银行存款支付专利登记费 28 000 元,律师费 4 500 元。20×7 年 10 月,该专利权申请成功,达到预定用途。L 公司的相关会计处理如下:

(1) 20×7 年 5~7 月,研究过程发生费用:

借:研发支出——费用化支出	486 000
贷:原材料	350 000
应付职工薪酬	80 000
银行存款	56 000

(2) 20×7 年 5~7 月,费用化支出按月转入当期损益(本例为简化起见,合并转出):

借:管理费用	486 000
贷:研发支出——费用化支出	486 000

(3) 20×7 年 7~10 月,开发过程发出资本化支出时:

借:研发支出——资本化支出	242 500
贷:原材料	130 000
应付职工薪酬	30 000
银行存款	82 500

(4) 20×7年10月,无形资产达到预定用途时:

  借:无形资产——专利权   242 500
   贷:研发支出——资本化支出   242 500

（四）其他方式取得无形资产

企业取得无形资产的其他方式主要包括债务重组、非货币性资产交换、购入土地使用权等。

（1）通过债务重组、非货币性资产交换等方式取得的无形资产的成本。企业通过债务重组、非货币性资产交换等方式取得的无形资产,其成本应当按照《企业会计准则第7号——非货币性资产交换》《企业会计准则第12号——债务重组》等规定确定。但是,其后续计量和披露应当执行《企业会计准则第6号——无形资产》的规定。

（2）通过购入土地使用权方式取得的无形资产的成本。企业购入土地使用权或以支付土地出让金方式取得土地使用权时,按实际支付的价款作为实际成本,借记"无形资产"账户,贷记"银行存款"账户;待该土地开发时,再将其账面价值转入相关在建工程,借记"在建工程"账户,贷记"无形资产"账户;房地产开发企业将需开发的土地使用权账面价值转入存货项目。

三、无形资产的后续计量

无形资产应当在其预计的使用寿命内,采用系统合理的方法对应摊销金额进行摊销。无形资产的应摊销金额为其入账价值扣除残值后的金额。已经计提无形资产减值准备的,还应扣除已经提取的减值准备金额。确定无形资产累计摊销额的基础是其使用寿命,使用寿命有限的无形资产价值需要在估计使用寿命内进行摊销,其残值一般视为零。使用寿命不确定的无形资产不需要摊销。

（一）使用寿命有限的无形资产

使用寿命有限的无形资产取得后,应当分析、判断其使用寿命。如果某无形资产来源于合同性权利或其他法定权利,其使用寿命不应超过合同性权利或其他法定权利的期限。但如果企业使用资产的预期期限短于合同性权利或其他法定权利规定的期限的,则应当按照企业预期使用的期限确定其使用寿命。如果合同性权利或其他法定权利能够在到期时因续约等延续,则仅当有证据表明企业续约不需要付出重大成本时,续约期才能够包括在使用寿命的估计中。合同或法律没有规定使用寿命的,企业应当综合各方面因素,如相关专家的论证、同行业情况比较、本企业老师傅经验等,判断、确定其能为企业带来经济利益的期限,以此期限作为该无形资产的使用寿命。如果经过这些努力,仍确实无法合理确定无形资产为企业带来经济利益的期限的,才能将该无形资产作为使用寿命不确定的无形资产。

对使用寿命有限的无形资产,应当在取得之日起,采用一定的分配方法,在预计的使用寿命内系统合理的分摊其应摊销金额。无形资产价值摊销的起讫时间为自可供使用时起,至不再作为无形资产确认时止。即：当月增加的无形资产,当月开始摊销；当月减少的无形资产,当月不再摊销。无形资产价值摊销的方法为直线法、生产质量法或加速法等。

无形资产的摊销金额一般应计入当期损益。如果某项无形资产包含的经济利益通过所生产的产品或其他资产实现的,其摊销金额计入相关资产的成本。

【例8-4】 20×5年12月,M公司对从外部购入的专利权和商标权计提价值摊销。该专利权用于产品生产,成本为120万元,估计可用6年。商标权成本为100万元,合同约定可以使用10年。假定这两项无形资产残值为零,按直线法每年年末计提摊销。

借：制造费用——专利权摊销(1 200 000÷6)　　　　　　　　　　　　200 000
　　管理费用——商标权摊销(1 000 000÷10)　　　　　　　　　　　　100 000
　　贷：累计摊销　　　　　　　　　　　　　　　　　　　　　　　　300 000

每年年度终了时,企业应当对使用寿命有限的无形资产预计使用寿命及未来经济利益消耗方式进行复核。无形资产的预计使用寿命及未来经济利益的预期消耗方式与以前估计不同的,应当改变摊销期限和摊销方法。对于使用寿命不确定的无形资产,如果有证据表明其使用寿命有限的,则应视为会计估计变更,应当估计其使用寿命并按照使用寿命有限的无形资产处理原则进行处理。

企业应当定期或至少在每年年度终了对使用寿命有限的无形资产的使用寿命及未来经济利益消耗方式进行复核。如果发现由于一些原因的存在,比如：技术进步、市场逆转、新产品发明等,使得无形资产创造未来收益的能力受到重大不利影响,或估计的市场价值急剧下跌,其预计可收回金额将小于账面价值的,需要考虑无形资产的减值问题,按预计可收回金额低于账面价值的部分计提减值准备。

当存在下列一项或若干项情况时,应当计提无形资产的减值准备：

(1) 某项无形资产已被其他新技术所替代或者说不再受法律的保护,且不能给企业带来经济利益。

(2) 某项无形资产的市价在当期大幅度下跌,其跌幅明显高于因时间的推移或者正常使用而预计的下跌。

(3) 其他足以表明该无形资产的账面价值已超过可收回金额的情形。

无形资产预计可收回金额以下列两项金额中的较大者为准：一是无形资产的销售净价,即该无形资产的销售价格减去因出售该无形资产所发生的律师费和其他相关税费后的余额；二是预期从无形资产的持续使用和使用年限结束时的处置中产生的预计未来现金流量的现值。

对于无形资产发生的减值,会计上设置"无形资产减值准备"账户进行核算。"无形资产减值准备"账户为"无形资产"账户的抵减调整账户。无形资产发生减值损失一经确认,在以后会计期间内不得转回。计提无形资产减值准备后,要重新计算调整各期无形资产的摊销价值。

【例 8-5】 A 公司 20×1 年 1 月 1 日购入一项专利权,价值为 400 000 元,增值税税率为 6%,款项均以银行存款支付。该专利权法律有效年限 10 年,已使用 2 年。A 公司估计该专利权预计使用年限为 5 年。20×1 年 12 月 31 日,由于经济环境存在对该专利权的不利影响,该专利权价值可能会发生变化。假定 A 公司将该专利权出售,扣除相关税费后,可获得 120 000 元;假定 A 公司继续利用该专利权,则在未来有效年限内预计可获得的未来现金流量的现值为 150 000 元。20×4 年 1 月 1 日,出售该项专利权,扣除增值税后实际收到款项 120 000 元,存入银行。

假设 A 公司无形资产从取得当月起于每年年末进行摊销。与该专利权者相关的全部会计分录如下:

(1) 20×1 年 1 月 1 日,购入专利权:

借:无形资产——专利权　　　　　　　　　　　　　　　　400 000
　　应交税费——应交增值税(进项税额)　　　　　　　　　 24 000
　　贷:银行存款　　　　　　　　　　　　　　　　　　　 424 000

(2) 20×1 年 12 月 31 日,摊销无形资产价值:

借:制造费用(400 000÷5)　　　　　　　　　　　　　　　80 000
　　贷:累计摊销——专利权　　　　　　　　　　　　　　 80 000

(3) 20×1 年 12 月 31 日,计提无形资产减值准备:

借:资产减值损失(400 000-80 000-max{120 000,150 000})　170 000
　　贷:无形资产减值准备　　　　　　　　　　　　　　　 170 000

(4) 20×2 年 12 月 31 日,摊销无形资产价值:

借:管理费用(150 000÷4)　　　　　　　　　　　　　　　 37 500
　　贷:累计摊销——专利权　　　　　　　　　　　　　　 37 500

(5) 20×3 年 12 月 31 日,摊销无形资产价值:

借:制造费用　　　　　　　　　　　　　　　　　　　　　37 500
　　贷:累计摊销——专利权　　　　　　　　　　　　　　 37 500

(6) 20×4 年 1 月 1 日,出售该项专利权:

借:银行存款　　　　　　　　　　　　　　　　　　　　　120 000.00
　　无形资产减值准备　　　　　　　　　　　　　　　　　170 000.00
　　累计摊销　　　　　　　　　　　　　　　　　　　　　155 000.00
　　贷:无形资产　　　　　　　　　　　　　　　　　　　400 000.00
　　　　应交税费——应交增值税(销项税额)(120 000÷1.06×0.06)　6 792.45
　　　　营业外收入——出售无形资产收益　　　　　　　　　38 207.55

（二）使用寿命不确定的无形资产

根据可获得的相关信息判断,如果无法合理估计某项无形资产的使用寿命的,应作为使用寿命不确定的无形资产进行核算。对于使用寿命不确定的无形资产,在使用期限内不进行价值摊销,但应当在每个会计期末进行减值测试。如果减值测试结果表明无形资产已经发生减值,需要计提无形资产减值准备。

【例8-6】 承[例8-5],若A公司购入的专利权继续使用,根据其生命周期、市场竞争等方面情况综合判断,该专利权将在不确定的期间内为企业带来现金流量150 000元,其余信息不变。则可判断A公司购入的专利权为使用寿命不确定的无形资产,不需要进行摊销,只需作以下三笔分录:

(1) 20×1年1月1日,购入专利权:

借:无形资产——专利权　　　　　　　　　　　　　　　400 000
　　应交税费——应交增值税(进项税额)　　　　　　　 24 000
　　贷:银行存款　　　　　　　　　　　　　　　　　　424 000

(2) 20×1年12月31日,计提无形资产减值准备:

借:资产减值损失(400 000−max{120 000,150 000})　　250 000
　　贷:无形资产减值准备　　　　　　　　　　　　　　250 000

(3) 20×4年1月1日,出售该项专利权:

借:银行存款　　　　　　　　　　　　　　　　　　　120 000.00
　　无形资产减值准备　　　　　　　　　　　　　　　250 000.00
　　营业外支出——出售无形资产损失　　　　　　　　 36 792.45
　　贷:无形资产　　　　　　　　　　　　　　　　　 400 000.00
　　　　应交税费——应交增值税(销项税额)　　　　　 6 792.45

【小案例】

注册会计师小王在检查A公司年报时,发现该公司在本年度3月份以200 000元购买了一项专有技术。根据相关法律规定,该项无形资产的有效使用年限为10年。A公司与转让该技术的单位在12月份发生合同纠纷,专有技术的使用范围也因此受到限制,极可能造成减值,经有关专业技术人员估计后,预计可收回金额为50 000元。A公司除了在3月份购买该项专有技术时作为无形资产入账外,之后未进行相关账务处理。

问题与思考:A公司的会计处理正确吗?如不正确,应如何处理?

四、无形资产处置的核算

无形资产的处置主要指无形资产的出售、出租、对外捐赠、或者无法为企业带来未来经济利益时终止确认为转销。

（一）无形资产的出售

企业出售无形资产，表明企业放弃无形资产的所有权，应将其出售取得的价款扣除应交的增值税后与无形资产账面价值比较，差额计入当期损益。

【例8-7】 20×6年5月10日，H公司将其拥有的一项专利权以110万元的价格出售给L公司(含增值税，增值税税率为6%)。专利权账面原值为200万元，已摊销金额为100万元，已计提减值准备20万元(其他税费略)。H公司的会计处理如下：

借：银行存款	1 100 000.00
累计摊销	1 000 000.00
无形资产减值准备	200 000.00
贷：无形资产	2 000 000.00
应交税费——应交增值税(销项税额)(1 100 000÷1.06×0.6)	62 264.15
营业外收入——处置非流动资产利得	237 735.85

（二）无形资产的出租

企业出租无形资产是将部分使用权让渡给其他单位或个人，出租方仍保留对该项无形资产的所有权，因而仍拥有使用、收益和处置的权利。承租方只能取得无形资产的使用权，在合同规定的范围内合理使用而无权转让。

不论是经营租赁还是融资租赁，对于无形资产(有形动产)租赁，企业应按照出租无形资产的不含税租金收入的17%计算交纳增值税；对于不动产租赁，企业应按照出租无形资产的不含税租金收入的11%计算交纳增值税。对于出租无形资产的收入，应视其收入占企业收入的比重，记入"主营业务收入"或"其他业务收入"账户；为取得租赁收入而支付的律师费、咨询费等费用，相应记入"主营业务成本"或"其他业务成本"账户。

出租无形资产的价值摊销，应视具体情况记入"其他业务成本"或"管理费用"账户。如果企业某项无形资产出租后，自己不再使用该项无形资产，按照配比原则，应将其价值分摊记入"其他业务成本"账户；如果某项无形资产出租后，企业自己仍然在使用，则应将无形资产价值按一定的标准分摊记入"其他业务成本"和"管理费用"账户；如果出租无形资产取得收入金额不大，也可以按照重要性原则，将无形资产摊销的价值全部记入当期的"管理费用"账户。

【例8-8】 A公司允许B公司使用其商标权。B公司每月按销售收入的5%向A公司支付商标权使用费(含税价)。20×5年10月，B公司实现销售收入3 000 000元，按比例向A公司支付商标权使用费150 000元，A公司已经收到款项，存入银行。该月，A公司为此笔收入需要支付派出人员工资3 000元，摊销商标权价值30 000元。A公司有关商标使用权转让的相关会计分录如下：

(1) 收到商标权使用费 150 000 元：

借：银行存款 150 000.00
　　贷：其他业务收入(150 000÷1.17) 128 205.13
　　　　应交税费——应交增值税(销项税额)(128 205.13×0.17) 21 794.87

(2) 应付派出人员工资 3 000 元：

借：其他业务成本 3 000
　　贷：应付职工薪酬——工资 3 000

(4) 摊销商标权价值 30 000 元：

借：其他业务成本 30 000
　　贷：累计摊销 30 000

(三) 无形资产报废

如果无形资产因被其他新技术替代或其他原因，不能再为企业带来经济利益，不再符合无形资产的定义，就应将其进行报废处理。报废处理的方法是注销无形资产的账面价值，即注销其账面余额、累计摊销、减值准备，将账面价值一次转作当期损益。

【例 8-9】 A 企业拥有某项专利技术，根据市场调查，用其生产的产品已经没有市场，专利技术已经没有价值，决定转销。经查，该项专利技术账面余额为 80 万元，累计已摊销金额 50 万元，已计提减值准备 20 万元。假定不考虑其关因素，A 企业的账务处理如下：

借：营业外支出 100 000
　　累计摊销 500 000
　　无形资产减值准备 200 000
　　贷：无形资产 800 000

第二节　投资性房地产的核算

一、投资性房地产概述

(一) 投资性房地产的定义和特征

投资性房地产是指为赚取租金或资本增值，或者两者兼有而持有的房地产。投资性房地产主要有以下特征：

(1) 区别于作为生产经营场地的和作为存货的"房地产"。作为投资性房地产的资产主要是建筑物和土地使用权。从外表形式来看，与一般企业的固定资产、房地产开发企业的存货相同。但是,企业持有的目的、用途却不相同。建筑物和土地使用权,作为"投资性房地产"时,企业持有的目的是为了赚取租金或资本增值。作为"固定资产"时,如厂房、办公楼、企业生产经营用的土地使用权等,企业持有的目的是作为生产经营场地,是自用,即为生产商品、提供劳务或者经营管理使用而持有。① 例如,企业拥有并自行经营的旅馆饭店,其经营目的主要是通过提供客房服务赚取服务收入,该旅馆饭店不确认为投资性房地产。作为"存货"时,如房地产开发企业在正常经营过程中销售的或为销售而正在开发的商品房和土地,企业持有的目的是通过其出售实现产品的价值和使用价值。所以说,投资性房地产的用途和目的与作为生产经营场地的房地产或作为存货的房地产完全不同。

(2) 投资"投资性房地产"是一种经营活动。出租建筑物、出租土地使用权,实际上是一种让渡资产使用权的行为。出租建筑物和土地使用权的租金收入是让渡资产使用权的使用费收入,属于经营活动取得的收入,企业购入土地使用权,持有并准备增值后转让,赚取增值收益,也属于企业为完成其经营目标所从事的经营活动。根据税法规定,企业房地产出租、国有土地使用权增值后转让,均属于经营活动,其取得的租金收入和土地使用权转让收益应交纳营业税。

(3) 投资性房地产具有两种不同后续计量模式。按照企业会计准则规定,企业可以采用成本计量模式和公允价值计量模式这两种不同计量模式对投资性房地产进行后续计量。通常情况下,企业在资产负债表日采用成本模式对投资性房地产进行计量;在满足一定的条件下,即有确凿证据表明投资性房地产的公允价值能够持续可靠取得时,也可以对投资性房地产采用公允价值模式进行后续计量。但是,同一企业只能采用一种模式对所有投资性房地产进行后续计量,不得同时采用两种计量模式。

(二) 投资性房地产的范围

投资性房地产主要包括:已出租的土地使用权、持有并准备增值后转让的土地使用权和已出租的建筑物。

(1) 已出租的土地使用权是指企业通过出让或转让方式取得,并以经营租赁方式出租的土地使用权。计划用于但实际尚未出租的土地使用权不属于已出租的土地使用权。以经营租赁方式租入土地使用权再转租给其他单位的,也不能确认为投资性房地产。例如,甲公司将其持有使用权的一块土地出租给乙公司,乙公司又将此土地出租给丙公司以赚取差价。因为甲公司出租的是自有土地使用权,从租赁协议约定的租赁开始日起,将这块土地作为"投资性房地产";而乙公司则不能将此块土地确认为"投资性房地产"。

(2) 持有并准备增值后转让的土地使用权是指企业取得的、准备增值后转让的土地使用权。按照国家有关规定认定的闲置土地,不属于持有并准备增值后转让的土地使用权。

---

① 企业出租给本企业职工居住的宿舍,即使按照市场价格收取租金,也不属于投资性房地产。这部分房地产间接为企业自身的生产经营服务,具有自用房地产的性质。

（3）已出租的建筑物是指企业拥有产权的、以经营租赁方式出租的建筑物，包括自行建造或开发活动完成后用于出租的建筑物。

对于已出租的建筑物，应注意以下几点：

（1）某项房地产，部分用于赚取租金或资本增值，部分用于生产商品、提供劳务或经营管理，如果各个部分能够单独计量和出售，用于赚取租金或资本增值的部分确认为投资性房地产。

（2）企业将建筑物出租，按租赁协议向承租人提供的相关辅助服务在整个协议中不重大的，如企业将办公楼出租并向承租人提供保安、维修等辅助服务，应当将该建筑物确认为投资性房地产。

（3）关联企业之间租赁房地产的，出租方应将出租的房地产确认为投资性房地产。母公司以经营租赁的方式向子公司租出房地产，该项房地产应当确认为母公司的投资性房地产，但在编制合并报表时，作为企业集团的自用房地产。

（4）企业以经营租赁方式租入再转租的建筑物不属于投资性房地产。

（三）投资性房地产的确认和计量

1. 投资性房地产的确认条件

某项资产是否可确认为投资性房地产，首先得符合投资性房地产的定义，其次还要满足投资性房地产的两个确认条件，即：① 与该投资性房地产相关的经济利益很可能流入企业。② 该投资性房地产的成本能够可靠地计量。

2. 投资性房地产的确认时间

对已出租的土地使用权、已出租的建筑物，确认为投资性房地产的时点一般为租赁期开始日，即土地使用权、建筑物进入出租状态、开始赚取租金的日期。外购的投资性房地产，在购入的同时开始出租，以购入日同时也是租赁期开始日作为投资性房地产确认的时间；企业自行建造或开发活动完成同时开始出租的投资性房地产，以开发活动完成日同时也是租赁期开始日作为投资性房地产确认的时间；作为存货的房地产，改为出租，或自用建筑物停止自用，改为出租，以转换日为租赁开始日，作为投资性房地产确认的时间；自用土地使用权停止自用，改用于资本增值，以企业停止将该土地使用权用于生产产品、提供劳务或经营管理，且管理层作出房地产转换决议的日期作为资本增值日期，确认投资性房地产。

二、采用成本模式的投资性房地产的核算

投资性房地产的核算可以采用成本计量模式，也可以采用公允价值计量模式。不论采用哪种模式，企业都设置"投资性房地产"账户进行核算，该账户属于资产类账户。

在采用成本模式进行投资性房地产核算时，该账户的借方登记取得投资性房地产的成本，贷方登记处置、转出投资性房地产的成本，期末借方余额反映企业拥有的投资性房地产成本。

采用成本模式核算投资性房地产，除了设置"投资性房地产"账户外，还要设置"投资性房地产累计折旧(摊销)""投资性房地产减值准备"等账户。其核算的主要内容包括以下三个方面。

（一）投资性房地产的取得

企业外购投资性房地产时，以购买价款、相关税费和可直接归属于该资产的其他支出作为其实际取得成本。按实际取得成本，借记"投资性房地产"账户，贷记"银行存款"等账户。

企业自行建造投资性房地产时，以建造该项资产达到预定可使用状态前所发生的必要支出，如工程用物资成本、人工成本、应予以资本化的借款费用、交纳的相关税费及应分摊的其他间接费用等，作为投资性房地产的取得成本，按其实际成本，借记"投资性房地产"账户，贷记"在建工程"等账户。

企业将作为存货的房地产转换为投资性房地产时，按其在转换日的账面余额，借记"投资性房地产"账户，贷记"开发产品"等账户。已计提减值准备的，还应同时结转准值准备。

企业将自用土地使用权和建筑物等转换为投资性房地产时，应按其在转换日的原价、累计折旧、减值准备等，分别转入"投资性房地产""投资性房地产累计折旧(摊销)""投资性房地产减值准备"账户。

【例8-10】 E房地产开发公司与F企业签订租赁协议，将其开发的写字楼出租给F公司，租赁开始日为20×5年5月8日，该日写字楼账面余额为50 000 000元，转换后采用成本模式计量。E公司会计处理如下：

借：投资性房地产——××写字楼　　　　　　　　　　　　　　　　50 000 000
　　贷：开发产品　　　　　　　　　　　　　　　　　　　　　　　　　50 000 000

【例8-11】 20×5年7月末，H公司将一栋自用厂房用于出租。截至20×5年7月31日，该厂房的有关记录为：原始价值50 000 000元，累计折旧12 000 000元。7月31日，开始用于出租。该项房地产采用成本模式计量。H公司20×5年7月31日编制会计分录如下：

借：投资性房地产——××厂房　　　　　　　　　　　　　　　　　50 000 000
　　累计折旧　　　　　　　　　　　　　　　　　　　　　　　　　　12 000 000
　　贷：固定资产　　　　　　　　　　　　　　　　　　　　　　　　　50 000 000
　　　　投资性房地产累计折旧　　　　　　　　　　　　　　　　　　　12 000 000

（二）投资性房地产的收入和支出

投资性房地产的收入为租金收入。在投资性房地产按成本模式计量下，支出主要为房屋建筑物的折旧或土地使用权的摊销。对于租金收入和应交的增值税额，借记"银行存款"等账户，贷记"主营业务收入"或"其他业务收入"账户，"应交税费——应交增值税(销项税额)"账户。相应地，对于计提的折旧或进行的摊销，借记"主营业务成本"或"其他业务成本"账户，贷记"投资性房地产累计折旧(摊销)"账户。存在减值迹象的，还应当按照资产减值的有关规定进行处理,借记"资产减值损失"账户,贷记"投资性房地产减值准备"账户。

(三)投资性房地产的转换和处置

投资性房地产停止出租,改为自用,或被出售,或者永久退出使用且预计不能从其处置中取得经济利益时,应当终止确认该项投资性房地产。企业出售、转让、报废投资性房地产或者发生投资性房地产毁损时,应当将处置收入扣除其账面价值和相关税费后的金额计入当期损益。

当企业将投资性房地产改为自用时,应该停止投资性房地产的相关核算,将该项投资性房地产在转换日的账面余额、累计折旧、减值损失,分别转回"固定资产""累计折旧""固定资产减值准备"账户。

当企业处置投资性房地产时,应按实际收到的金额,确定其他业务收入,借记"银行存款"等账户,贷记"其他业务收入"账户,"应交税费——应交增值税(销项税额)"账户。按该项投资性房地产的账面价值,确定其他业务成本。按该项投资性房地产的累计折旧或累计摊销,借记"投资性房地产累计折旧(摊销)"账户,按该项投资性房地产的账面余额,贷记"投资性房地产"账户,按其差额,借记"其他业务成本"账户。已计提减值准备的,还应同时结转减值准备。

【例 8-12】 20×0 年 12 月末,甲企业与乙企业签订了经营租赁协议,将自用办公楼整体出租给乙企业使用,租赁期开始日为 20×0 年 12 月 31 日,为期 5 年。20×0 年年末,办公楼的账面余额为 90 000 000 元。已计提折旧 18 000 000 元(年折旧 3 600 000)。20×5 年 12 月 31 日收回。假设每年租金收入为 7 000 000 元(含增值税,增值税税率为 11%),如数收到存入银行。20×2 年,以银行存款支付日常修理费用 100 000 元。假设甲企业所在城市没有活跃的房地产交易市场,租金收入作为其他业务收入处理。甲企业会计处理如下:

(1) 20×0 年 12 月 31 日,自用办公楼转为投资性房地产时:

  借:投资性房地产——办公楼   90 000 000
    累计折旧   18 000 000
    贷:固定资产   90 000 000
     投资性房地产累计折旧   18 000 000

(2) 20×1 年 1~12 月,收到租赁租金时:

  借:银行存款   7 000 000.00
    贷:其他业务收入(7 000 000÷1.11)   6 306 306.31
     应交税费——应交增值税(销项税额)(6 306 306.31×0.11) 693 693.69

20×2—20×5 年收到租金同上。

(3) 20×1 年 12 月 31 日,投资性房地产计提折旧时:

  借:其他业务成本   3 600 000
    贷:投资性房地产累计折旧   3 600 000

20×2—20×5 年计提折旧同上。

（4）20×2 年，支付日常修理费用时：

借：其他业务成本　　　　　　　　　　　　　　　　　100 000
　　贷：银行存款　　　　　　　　　　　　　　　　　　100 000

（5）20×5 年 12 月 31 日，收回该办公楼时：

借：固定资产　　　　　　　　　　　　　　　　　　90 000 000
　　投资性房地产累计折旧　　　　　　　　　　　　36 000 000
　　贷：投资性房地产——办公楼　　　　　　　　　　90 000 000
　　　　累计折旧　　　　　　　　　　　　　　　　36 000 000

三、采用公允价值模式的投资性房地产的核算

当企业存在确凿证据表明投资性房地产的公允价值能够持续可靠取得时，可以采用公允价值模式对投资性房地产进行后续计量。

采用公允价值模式计量的投资性房地产，应当同时满足下列条件：投资性房地产所在地有活跃的房地产交易市场；企业能够从活跃的房地产交易市场上取得同类或类似房地产的市场价格及其他相关信息，从而对投资性房地产的公允价值作出合理的估计。

投资性房地产采用公允价值模式计量的基本方法是：不计提折旧，不进行价值摊销，在资产负债表日以投资性房地产的公允价值为基础，调整其账面价值，公允价值与原账面价值之间的差额计入当期损益。

在投资性房地产采用公允价值模式计量的情况下，"投资性房地产"账户需要分别"成本"和"公允价值变动"设置明细账户，进行明细分类核算。

采用公允价值模式核算投资性房地产主要包括以下三个内容。

（一）投资性房地产的取得

企业外购、自行建造投资性房地产的核算与采用成本模式的核算相同，以购买价款、相关税费和可直接归属于该资产的其他支出作为其实际取得成本。

企业将存货转换为采用公允价值模式计量的投资性房地产时，按转换当日的公允价值，借记"投资性房地产（成本）"账户，按其账面余额，贷记"开发产品"等账户，转换当日的公允价值小于原账面价值的差额计入当期损益，借记"公允价值变动损益"账户；转换当日的公允价值大于原账面价值的差额计入所有者权益，贷记"其他综合收益"账户。已计提跌价准备的，还应同时结转跌价准备。

将自用的建筑物等转换为投资性房地产的，按其在转换日的公允价值，借记"投资性房地产（成本）"账户，按已计提的累计折旧等，借记"累计折旧"等账户，按其账面余额，贷记"固定资产"等账户，按其差额，贷记"其他综合收益"账户或借记"公允价值变动损益"账户。已

计提减值准备的,还应同时结转减值准备。

【例 8-13】 20×6 年 1 月 2 日,辉煌房地产开发公司将一自用办公楼转为投资性房地产,并采用公允价值的计量模式。该办公楼原始价值为 4 400 000 元,累计折旧为 400 000 元,已提减值准备 44 000 元,转换日,办公楼公允价值为 5 000 000 元。根据以上资料,公司进行会计处理如下:

借:投资性房地产——建筑物(成本) 　　　　　　　　　　　　5 000 000
　　累计折旧　　　　　　　　　　　　　　　　　　　　　　　　400 000
　　固定资产减值准备　　　　　　　　　　　　　　　　　　　　 44 000
　贷:固定资产　　　　　　　　　　　　　　　　　　　　　　　4 400 000
　　　其他综合收益　　　　　　　　　　　　　　　　　　　　　1 044 000

(二)投资性房地产公允价值变动

投资性房地产采用公允价值模式核算时,不对投资性房地产计提折旧或进行摊销,资产负债表日投资性房地产的公允价值与原账面价值之间的差额计入当期损益。对公允价值大于原账面价值之间的差额,借记"投资性房地产(公允价值变动)"账户,贷记"公允价值变动损益"账户;对公允价值小于原账面价值之间的差额,编制相关会计分录。

(三)投资性房地产的收入和支出

对于投资性房地产的租金收入,根据收入的性质,记入"主营业务收入"或"其他业务收入"账户;对于投资性房地产的日常维修支出,相应记入"主营业务成本"或"其他业务成本"账户。

(四)投资性房地产的转换和处置

1. 投资性房地产的转换

采用公允价值模式进行投资性房地产核算,投资性房地产转换为自用房地产时,应当以其转换当日的公允价值作为自用房地产的账面价值,借记"固定资产"等账户,按其账面余额,贷记"投资性房地产(成本、公允价值变动)"账户,按其差额,贷记或借记"公允价值变动损益"账户。

2. 投资性房地产的处置

采用公允价值模式进行投资性房地产核算,处置投资性房地产的核算包括以下几个部分:

确认收入:按实际收到的金额,借记"银行存款"等账户,贷记"其他业务收入"账户。

确认成本:按该项投资性房地产的账面余额,借记"其他业务成本"账户,贷记"投资性房地产(成本)"账户,贷记或借记"投资性房地产(公允价值变动)"账户。

将该项投资性房地产原记入"公允价值变动损益"账户的金额,转入"其他业务成本"账户,借记或贷记"公允价值变动损益"账户,贷记或借记"其他业务成本"账户。

将该项投资性房地产在转换日计入其他综合收益的金额,转入"其他业务成本"账户,借记"其他综合收益"账户,贷记"其他业务成本"账户。

【例 8-14】 20×6 年 4 月 1 日,甲公司将其开发的一栋写字楼(存货)整体租赁给乙公司。租期为2年,每年租金收入为300万元(含增值税,增值税税率为11%)。写字楼账面余额为4 000万元,未计提减值准备。租赁开始日,写字楼的公允价值为4 100万元。20×6年12月31日,其公允价值为4 300万元。20×7年12月31日,其公允价值为4 400万元。20×8年4月5日,租赁期满,该写字楼以4 600万元出售。甲公司所在地有活跃的房地产交易市场;企业能够从活跃的房地产交易市场上取得同类或类似房地产的市场价格及其他相关信息。关于该写字楼,甲公司的会计核算如下:

(1) 20×6年4月1日,开发产品开始出租时:

借:投资性房地产——写字楼(成本)   41 000 000
  贷:开发产品   40 000 000
    其他综合收益   1 000 000

(2) 20×6年12月31日,根据写字楼公允价值调整账面价值时:

借:投资性房地产——写字楼(公允价值变动)   2 000 000
  贷:公允价值变动损益   2 000 000

(3) 20×7年12月31日,根据写字楼公允价值调整账面价值时:

借:投资性房地产——写字楼(公允价值变动)   1 000 000
  贷:公允价值变动损益   1 000 000

(4) 20×8年4月5日,出售该项投资性房地产时:

借:银行存款   46 000 000.00
  贷:其他业务收入(46 000 000÷1.11)   41 441 441.45
    应交税费——应交增值税(销项税额)(41 441 441.45×0.11)   4 558 558.55
借:其他业务成本   44 000 000.00
  贷:投资性房地产——写字楼(成本)   41 000 000.00
    投资性房地产——写字楼(公允价值变动)   3 000 000.00

(5) 20×8年4月5日,将投资性房地产累计公允价值变动和初始确认时计入资本公积的金额转入其他业务成本时:

借:其他综合收益   1 000 000
  公允价值变动损益   3 000 000
  贷:其他业务成本   4 000 000

(6) 20×6年4月至20×8年4月,记录租金收入时(简化起见,合并编制):

借:银行存款   6 000 000.00
  贷:其他业务收入(6 000 000÷1.11)   5 405 405.41
    应交税费——应交增值税(销项税额)(5 405 405.41×0.11)   594 594.59

四、投资性房地产由成本模式改变为公允价值模式

企业对投资性房地产的计量模式一经确定,不得随意变更。如果存在确凿证据表明投资性房地产的公允价值能够持续可靠取得,而且能够满足采用公允价值模式计量,可以允许企业对投资性房地产从成本模式计量变更为公允价值模式计量。投资性房地产从成本模式计量转为公允价值模式计量时,应当作为会计政策变更处理,将变更时公允价值与账面价值的差额,调整期初留存收益。采用公允价值模式计量的投资性房地产,不得从公允价值模式转为成本模式。

【例 8-15】 A 公司将其一栋办公楼租赁给 B 公司使用,并一直采用成本模式进行后续计量。20×6 年 1 月 1 日,A 公司认为,出租给 B 公司使用的写字楼,其所在地的房地产交易市场比较成熟,具备了采用公允价值模式计量的条件,决定对该项投资性房地产从成本模式转换为公允价值模式计量。该写字楼的原造价为 50 000 000 元,已计提折旧 10 000 000 元。20×6 年 1 月 1 日,该写字楼的公允价值为 45 000 000 元。假设 A 公司按净利润的 10% 计提盈余公积。20×6 年 1 月 1 日,A 公司编制的会计分录如下:

```
借:投资性房地产——写字楼(成本)                    45 000 000
    投资性房地产累计折旧                              10 000 000
    贷:投资性房地产——写字楼                          50 000 000
        利润分配——未分配利润                          4 500 000
        盈余公积                                        500 000
```

第三节　长期待摊费用的核算

长期待摊费用是指企业已经支出,但摊销期限在 1 年以上(不含 1 年)的各项费用,如租入固定资产的改良支出;股份有限公司发行费用无法从溢价抵销的部分。应由本期负担的借款利息、租金等,不得作为长期待摊费用处理。

长期待摊费用在费用项目的受益期限内分期平均摊销。其中租入固定资产改良支出在租赁期限与租赁资产尚可使用年限两者孰短的期限内平均摊销;其他长期待摊费用在受益期内平均摊销。股份有限公司委托其他单位发行股票支付的手续费或佣金等相关费用,减去股票发行冻结期间的利息收入后的余额,从发行股票的溢价中不够抵销的,或者无溢价的,若金额较小直接计入当期损益;若金额较大,作为长期待摊费用,在不超过 2 年的期限内平均摊销,计入损益。

对于长期待摊费用,会计上设置"长期待摊费用"账户进行单独核算,长期待摊费用发生时,借记"长期待摊费用"账户,贷记"银行存款"等相关账户。长期待摊费用摊销时,借记"管

理费用""销售费用"等账户,贷记"长期待摊费用"账户。

【例 8-16】 利华公司于 20×6 年 1 月 1 日向甲公司租入办公设备一台,租期为 3 年。设备价值为 1 000 000 元,预计使用年限为 10 年。租赁合同规定,租赁开始日(20×6 年 1 月 1 日),利华公司向甲公司一次性预付租金 150 000 元,租赁期满后甲公司收回设备,3 年的租金总额为 750 000 元(含增值税,增值税税率为 17%)。利华公司编制的会计分录如下:

(1) 20×6 年 1 月 1 日:

  借:长期待摊费用   150 000
    贷:银行存款   150 000

(2) 20×6 年 12 月 31 日,摊销各期租金费用:

  借:管理费用(250 000÷1.17)   213 675.21
    应交税费——应交增值税(进项税额)(213 675.21×0.17)   36 324.79
    贷:长期待摊费用   250 000.00

复习思考题

1. 什么是无形资产?与其他资产相比,无形资产有哪些基本特征?
2. 不同来源的无形资产入账价值如何确定?如何进行账务处理?
3. 如何确定无形资产的摊销起讫时间?它与固定资产折旧有何区别?
4. 试述无形资产出租与出售的会计核算。
5. 投资性房地产与固定资产在性质上和账务处理存在哪些区别?
6. 比较两种不同计量模式下投资性房地产账务处理的异同点。

练 习 题

一、判断题

1. 自主研发形成的无形资产,在开发阶段符合相关条件的情况下,可构成无形资产价值,但其初始成本不包括以前期间已经费用化分出。( )
2. 如果无形资产可收回金额低于其账面价值,说明企业的无形资产发生了减值,应计提无形资产减值准备。( )
3. 在我国,研究与开发费用应在成功申请专利以后,将其转入无形资产的价值。( )
4. 无形资产作为一种能为企业带来经济利益的资产,应在一定期限内被摊销完毕,其

摊销金额应计入管理费用,同时冲减无形资产的账面价值。　　　　　　（　　）

5. 企业自创的商誉、内部研究开发项目研究阶段的支出以及内部产生的品牌等,均可作为企业的无形资产予以确认。　　　　　　　　　　　　　　　　　　（　　）

二、单项选择题

1. 企业出租无形资产取得的收入,应当记入(　　)账户。
   A. "其他业务收入"　　B. "投资收益"　　C. "营业外收入"　　D. "主营业务收入"

2. 接受投资者投入的无形资产,应按(　　)入账。
   A. 投资者无形资产的账面价值
   B. 投资各方确认的价值
   C. 同类无形资产的价格
   D. 该无形资产可能带来的未来现金流量之和

3. A公司20×6年1月1日获得一项无形资产70万元,预计使用10年,法律规定有效使用年限为7年。20×9年12月31日,该项无形资产可收回的金额为45万元,应计提减值准备为(　　)万元。
   A. 5　　　　　　B. 0　　　　　　C. 9　　　　　　D. 4

4. 甲房地产开发商于20×7年1月,将作为存货的商品房转换为采用公允价值模式计量的投资性房地产,转换日的商品房账面余额为1 000万元,已提跌价准备200万元,该项房地产在转换日的公允价值为1500万元,则转换日记入"投资性房地产"账户的金额是(　　)万元。
   A. 1 500　　　　B. 800　　　　C. 700　　　　D. 1 700

5. 关于无形资产的后续计量,下列说法中,正确的是(　　)。
   A. 使用寿命不确定的无形资产,应该按系统合理的方法摊销
   B. 使用寿命不确定的无形资产,其金额应按10年摊销
   C. 使用寿命不确定的无形资产应定期进行减值测试,计提无形资产减值准备
   D. 无形资产的摊销方法只能采用直线法

三、核算题

习　题　一

20×6年9月,L公司试制成功并依法申请取得了某项专利。在该项专利研究过程中(20×6年2～6月),发生材料费用540 000元,工资费用100 000元,其他费用56 000元(用银行存款支付);20×6年7月,该项专利技术基本获得成功,进入全面开发阶段,并开始申请专利。在开发阶段,发生材料费用160 000元,工资费用50 000元,其他费用80 000元。在

申请专利权的过程中用银行存款支付专利登记费 36 000 元,律师费 8 500 元。

要求:根据上述有关业务编制会计分录。

习 题 二

20×6 年 1 月 1 日,甲公司接受某投资者以其所拥有的专利权进行的投资。该投资占甲公司注册资本的 10%(甲公司注册资本为 400 万元)。经双方协商确定,该项专利权作价 80 万元。该专利权的预计使用年限为 10 年,法定有效期限为 8 年。20×7 年 1 月 1 日,甲公司将该项专利权出租给 A 企业,一次性收费 12 万元(含增值税),合同规定期限为 1 年。20×8 年 1 月 31 日,甲公司将其出售给 A 企业,取得转让收入 72 万元和增值税额 4.32 万元。假设甲公司无形资产从取得当月起于每年年末进行摊销,款项均以银行存款收付。

要求:根据上述资料为甲公司编制与该项专利权有关的会计分录。

习 题 三

甲房地产开发企业与乙企业签订租赁协议,将其开发的写字楼出租给乙企业,租赁开始日为 20×5 年 6 月 30 日,租金(含增值税)为每年 25 000 000 元,每半年(6 月 30 日、12 月 31 日)收取一次。该日写字楼账面余额为 500 000 000 元。假设该投资性房地产采用公允价值模式计量,6 月 30 日,该写字楼的公允价值为 460 000 000 元,20×7 年 12 月 31 日,该项投资性房地产的公允价值为 480 000 000 元。20×8 年 6 月 30 日,租赁期期满,甲房地产开发企业收回该项投资性房地产,并以 510 000 000 元出售。

要求:根据上述资料为甲房地产开发企业编制有关投资性房地产的会计分录。

习 题 四

新华房地产公司 20×2 年 12 月 31 日将一建筑物对外出租并采用成本模式计量,租期为 3 年,每年 12 月 31 日收取下一年租金 150 万元(含增值税)。出租时,该建筑物的成本为 2 800 万元,已提折旧 500 万元,已提减值准备 300 万元,尚可使用年限为 20 年。新华房地产公司对该建筑物采用年限平均法计提折旧,无残值。

20×5 年 12 月 31 日租赁期满,将投资性房地产转为自用房地产投入行政管理部门使用。假定转换后建筑物的折旧方法、预计折旧年限和预计净残值未发生变化。20×6 年 12 月 31 日,该建筑物的公允价值减去处置费用后的净额为 1 560 万元。20×7 年 1 月 5 日,新华公司将该建筑物对外出售,收到 1 530 万元(含增值税)存入银行。

要求:为新华房地产公司发生的上述经济业务编制会计分录(假定不考虑除增值税外的相关税费)。

第九章 流动负债

章前案例

万科企业股份有限公司(以下简称"万科股份",股票代码为000002)1984年5月创立于中国深圳,1991年在深圳证券交易所挂牌交易,目前是中国最大的专业住宅开发企业。截至2015年年底,万科股份进入中国66个城市,分布在以珠三角为核心的广深区域、以长三角为核心的上海区域、以环渤海为核心的北京区域,以及由中西部中心城市组成的成都区域,连续8年蝉联中国房地产上市公司综合实力排行榜榜首。

2015年,万科股份实现销售面积2 067.1万平方米,销售金额2 614.7亿元;实现营业收入人民币1 955.5亿元,较2014年的人民币1 463.9亿元上升33.6%;实现归属于股东的净利润人民币181.2亿元,较2014年的人民币157.5亿元增长15.1%。

公司的发展需要大量的财务资源,包括货币、应收款项、存货、机器设备等,这些资产需要万科的股东和债权人提供。图表9-1列示的是万科股份的部分财务数据。

图表9-1

万科股份合并财务报表(部分摘录)

单位:人民币百万元

报告期	2015年12月31日	2014年12月31日
流动资产合计	547 024.38	464 805.70
非流动资产合计	64 271.19	43 603.06
资产总计	611 295.57	508 408.76
短期借款	1 900.09	2 383.07
应付票据	16 744.73	21 291.89
应付账款	91 446.46	67 047.20
预收账款	212 625.71	181 749.34
应付职工薪酬	2 642.66	1 830.83
应交税费	7 373.98	5 124.17

(续表)

报告期	2015年12月31日	2014年12月31日
应付利息	231.58	336.51
其他应付款	62 350.22	45 441.73
一年内到期的非流动负债	24 746.40	20 449.29
流动负债合计	420 061.83	345 654.03
非流动负债合计	54 924.12	46 861.11
负债合计	474 985.95	392 515.14
所有者权益合计	136 309.62	115 893.62
营业收入	195 549.13	146 388.00
净利润	25 949.44	19 287.52
经营活动产生的现金流量净额	16 046.02	41 724.82

学习目的

- 了解流动负债的确认和计量
- 掌握短期借款、应付票据、应付账款的核算内容和会计处理
- 掌握应付职工薪酬的确认、计量和相关会计处理
- 掌握应交税费的计算和会计处理
- 区分或有负债和预计负债

第一节 短期借款的核算

短期借款是指企业从银行或其他金融机构借入的,偿还期在1年以下(含1年)的各种借款。企业设置"短期借款"账户,核算企业短期借款本金的借入、归还及结存情况。实务中该账户按债权人设置明细账户,并按借款种类进行明细核算。

短期借款利息作为一项财务费用,在发生时直接计入当期的财务费用。如果借款利息金额较大或按期(按季、半年)支付,应该按月确认借款利息,借记"财务费用"账户,贷记"应付利息"账户;实际支付利息时,借记"应付利息"账户,贷记"银行存款"账户。

【例9-1】 T公司因经营需要,于20×5年8月31日,向当地银行借入9个月期借款100万元,贷款利率6%,到期还本付息。20×6年5月31日借款到期,T公司如数归还借款

本息,假定按月结算应付利息。T公司有关借款的会计处理如下:

(1) 20×5年8月31日,向银行借入款项时:

借:银行存款	1 000 000	
贷:短期借款		1 000 000

(2) 20×5年9月30日,确认当月应负担的利息费用时:

借:财务费用(1 000 000×6‰×1÷12)	5 000	
贷:应付利息		5 000

(3) 20×5年10月至20×8年4月,确认利息费用的会计分录同上。

(4) 20×6年5月31日借款到期,T公司还本付息时:

借:财务费用	5 000	
应付利息	40 000	
短期借款	1 000 000	
贷:银行存款		1 045 000

第二节 应付及预收款项的核算

一、应付账款

应付账款是指企业在营业活动中,由于赊购材料、商品或接受劳务供应应付而未付给供应单位或提供劳务单位的款项。在会计实务中,企业设置"应付账款"账户,核算企业因购买材料、商品和接受劳务等应付而未付的款项。该账户按供应单位设置明细账户,进行明细核算。

如果购入原材料形成的应付账款带有现金折扣,应付账款应按发票上记载的应付金额的总值入账,借记相关账户,贷记"应付账款"账户;如果在规定的折扣期内付款,少付款的部分冲减财务费用,按照应付的账款总额,借记"应付账款"账户,按照实际支付的金额,贷记"银行存款"等账户,按其差额,贷记"财务费用"账户。

【例9-2】 T公司为增值税一般纳税人,原材料核算按实际成本计价。20×5年10月17日,向J公司赊购原材料一批,发票价为20 000元,增值税额为3 400元,付款条件为"2/10,1/20,n/30"。20×5年10月25日,T公司向J公司支付货款。T公司的会计处理如下:

(1) 10月17日,赊购原材料时:

借:原材料	20 000	
应交税费——应交增值税(进项税额)	3 400	
贷:应付账款——J公司		23 400

(2) 10月25日,在折扣期内付款时:

　　借:应付账款——J公司　　　　　　　　　　　　　　　23 400
　　　　贷:银行存款　　　　　　　　　　　　　　　　　　　23 000
　　　　　　财务费用　　　　　　　　　　　　　　　　　　　　　400

(3) 如果T公司在11月17日付款时:

　　借:应付账款——J公司　　　　　　　　　　　　　　　23 400
　　　　贷:银行存款　　　　　　　　　　　　　　　　　　　23 400

为保证企业的信用,付款单位应及时偿还应付账款。所以,一般很少出现无法支付的应付账款。但如果出现由于债权人单位撤销或其他原因而无法偿还应付账款时,付款单位应将其转入"营业外收入"账户。

二、应付票据

应付票据是指由出票人出票,委托付款人在指定日期无条件支付确定的金额给收款人或者持票人的票据。应付票据包括银行承兑汇票和商业承兑汇票。

企业设置"应付票据"账户,核算因真实交易而开出、承兑的商业汇票。我国会计实务中,"应付票据"账户一般按票据的面值记账。为加强应付票据的管理,企业需要设置"应付票据登记簿",逐项登记商业票据的种类、号数和出票日期、到期日、票面金额、交易合同号和收款人姓名或单位名称以及付款日期和金额等资料。票据款付清时,在登记簿中逐笔予以注销。

应付票据按是否带息分为带息票据和不带息票据两种。

(一) 带息应付票据的核算

带息应付票据用于赊购商品、材料等资产或接受劳务时的货款结算。由于我国商业汇票的期限较短,票据利息数额不大,为简化会计核算不必按期计息,可以在票据到期时,将票据利息计入当期的财务费用。开出商业汇票时,借记有关账户,贷记"应付票据"账户;商业汇票到期支付时,借记"应付票据""财务费用"账户,贷记"银行存款"账户。

如果票据利息数额较大,企业也可以采用按期计提利息的方式,将应付未付利息记入"应付利息"账户。

【例9-3】 T公司是增值税一般纳税人,增值税税率为17%,采用实际成本法进行材料的日常核算。20×5年8月1日,向G公司购入原材料一批,买价为60 000元,开出半年期、票面利率为10%的银行承兑汇票一张。T公司采用年末结息的方式计算应付票据利息。票据至20×6年2月到期,T公司如数支付票据本息。T公司会计处理如下:

(1) 20×5年8月1日,T公司购入原材料,开出银行承兑汇票时:

　　借:原材料　　　　　　　　　　　　　　　　　　　　60 000
　　　　应交税费——应交增值税(进项税额)　　　　　　10 200
　　　　贷:应付票据——G公司　　　　　　　　　　　　　　70 200

(2) 20×5 年 12 月 31 日，T 公司计算应付票据利息时：

借：财务费用(70 200×10‰×5/12)　　　　　　　　　　　　　　2 925
　　贷：应付利息——G 公司　　　　　　　　　　　　　　　　　　　2 925

(3) 20×6 年 2 月 1 日，支付票据本金及利息时：

借：应付票据——G 公司　　　　　　　　　　　　　　　　　　70 200
　　应付利息——G 公司　　　　　　　　　　　　　　　　　　　2 925
　　财务费用(70 200×10‰×1/12)　　　　　　　　　　　　　　　585
　　贷：银行存款　　　　　　　　　　　　　　　　　　　　　　73 710

(二) 不带息应付票据的核算

不带息应付票据，其面值就是票据到期时的应付金额。企业签发票据时，按照应付的金额，借记相关账户，贷记"应付票据"账户。票据到期支付时，按票据的面值，借记"应付票据"账户，贷记"银行存款"账户。

企业开出并承兑的商业承兑汇票如果不能如期支付的，应在票据到期时，将"应付票据"账面价值转入"应付账款"账户。如果银行承兑汇票到期无力支付，承兑银行除凭票向持票人无条件付款外，对出票人尚未支付的汇票金额转作逾期贷款处理，并按照每天 5‰计收利息。对计收的利息，按短期借款利息的处理办法处理。

【例 9-4】 承[例 9-3]，20×6 年 2 月 1 日，T 公司因银行存款不足，无法支付上述票据款，作逾期贷款处理。编制会计分录如下：

借：财务费用　　　　　　　　　　　　　　　　　　　　　　　　585
　　应付票据——G 公司　　　　　　　　　　　　　　　　　　70 200
　　应付利息——G 公司　　　　　　　　　　　　　　　　　　　2 925
　　贷：短期借款　　　　　　　　　　　　　　　　　　　　　　73 710

三、预收账款

预收账款是买卖双方协议商定，由购货方预先支付一部分货款给供应方而发生的一项负债。这些预收货款需要企业在收取后 1 年或长于 1 年的一个营业周期内交付货物或提供劳务来进行偿还，在未交付货物或提供劳务之前，这些预收货款构成了企业的负债。

预收账款的核算，应视企业的具体情况而定。如果预收账款比较多的，可以单独设置"预收账款"账户；预收账款不多的，也可以不设置"预收账款"账户，直接记入"应收账款"账户的贷方。"预收账款"账户按客户设置明细账户，进行明细核算。

【例 9-5】 天贺公司于 20×6 年 3 月 1 日与捷初公司签订了金额为 66 000 元的购销合同。合同规定，天贺公司预收一半货款，余下的部分货款和增值税额在 6 月 9 日产品交付后收取。其增值税税率为 17%，天贺公司对该项业务的账务处理如下：

(1) 3月1日，预收一半货款时：

借：银行存款　　　　　　　　　　　　　　　　　　　　　　　33 000
　　贷：预收账款——捷初公司　　　　　　　　　　　　　　　　　33 000

(2) 6月9日，提供货物时收取其余款项时：

借：预收账款——捷初公司　　　　　　　　　　　　　　　　　33 000
　　银行存款　　　　　　　　　　　　　　　　　　　　　　　44 220
　　贷：主营业务收入　　　　　　　　　　　　　　　　　　　　66 000
　　　　应交税费——应交增值税（销项税额）　　　　　　　　　11 220

第三节　应付职工薪酬的核算

一、职工薪酬的分类

职工薪酬是指企业为获得职工提供的服务或解除劳动关系而给予的各种形式的报酬或补偿。职工薪酬包括短期薪酬、离职后福利、辞退福利和其他长期职工福利。企业提供给职工配偶、子女、受赡养人、已故员工遗属及其他受益人等的福利，也属于职工薪酬。

（一）短期薪酬

短期薪酬是指企业在职工提供相关服务的年度报告期结束后12个月内需要全部予以支付的职工薪酬，但不包括解除与职工的劳动关系给予的补偿。短期薪酬主要包括以下内容。

1. 职工工资、奖金、津贴和补贴

这是指按照国家统计局的规定构成工资总额的计时工资、计件工资、支付给职工的超额劳动报酬，为了补偿职工特殊或额外的劳动消耗和其他特殊理由支付给职工的津贴，以及为了保证职工工资水平不受物价影响支付给职工的补贴等。企业的短期奖金计划属于短期薪酬，长期奖金计划属于其他长期职工福利。

2. 职工福利费

这是指企业为职工提供的除职工工资、奖金、津贴和补贴、职工教育经费、社会保险费及住房公积金以外的福利待遇支出，包括发放给职工或为职工支付的各项现金补贴和非货币性集体福利。比如，为职工卫生保健、生活等发放的各项现金补贴和非货币性集体福利（职工因公外地就医费用、职工疗养费用、防暑降温费用等）；企业内设集体福利部门（理发、浴室、托儿所、食堂等）所发生的设备、设施和人员费用；发放给在职职工的生活困难补助及丧葬补助费、抚恤金、职工异地安置费、探亲假路费等其他职工福利支出。

3. 医疗保险费、养老保险费、失业保险费、工伤保险费和生育保险费等社会保险费

这是指按照国家规定的基准和比例计算,向社会保险经办机构交纳的医疗保险费、工伤保险费和生育保险费等社会保险费。

根据国务院颁布的《社会保险费征缴暂行条例》《关于建立城镇职工基本医疗保险制度的决定》《失业保险条例》等的规定,基本养老保险费、基本医疗保险费和失业保险费均采用用人单位和职工按工资总额的一定比例共同交纳,基本养老保险和基本医疗保险建立个人账户,采用个人账户管理,个人账户归个人所有的方法。由于不同地区的生活水平不同,用人单位和职工交纳的比率也不相同。

4. 住房公积金

这是指企业和职工个人根据国家规定的基准和比例计算,向住房公积金管理机构缴存的住房公积金。职工个人缴存的住房公积金和职工所在单位为职工缴存的住房公积金,属于职工个人所有。职工个人缴存的住房公积金由所在单位每月从其工资中代扣代缴。住房公积金的缴存比例为8%~12%。

5. 工会经费和职工教育经费

这是指用于改善职工文化生活,为职工学习先进技术、提高业务素质,开展工会活动和职工教育及职业技能培训等相关支出。按照我国工会法规定,建立工会组织的企业工会会员必须按照工资总额的一定比例交纳会费。国家税务总局规定,一般企业按照职工工资总额的2%计提工会经费;按工资总额的1.5%提取职工教育经费。从业人员技术要求高、培训任务重、经济效益较好的企业可按2.5%提取。

6. 短期带薪缺勤

这是指企业支付工资或提供补偿的职工缺勤,包括年休假、病假、短期伤残、婚假、产假、丧假、探亲假等。

7. 短期利润分享计划

这是指因职工提供服务而与职工达成的基于利润或其他经营成果提供薪酬的协议。长期利润分享计划属于其他长期职工福利。

8. 非货币性福利

这是指企业以增加的产品或外购商品发放给职工作为福利,企业提供给职工无偿使用自己拥有的而造成或租赁资产给职工无偿使用。

9. 其他短期薪酬

这是指除上述薪酬以外的其他为获得职工提供的额服务而给予的短期薪酬。

【小贴士】

由于不同地区的生活水平不同,"五险一金"的缴存比例也不相同。图表9-2列示的是北京、上海、广州单位和个人2015年的"五险一金"缴费比例。

图表9-2
北京、上海、广州单位和个人2015年的"五险一金"缴费比例

缴存项目	个人部分			单位部分		
	北京	上海	广州	北京	上海	广州
养老保险	8%	8%	8%	20%	21%	21%
医疗保险	2%+3元	2%	2%+10元	9%	11%	9%
失业保险	0.2%		1%	1%	1.5%	2%
工伤保险				0.3%	0.5%	0.5%
生育保险				0.8%	1.5%	0.8%
住房公积金	12%	7%	8%	12%	7%	8%
合计	22.2%+3元	17.5%	19%+10元	43.1%	42.5%	41.3%

（二）离职后福利

离职后福利是指企业为获得职工提供的服务而在职工退休或与企业解除劳动关系后,提供的各种形式的报酬和福利,属于短期薪酬和辞退福利的除外。离职后福利计划是指企业与职工就离职后福利达成的协议,或者企业为向职工提供离职后福利制定的规章和办法。

（三）辞退福利

辞退福利是指企业在职工劳动合同到期之前解除与职工的劳动关系,或者为鼓励职工自愿接受裁减而给予职工的补偿。辞退福利包括两个方面的内容:一是在职工劳动合同尚未到期前,不论职工本人是否愿意,企业决定解除与职工的劳动关系而给予的补偿;二是在职工劳动合同尚未到期前,为鼓励职工自愿接受裁减而给予的补偿,职工有权选择继续在职或接受补偿离职。

（四）其他长期职工福利

其他长期职工福利是指除短期薪酬、离职后福利、辞退福利之外所有的职工薪酬,包括长期带薪缺勤、长期残疾福利、长期利润分享计划等。

二、职工薪酬确认的原则

企业在职工为其提供服务的会计期间,将应付的职工薪酬确认为负债,除因解除与职工的劳动关系给予的补偿外,应根据职工提供服务的受益对象,分别下列情况处理:

(1) 应由生产产品负担的职工薪酬,计入生产成本、制造费用。
(2) 应由提供劳务负担的职工薪酬,计入劳务成本。
(3) 应由在建工程负担的职工薪酬,计入在建工程。

(4) 无形资产研发过程中负担的职工薪酬,计入研发支出,然后根据是否符合无形资产资本化的条件,确定计入当期损益或计入自行开发的无形资产成本。

(5) 除上述各项之外的其他职工薪酬,计入当期损益。

企业发生的职工福利费,在实际发生时根据实际发生额计入当期损益或相关资产成本。职工福利费为非货币性福利的,按照公允价值计量。

三、短期薪酬的核算

（一）货币性短期薪酬

职工的工资、奖金、津贴和补贴;大部分的职工福利费,养老保险、医疗保险、失业保险、生育保险、工伤保险等社会保险费和住房公积金,以及按规定提取的工会经费和职工教育经费等,均属于货币性短期薪酬。

会计上设置"应付职工薪酬"账户,核算职工薪酬的发放、分配等业务,并根据薪酬类别设置"工资""职工福利""社会保险费""住房公积金""工会经费""职工教育经费""非货币性福利""辞退福利""股份支付"等明细账户进行明细核算。

企业应当根据职工提供的服务情况和工资标准计算计入职工薪酬的工资总额,按照受益对象计入当期损益或相关资产成本,同时确认应付职工薪酬;企业为职工交纳的养老保险、医疗保险、失业保险、生育保险、工伤保险等社会保险费和住房公积金,以及按规定提取的工会经费和职工教育经费等,应当在职工为其提供服务的会计期间,根据规定的计提基础和计提比例计算确定相应的职工薪酬,按照受益对象计入当期损益或相关资产成本,确认相关负债。企业的职工福利费应当在实际发生时根据实际发生额计入当期损益或相关资产成本。

通常,企业按月发放职工薪酬。每月在规定时间,企业人力资源管理部门会根据每一员工的考勤记录、工时记录、产量记录、工资标准和工资等级等编制"工资单",在工资单中计算应付员工的工资总额,应扣除的应由员工个人交纳的社会保险费、住房公积金等代扣款项,计算实付工资。最后,按部门汇总编制"工资结算汇总表"。企业财务会计部门根据"工资结算汇总表"中确定的应付工资总额,计算确定应由企业负担的社会保险费、住房公积金、工会经费和职工教育经费,确定当月应付职工薪酬总额,编制"应付职工薪酬汇总表"。最后,根据"应付职工薪酬汇总表"进行相应会计处理。

企业应付职工薪酬,不论是否当月支付,都应通过"应付职工薪酬"账户核算。不包括在职工薪酬总额内但随同薪酬一起发放给职工的款项,不通过"应付职工薪酬"账户核算。

【例9-6】 T公司20×6年1月份应付职工薪酬总额为410 287.9元,数据见图表9-3和图表9-4。其中:图表9-3为T公司20×6年1月份工资结算汇总表。表内有关栏目说明如下:应付工资为基本工资加上奖金、津贴、补贴等,此处略;实发工资为应付工资减去代扣款项。图表9-4为T公司20×6年1月份应付职工薪酬汇总表。表内有关栏目说明如下:其他职工薪酬为企业负担的社会保险费、住房公积金、工会经费、职工教育经费。按照税法规定,职工福利费在实际使用时,按照不超过计税工资的14%扣除。所以,此处不再计提。假定,公司无形资产开发已处于开发阶段,其发生的费用符合资本化条件。

图表 9-3

T公司工资结算汇总表

(20×6 年 1 月)   单位:元

序号	部门	基本工资	(略)	应付工资	代扣款项				实发工资
					社会保险费10%	住房公积金7%	工会经费1%	合计	
一车间	生产工人	39 320		67 820	6 782	4 747.4	678.2	12 207.6	55 612.4
	管理人员	12 000		20 000	2 000	1 400.0	200.0	3 600.0	16 400.0
	小计	51 320		87 820	8 782	6 147.4	878.2	15 807.6	72 012.4
二车间	生产工人	35 400		72 400	7 240	5 068.0	724	13 032.0	59 368.0
	管理人员	16 200		29 350	2 935	2 054.5	293.5	5 283.0	24 067.0
	小计	51 600		101 750	10 175	7 122.5	1 017.5	18 315.0	83 435.0
三车间	销售人员	19 940		31 150	3 115	2 180.5	311.5	5 607.0	25 543.0
	管理人员	31 000		59 340	5 934	4 153.8	593.4	10 681.2	48 658.8
	小计	50 940		90 490	9 049	6 334.3	904.9	16 288.2	74 201.8
合计		153 860		280 060	28 006	19 604.2	2 800.6	50 410.8	229 649.2

图表 9-4

应付职工薪酬汇总表

20×6 年 1 月   单位:元

部门	工资总额	其他职工薪酬				合 计
		社会保险费	住房公积金	工会经费	职工教育经费	
	(1)	(2)=(1)×36%	(3)=(1)×7%	(4)=(1)×2%	(5)=(1)×1.5%	(6)=∑(1)~(5)
生产工人	67 820	24 415.20	4 747.4	1 356.4	1 017.30	99 356.30
车间管理人员	20 000	7 200.00	1 400.0	400.0	300.00	29 300.00
销售人员	31 150	11 214.00	2 180.5	623.0	467.25	45 634.75
行政管理人员	59 340	21 362.40	4 153.8	1 186.8	890.10	86 933.10
在建工程人员	72 400	26 064.00	5 068.0	1 448.0	1 086.00	106 066.00
无形资产开发人员	29 350	10 566.00	2 054.5	587.0	440.25	42 997.75
合计	280 060	100 821.60	19 604.2	5 601.2	4 200.90	410 287.90

T公司20×6年1月应付职工薪酬的会计核算如下:
(1) 根据职工提供服务的受益对象确认应付职工薪酬(资料见图表9-4"合计栏"):

借:生产成本　　　　　　　　　　　　　　　　　　　99 356.30
　　制造费用　　　　　　　　　　　　　　　　　　　29 300.00
　　销售费用　　　　　　　　　　　　　　　　　　　45 634.75
　　管理费用　　　　　　　　　　　　　　　　　　　86 933.10
　　在建工程　　　　　　　　　　　　　　　　　　　106 066.00
　　研发支出——资本化支出　　　　　　　　　　　　42 997.75
　　贷:应付职工薪酬——工资　　　　　　　　　　　　280 060.00
　　　　应付职工薪酬——社会保险费　　　　　　　　100 821.60
　　　　应付职工薪酬——住房公积金　　　　　　　　19 604.20
　　　　应付职工薪酬——工会经费　　　　　　　　　5 601.20
　　　　应付职工薪酬——职工教育经费　　　　　　　4 200.90

(2) 发放工资(假设通过银行转账支付,资料见图表9-3"实发工资"栏):

借:应付职工薪酬——工资　　　　　　　　　　　　　229 649.20
　　贷:银行存款　　　　　　　　　　　　　　　　　　229 649.20

(3) 将应由个人负担的社会保险费、住房公积金和工会经费转入"其他应付款"账户:

借:应付职工薪酬——工资　　　　　　　　　　　　　50 410.80
　　贷:其他应付款——社会保险费　　　　　　　　　　28 006.00
　　　　其他应付款——住房公积金　　　　　　　　　19 604.20
　　　　其他应付款——工会经费　　　　　　　　　　2 800.60

(4) 向社会保险费管理机构和公积金管理机构交纳社会保险费和住房公积金:

借:其他应付款——社会保险费　　　　　　　　　　　28 006.00
　　其他应付款——住房公积金　　　　　　　　　　　19 604.20
　　应付职工薪酬——社会保险费　　　　　　　　　　100 821.60
　　应付职工薪酬——住房公积金　　　　　　　　　　19 604.20
　　贷:银行存款　　　　　　　　　　　　　　　　　　168 036.00

(5) 将企业负担的工会经费和教育经费转入"其他应付款"账户:

借:应付职工薪酬——工会经费　　　　　　　　　　　5 601.20
　　应付职工薪酬——职工教育经费　　　　　　　　　4 200.90
　　贷:其他应付款——工会经费　　　　　　　　　　　5 601.20
　　　　其他应付款——职工教育经费　　　　　　　　4 200.90

工会经费和职工教育经费实际使用时,冲减"其他应付款"账户的相关明细账户。

（二）非货币性福利

非货币性福利是指企业以非货币性资产支付给职工的薪酬。比如，企业以自产产品或外购商品发放给职工作为福利；将拥有的房屋等资产无偿提供给职工使用，或租赁住房等资产供职工无偿使用；向职工提供企业支付了补贴的商品或服务等。企业向职工提供非货币性福利的，公允价值能够可靠取得的，应当按公允价值计量；公允价值不能够可靠取得的，可以采用成本计量。

企业向职工提供非货币性福利，需要分别不同情况处理。

1. 以自产产品或外购商品发放给职工作为福利

企业以其生产的产品或外购商品作为非货币性福利提供给职工，应当视同自产产品和外购商品的销售，按照该产品的公允价值和相关税费计量确认应付职工薪酬总额，并计入当期损益或相关支持成本。

【例9-7】 甲公司为增值税一般纳税人，适用的增值税税率为17%，20×1年7月，公司以外购饮料发放给员工，每人两箱，作为防暑降温福利。假定，饮料每箱售价为40元，成本为30元。公司现有职工800名，其中600名为生产车间生产工人，120名为生产车间管理人员，80名为总部行政管理人员。其会计处理如下：

（1）确定发放的非货币性福利金额：

借：生产成本（600×40×1.17）	28 080
制造费用（120×40×1.17）	5 616
管理费用（80×40×1.17）	3 744
贷：应付职工薪酬——非货币性福利	37 440

（2）发放非货币性福利：

借：应付职工薪酬——非货币性福利	37 440
贷：主营业务收入	32 000
应交税费——应交增值税（销项税额）	5 440
借：主营业务成本（800×30）	24 000
贷：库存商品	24 000

2. 将拥有的房屋等资产无偿提供给职工使用，或租赁住房等资产供职工无偿使用

企业将拥有的房屋等资产无偿提供给职工使用时，根据受益对象，将住房每期应计提的折旧计入相关资产成本或费用，同时确认应付职工薪酬。租赁住房等资产供职工无偿使用的，应当根据受益对象，将每期应付的租金计入相关资产成本或费用，同时确认应付职工薪酬。难以认定受益对象的，直接计入当期损益，并确认应付职工薪酬。

【例9-8】 乙公司将自有房屋免费提供给一线生产工人作为职工集体宿舍，该集体宿舍每月计提折旧20 000元。乙公司的会计处理如下：

借:制造费用 20 000
　　贷:应付职工薪酬——非货币性福利 20 000

借:应付职工薪酬——非货币性福利 20 000
　　贷:累计折旧 20 000

【例 9-9】 假设[例 9-8]中,乙公司免费提供的职工集体宿舍为公司租赁获得,公司每月需要支付租金 20 000 元。则乙公司的会计处理如下:

借:制造费用 20 000
　　贷:应付职工薪酬——非货币性福利 20 000

借:应付职工薪酬——非货币性福利 20 000
　　贷:银行存款 20 000

3. 向职工提供企业支付了补贴的商品或服务

企业有时以低于其取得成本的价格向职工提供商品或服务,如以低于成本的价格向职工出售住房或提供医疗保健服务,其实质是企业向职工提供补贴。对此,企业应根据出售商品或服务合同条款的规定分别情况处理:

合同规定职工在取得住房等商品或服务后至少应提供的服务年限,应将出售商品或服务的价格与其成本间的差额,作为长期待摊费用处理。该费用在合同规定的服务年限平均摊销时,根据受益对象分别计入相关资产成本或当期损益,并确认应付职工薪酬。

合同没有规定职工在取得住房等商品或服务后应提供服务的年限时,应将出售商品或服务的价格与其成本间的差额,作为对职工过去提供服务的一种补偿,直接计入向职工出售商品或服务当期的损益,并确认应付职工薪酬。

【例 9-10】 20×2 年 1 月,某公司为留住一个有突出贡献的技术人才,将一套价值 200 万元的公寓,以 100 万元的价格出售给该员工。出售合同规定,该员工在取得住房后必须在公司服务 10 年,假设不考虑相关税费。

(1) 该公司出售住房时:

借:银行存款 1 000 000
　　长期待摊费用 1 000 000
　　贷:固定资产清理 2 000 000

(2) 出售住房后的 10 年内,按直线法摊销该项长期待摊费用:

借:制造费用 100 000
　　贷:应付职工薪酬——非货币性福利 100 000

借:应付职工薪酬——非货币性福利 100 000
　　贷:长期待摊费用 100 000

(三) 带薪缺勤的核算

带薪缺勤是指企业支付工资或提供补偿的职工缺勤,包括年休假、病假、短期伤残、婚假、产假、丧假、探亲假等。带薪缺勤分为累积带薪缺勤和非累积带薪缺勤。

累积带薪缺勤是指带薪缺勤权利可以结转下期的带薪缺勤,本期尚未用完的带薪缺勤权利可以在未来期间使用。企业应当在职工提供服务从而增加了其未来享有的带薪缺勤权利时,确认与累积带薪缺勤相关的职工薪酬,并以累积未行使权利而增加的预期支付金额计量。

【例9-11】 丁公司20×4年开始实行累积带薪缺勤制度。制度规定,员工当年未使用的休假只能向后结转一个会计年度,超过1年未使用的权利作废。职工休假以后进先出为基础,首先使用当年可享受的权利,不足部分再从上年结转的带薪休假中扣除。职工离开公司时,对未使用的累积带薪休假无权获得现金支付。

以员工A为例。A是丁公司的管理人员,每年可享受10个带薪休假,日工资为300元。20×4年,A实际休假6天;20×5年,A实际休假7天。则丁公司的会计处理如下:

(1) 20×4年,A实际休假6天,丁公司应当确认4天的累积带薪缺勤福利:

借:管理费用　　　　　　　　　　　　　　　　　　　　　　　　1 200
　　贷:应付职工薪酬——累积带薪缺勤　　　　　　　　　　　　　1 200

(2) 20×5年,A实际休假7天,丁公司确认其实际享受的是当年带薪缺勤福利。当年累积带薪缺勤福利3天,上年带薪缺勤福利4天作废,差额冲回上年度确认的费用。

借:应付职工薪酬——累积带薪缺勤　　　　　　　　　　　　　　　300
　　贷:管理费用　　　　　　　　　　　　　　　　　　　　　　　 300

非累积带薪缺勤是指带薪缺勤权利不能结转下期的带薪缺勤。即本期尚未用完的带薪缺勤权利将予以取消,并且职工离开企业时也无权获得现金支付。我国职工休婚假、产假、丧假、探亲假、病假期间的工资通常属于非累积带薪薪酬。由于职工提供服务本身不能在家其能够享受的福利金额,企业在职工未缺勤时不计提相关费用和负债。

(四) 短期利润分享计划的核算

利润分享计划是指企业制定的、规定职工在完成规定的业绩指标或在企业工作了特定期限后,能够享有按净利润一定比例计算的薪酬的规章或办法。

利润分享计划同时满足下列条件的,企业应当确认相关的应付职工薪酬:

(1) 企业因过去事项导致现在具有支付职工薪酬的法定义务或推定义务。

(2) 因利润分享计划所产生的应付职工薪酬义务金额能够可靠估计。

属于下列三种情形之一的,视为义务金额能够可靠估计:一是在财务报告批准报出之前企业已确定应支付的薪酬金额;二是该短期利润分享计划的正式条款中包括确定薪酬金额的方式;三是过去的惯例为企业确定推定义务金额提供了明显证据。

职工只有在企业工作一段特定期间才能分析利润的,企业在计量利润分享计划产生的应付职工薪酬时,需要反映职工因离职而无法享受利润分享计划福利的可能性。

如果企业在职工为其提供服务的年度报告期结束后12个月内,不需要全部支付利润分享计划产生的应付职工薪酬,该利润分享计划适用其他长期职工福利的有关规定。

【例9-12】 甲公司于20×5年年初制订了一项短期利润分享计划。该计划规定,公司全年净利润指标为2 000万元。当公司超额完成净利润,公司管理层可以分享超额净利润的10%作为额外报酬。20×5年,甲公司全年实际实现净利润2 300万元,公司管理人员均未离职。甲公司20×5年12月31日的会计处理如下:

甲公司管理层按照利润分享计划可分享利润=(2 300−2 000)×10%=30(万元)

借:管理费用　　　　　　　　　　　　　　　　　　　　　　　　　　300 000
　　贷:应付职工薪酬——利润分享计划　　　　　　　　　　　　　　　　300 000

甲公司实际发放该项利润分享计划薪酬时:

借:应付职工薪酬——利润分享计划　　　　　　　　　　　　　　　　　300 000
　　贷:银行存款　　　　　　　　　　　　　　　　　　　　　　　　　　300 000

三、离职后福利的核算

（一）离职后福利计划的概念

离职后福利是企业为获得职工提供的服务而在职工退休或与企业解除劳动关系后,提供的除短期薪酬和辞退福利外的各种形式的报酬和福利,包括退休福利(如养老金和一次性的退休支付)、其他离职福利(如离职后人寿保险和离职后的医疗保障)。

离职后福利计划是指企业与职工就离职后福利达成的协议,或企业为向职工提供离职后福利指定的规章或办法。离职后福利计划分为设定提存计划和设定受益计划两种类型。

（二）设定提存计划的核算

设定提存计划是指向独立的基金缴存固定费用后,企业不再承担进一步支付义务的离职后福利计划(如职工交纳的养老、失业保险)。

企业应当在职工为其服务的会计期间,将根据设定提存计划计算的应缴存金额,确认应付职工薪酬金额,并计入当期损益或相关资产成本。

【例9-13】 甲企业为机械制造企业,从20×3年1月1日起,为企业全体员设立一项企业年金。企业每月按员工工资总额的5%向独立于甲企业的年金基金缴存企业年金。年金基金负责资金运作。企业员工退休时可以一次性获得其个人账户的累积额,包括公司历年缴存额及相应的投资收益。20×6年7月,按照计划安排,甲企业向年金基金缴存500万元,其中:应计入生产成本的金额为420万元;应计入制造费用的金额为30万元;应计入管理费用的金额为50万元。甲公司的会计处理如下:

(1) 确认年金缴存：

借：生产成本 4 200 000
　　制造费用 300 000
　　管理费用 500 000
　　贷：应付职工薪酬——企业年金 5 000 000

(2) 交纳年金：

借：应付职工薪酬——企业年金 5 000 000
　　贷：银行存款 5 000 000

根据设定提存计划，预期不会在职工提供相关服务的年度报告期结束后 12 个月内支付全部应缴存金额的，企业应当按照规定的折现率①，将全部应缴存金额以折现后的金额计量应付职工薪酬。

(三) 设定受益计划的核算

设定受益计划是指除设定提存计划以外的离职后福利计划。设定受益计划与设定提存计划的主要区别在于计划的主要条款和条件所包含的经济实质。当企业通过以下方式负有法定义务时，该计划就是一项设定受益计划。

(1) 计算福利公式不仅仅与提存金额相关，且要求企业在资产不足以满足该公式的福利时提供进一步的提存金。

(2) 通过间接地或直接的对提存金的特定回报作出担保。

企业如果存在一项或多项设定受益计划的，对于每一项计划应当分别进行会计处理。企业对设定受益计划的会计处理包括下列步骤。

1. 确定设定受益计划义务的现值和当期服务成本

(1) 根据预期累计福利单位法，采用无偏且相互一致的精算假设对有关人口统计变量（职工离职率和死亡率）和财务变量（未来薪金和医疗费用的增加）等作出估计，计量设定受益计划所产生的义务，并确定相关义务的归属期间。

(2) 按照规定的折现率，将设定受益计划所产生的义务予以折现，以确定设定受益计划义务的现值和当期服务成本。

2. 确定设定受益计划净负债或净资产

设定受益计划存在资产的，企业应当将设定受益计划义务的现值减去设定受益计划资产公允价值所形成的赤字或盈余，确认为一项设定受益计划净负债或净资产。

设定受益计划存在盈余的，企业应当以设定受益计划的盈余和资产上限两项的孰低者

---

① 规定的折现率指根据资产负债表日与设定受益计划义务期限和币种相匹配的国债或活跃市场上的高质量公司债券的市场收益率确定。

计量设定受益计划净资产。其中,资产上限是指企业可从设定受益计划退款或减少未来对设定受益计划缴存资金而获得的经济利益的现值。

3. 确定应当计入当期损益和其他综合收益的金额

报告期末,企业应当将设定受益计划产生的职工薪酬成本确认为以下组成部分:

(1) 服务成本。服务成本包括三部分:当期服务成本、过去服务成本和结算利得或损失。①当期服务成本是指职工当期提供服务所导致的设定受益计划义务现值的增加额。②过去服务成本是指设定受益计划修改所导致的与以前期间职工服务相关的设定受益计划义务现值的增加或减少。③结算利得或损失是指在设定受益计划结算时所确认的一项利得或损失。设定受益计划结算的实质是企业为了消除设定计划所产生的部分或所有未来义务进行的交易。

(2) 设定受益净负债或净资产的利息净额。这是指设定受益净负债或净资产在所处期间由于时间流逝产生的变动,包括计划资产的利息收益、设定受益计划义务的利息费用以及资产上限影响的利息。

(3) 重新计量设定受益计划净负债或净资产所产生的变动,包括精算利得或损失、计划资产回报和资产上限影响的变动。

除企业会计准则要求或允许职工福利成本计入资产成本的情况外,上述第(1)项和第(2)项计入当期损益,第(3)项计入其他综合收益,并且在后续会计期间不允许转回至损益,但企业可以在权益范围内转移这些在其他综合收益中确认的金额(如图表9-5所示)。

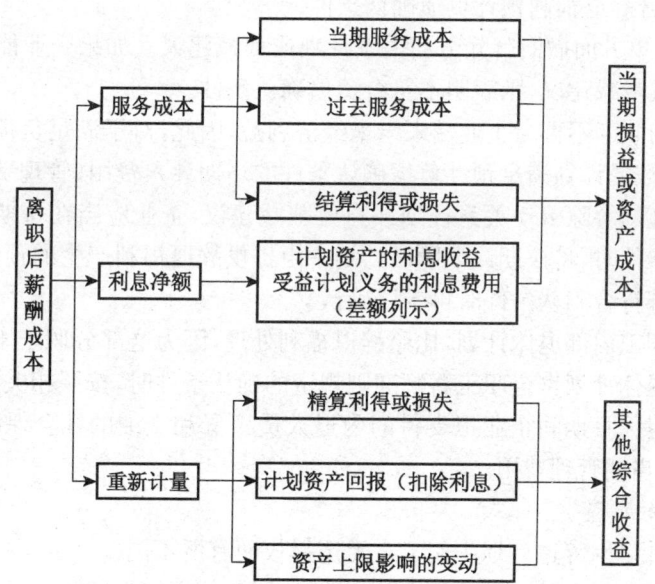

图表9-5 设定受益计划下应付职工薪酬成本列支去向

四、辞退性福利的核算

1. 辞退福利的含义

辞退福利是在职工与企业签订的劳动合同到期前,企业根据法律与职工本人或职工代表(工会)签订的协议,或者基于商业惯例,承诺当其提前终止对职工的雇佣关系时支付的补偿。辞退福利包括:① 在职工劳动合同尚未到期前,不论职工本人是否愿意,企业决定解除与职工的劳动关系而给予补偿。② 在职工劳动合同尚未到期前,为鼓励职工自愿接受裁减而给予的补偿,职工有权利选择继续在职或接受离职而给予补偿。公司控制权发生变动时对辞退管理层人员进行的补偿也属于辞退福利范围。

辞退福利的支付方式有:① 采取解除劳动关系时一次性补偿支付。② 通过提高退休后养老金或其他离职后的福利标准补偿。③ 将职工工资部分支付到辞退后未来某一期间。

2. 辞退福利的确认

辞退福利作为企业的一项费用,应当在同时满足以下两个条件时确认:

(1) 企业已经制订正式的解除劳动关系计划或提出自愿裁减建议并即将实施。计划或建议应当包括的内容:拟解除劳动关系或裁减的职工所在部门、职位及数量;根据有关规定按工作类别或职位确定的解除劳动关系或裁减补偿金额,拟解除劳动关系或裁减的时间。当解除劳动关系计划和自愿裁减建议经过董事会或类似权力机构的批准;将在 1 年内实施完毕时,意味着辞退福利预计负债确认。如果因付款程序等原因部分付款将推迟到 1 年后支付,也可视为符合辞退福利预计负债确认条件。

(2) 企业不能单方面撤回解除劳动关系计划或裁减建议。如果企业能够单方面撤回解除劳动关系计划或裁减建议,则表明不符合负债确认条件。

由于被辞退的职工不再为企业带来未来经济利益,因此,对于满足负债确认条件的所有辞退福利,均应于辞退计划满足预计负债确认条件的当期计入费用(管理费用)。注意,对于分期或分阶段实施的解除劳动关系计划或自愿裁减建议,企业应当在每期或每阶段计划符合预计负债确认条件时,将该期或该阶段计划中由提供辞退福利产生的预计负债予以确认,不能等全部计划都符合确认条件时再予以确认。

企业实施的职工内部退休计划,比照辞退福利处理,因为这部分职工不再为企业带来经济利益。在内部退休计划符合职工薪酬准则规定的确认条件时,按照相关规定,将自职工停止服务日至正常退休日期间企业拟支付的内退人员工资和交纳的社会保险费等,确认为预计负债,一次计入当期管理费用。

3. 辞退福利的计量

辞退福利的计量因辞退计划中职工有无选择权而有所不同:

(1) 对于职工没有选择权的辞退计划,根据计划条款规定拟解除劳动关系的职工数量、每一职位的辞退补偿等计提应付职工薪酬(预计负债),借记"管理费用"账户,贷记"应付职工薪酬——辞退福利"账户。

（2）对于自愿接受裁减建议，因接受裁减的职工数量不确定，企业应当参照或有事项的规定，预计将会接受裁减建议的职工数量，根据预计的职工数量和每一职位的辞退补偿等计提应付职工薪酬（预计负债），借记"管理费用"账户，贷记"应付职工薪酬——辞退福利"账户。

（3）实质性辞退工作在1年内实施完毕但补偿款项超过1年支付的辞退计划，企业应当选择恰当的折现率，以折现后的金额计量计入当期管理费用，该项金额与实际应支付的辞退福利之间的差额，作为未确认融资费用，在以后各期实际支付辞退福利款项时，计入财务费用。确认因辞退福利产生的预计负债时，借记"管理费用""未确认融资费用"账户，贷记"应付职工薪酬——辞退福利"账户；各期支付辞退福利款项时，借记"应付职工薪酬——辞退福利"账户，贷记"银行存款"账户，同时，借记"财务费用"账户，贷记"未确认融资费用"账户。应付辞退福利款金额与其折现后金额相差不大的，也可不折现。

五、其他长期职工福利的核算

其他长期职工福利是指除短期薪酬、离职后福利、辞退福利之外的其他所有职工福利。其他长期职工福利包括长期带薪缺勤、长期残疾福利、长期利润分享计划、长期奖金计划等。

企业向职工提供的其他长期职工福利，符合设定提存计划条件的，按照设定提存计划的有关规定进行会计处理。符合设定受益计划条件的，按照设定受益计划的有关规定，确认和计量其他长期职工福利净负债或净资产。在报告期末，企业应当将其他长期职工福利产生的职工薪酬成本确认为下列组成部分：

（1）服务成本。
（2）其他长期职工福利净负债或净资产的利息净额。
（3）重新计量其他长期职工福利净负债或净资产所发生的变动。

为简化会计处理，上述项目的总净额计入当期损益或相关资产成本。

长期残疾福利水平取决于职工提供服务期间长短的，企业应当在职工提供服务的期间确认应付长期残疾福利义务，计量时应考虑长期残疾福利支付的可能性和预期支付的期限。长期残疾福利与职工提供服务期间长短无关的，企业应当在导致职工长期残疾的事件发生的当期确认应付长期残疾福利义务。

第四节　应交税费的核算

企业在一定时期内取得的营业收入和实现的利润，要按照规定向国家交纳各种税金。其中包括：以商品流转额和服务收入额为纳税对象交纳的流转税，如增值税、营业税、消费税等，以所得额为纳税对象的所得税，如企业所得税、个人所得税等，以及关税、印花税、城市维护建设税、车船税等。

这些应交给国家的税费,除印花税外,都应按照权责发生制进行会计核算,在尚未交纳之前计算确认应交金额记入有关账户,并形成企业的负债。

一、应交增值税

(一) 增值税概述

增值税是就货物或应税劳务的增值部分征收的税种。增值税是一种价外税,即以不含增值税额的价格为计税依据,连续征收而不重复纳税。

我国现行的增值税制度,将增值税的纳税人分为增值税一般纳税人与小规模纳税人两类。增值税一般纳税人是指年销售额达到国家规定标准、会计核算健全、能够按规定准确提供税务资料的企业单位;小规模纳税人是指年应税销售额小于规定标准,或会计核算不健全的纳税人。

1. 小规模纳税人的认定标准

(1) 从事生产货物或者提供应税劳务的纳税人,以及以从事货物生产或者提供应税劳务为主(>50%),并兼营货物批发或者零售的纳税人,年应税销售额在50万元以下的。

(2) 从事货物批发或零售的纳税人,年应税销售额在80万元以下的。

(3) 从事应税服务的纳税人,应税服务年销售额在500万元以下的。

其中:应税服务年销售额是指纳税人在连续不超过12个月的经营期内,提供交通运输和现代服务累计应征增值税销售额,含免税、减税销售额。

(4) 年应税销售额超过小规模纳税人标准的其他个人。

非企业性单位、不经常发生应税行为的企业可选择按小规模纳税人纳税。

2. 增值税税率

适用于增值税一般纳税人的税率有17%、13%、11%、6%和0几档(如图表9-6所示)。小规模增值税征收率为3%(如图表9-7所示)。

图表9-6

增值税一般纳税人税率

税 率	具 体 规 定
17%	(1) 纳税人销售或者进口货物(除适用低税率和零税率的外) (2) 纳税人提供加工、修理修配劳务 (3) 有形动产租赁(不包括融资租赁售后回租)
13%	(1) 粮食、食用植物油 (2) 自来水、暖气、冷气、热水、煤气、石油液化气、天然气、沼气、居民用煤炭制品 (3) 图书、报纸、杂志 (4) 饲料、化肥、农药、农机、农膜 (5) 国务院规定的其他货物(动物骨粒、干姜、姜黄、人工合成牛胚胎、二甲醚)

(续表)

税　率	具　体　规　定
11%	(1) 交通运输服务 (2) 邮政服务 (3) 基础电信服务 (4) 建筑 (5) 不动产租赁 (6) 销售不动产 (7) 转让土地使用权
6%	除17%、13%、11%、零税率以外的应税收入
零税率	(1) 国际运输服务 (2) 航天运输服务 (3) 向境外单位提供的完全在境外消费的部分服务 (4) 其他等

图表9-7

小规模纳税人增值税征收率

征收率	具　体　规　定
5%	(1) 小规模纳税人转让不动产业务 (2) 一般纳税人转让或经营出租2016年4月30日前取得的不动产可选择简易征收纳税 (3) 其他
3%	小规模纳税人发生除不动产转让的增值税纳税业务

(二) 增值税一般纳税人应交增值税的核算

1. 应交增值税额的计算

按照《增值税暂行条例》的规定,增值税一般纳税人购入货物或接受应税劳务支付的增值税(进项税额),可以从销售货物或提供劳务按照规定收取的增值税(从销售额)中抵扣。增值税一般纳税人应交增值税的计算公式如下:

$$应交增值税税额 = 当期销项税额 - 当期进项税额$$

当期销项税额小于当期进项税额不足抵扣时,其不足部分可以结转下期继续抵扣。

计算公式中,销项税额是指企业本期因销售货物或应税劳务,按照销售额和规定的额率计算并向购买方收取的增值税额,即销项税额=销售额×税率。进项税额是指企业本期因购买货物或应税劳务,支付或负担的增值税额。

2. 增值税进项税额抵扣的依据

企业购入货物或接受应税劳务必须凭对方单位开具的增值税专用发票,进口货物必须凭交纳增值税后从海关取得的完税凭证,其进项税额才能予以扣除。购进免税农产品或收购废旧物资,按照经税务机关批准的收购凭证上注明的价款或收购金额的一定比率计算进项税额,并以此作为扣税和记账的依据。其中:

增值税专用发票是增值税一般纳税人销售货物或者提供应税劳务时开具的专用发票。增值税专用发票与普通发票不同,增值税专用发票除了包含普通发票所具备的全部内容外,还包括纳税人税务登记号、不含增值税金额、适用增值税税率、应纳增值税额等内容。购货方以收到的增值税专用发票上记载的购入货物已支付的税额,作为扣税和记账的依据。

完税凭证即增值税专用缴款书。企业进口货物必须交纳增值税,其交纳的增值税在增值税专用缴款书上注明,进口货物交纳的增值税根据从海关取得的完税凭证上注明的增值税额,作为扣税和记账依据。

企业购入货物或接受应税劳务,没有按照规定取得并保存增值税扣税证明,或者增值税扣税证明上未按规定注明增值税额及其他有关事项的,其进项税额不能从销项税额中抵扣。会计核算中,对已支付的不能扣除的增值税进项税额只能计入购入货物或接受劳务的成本。

如果企业在销售货物或提供劳务时采用价税合并的销售额,应按计算公式"销售额＝含税销售额÷(1＋增值税税率)"将含税销售额转化成不含税销售额。

3. 账户设置

增值税一般纳税人应交增值税,在"应交税费"账户下设置"应交增值税""未交增值税"明细账户进行明细核算。

"应交增值税"明细账户的贷方发生额反映销售货物或提供应税劳务应交纳的增值税额、出口货物退税、转出已支付或应分担的增值税等;借方发生额反映企业购进货物或接受应税劳务支付的进项税额、实际已交纳的增值税等;期末借方余额反映企业尚未抵扣的增值税。"应交税费——应交增值税"账户分别设置"进项税额""已交税金""销项税额""出口退税""进项税额转出""转出未交增值税""转出多交增值税""减免税款""出口抵减内销产品应纳税额"等专栏。

4. 增值税一般纳税人购销业务的核算

在购货阶段实行价税分离,对增值税专用发票上注明的价款和增值税额,分别作购入货物成本和增值税进项税额入账。

企业在国内采购的货物和接受应税劳务时,按照增值税专用发票上注明的增值税额,借记"应交税费——应交增值税(进项税额)"账户;按照增值税专用发票上注明的价款,借记"材料采购""原材料""制造费用""管理费用""销售费用""其他业务成本""固定资产""无形资产"等账户,按照应付或实际支付的金额,贷记"应付账款""银行存款"等账户。

企业进口货物时,按照进口货物应计入采购成本的金额,借记"材料采购""原材料"等账户;按照海关提供的完税凭证上注明的增值税额,借记"应交税费——应交增值税(进项税额)"账户;按照应付或实际支付的金额,贷记"应付账款""银行存款"等账户。

在销售阶段也实行价税分离,按照应收或实际收到的金额,借记"应收账款""应收票据""银行存款"等账户;按照专用发票上注明的价款,贷记"主营业务收入""其他业务收入"等账户;按照增值税专用发票上注明的增值税额,贷记"应交税费——应交增值税(销项税额)"账户。

【例9-14】 Y公司为增值税一般纳税人,原材料采用实际成本计价。20×1年11月3日,Y公司向同城H公司购进原材料,收到H公司开出的增值税专用发票,发票上注明价款200 000元,增值税额34 000元(税率为17%);收到运输公司开出的增值税专用发票,发票上注明价款1 000元,增值税额110元(税率为11%)。同日收到H公司发来的材料并验收入库。开出银行转账支票,一次付清货税款。

20×1年11月30日,Y公司销售给L公司商品,开出增值税专用发票上注明价款250 000元,增值税额42 500元(税率为17%)。商品于当日发出,收到L公司签发并承兑的2个月期商业承兑汇票。根据上述业务,Y公司会计处理如下:

(1) 11月3日,购进原材料时:

原材料成本=200 000+1 000=201 000(元)
进项税额=34 000+110=34 110(元)

借:原材料　　　　　　　　　　　　　　　　　　　　　　　201 000
　　应交税费——应交增值税(进项税额)　　　　　　　　　 34 110
　贷:银行存款　　　　　　　　　　　　　　　　　　　　　235 110

(2) 11月30日,销售商品时:

借:应收票据——L公司　　　　　　　　　　　　　　　　　292 500
　贷:主营业务收入　　　　　　　　　　　　　　　　　　　250 000
　　　应交税费——应交增值税(销项税额)　　　　　　　　　42 500

5. 增值税一般纳税人购进免税产品的会计处理

我国增值税暂行条例规定:对农业生产者销售自产初级农业产品、销售古旧图书、销售自己使用过的物品等免征增值税。销售免征增值税项目的货物,只能开具普通发票,不能开具增值税专用发票。通常情况下,购进免税产品不能扣税。但税法又规定,对于增值税一般纳税人购进免税产品、收购废旧物资等,可以按照普通发票上注明价款的一定比率计算进项税额,并准予从销项税额中扣除。① 在会计核算上,增值税一般纳税人对于购入的免税农产品按普通发票上确定的价款,对收购的废旧物资按废旧物资经营单位开具的经当地国税部门认可

---

① 按照有关规定,增值税一般纳税人购进农业生产者销售的农业产品,或者向小规模纳税人购买的农产品,准予按照买价和13%的扣除率计算进项税额;收购废旧物资,准予按收购凭证上注明的价款和10%的扣除率计算进项税额。

的废旧物资收购凭证上确定的价款,扣除一定比例的进项税额后,作为购进农业产品(或收购废旧物资)的成本;扣除的部分作为进项税额,待以后用以抵扣销项税额。

【例 9-15】 Z公司为增值税一般纳税人,20×2年12月6日,向农民购入农产品,实际支付价款240 000元,以现金支付。收购的农产品已经验收入库,款项已经支付。公司原材料核算采用实际成本计价法。

按照有关规定,Z公司可抵扣的进项税额为31 200元(240 000×13%),其购买的农产品成本为208 800元(240 000－31 200)。根据计算结果,编制会计分录如下:

  借:原材料   208 800
    应交税费——应交增值税(进项税额)   31 200
    贷:银行存款   240 000

6. 视同销售的会计处理

按照我国《增值税暂行条例实施细则》的规定:对于将货物交付其他单位或个人代销;销售代销货物;设有两个以上机构并实行统一核算的纳税人,将货物从一个机构移送其他机构用于销售,但相关机构设在同一县(市)的除外;将自产或委托加工的货物用于非应税项目;将自产、委托加工或购买的货物作为投资,提供给其他单位或个体经营者;将自产、委托加工或购买的货物分配给股东或投资者;将自产、委托加工或购买的货物用于集体福利或个人消费;将自产、委托加工或购买的货物无偿赠送其他单位或个人,应视同货物销售,计算交纳增值税。

会计核算上,对将自产的货物用于在建工程、非福利赠送、对外投资和支付股利等,均应视同销售,按货物公允价值加上应交纳的增值税销项税额,借记"在建工程""应付职工薪酬""营业外支出""长期股权投资""应付股利"等相关账户,按货物公允价值,贷记"主营业务收入"账户,按应交纳的增值税销项税额,贷记"应交税费——应交增值税(销项税额)"账户。然后结转货物成本,按货物成本,借记"主营业务成本"账户,贷记"库存商品"账户。

【例 9-16】 Z公司为增值税一般纳税人,20×2年12月,将自产的产品用于集体福利发放给员工。产品成本为120 000元,公允价值为200 000元。假定70%员工属于直接参加产品生产的工人,30%为企业管理人员。其会计核算过程如下:

(1)确认应计入成本费用的非货币性薪酬时:

  借:生产成本   163 800
    管理费用   70 200
    贷:应付职工薪酬   234 000

(2)确认销售收入时:

  借:应付职工薪酬——非货币性福利   234 000
    主营业务收入   200 000
    贷:应交税费——应交增值税(销项税额)   34 000

(3) 结转产品成本时：

借：主营业务成本　　　　　　　　　　　　　　　　　　　　　　120 000
　　贷：库存商品　　　　　　　　　　　　　　　　　　　　　　　　120 000

7. 不予抵扣项目的会计处理

按照我国《增值税暂行条例实施细则》的规定，下列货物的运输费用和销售免税货物的运输费用等项目的进项税额不得从销项税额中抵扣：① 用于免征增值税项目、集体福利或者个人的购进货物或者应税劳务；② 非正常损失的购进货物及相关的应税劳务；③ 非正常损失的在产品、产成品所耗用的购进货物或者应税劳务；④ 国务院财政、税务主管部门规定的纳税人自用消费品。

对于不得抵扣的增值税进项税额会计处理因不同情况而异：

(1) 对于购入时即能确认其进项税额不能抵扣的，如购进的货物用于免税项目（如古旧图书）、购进的货物用于集体福利和个人消费的，在其购入时应按增值税专用发票上的价税合计，计入购入货物的成本。

(2) 对于购入货物时不能确认其进项税额是否能抵扣，或购进的货物用于生产经营，其增值税专用发票上注明的增值税额已按正常增值税会计处理方法，记入"应交税费——应交增值税（进项税额）"账户，如果其后因改变了原生产经营用途，用于集体福利、个人消费等，或发生了非常损失（自然灾害损失、霉变、变质、盘亏等），相应的进项税额不得抵扣，应将已作抵扣的进项税额从"应交税费——应交增值税（进项税额转出）"账户转入"应付职工薪酬——职工福利""待处理财产损溢"等有关账户，由相应承担者承担。

【例 9-17】 T公司为增值税一般纳税人，原材料按实际成本计价。20×2 年 12 月 31 日，在进行财产清查时发现库存原材料盘亏，成本价为 5 000 元，原因待查，原材料应负担的增值税税率为 17%。

按照我国税法规定，非正常损失的购进货物增值税进项额不得抵扣。因此，将盘亏库存原材料的成本 5 000 元及应负担的增值税 850 元（5 000×17%）转入"待处理财产损溢"账户。编制会计分录如下：

借：待处理财产损溢　　　　　　　　　　　　　　　　　　　　　 5 850
　　贷：原材料　　　　　　　　　　　　　　　　　　　　　　　　　 5 000
　　　　应交税费——应交增值税（进项税额转出）　　　　　　　　　　 850

8. 转出多交增值税和未交增值税的会计处理

按照《增值税暂行条例实施细则》的规定，增值税的纳税期限分别为 1 日、3 日、5 日、10 日、15 日、1 个月或者 1 个季度。纳税人的具体纳税期限，由主管税务机关根据纳税人应纳税额的大小分别核定；不能按照固定期限纳税的，可以按次纳税。纳税人以 1 个月或者 1 个季度为 1 个纳税期的，自期满之日起 15 日内申报纳税；以 1 日、3 日、5 日、10 日或者 15 日为 1 个纳税期的,自期满之日起 5 日内预交税款,于次月 1 日起 15 日内申报纳税并结清上月应纳税款。

企业增值税纳税期限小于 1 个月,采用月内分次预交,次月结清方式时,在"应交税费——应交增值税"账户中会出现月内多交、欠交和待抵扣增值税等情况。

【例 9-18】 A 公司增值税纳税期限为 15 天,每月 20 号预交上半月增值税,次月 10 号前结清应交款。20×1 年 1 月上半月销项税额为 50 万元,进项税额为 40 万元,预交 10 万元增值税。假设 1 月 31 日结账时全月发生的进项税额为 85 万元,销项税额分别为 100 万元、92 万元和 83 万元。则:

(1) 如果全月销项税额 100 万元,应交增值税 15 万元,已经预交 10 万元,欠交增值税 5 万元。

(2) 如果全月销项税额 92 万元,应交增值税 7 万元,已经预交 10 万元,多交增值税 3 万元。

(3) 如果全月销项税额 83 万元,小于增值税进项税额 2 万元,已经预交 10 万元,结果是多交增值税 10 万元,可抵扣增值税 2 万元。

为了分别反映增值税一般纳税人应交增值税、多交增值税和待抵扣增值税的情况,企业应在"应交税费"账户下设置"未交增值税"明细账户,核算企业月份终了从"应交税费——应交增值税"账户转入的当月未交或多交的增值税;同时,在"应交税费——应交增值税"账户下设置"转出未交增值税"和"转出多交增值税"专栏。月份终了,企业计算出当月应交未交(或多交)的增值税,从"应交税费——应交增值税"账户转入"应交税费——未交增值税"账户。经过结转后,"应交税费——应交增值税"账户的余额,反映企业尚未抵扣的增值税。

注意:企业交纳当月增值税时,借记"应交税费——应交增值税(已交税金)"账户,贷记"银行存款"账户;交纳以前各期未交增值税时,借记"应交税费——未交增值税"账户,贷记"银行存款"账户。

【例 9-19】 承[例 9-18],分以下三种情况为 A 公司进行 1 月末增值税计算的会计核算。

(1) 全月销项税额 100 万元、进项税额 85 万元,月中已经预交增值税 10 万元:

借:应交税费——应交增值税(转出未交增值税)　　　　　　　　　　50 000
　　贷:应交税费——未交增值税　　　　　　　　　　　　　　　　　　　50 000

"应交税费——未交增值税"账户为贷方余额 50 000 元。

(2) 全月销项税额 92 万元、进项税额 85 万元,月中已经预交增值税 10 万元:

借:应交税费——未交增值税　　　　　　　　　　　　　　　　　　　30 000
　　贷:应交税费——应交增值税(转出多交增值税)　　　　　　　　　　30 000

"应交税费——未交增值税"账户为借方余额 30 000 元。

(3) 全月销项税额 83 万元、进项税额 85 万元，月中已经预交增值税 10 万元：

借：应交税费——未交增值税 100 000
　　贷：应交税费——应交增值税(转出多交增值税) 100 000

"应交税费——未交增值税"账户为借方余额 100 000 元，即多交的增值税，"应交税费——应交增值税"账户为借方余额 20 000 元，即可抵扣的增值税进项税额。

（三）小规模纳税人应交增值税的核算

小规模纳税人的特点是：一般情况下，销售货物或提供应税劳务只能开具普通发票，不能开具增值税专用发票；销售货物或提供应税劳务时，按照销售额(不含税)和增值税征收率计算应交增值税；若小规模纳税人的销售额价税合并的话，应按照公式"销售额＝含税销售额÷(1＋征收率)"将含税销售额还原为不含税销售额。按照有关规定：无论是工业企业还是商品流通企业，小规模纳税人的增值税征收率均为 3％。购入货物无论是否收到增值税专用发票，其支付给供货方的增值税额均计入购入货物的成本，不得抵扣。

小规模纳税人应交增值税的核算基本方法是：在"应交税费"账户下设置"应交增值税"明细账户，采用三栏式账页格式。在商品销售时，按含税价，借记"银行存款""应收账款""应收票据"等账户，按不含税销售额，贷记"主营业务收入"或"其他业务收入"账户，按计算出的应交增值税额，贷记"应交税费——应交增值税"账户。

【例 9-20】 E 商品零售企业被核定为小规模纳税人。20×2 年 1 月购入商品，收到的增值税专用发票上注明商品价款为 50 000 元，增值税额为 8 500 元。出售商品，销售价格总额为 60 000 元(含税)，货款尚未收到。根据上述业务，E 商品零售企业会计处理如下：

(1) 购入商品，价税合计全部计入商品成本时：

借：库存商品 58 500
　　贷：银行存款 58 500

(2) 销售商品，确认不含税销售收入 58 252.43 元[60 000÷(1＋3％)]和应交增值税额 1 747.57 元(58 252.43×3％)时：

借：银行存款 60 000.00
　　贷：主营业务收入 58 252.43
　　　　应交税费——应交增值税 1 747.57

二、应交消费税

消费税是对在我国境内从事生产、委托加工和进口应税消费品的单位和个人征收的一种税。这是国家为了调节产品结构，正确引导消费方向，保证国家财政收入，在普遍征收增值税的基础上，选择特定消费品和消费行为再征收的一种税。按照我国《消费税暂行条例》的规定，确定征收消费税的范围为 4 类 11 个税目。比如：烟、酒、鞭炮、焰火等过度消费会对人类健康、社会秩序、生态环境等方面造成危害的消费品;化妆品、护肤护发品、贵重首饰及珠宝玉石等奢侈品、非生活必需品;小汽车、摩托车等高能耗及高档消费品;汽油、柴油、汽车轮胎等不可再生和替代的石油类消费品。

消费税属于价内税,一般在应税消费品的生产、委托加工和进口环节交纳,在以后的批发、零售等环节中,不必再交纳消费税。消费税的征收方法采取从价定率和从量定额两种。其中,实行从价定率办法计征的应交消费税计算公式如下:

$$应交消费税=销售额(不含增值税)\times 消费税税率$$

实行从量定额办法计征的应交消费税计算公式如下:

$$应交消费税=销售量\times 单位消费税额$$

企业应交消费税,在"应交税费"账户下设置"应交消费税"明细账户进行核算。该账户的贷方登记应交纳的消费税,借方登记实际交纳的消费税和待扣的消费税,期末贷方余额表示尚未交纳的消费税,期末借方余额表示多交或待扣的消费税。

1. 企业销售应税消费品的核算

企业对外销售应交纳消费税的产品时,应将按规定计算出的应交消费税作为费用,记入"税金及附加"账户。

【例 9-21】 E 公司为增值税一般纳税人,适用的增值税税率为 17%,消费税税率为 10%。20×1 年 12 月,销售应纳消费税商品,售价共计 300 000 元(不含增值税)。商品已经发出,符合收入确认条件,款项尚未收到。E 公司会计处理如下:

(1) 销售商品:

借:应收账款	351 000
贷:主营业务收入	300 000
应交税费——应交增值税(销项税额)(300 000×17%)	51 000

(2) 计算应交消费税:

借:税金及附加	30 000
贷:应交税费——应交消费税(300 000×10%)	30 000

2. 企业进出口应税消费品的核算

需要交纳消费税的进口消费品,其交纳的消费税应计入该进口消费品的成本,借记"固定资产""材料采购"等账户,贷记"银行存款"等账户。生产企业直接出口应税消费品,按规定直接予以免税的,可以不计算应交消费税;委托外贸企业代理出口应税消费品的生产企业,应在计算消费税时,按应交消费税额,借记"应收账款"账户,贷记"应交税费——应交消费税"账户。应税消费品出口收到退回的税金时,借记"银行存款"账户,贷记"应收账款"账户。发生退关、退货而补交已退的消费税,作相反的会计分录。

3. 以应税消费品对外投资等相关消费税的会计处理

企业用应税消费品对外投资,或用于在建工程、非生产机构等其他方面,按规定应交纳的消费税,计入投资成本或固定资产的成本,借记"长期投资"或"在建工程"等账户,贷记"库存商品""应交税费——应交消费税"账户。

有关委托加工应税消费品的会计核算将在第十二章中介绍。

三、其他税费的核算

(一)城市维护建设税和教育费附加

城市维护建设税是国家对交纳增值税、消费税的单位和个人就其实际交纳的"三税"税额为计税依据而征收的一种税。它属于特定目的税,是国家为加强城市的维护建设,扩大和稳定城市维护建设资金的来源而采取的一项税收措施。城市维护建设税应纳税额的计算公式如下:

$$应交城市维护建设税 = 纳税人实际交纳的(增值税+消费税) \times 适用税率$$

教育费附加是国家对交纳增值税、消费税的单位和个人就其实际交纳的"增值税和消费税"税额为计税依据而征收的一种附加费。教育费附加是为加快地方教育事业,扩大地方教育经费的资金而征收的一项专用基金。教育费附加是和有关流转税同时收取的一种费用。

教育费附加的计算公式如下:

$$应交教育费附加 = 纳税人实际交纳的(增值税+消费税) \times 征收率$$

企业应交城市维护建设税和应交教育费附加的会计核算分别在"应交税费——应交城市维护建设税"和"应交税费——应交教育费附加"账户中进行。期末,企业计算出应交城市维护建设税和教育费附加的实际金额后,借记"税金及附加""固定资产清理"等账户,贷记"应交税费——应交城市维护建设税"和"应交税费——应交教育费附加"账户。

【例9-22】 T公司20×1年1月份实际应交纳增值税60 000元、消费税25 000元。假设城市维护建设税税率为7%;教育费附加征收率为3%。该公司当月应交城市维护建设税、教育费附加的计算及会计处理如下:

$$应交城市维护建设税 = (60\,000+25\,000) \times 7\% = 5\,950(元)$$

$$应交教育费附加 = (60\,000+25\,000) \times 3\% = 2\,550(元)$$

借:税金及附加　　　　　　　　　　　　　　　　　　　　　　　8 500
　　贷:应交税费——应交城市维护建设税　　　　　　　　　　　　5 950
　　　　应交税费——应交教育费附加　　　　　　　　　　　　　　2 550

(二) 印花税

印花税是对书立、领受购销合同等凭证行为征收的税款,实行由纳税人根据规定自行计算应纳税额,购买并一次贴足印花税票的交纳方法。应纳税凭证包括:购销、加工承揽、建设工程承包、财产租赁、货物运输、仓储保管、借款、财产保险、技术合同或者具有合同性质的凭证;产权转移书据;营业账簿;权利、许可证照等。

企业购买印花税票时,借记"税金及附加"账户,贷记"银行存款"账户。

第五节 或有负债和预计负债的核算

一、或有负债

或有负债是指由于某种约定的条件或允诺的责任,在未来可能发生某种情况或某种意外事故时,企业要承担的清偿债务的责任。或有负债是一种潜在的负债,这种债务可能会发生,也可能不发生。

常见的或有负债有:① 已贴现的商业承兑汇票。② 未决诉讼、仲裁。③ 产品质量保证。④ 追加税款。⑤ 应收账款抵借。⑥ 通融票据。

从严格的意义上来说,或有负债不是企业现时真正存在的负债,不应确认为负债。因此,在资产负债表中或有负债往往以加括弧、附注说明,或以抵销账户的形式出现;有时有的企业在资产负债表中专列一类"或有负债",列在负债与股东权益之中,不过金额加用括弧,表示此项数据不计入权益总金额之内。

但是,如果或有负债符合某些条件,则应予以披露。或有负债披露的基本原则是,极小可能导致经济利益流出企业的或有负债一般不予披露。但是,对某些经常发生或对企业的财务状况和经营成果有较大影响的或有负债,即使其导致经济利益流出企业的可能性极小,也予以披露,以确保会计信息使用者获得充分和详细的信息。这些或有负债包括:已贴现商业承兑汇票形成的或有负债;未决诉讼、仲裁形成的或有负债;为其他单位提供债务担保形成的或有负债;其他或有负债(不包括极小可能导致经济利益流出企业的或有负债),对于以上或有负债,企业应在附注中分类披露其形成的原因、预计产生的财务影响(如无法对此作出估计,应说明理由)、获得补偿的可能性等内容。

有时,充分披露未决诉讼、仲裁形成的或有负债信息可能会对企业的生产经营造成重大不利影响。为此,在涉及未决诉讼、仲裁的情况下,如果披露全部或部分信息预期会对企业造成重大不利影响,则企业无需披露这些信息。但是,这并不表明企业可以不披露任何相关的信息。此时,企业至少应披露未决诉讼、仲裁的形成原因。

二、预计负债

预计负债(也称为"估计负债")指的是负债数额和金额在会计期末或到期日无法准确确定,但该项债务确实是由已经发生的经济业务引起的,并需要在未来一定日期偿还,必须采用一定的方法予以估计的负债。预计负债应同时具备以下三个条件:一是该义务是企业承担的现时义务,从而与作为潜在义务的或有负债相区别。二是该义务的履行很可能导致经济利益流出企业。这里的"很可能",指发生的可能性为"大于50%,小于或等于95%"。三是该义务的金额能够可靠地计量。预计负债的债务责任是确定的,只不过金额需要合理估计。

"预计负债"账户核算企业各项预计的负债,包括对外提供担保、商业承兑票据贴现、未决诉讼、产品质量保证等很可能产生的负债。企业应按照规定的项目,以及确认标准,合理地计提各项很可能发生的负债,典型的预计负债有:预提修理费用、预提三包费用和预提兑换奖券。另外,根据企业会计准则的规定,企业对外提供担保可能产生的负债,如果符合有关确认条件,应当确认为预计负债。

预计负债的金额应是清偿该负债所需支出的最佳估计数。如果所需支出存在一个金额范围,则最佳估计数应按该范围的上、下限金额的平均数确定。如果所需支出不存在一个金额范围,当预计负债涉及单个项目时,最佳估计数按最可能发生金额确定;预计负债涉及多个项目时,最佳估计数按各种可能发生额及发生概率计算确定。与或有事项相关的义务,如果不同时符合上述三个条件,会计上应确认为或有负债。按规定的预计项目和预计金额确认的预计负债,借记"管理费用""营业外支出"等账户,贷记"预计负债"账户;实际偿付预计负债时,借记"预计负债"账户,贷记"银行存款"账户。企业在资产负债表日对预计负债的账面价值进行检查,如有确凿证据表明该账面价值不能真实反映当前最佳估计数,应作相应调整。调整增加的预计负债,借记有关账户,贷记"预计负债"账户;调整减少的预计负债,作相反的会计分录。该账户期末贷方余额反映企业已预计尚未清偿的债务。

预计负债导致经济利益流出的可能性要大于或有负债,但要小于负债。因此,将预计负债划入企业的负债范畴,但在资产负债表上又与其他负债项目区别开来,单独反映。在会计上,单设"预计负债"账户核算。在资产负债表中,对预计负债应单独反映;同时,还应在附注中对各项预计负债形成的原因及金额作相应披露,以使财务报告使用者获得充分、详细的有关或有事项的信息。需要说明的是,如果企业因多项或有事项确定了预计负债,在资产负债表上一般只需通过"预计负债"项目进行总括反映。

在预计负债确认的同时确认的支出或费用,在利润表中不应单列项目反映,而应与其他费用或支出项目(如"销售费用""管理费用""营业外支出"等项目)合并反映。比如,企业因产品质量保证确认负债时所确认的费用,在利润表中,应作为"销售费用"项目的组成部分予以反映。又如,企业因对其他单位提供债务担保确认负债时所确认的费用,应作为"营业外支出"项目的组成部分予以反映。

需要说明的是,如果企业基本确定能获得补偿,那么企业在利润表中反映因或有事项确认的费用或支出时,应将这些补偿预先抵减。

复习思考题

1. 企业赊购商品存货需要设置哪些负债类账户?说明其适用范围与核算区别。
2. 职工薪酬是由哪几部分构成的?
3. 短期薪酬主要包括哪些内容?如何对其进行核算?
4. 累积带薪缺勤和非累积带薪缺勤核算有何区别?
5. 增值税一般纳税人和小规模纳税人应交增值税的核算有何区别?
6. 说明不同增值税税率适用的范围。
7. 或有负债和预计负债划分的依据是什么?

练习题

一、判断题

1. 若货物已验收入库而发票账单未到,虽然无法确定应付账款的金额,也应估计金额以负债反映,同时也需在会计报表中披露。（　　）
2. 企业因赊购商品存货开出银行汇票,应通过负债类账户"应付票据"进行核算。
（　　）
3. 企业在职工提供相关服务的年度报告期结束后12个月内,需要全部予以支付的职工薪酬均为短期薪酬。（　　）
4. 企业在职工为其提供服务的会计期间应付的职工薪酬,应确认负债,并根据职工提供服务的受益对象,分别计入当前损益或资本性支出。（　　）
5. 遵循配比要求,企业应当在销售货物当年度确认产品质量保证费用。（　　）
6. 有形动产租赁服务适用的增值税税率为11%,不动产租赁服务适用的增值税税率为17%。（　　）
7. 增值税一般纳税人在购货阶段,对增值税专用发票上注明的价款和增值税额,分别作购入货物成本和增值税进项税额入账;小规模纳税人对购货时支付或应付的价款和增值税额,全部计入货物成本。（　　）
8. 离职后福利计划如果是设定受益计划,则企业应当将设定受益计划产生的职工薪酬

成本全部计入当期损益。   (   )

9. 消费税和增值税都是流转税,所以销售商品应交纳的消费税和增值税的会计处理一致,均记入"营业税金及附加"账户。   (   )

10. 对于满足负债确认条件的所有辞退福利计划,在确认由于辞退福利而产生预计负债时,应同时以相等金额计入当期损益。   (   )

二、单项选择题

1. 企业应付账款由于债权单位撤销而无法支付,报经批准后应转作(   )处理。
   A. 管理费用   B. 资本公积   C. 营业外收入   D. 其他业务收入
2. 对于开出的银行承兑汇票到期无法偿付的款项,企业应当(   )。
   A. 不进行处理   B. 转作短期借款   C. 转作其他应付款   D. 转作应付账款
3. 下列项目中,不属于职工薪酬中的职工的是(   )。
   A. 兼职会计   B. 独立董事
   C. 临时雇员   D. 为企业提供审计服务的注册会计师
4. 某增值税一般纳税人"应交税费——应交增值税"账户的月初借方余额为12 000元,本月购入材料等物资80 000元,支付的增值税额为13 600元,销售产品含税收入为265 000元,"应交税费——应交增值税"账户月末贷方余额为(   )元。
   A. 3 000   B. 7 200   C. 3 900   D. 13 600
5. 下列项目中,不属于"应交税费"账户核算内容的是(   )。
   A. 城市维护建设税 B. 印花税   C. 个人所得税   D. 资源税
6. 下列项目中,不属于职工薪酬的是(   )。
   A. 职工工资   B. 社会保险费
   C. 职工出差报销的火车票   D. 带薪缺勤福利
7. 下列项目中,不属于预计负债的是(   )。
   A. 应交所得税   B. 坏账准备   C. 离职后福利   D. 应付职工薪酬
8. 适用于增值税一般纳税人的税率有17%、13%、11%和6%等。下列需要按照11%税率计算增值税的行业是(   )。
   A. 现代服务   B. 交通运输服务
   C. 销售或进口货物   D. 有形动产租赁服务

三、核算题

习 题 一

A公司20×1年8月应付职工薪酬情况如图表9-6所示。

图表9-6

应付职工薪酬汇总表

工　　资		其他职工薪酬			
		个人负担：		企业负担：	
生产工人工资	100万元	基本养老保险	8%	基本养老保险	21%
车间管理人员工资	30万元	医疗保险	2%	基本医疗保险	11%
销售人员工资	5万元	住房公积金	7%	失业保险	1.5%
行政管理人员工资	15万元	工会经费	1%	住房公积金	7%
在建工程人员工资	20万元			工会经费	2%
				教育经费	1.5%

要求：为该公司进行当月有关职工薪酬的会计核算。

习 题 二

甲公司为增值税一般纳税人，适用的增值税税率为17%，商品销售价格中不含增值税额。商品销售成本按发生的经济业务逐笔结转。甲公司20×1年5月发生如下经济业务：

（1）向乙公司销售A商品900件，销售价格每件200元，商品成本每件130元。商品已经发出，开出增值税专用发票，收到乙公司开出的不带息商业承兑汇票一张，金额为210 600元。

（2）以库存A商品200件作价向丙公司进行长期股权投资。已知A商品的公允价值为200元/件，单位成本为130元/件。

（3）收到乙公司A商品退货30件。该退货系甲公司当年售出，售出时售价200元/件，单位成本为120元/件，该货款已收并全部存入银行。甲公司用银行存款支付退货款项，退回的A商品验收入库，并按规定开出红字增值税专用发票(该项退货不属于资产负债表日后事项)。甲公司对退回的A商品按原有销售成本转回。

（4）购买原材料一批，收到对方开出的增值税专用发票，原材料买价为150 000元，已开出转账支票予以支付。

要求：

（1）为甲公司发生的上述有关经济业务编制会计分录。

（2）假设城市维护建设税税率为7%，教育费附加征收率为3%。为甲公司计算当月应交增值税、应交城市维护建设税和应交教育费附加金额，并编制相应的会计分录。

习 题 三

Y公司为增值税一般纳税人，原材料按实际成本核算，在未专门说明的情况下，货款均不含增值税。20×6年Y公司发生如下经济业务：

（1）采购A材料170万元，收到增值税专用发票，原材料尚在运输途中，价税款尚未支付。

（2）采购B材料10万元，收到增值税专用发票，原材料已验收入库。Y公司开出商业承兑汇票，承诺在60天内付款。

（3）销售甲商品，售价为250万元，已开出增值税专用发票。该产品按规定还需交纳10%消费税，收到转账支票存入银行。商品成本为150万元。

（4）出售一项专利权，转让收入为3万元，开出增值税专用发票，转让价税款已收到银行汇票，存入开户银行。无形资产账面原值为7万元，累计摊销为2万元。

（5）向农民收购农副产品，实际支付价款32万元，收购的农副产品已验收入库。

（6）以现金购买印花税票500元。

（7）出售一栋办公用房，原始价值为3 000万元，已提折旧2 200万元，出售所得不含税收入为1 910万元，清理费用为10万元。房屋已清理完毕，款项均以银行存款收付。

要求：

（1）根据上述资料编制有关会计分录。

（2）计算本期Y公司应交纳的增值税、消费税、城市维护建设税和教育费附加。

第十章 非流动负债

> **章前案例**
>
> 2015年,在新能源汽车爆发式增长和动力锂电池产业链被全面引爆的背景下,比亚迪迅速抓住本次机遇,积极建设锂离子电池生产项目,深入汽车生产基地的研发,布局全面的汽车零部件及品种项目。
>
> 2015年8月,比亚迪按面值(100元)发行3年期,规模为人民币15亿元的固定利率债券。债券票面利率为4.10%,债券按年付息,到期一次还本,最后一期利息随本金一起支付,如图表10-1所示。

图表10-1

比亚迪股份有限公司合并资产负债表(部分摘录)

单位:万元

	项 目	2015年	2014年
1	流动资产总额	5 441 166	4 073 310
2	非流动资产总额	6 107 409	5 327 576
3	资产总额	11 548 575	9 400 886
4	流动负债总额	6 611 012	5 302 212
5	长期借款	674 595	798 833
6	应付债券	448 395	299 097
7	递延所得税负债	56 815	—
8	其他非流动负债	154 834	111 300
9	非流动负债总额	1 334 639	1 209 230
10	负债总额	7 945 651	6 511 442
11	所有者权益总额	3 602 924	2 889 444

第十章 非流动负债

> **学习目的**
> - 掌握利息费用的计算
> - 区分能够予以资本化的借款费用和费用化的利息费用
> - 掌握长期借款、应付债券及长期应付款的会计核算
> - 理解可转换公司债券与一般公司债券的核算区别

第一节 借款费用的核算

一、借款费用概述

（一）借款费用的范围

借款费用是指企业因借款而发生的利息及其相关成本，包括借款利息、溢价或者折价的摊销、因外币借款而发生的汇兑差额以及辅助费用（如发行债券费用、手续费等）等。借款费用本质上是企业因借入资金所付出的代价。它具体包括以下内容：

（1）借款利息。借款利息包括企业向银行或其他金融机构等借入资金发生的利息，发行债券发生的利息，以及承担带息债务应计的利息等。

（2）因借款而发生的溢价或折价的摊销。这主要是指发行债券发生的溢价或折价在每期的摊销金额。

（3）外币借款汇兑差额。这是指由于汇率变动而对外币借款本金及其利息的记账本位币金额产生的影响金额。

（4）辅助费用。这是指企业在借款过程中发生的诸如手续费、佣金、印刷费和承诺费等费用。

（二）借款的范围

借款包括专门借款和一般借款。

（1）专门借款。专门借款是指为购建或者生产符合资本化条件的资产而专门借入的款项。专门借款具有标明该用途的借款合同，有明确的使用目的，其使用受到与银行签订的相关合同限制。例如，某制造企业为了建造厂房向某银行专门贷款8 000万元、某房地产开企业为了开发某住宅小区向某银行专门贷款2亿元、某施工企业为了完成承接的某公路建造合同向银行专门贷款1亿元等，均属于专门借款。专用借口使用目的明确，使用受与银行签订的相关合同的限制。

（2）一般借款。一般借款是指除专门借款之外的借款。相对于专门借款而言，一般借款在借入时，其用途通常没有特指用于符合资本化条件的资产的购建或者生产。

(三) 符合资本化条件的资产

借款费用的会计处理有两种方法：一种是作为费用化支出，列入财务费用，计入当期损益；另一种是借款费用资本化，计入相关资产成本，待资产交付使用后，分期摊销。

不是所有借款费用都可以资本化。借款费用只有用在符合资本化条件的资产上才能资本化。

符合资本化条件的资产是指需要经过相当长时间的购建或者生产活动才能达到可使用或者可销售状态的资产，包括固定资产和需要经过相当长时间的购建或者生产活动才能达到可使用或可销售状态的存货、投资性房地产等。其中，符合资本化条件的存货主要包括房地产开发企业开发的用于对外出售的房地产开发产品、企业制造的用于对外出售的大型机械设备等。"相当长时间"通常指1年以上（含1年）。

在实务中，如果由于人为或者故意等非正常因素导致资产的构建或者生产时间相当长的，该资产不属于符合资本化条件的资产。购入即可使用的资产，或者购入后需要安装但所需安装时间较短的资产，或者需要建造或者生产但所需建造或生产时间较短的资产，均不属于符合资本化条件的资产。

二、借款费用的确认

根据《企业会计准则第17号——借款费用》的规定，借款费用确认的基本原则是：企业发生的借款费用，可直接归属于符合资本化条件的资产的购建或者生产的，应当予以资本化，计入相关资产成本；其他借款费用，应当在发生时根据其发生额确认为费用，计入当期损益。

企业只有发生在资本化期间内的有关借款费用，才允许资本化。借款费用资本化期间是指从借款费用开始资本化时点到停止资本化时点的期间，但不包括借款费用暂停资本化的期间。从定义来看，借款费用资本化期间涉及三个重要时间。

(一) 借款费用开始资本化的时点

借款费用开始资本化必须同时满足以下三个条件时：① 资产支出已经发生；② 借款费用已经发生；③ 为使资产达到预定可使用或者可销售状态所必要的购建或者生产活动已经开始。

其中："资产支出已经发生"是指企业已经发生了支付现金、转移非现金资产或者承担带息债务形式所发生的支出。"借款费用已经发生"是指企业已经发生了因购建或者生产符合资本化条件的资产而专门借入款项的借款费用或者所占用的一般借款的借款费用。"为使资产达到预定可使用或者可销售状态所必要的购建或者生产活动已经开始"，是指符合资本化条件的资产的实体建造或者生产工作已经开始，例如主体设备的安装、厂房的实际开工建造等。企业只有在上述三个条件同时满足的情况下，有关借款费用才可开始资本化。当三个时间不相同的时候，以最后一个时间作为开始资本化的时点。

（二）借款费用暂停资本化的时间

符合资本化条件的资产在购建或者生产过程中发生非正常中断、且中断时间连续超过3个月的，借款费用暂停资本化（正常中断除外）。中断的原因必须是非正常中断，属于正常中断的，相关借款费用仍可资本化。在实务中，企业应当遵循实质重于形式等原则来判断借款费用暂停资本化的时间。

【小知识】

正常中断与非正常中断

非正常中断通常是由于企业管理决策上的原因或者其他不可预见的原因等所导致的中断。例如，企业因与施工方发生了质量纠纷，或者工程、生产用料没有及时供应，或者资金周转发生了困难，或者施工、生产发生了安全事故，或者发生了与资产购建、生产有关的劳动纠纷等原因，导致资产购建或者生产活动发生中断均属于非正常中断。

正常中断与非正常中断显著不同。正常中断通常仅限于因购建或者生产符合资本化条件的资产达到预定可使用或者可销售状态所必要的程序，或者事先预见的不可抗力因素导致的中断。例如，某些工程建造到一定阶段必须暂停下来进行质量或者安全检查，而且是工程建造的必经程序，这种"中断"属于正常中断。某些地区的工程在建造过程中，由于可预见的不可抗力因素（如预计或冰冻季节等原因）导致施工出现停顿，也属于正常中断。

（三）借款费用停止资本化的时点

购建或者生产符合资本化条件的资产达到预定可使用或者可销售状态时，借款费用停止资本化。在符合资本化条件的资产达到预定可使用或者可销售状态之后所发生的借款费用，应当在发生时根据其发生额确认为费用，计入当期损益。必须注意：① 所购建固定资产、投资性房地产或存货的各部分分别完工，而且各部分可单独使用，并且使该部分资产达到预定可使用状态所必要的购建活动实质上已经完成，应当停止该部分资产借款费用资本化。② 当期允许企业资本化的利息金额不得超过当期专门借款实际发生的利息金额。

【例10-1】 甲公司为建造某固定资产于20×0年12月1日按面值发行3年期一次还本付息公司债券，债券面值为12 000万元（假设不考虑债券发行费用），票面年利率为5%。该固定资产建造采用出包方式。20×1年1月1日，工程动工并支付第一期工程进度款；4月1日，支付第二期工程进度款；4月1日至8月31日，因工程发生安全事故停工整改；9月1日重新开工。20×3年1月10日，工程全部完工，达到合同要求；2月13日，工程验收合格；3月1日，完成全部产权移交手续并正式投入使用；6月10日，办理工程竣工结算。

分析：

（1）在该案例中，借款费用开始资本化的时间为20×1年1月1日，尽管20×0年12月1日款项已经借入，但还没有提示满足三个条件。

（2）借款费用暂停资本化的期间为20×1年4月1日至8月31日，因为非正常中断时间超过3个月。

（3）借款费用停止资本化的时点为20×3年1月10日过程全部完工。

三、借款费用的计量

1. 利息费用

（1）为购建固定资产、投资性房地产和存货等资产而专门借入的款项（有明确的用途并具有标明该用途的借款合同），以专门借款当期实际发生的利息费用，减去将尚未动用的借款资金存入银行取得的利息收入或进行暂时性投资取得的投资收益后的金额确定资本化的金额。即：

$$\text{专门借款利息资本化的金额} = \text{专门借款当期实际发生的利息费用} - \text{尚未动用借款投资收益}$$

（2）为构建固定资产、投资性房地产和存货等资产而占用了一般借款的，根据累计资产支出超过专门借款部分的资产支出加权平均数乘以所占用一般借款的资本化率，计算确定一般借款应予资本化的利息金额。即：

$$\text{一般借款利息资本化的金额} = \text{累计资产支出超过专门借款部分的资产支出加权平均数} \times \text{所占用借款的资本化率}$$

$$\text{累计资产支出超过专门借款部分的资产支出加权平均数} = \sum \text{单项资产超出专门借款部分} \times \frac{\text{每笔资产支出实际占用天数}}{\text{会计期间涵盖的天数}}$$

$$\text{所占用借款的资本化率} = \frac{\text{所占用一般借款当期实际发生的利息之和}}{\text{所占用一般借款本金的加权平均数}}$$

不符合资本化条件的利息费用，全部计入当期损益，即财务费用。

2. 溢价或折价的摊销

按照实际利率法确定每一会计期间应摊销的折价或者溢价的金额，调整每期利息金额。

3. 辅助费用

在所构建或者生产的符合资本化条件的资产达到预定可使用或者可销售状态前发生的辅助费用，计入在建工程，进行资本化；在所购建或者生产的符合资本化条件的资产达到预定可使用或者可销售状态后发生的辅助费用，直接计入当期的财务费用，进行费用化；一般借款发生的辅助费用，在发生时根据其发生额确认为费用，计入当期损益。

4. 外币借款汇兑差额

在资本化期间,外币借款汇总差额应当直接予以资本化,计入符合资本化条件的资本成本。

【例 10-2】 某公司于 20×5 年 1 月 1 日动工兴建一幢办公楼,工期为 1 年,工程采用出包方式,分别于 20×5 年 1 月 1 日、7 月 1 日和 10 月 1 日支付工程进度款 1 500 万元、3 000 万元和 1 000 万元。办公楼于 20×5 年 12 月 31 日完工,达到预定可使用状态。公司为建造办公楼发生了两笔专门借款,分别为:① 20×5 年 1 月 1 日专门借款 2 000 万元,借款期限为 3 年,年利率为 8%,利息按年支付。② 20×5 年 7 月 1 日专门借款 2 000 万元,借款期限为 5 年,年利率为 10%,利息按年支付。闲置专门借款资金均用于固定收益债券短期性投资,假定该短期性投资月收益率为 0.5%。

公司为建造办公楼的支出总额 5 500 万元(1 500+3 000+1 000),专门借款总额 4 000 万元(2 000+2 000),实际支出超过专门借款支出 1 500 万元,即占用一般借款 1 500 万元。假定占用一般借款有两笔,分别为:① 向 A 银行长期借款 2 000 万元,借款时间为 20×4 年 12 月 1 日至 20×7 年 12 月 1 日,年利率为 6%,按年支付利息。② 发行公司债券 10 000 万元,于 20×4 年 1 月 1 日发行,期限为 5 年,年利率为 8%,按年支付利息。

要求:根据上述资料计算 20×5 年公司利息费用总额、应予资本化的利息费用金额,并进行利息费用的会计核算。

分析:

(1) 根据上述资料分析借款使用情况(见图表 10-2)。

图表 10-2

借款相关资料

单位:万元

日 期	工程款	专用借款	说 明
1 月 1 日	1 500	2 000	闲置借款 500 万元用于投资
7 月 1 日	3 000	2 000	动用一般借款 500 万元,时间 6 个月
10 月 1 日	1 000		动用一般借款 1 000 万元,时间 3 个月
合 计	5 500	4 000	

(2) 20×5 年利息费用总额(全年按 12 个月计算):

专门借款利息费用 = 2 000×8% + 2 000×10%×6÷12 = 260(万元)

一般借款利息费用 = 2 000×6% + 10 000×8% = 920(万元)

利息费用总额 = 260 + 920 = 1 180(万元)

(3) 20×5 年利息费用资本化金额:

专门借款利息资本化金额 = 2 000×8% − 500×0.5‰×6 + 2 000×10‰×6÷12 = 245(万元)

累计资产支出超过专门借款部分的资产支出加权平均数 = (4 500 − 4 000)×6÷12 + 1 000×3÷12 = 500(万元)

一般借款资本化率 = (2 000×6% + 10 000×8%)÷(2 000 + 10 000) = 7.67%

一般借款利息费用资本化金额 = 500×7.67% = 38.35(万元)

应予资本化的利息费用金额 = 245 + 38.35 = 283.35(万元)

闲置现金投资收益 = 500×5‰×6 = 15(万元)

(4) 利息费用会计核算：

借：在建工程　　　　　　　　　　　　　　　　　2 833 500
　　银行存款　　　　　　　　　　　　　　　　　　150 000
　　财务费用　　　　　　　　　　　　　　　　　8 816 500
　贷：应付利息　　　　　　　　　　　　　　　　11 800 000

第二节　长期借款的核算

长期借款是指企业从银行或其他金融机构借入的期限在1年以上(不含1年)的各种借款。

企业从银行借入长期借款时，应与银行签订借款合同，约定借款本金和利息的偿付方式，并在使用过程中正确核算借款的取得、使用和归还情况。

为了总括地反映和监督长期借款的借入、应计利息和归还本息的情况，企业应设置"长期借款"账户。该账户应按贷款单位和贷款种类，分别"本金""利息调整"等进行明细核算。该账户的期末贷方余额反映企业尚未偿还的长期借款。

企业借入长期借款，应按实际收到的金额，借记"银行存款"账户，按借款面值，贷记"长期借款——本金"账户，按其差额，借记"长期借款——利息调整"账户。资产负债表日，按摊余成本和实际利率计算确定长期借款的利息费用，借记"在建工程""制造费用""财务费用"等账户，按合同利率计算确定应付未付利息，贷记"应付利息"账户，按其差额，贷记"长期借款——利息调整"账户。实际利率与合同利率差异较小的，可以采用合同利率计算确定利息费用。归还长期借款本金时，借记"长期借款——本金"账户，贷记"银行存款"账户。归还长期借款利息时，借记"应付利息"账户，贷记"银行存款"账户。

【例10-3】　甲公司20×5年购置了一套需要安装的生产线。为购置该生产线在9月30

日向中国建设银行借入2年期,年利率9.6%的专门借款500 000元,借款利息按季支付。当天用上述借款购入待安装生产线,以银行存款支付其买价468 000元、增值税额79 560元和其他费用32 000元,并将该待安装生产线交付本公司安装部门安装。为安装工程应付安装工人薪酬18 000元,用银行存款支付其他安装费用16 400元(增值税略)。当年12月31日安装工程结束,生产线交付使用。20×7年9月30日如数归还专门借款本金和最后一季利息。甲公司的相关会计处理如下:

(1) 20×5年9月30日,借入专门借款时:

  借:银行存款   500 000
    贷:长期借款——建设银行   500 000

(2) 20×5年9月30日,购入待安装的生产线时:

  借:在建工程   500 000
    应交税费——应交增值税(进项税额)   79 560
    贷:银行存款   579 560

(3) 应付安装工人薪酬并支付其他安装费用时:

  借:在建工程   34 400
    贷:应付职工薪酬   18 000
      银行存款   16 400

(4) 20×5年12月31日,支付利息时:

  借:在建工程(500 000×9.6%×3/12)   12 000
    贷:银行存款   12 000

(5) 20×5年12月31日,生产线交付使用时:

      固定资产成本=500 000+34 400+12 000=546 400(元)

  借:固定资产   546 400
    贷:在建工程   546 400

(6) 20×6年3月31日,支付利息时:

  借:财务费用   12 000
    贷:银行存款   12 000

20×6年6月30日、9月30日、12月31日,20×7年3月31日、6月30日支付利息分录同上。

(7) 20×7年9月30日,归还专门借款本金和最后一季度利息时:

  借:财务费用   12 000
    长期借款——中国建设银行   500 000
    贷:银行存款   512 000

第三节 应付债券的核算

一、公司债券概述

公司债券是公司依照法定程序对外发行,约定在一定期间内还本付息的有价证券。它是公司筹集长期使用资金而发行的一种书面凭证,通过凭证上所记载的利率、期限等,表明发行债券企业在未来某一特定日期还本付息。

公司债券按有无担保,可以分为有担保公司债券和无担保公司债券。有担保公司债券,又称抵押公司债券,是以某种特定财产作为执行债券协议的保证而发行的公司债券。按抵押资产的不同,抵押公司债券又可分为不动产抵押债券、动产抵押债券、证券担保债券和其他担保债券。按同一财产多次作为公司债抵押品的次序,抵押公司债券又可分为第一抵押公司债券,第二抵押公司债券。第二抵押公司债券的偿还排在第一抵押公司债券之后。无担保公司债券是完全以企业信用作为担保而发行的债券。

公司债券按偿还方式不同,可以分为定期偿还债券、分期偿还公司债券和可转换公司债券。定期偿还公司债券是指债券本金到期一次偿还的债券。分期偿还公司债券是指同一期发行的债券分批到期偿还,各批到期的间隔期限相同,各批偿还的金额相等的债券。可转换公司债券是指债券持有人可根据自己的意愿,调换其他证券的债券。

公司发行的偿还期超过1年的债券,构成公司的应付债券。

二、公司债券发行价的确定

债券的发行价格受同期资本市场利率波动的影响。在一般情况下,债券票面利率确定时已经充分考虑了同期资本市场的实际利率。因此,绝大部分的公司债券都会按面值发行。然而,如果债券在决定发行到批准正式发行之间,资本市场的实际利率发生变化,就会影响债券的发行价格。当债券的票面利率高于同期资本市场利率时,债券按超过票面价值的价格发行(称为"溢价发行");当债券的票面利率低于同期资本市场利率时,债券按低于票面价值的价格发行(称为"折价发行")。因此说,债券溢价或折价发行是企业在债券存续期内对利息费用所作的一种调整。

【小知识】

票面利率、实际利率与债券发行方式

票面利率是债券契约中包含的利率,也称为名义利率、合同利率;实际利率是债券发行时的市场利率,是计算债券未来现金流量现值时使用的折现率。

债券发行相关知识如图表10-3所示。

图表 10-3
债券发行相关知识表

票面利率与实际利率的关系	债券的发行方式	发行价与面值的关系
票面利率等于实际利率	平价发行	发行价等于面值
票面利率大于实际利率	溢价发行	发行价高于面值
票面利率小于实际利率	折价发行	发行价低于面值

1. 分期付息,到期还本

在债券采用分期付息到期还本的方式发行时,其发行价格的计算可采用下列计算公式:

$$P=\sum_{i=1}^{n}\frac{i\times F}{(1+K)^t}+\frac{F}{(1+K)^n}=\sum_{i=1}^{n}\frac{I}{(1+K)^t}+\frac{F}{(1+K)^n}=I\times PVIFA_{k,n}+F\times PVIF_{k,n}$$

其中,P 为债券发行价格;i 为债券票面利率;F 为债券面值;K 为资本市场利率;n 为付息总期数;$PVIFA_{k,n}$ 为年金现值系数;$PVIF_{k,n}$ 为复利现值系数。

【例 10-4】 A 公司拟发行 3 年期、票面利率 10%、面值 1 000 元的债券 10 000 份,计人民币 10 000 000 元。每年付息两次,到期偿还本金。假定债券发行时的市场利率分别为 10%、12%、8%,分别计算该债券的发行价格。

由于每半年支付一次利息,3 年共支付 6 次,所以计算期为 6 期。计算现值时,利率按年利率的 1/2 计算。

(1) 市场利率为 10%,查表得:$PVIF_{5\%,6}$ 为 0.746;$PVIFA_{5\%,6}$ 为 5.076。

$$债券发行价格 = 10\ 000\ 000 \times PVIF_{5\%,6} + 100\ 000\ 000 \times 5\% \times PVIFA_{5\%,6}$$
$$= 10\ 000\ 000 \times 0.746 + 500\ 000 \times 5.076 = 10\ 000\ 000(元)①$$

(2) 市场利率为 12%,查表得:$PVIF_{6\%,6}$ 为 0.705;$PVIFA_{6\%,6}$ 为 4.917。

$$债券发行价格 = 10\ 000\ 000 \times PVIF_{6\%,6} + 100\ 000\ 000 \times 5\% \times PVIFA_{6\%,6}$$
$$= 10\ 000\ 000 \times 0.705 + 500\ 000 \times 4.917$$
$$= 9\ 508\ 500(元)②$$

(3) 市场利率为 8% 时,查表得:$PVIF_{4\%,6}$ 为 0.790;$PVIFA_{4\%,6}$ 为 5.242。

$$债券发行价格 = 10\ 000\ 000 \times PVIF_{4\%,6} + 100\ 000\ 000 \times 5\% \times PVIFA_{4\%,6}$$
$$= 10\ 000\ 000 \times 0.790 + 500\ 000 \times 5.242$$
$$= 10\ 521\ 000(元)$$

---

① 差额为小数点位数造成。
② 我国目前还不允许折价发行债券。

结论:当债券票面利率(10%)与市场利率(10%)相等时,债券按面值1 000万元发行;当债券票面利率大于市场利率(8%)时,债券按1 052.1万元溢价发行;当债券票面利率小于市场利率(12%)时,债券按950.85万元折价发行。

2. 到期一次还本付息

在债券采用到期一次还本付息方式发行时,其发行价格的计算可采用下列计算公式:

$$P=\frac{F+F\times i\times n}{(1+K)^n}=(F+F\times i\times n)\times PVIF_{k,n}$$

【例10-5】 B公司20×3年1月1日发行5年期、票面利率10%、利随本清的公司债券1 000万元(不计复利)。发行时,市场利率为8%。计算其发行价(查表得:$PVIF_{8\%,5}$为0.680 6)。

$$P=(1\,000+1\,000\times10\%\times5)\times PVIF_{8\%,5}=1\,500\times0.680\,6=1\,020.90(万元)$$

三、一般公司债券的核算

企业设置"应付债券"账户核算为筹集长期资金而发行的债券本金和利息。该账户按"面值""利息调整""应计利息"等进行明细核算。其中:"应付债券(面值)"登记公司债券的票面价值;"应付债券(利息调整)"登记实际收到款项与债券票面价值之间的差额,即"溢价"或"折价","应付债券(应计利息)"登记一次还本付息债券的应付利息(分期付息、到期还本债券的应付利息,在"应付利息"账户中核算)。企业还须设置备查簿,登记债券的票面金额、票面利率、发行总额、发行日期、还款期限与方式等。

(一) 公司债券按面值发行的核算

【例10-6】 承[例10-4],A公司20×2年1月1日按面值发行3年期、票面利率10%、面值10 000 000元公司债券,每年7月1日和1月1日支付利息,到期偿还本金和最后一期利息。假定A公司每半年确认一次利息费用。A公司的会计处理如下:

(1) 20×2年1月1日,发行公司债券时:

借:银行存款　　　　　　　　　　　　　　　　　　　10 000 000
　　贷:应付债券——A公司(面值)　　　　　　　　　　　　10 000 000

(2) 20×2年6月30日,确认利息费用时:

借:财务费用等　　　　　　　　　　　　　　　　　　　500 000
　　贷:应付利息　　　　　　　　　　　　　　　　　　　　500 000

(3) 20×2年7月1日,支付利息时:

借:应付利息　　　　　　　　　　　　　　　　　　　　500 000
　　贷:银行存款　　　　　　　　　　　　　　　　　　　　500 000

以后各期确认利息费用及支付利息的会计分录同(2)和(3)。

(4) 20×5年1月1日,偿还债券本金及最后一次利息时:

借:应付债券——面值　　　　　　　　　　　　　　　　10 000 000
　　应付利息　　　　　　　　　　　　　　　　　　　　　500 000
　贷:银行存款　　　　　　　　　　　　　　　　　　　　　　　10 500 000

(二) 公司债券按溢价或折价发行的核算

公司债券按溢价或折价发行时,按实际收到的款项,借记"银行存款"账户,按债券面值,贷记"应付债券(面值)"账户,按实际收到的款项与债券面值之间的差额,借记或贷记"应付债券(利息调整)"账户。

资产负债表日,确认债券利息费用时,要采用实际利率法摊销债券的溢价或折价。对按摊余成本和实际利率计算确定的债券利息费用,借记"在建工程""制造费用""财务费用"等账户,对按票面利率计算确定的应付未付利息,贷记"应付利息"(分期付息,到期还本债券)或"应付债券(应计利息)"(到期还本付息债券)账户,按其差额,借记或贷记"应付债券(利息调整)"账户。

【例 10-7】　承[例 10-4],A 公司 20×2 年 1 月 1 日发行 3 年期、票面利率 10%、市场利率 12%、面值 10 000 000 元的公司债券。债券发行价为 9 508 500 元,每年 7 月 1 日和 1 月 1 日支付利息,到期偿还本金和最后一期利息。假定 A 公司每半年确认一次利息费用。债券折价采用实际利率法摊销。A 公司的会计处理如下:

(1) 20×2 年 1 月 1 日,发行公司债券时:

借:银行存款　　　　　　　　　　　　　　　　　　　　9 508 500
　　应付债券——利息调整　　　　　　　　　　　　　　　491 500
　贷:应付债券——A 公司(面值)　　　　　　　　　　　　　　10 000 000

(2) 20×2 年 6 月 30 日,按实际利率法摊销债券折价时(债券利息费用一览表如图表 10-4 所示)。

图表 10-4

应付债券利息费用计算表(实际利率法)

单位:元

计息日期	期初摊余成本 (1)	现金流出 (2)=面值× 票面利率5%	利息费用 (3)=(1)× 实际利率6%	期末摊余成本 (4)=(1)-(2) +(3)
20×2 年 6 月 30 日	9 508 500	500 000	570 510	9 579 010
20×2 年 12 月 31 日	9 579 010	500 000	574 741	9 653 751
20×3 年 6 月 30 日	9 653 751	500 000	579 225	9 732 976
20×3 年 12 月 31 日	9 732 976	500 000	583 979	9 816 955

（续表）

计息日期	期初摊余成本 (1)	现金流出 (2)=面值× 票面利率5%	利息费用 (3)=(1)× 实际利率6%	期末摊余成本 (4)=(1)-(2) +(3)
20×4年6月30日	9 816 955	500 000	589 017	9 905 972
20×4年12月31日	9 905 972	10 500 000	594 028①	0

① 其中包括尾差。

借：财务费用 570 510
　贷：应付利息 500 000
　　　应付债券——利息调整 70 510

(3) 20×2年7月1日，支付利息时：

借：应付利息 500 000
　贷：银行存款 500 000

(4) 以后各期支付利息的会计分录同(3)。

(5) 20×2年12月31日，摊销债券折价，确认利息费时：

借：财务费用 574 741
　贷：应付利息 500 000
　　　应付债券——利息调整 74 741

20×3年6月30日，摊销债券折价，确认利息费用时：

借：财务费用 579 225
　贷：应付利息 500 000
　　　应付债券——利息调整 79 225

20×3年12月31日，摊销债券折价，确认利息费用时：

借：财务费用 583 979
　贷：应付利息 500 000
　　　应付债券——利息调整 83 979

20×4年6月30日，摊销债券折价，确认利息费用时：

借：财务费用 589 017
　贷：应付利息 500 000
　　　应付债券——利息调整 89 017

20×4年12月31日，摊销债券折价，确认利息费用时：

借：财务费用　　　　　　　　　　　　　　　　　　　　　　　594 028
　　贷：应付利息　　　　　　　　　　　　　　　　　　　　　　500 000
　　　　应付债券——利息调整　　　　　　　　　　　　　　　　94 028

(6) 20×5 年 1 月 1 日，偿还债券本金及最后一次利息。

借：应付债券——面值　　　　　　　　　　　　　　　　　10 000 000
　　应付利息　　　　　　　　　　　　　　　　　　　　　　500 000
　　贷：银行存款　　　　　　　　　　　　　　　　　　　　10 500 000

【例 10-8】　承[例 10-5]，B 公司 20×3 年 1 月 1 日发行 5 年期，票面利率 10%，利随本清的公司债券 1 000 万元（不计复利）。发行价为 1 020.9 万元，实际利率为 8%（$PVIF_{8\%,5}$ 为 0.680 6）。按实际利率法摊销债券溢价，B 公司债券发行、计息、还本付息的会计处理如下：

(1) 编制应付债券利息费用计算表（见图表 10-5）。

图表 10-5

应付债券利息费用计算表（实际利率法）

单位：元

计息日期	期初摊余成本 (1)	现金流出 (2)	利息费用 (3)=[(1)-(2)]× 实际利率 8%	期末摊余成本 (4)=(1)+(3)
20×3 年 12 月 31 日	10 209 000	0	816 720	11 025 720
20×4 年 12 月 31 日	11 025 720	0	882 058	11 907 778
20×5 年 12 月 31 日	11 907 778	0	952 622	12 860 400
20×6 年 12 月 31 日	12 860 400	0	1 028 832	13 889 232
20×7 年 12 月 31 日	13 889 232	15 000 000	1 110 768①	0

① 含尾差。

(2) 20×3 年 1 月 1 日，发行债券时：

借：银行存款　　　　　　　　　　　　　　　　　　　　　10 209 000
　　贷：应付债券——面值　　　　　　　　　　　　　　　　10 000 000
　　　　应付债券——利息调整　　　　　　　　　　　　　　　209 000

(3) 20×3 年 12 月 31 日，确认利息费用，调整债券溢价时：

借：财务费用　　　　　　　　　　　　　　　　　　　　　　816 720
　　应付债券——利息调整　　　　　　　　　　　　　　　　　183 280
　　贷：应付债券——应计利息　　　　　　　　　　　　　　1 000 000

(4) 20×4年12月31日,确认利息费用,调整债券溢价时:

借:财务费用　　　　　　　　　　　　　　　　882 058
　　应付债券——利息调整　　　　　　　　　　117 942
　　贷:应付债券——应计利息　　　　　　　　　　　1 000 000

(5) 20×5年12月31日,确认利息费用,调整债券溢价时:

借:财务费用　　　　　　　　　　　　　　　　952 622
　　应付债券——利息调整　　　　　　　　　　 47 378
　　贷:应付债券——应计利息　　　　　　　　　　　1 000 000

(6) 20×6年12月31日,确认利息费用,调整债券溢价时:

借:财务费用　　　　　　　　　　　　　　　　1 028 832
　　贷:应付债券——应计利息　　　　　　　　　　　1 000 000
　　　　应付债券——利息调整　　　　　　　　　　　 28 832

(7) 20×7年12月31日,确认利息费用,调整债券溢价时:

借:财务费用　　　　　　　　　　　　　　　　1 110 768
　　贷:应付债券——应计利息　　　　　　　　　　　1 000 000
　　　　应付债券——利息调整　　　　　　　　　　　 110 768

(8) 20×7年12月31日,偿还债券本息时:

借:应付债券——面值　　　　　　　　　　　　10 000 000
　　应付债券——应计利息　　　　　　　　　　 5 000 000
　　贷:银行存款　　　　　　　　　　　　　　　　　15 000 000

四、可转换公司债券

(一) 可转换公司债券概述

可转换公司债券也称作可转换债券,是一种被赋予了股票转换权的公司债券。发行公司事先规定债权人可以选择有利时机,按发行时规定的条件将其所持有的公司债券转换成发行公司的等值股票(普通股票)。可转换债券是一种混合型的债券形式。

可转换债券兼具债券和股票的特性,具体来说,有以下三个特点:

(1) 债权性。与其他债券一样,可转换债券也有规定的利率和期限。投资者可以选择持有债券到期,收取本金和利息。

(2) 股权性。可转换债券在转换成股票之前是债券,但在转换成股票之后,原债券持有人就由债权人变成了公司的股东,可参与企业的经营决策和红利分配。

(3) 可转换性。可转换性是可转换债券的重要标志,债券持有者可以按约定的条件将债券转换成股票。转股权是投资者享有的、一般债券所没有的选择权。可转换债券在发行时就明确约定债券持有者可按照发行时约定的价格将债券转换成公司的普通股股票。如果债券持有者不想转换,则可继续持有债券,直到偿还期满时收取本金和利息,或者在流通市场出售变现。

(二)可转换公司债券的核算

我国发行可转换公司债券采用记名式无纸化发行方式,债券期限为3~5年。企业发行的可转换公司债券作为公司的非流动负债,在"应付债券"账户下设置"可转换公司债券"明细账户进行核算。

企业发行的可转换公司债券,应当在初始确认时将其包含的负债成分和权益成分进行分拆,将负债成分确认为应付债券,将权益成分确认为其他权益工具。在进行分拆时,应当先对负债成分的未来现金流量进行折现,确定负债成分的初始确认金额,再按发行价格总额扣除负债成分初始确认金额后的金额确定权益成分的初始确认金额。发行可转换公司债券发生的交易费用,应当在负债和权益成分之间按照各自的相对公允价值进行分摊。

企业应按实际收到的款项,借记"银行存款"等账户,按可转换公司债券包含的负债成分面值,贷记"应付债券——可转换公司债券(面值)"账户,按权益成分的公允价值,贷记"其他权益工具"账户,按借贷双方之间的差额,借记或贷记"应付债券——可转换公司债券(利息调整)"账户。

可转换公司债券持有人行使转换权利,将其持有的债券转换为股票,按可转换公司债券的余额,借记"应付债券——可转换公司债券(面值、利息调整)"账户,按其权益成分的金额,借记"其他权益工具"账户,按股票面值和转换的股数计算的股票面值总额,贷记"股本"账户,按其差额,贷记"资本公积——股本溢价"账户。如用现金支付不可转换股票的部分,还应贷记"银行存款"等账户。

【例10-9】 甲公司经批准于20×4年1月1日按面值发行5年期分期付息到期还本的可转换公司债券1亿元,款项已收并存入银行,债券票面年利率为6%,利息每年1月2日支付。债券发行1年后可转换为普通股股票,初始转股价为每股10元,股票面值为每股1元。债券持有人若在当期付息前转换股票的,应按债券面值和应计利息之和除以转股价,计算转换的股份数。假定20×5年1月1日,债券持有人将持有的可转换公司债券50%转换为普通股股票,20×6年1月1日,债券持有人将持有的剩余50%可转换公司债券转换为普通股股票,甲公司发行可转换公司债时二级市场上与之类似的没有附带转换权的债券市场利率为9%(假设 $PVIF_{9\%,5}$ 为0.649 9;$PVIFA_{9\%,5}$ 为3.889 7)。甲公司有关账务处理如下:

(1)20×4年1月1日,发行债券时:

可转换公司债券负债成分的公允价值 $= 100\,000\,000 \times PVIF_{9\%,5} + 100\,000\,000 \times 6\% \times PVIFA_{9\%,5}$

$= 100\,000\,000 \times 0.649\,9 + 100\,000\,000 \times 6\% \times 3.889\,7$

$= 88\,328\,200(元)$

$$可转换公司债券权益成分的公允价值 = 100\,000\,000 - 88\,328\,200 = 11\,671\,800(元)$$

借：银行存款	100 000 000
应付债券——可转换公司债券（利息调整）	11 671 800
贷：应付债券——可转换公司债券（面值）	100 000 000
其他权益工具	11 671 800

(2) 20×4 年 12 月 31 日，确认利息费用 7 949 538 元（88 328 200×9%），摊销债券折价时：

借：财务费用	7 949 538
贷：应付债券——可转换公司债券（利息调整）	1 949 538
应付利息（100 000 000×6%）	6 000 000

(3) 20×5 年 1 月 1 日，50%可转换公司债券转换为普通股时：

$$转换的股份数 = 100\,000\,000 \times 50\% \div 10 = 5\,000\,000(股)$$

借：应付债券——可转换公司债券（面值）	50 000 000
其他权益工具	5 835 900
贷：股本	5 000 000
应付债券——可转换公司债券（利息调整）	4 861 131
资本公积——股本溢价	45 974 769

(4) 20×5 年 1 月 2 日，支付债券利息时：

借：应付利息	6 000 000
贷：银行存款	6 000 000

(5) 20×5 年 12 月 31 日，确认利息费用 4 062 498 元[(88 328 200+1 949 538)÷2×9%]，摊销债券折价时：

借：财务费用	4 062 498
贷：应付债券——可转换公司债券（利息调整）	1 062 498
应付利息	3 000 000

(6) 20×6 年 1 月 1 日，另 50%可转换公司债券转换为普通股时：

$$转换的股份数 = 50\,000\,000 \div 10 = 5\,000\,000(股)$$

借：应付债券——可转换公司债券（面值）	50 000 000
其他权益工具	5 835 900
贷：股本	5 000 000
应付债券——可转换公司债券（利息调整）	3 798 633
资本公积——股本溢价	47 037 267

(7) 20×6年1月2日,支付债券利息:

借:应付利息　　　　　　　　　　　　　　　6 000 000
　　贷:银行存款　　　　　　　　　　　　　　　　　6 000 000

第四节　长期应付款的核算

长期应付款是指非流动负债中除长期借款和应付债券以外的其他负债,主要包括应付融资租入固定资产的租赁费、以分期付款方式购入固定资产等发生的应付款项。

企业设置"长期应付款"账户,核算企除长期借款、应付债券以外的各种长期应付款项。该账户的贷方登记长期应付款的发生数,借方登记长期应付款的偿还数,期末贷方余额表示企业尚未偿还的各种长期应付款。该账户按长期应付款的种类和债权人设置明细账户,进行明细核算。

一、应付融资租赁款

融资租赁是指租赁期限占资产大半使用时间以上,出租方实质上将与资产所有权有关的全部风险和报酬转让给承租人的一种现代租赁方式,又称为金融租赁。按照我国《企业会计准则第21号——租赁》的规定,满足以下一项或数项标准的租赁,应当认定为融资租赁:

(1) 租赁届满时,租赁资产的所有权转移给承租人。

(2) 承租人有购买租赁资产的选择权,所订立的购价预计将远低于行使选择权时租赁资产的公允价值,因而在租赁开始日就可以合理确定承租人将会行使这种选择权。

(3) 即使资产的所有权不转移,但租赁期占租赁资产使用寿命的大部分。这里的"大部分"通常是在租赁期占租赁开始日租赁资产尚可使用寿命的75%以上(含75%)。

(4) 承租人在租赁开始日最低租赁付款额的现值几乎相当于租赁开始日租赁资产公允价值;出租人在租赁开始日的最低租赁收款额现值,几乎相当于租赁开始日租赁资产的公允价值。这里的"几乎相当于",通常掌握在90%(含90%)以上。需要说明的是,这里的量化标准只是指导性标准,企业在具体应用时,必须以企业会计准则规定的相关条件进行判断。

(5) 租赁资产性质特殊,如果不作较大改造,只有承租人才能使用。

对于承租人来说,融资租赁的实质是分期付款购买固定资产。出租人应承租人的要求,垫款购入固定资产后"出租"给承租人使用,但租期届满时原则上所租物即归属承租人所有,因为在租期内实质上承租人已以"租金"形式分期归还了包括价款、利息、手续费在内的出租人代垫款。其在固定资产上的风险与报酬已经转移给承租人,只不过在法律形式上出租人为了保证自己不受违约损失而不转移所有权。根据实质重于形式的要求,将融资租赁作为赊欠购买入账。

融资租赁固定资产承租方的会计核算包括以下几个方面:

第一,在租赁开始日,承租人将租赁开始日租赁资产原账面价值与最低租赁付款额的现值两者中较低者加上初始直接费用,作为租入资产的入账价值,借记"固定资产"或"在建工程"账户,将最低租赁付款额作为长期应付款的入账价值,贷记"长期应付款"账户;并按两者的差额,借记"未确认融资费用"账户。

企业在计算最低租赁付款额的现值时,能够取得出租人租赁内含利率的,采用租赁内含利率作为折现率;否则,采用租赁合同规定的利率作为折现率。无法取得出租人的租赁内含利率且租赁合同没有规定利率时,采用同期银行贷款利率作为折现率。租赁内含利率是指在租赁开始日,使最低租赁收款额的现值与未担保余值的现值之和等于租赁资产公允价值与出租人的初始直接费用之和的折现率。

未确认融资费用应当在租赁期内采用"实际利率法"在各个期间进行分摊。

第二,融资租入固定资产投入使用后,由于该资产的所有利益和风险实质上已转移给了承租方。因此,承租方应将其视为自有固定资产进行核算,计提折旧,进行固定资产大修理,折旧费和修理费在成本中列支。

第三,承租方如有需要对融资租赁资产进行改良工程,其改良工程支出,在"长期待摊费用"账户核算,并按一定的期限摊销。

第四,对融资租入的固定资产,在"固定资产"账户中设置"融资租入固定资产"明细账户进行核算;对应付的融资租赁设备款,在"长期应付款"账户中设置"应付融资租赁款"明细账户进行核算。

二、具有融资性质的延期付款购买资产

如果企业采用超过正常信用条件、延期支付价款的方式购买资产,则延期支付的购买价款实质上具有了融资性质。此时,所购资产的成本应当以延期支付购买款的现值计算。实际支付的价款与购买价款的现值之间的差额,在信用期间内采用实际利率法进行摊销,计入相关资产成本或当期损益。

具体来说:采用超过正常信用条件、延期支付价款的方式购买资产时,应按购买价款的现值,借记"固定资产"或"在建工程"账户,按应支付的金额,贷记"长期应付款"账户,按其差额,借记"未确认融资费用"账户;支付价款时,应按实际支付的价款,借记"长期应付款"账户,贷记"银行存款"等账户;同时,按应摊销的融资费用,借记"在建工程"或"财务费用"账户,贷记"未确认融资费用"账户。

复习思考题

1. 借款费用包括哪些内容?按照企业会计准则的规定,哪些借款费用应予以资本化?
2. 如何计算公司债券的发行价格?公司债券溢价或折价发行的实质是什么?

3. 如何进行公司债券发行、付息、溢折价摊销和还本的会计处理?
4. 可转换债券与一般债券有何区别?如何进行可转换债券的核算?
5. 长期应付款包括哪些内容?如何进行会计核算?
6. "其他权益工具"账户的性质与核算范围是什么?

练 习 题

一、判断题

1. 借款费用应予资本化的借款范围只包括专门借款,不包括一般借款。（ ）
2. 企业发行一般公司债券,为区分是三种不同的发行方式,分别在"应付债券"账户下设"公司债券（面值）""公司债券（折价）""公司债券（溢价）"三个明细账户。（ ）
3. 企业发行的可转换公司债券,应当在初始确认时将其包含的负债成分和权益成分进行分拆,将所包含的负债成分面值,贷记"应付债券——可转换公司债券（面值）"账户,按权益成分的公允价值,贷记"其他权益工具"账户。（ ）
4. 企业以溢价方式发行债券,每期实际负担的利息费用是按实际利率计算的应计利息减去应摊销的溢价。（ ）
5. 只要资产支出和借款费用已经发生,借款费用即可开始资本化。（ ）
6. 资本化期间内,如果符合资本化条件的资产构建活动发生中断,则中断期间发生的专门借款费用应当直接计入当期损益。（ ）
7. 企业采用实际利率法对应付债券折价进行摊销时,应付债券的摊余成本逐期增加,利息费用也随之逐期增加。（ ）
8. 融资租入的固定资产的原始价值有时也可以按最低租赁付款额的现值确定。（ ）
9. "其他权益工具"账户是核算企业发行的除普通股以外的归类为权益工具的各种金融工具的增减变化及余额。"其他权益工具"账户属于所有者权益账户。（ ）
10. 企业为购建办公楼而支付的专门借款借款费用,应当在办公楼交付使用时停止资本化。（ ）

二、单项选择题

1. 将负债分为流动负债和非流动负债的依据是（   ）。
   A. 金额的大小　　　　　　　　B. 利润的高低
   C. 负债的对象　　　　　　　　D. 偿付期的长短
2. 若公司溢价发行债券,溢价按实际利率摊销,则各期摊销的溢价金额（   ）。
   A. 会逐期减少　　　　　　　　B. 保持不变

C. 会逐期增加　　　　　　　　D. 先增加后减少

3. 下列项目中,应予以资本化的利息支出是(　　)。

A. 开发无形资产发生的长期借款利息支出

B. 购建固定资产发生的专门借款,在资产达到预定可使用状态前发生的利息支出

C. 购建固定资产发生的长期借款利息支出

D. 进行长期投资而发生的长期借款利息支出

4. ABC 公司于 20×6 年 7 月 1 日安装一生产流水线,工期预计为半年,分别于 7 月 1 日和 10 月 1 日支付工程款 500 万元和 700 万元。该公司为安装流水线于 7 月 1 日专门借款 1 000 万元,借款期限为 3 年,年利率为 6%。闲置借款资金用于短期债券投资,月收益率为 0.5%。另该公司还于 20×6 年 1 月 1 日向甲银行借入 3 年期长期借款 500 万元,年利率为 6%,按年支付利息。则 ABC 公司为安装生产流水线应予资本化的利息金额为(　　)万元。

　　A. 22.5　　　　B. 33　　　　C. 30　　　　D. 25.5

5. A 股份有限公司于 20×1 年 1 月 1 日发行 5 年期、到期一次还本付息的公司债券,债券面值为 1 000 万元,票面年利率为 10%,发行价格为 1 100 万元。债券溢价采用实际利率法摊销。假定实际利率为 7.5%。该债券 20×1 年度发生的利息费用为(　　)万元。

　　A. 100　　　　B. 75　　　　C. 82.5　　　　D. 80

6. 下列情况中,会导致企业溢价发行债券的是(　　)

A. 债券的票面利率大于市场利率　　　B. 债券的票面利率小于市场利率

C. 债券的票面利率等于市场利率　　　D. 以上说法均不对

7. 债券发行后利息费用逐年增加的原因是(　　)

A. 债券发行后市场利率升高　　　　　B. 债券发行后市场利率降低

C. 债券溢价发行　　　　　　　　　　D. 债券折价发行

8. 甲企业以融资租赁方式租入 N 设备,该设备的公允价值为 116 万元,最低租赁付款额的现值为 100 万元,甲企业在租赁谈判和签订租赁合同过程中发生手续费、律师费等合计金额为 5 万元。甲企业该项融资租入固定资产的入账价值为(　　)万元。

　　A. 121　　　　B. 105　　　　C. 116　　　　D. 100

三、核算题

习 题 一

A 公司于 20×4 年 1 月 1 日动工兴建一工作车间,工期为 3 年,工程采用出包方式,分别于 20×4 年 1 月 1 日、7 月 1 日,20×5 年 1 月 1 日、7 月 1 日支付工程进度款 2 000 万元、1 000 万元、2 000 万元、1 500 万元。车间于 20×6 年 12 月 31 日完工,达到预定可使用状态。

公司为建造车间发生了两笔专门借款,分别为:① 20×4年1月1日,向银行借入2年期,年利率10%的专门借款3 000万元,专门用于车间建造工程项目,利息按年支付。② 20×5年1月1日,专门借款1 000万元,借款期限3年,年利率为8%,利息按年支付。闲置专门借款资金均用于固定收益债券投资,假定该投资月收益率为0.6%。

公司为建造车间的支出总额6 500万元(2 000+1 000+2 000+1 500),超过了专门借款总额4 000万元(3 000+1 000),占用了一般借款2 500万元。假定占用一般借款两笔,分别为:① 向A银行借款3 000万元,期限为20×5年1月1日至20×8年1月1日,年利率为6%,按年支付利息。② 发行公司债券15 000万元,20×6年1月1日发行,期限为6年,年利率为8%,按年支付利息。

要求:根据上述资料计算20×4年、20×5年、20×6年公司的利息费用总额和予以资本化的利息费用金额,进行相关业务的会计核算处理。

习 题 二

B公司于20×6年9月30日借入2年期、年利率为6%、到期一次还本付息的借款200 000元。20×6年10月30日,借入3年期、年利率为5.4%、按季付息、到期还本的借款500 000元。假设A企业按月计算借款利息,20×6年年初"长期借款"账户余额为零,除上述借款外,20×6年和20×7年未发生其他长期借款业务。

要求:

(1) 编制20×7年12月确认借款利息的会计分录。

(2) 计算该企业20×7年12月31日"长期借款"账户余额,列示其20×7年度资产负债表中相关项目的金额。

习 题 三

C公司拟发行票面利率8%、期限5年的企业债券1 000万元。假定市场利率为9%。

要求:

(1) 如果该债券采用每年付息一次,到期偿还本金和最后一期利息,计算确定债券的发行价格。

(2) 假定该债券采用到期还本付息,不计复利的偿还方式,计算确定债券的发行价格。

习 题 四

D公司20×1年1月1日发行5年期债券,面值为500万元,到期一次还本付息,票面年利率为8%,债券溢(折)价采用实际利率法摊销。假定D公司每年确认一次利息费用。

要求:

(1) 如果D公司按510万元的价格发行此债券(不考虑债券发行费用)。为该公司确认债券所含实际利率、每年的债券利息费用、应摊销的债券溢价金额及应计利息金额；编制发行债券、确认利息费用及偿还债券本息等有关会计分录。

(2) 如果 D 公司按 480 万元的价格发行此债券（不考虑债券发行费用）。为该公司确认债券所含实际利率、每年的债券利息费用、应摊销的债券折价金额及应计利息金额；编制发行债券、确认利息费用及偿还债券本息等有关会计分录。

四、案例分析

重庆渝港钛白粉股份有限公司（简称"渝钛白"）上市时正值钛白粉项目建设期，而上市仅融资 7 000 万元，近 10 亿元的工程建设资金几乎全靠银行贷款，平均每年负担银行利息高达 8 000 多万元。仅就 1997 年而言，为该项工程发生的借款利息及应付债券利息就有 8 064 万元。

钛白粉项目为国家重点项目，目标是建成年产 1.5 万吨硫酸法金红石型钛白粉工程，工程于 1992 年 1 月破土动工，1995 年 6 月完成主体工程建设，8 月 18 日投料试生产，11 月 20 日生产出金红石型高档钛白粉产品，并经国家指定检验部门检测，质量达到国家标准。由于该钛白粉装置还不够完善和当时缺乏流动资金及与英国 ICI 公司合资谈判的需要，公司自 1996 年 3 月起停车整改，直至 1997 年开始批量生产。1997 年度共生产出 1 680 吨钛白粉。

注册会计师在审计中发现并认为：从该事项的经济实质来看，工程既已投入使用，而且能够生产合格产品，创造效益，说明该工程已经达到预定可使用状态；而 1997 年发生的借款利息及应付债券利息 8 064 万元，渝钛白将其资本化计入了钛白粉工程成本，应调整计入财务费用；而渝钛白则认为：钛白粉工程项目不同于一般的基建项目。一方面钛白粉这种基础化工产品不同于普通商品，对各项技术指标的要求非常严格，需要通过反复试生产，逐步调整质量、消耗等指标，直到生产出合格的产品才能投放市场，而试生产期间的试产品性能不稳定，是不能投放市场的；另一方面原料的腐蚀性很强，如生产钛白粉的主要原料是硫酸，一旦停工，就会淤积于管道、容器中，再次开车前，就必须进行彻底的清洗、维护，并调试设备。因此，钛白粉项目交付使用进入投资回报期、产生效益前，还有一个过渡期，即整改和试生产期间，这仍属于工程在建期。因此，项目建设期的借款利息及应付债券利息 8 064 万元理应资本化计入钛白粉工程成本。

请思考：

注册会计师为何认为 8 064 万元利息不能计入钛白粉工程成本，而应该计入财务费用？

（资料来源：百度文库）

第十一章 所有者权益

> **章前案例**
>
> ### 美的集团
>
> 2015年6月,美的集团向小米科技非公开发行有限售条件的流通股55 000 000股,发行价格为22.01元/股,公司的总股本由4 235 122 597股增加至4 290 122 597股。
>
> 截至2015年7月31日,美的集团实际回购股份数量共计29 591 644股,占公司总股本比例为0.69%,最高成交价为35.74元/股,最低成交价为30.69元/股,回购资金总额为999 997 670.86元,回购资金使用金额达到最高限额,回购实施完毕,并于2015年8月6日完成注销。相关资料如图表11-1所示。

图表11-1

美的集团合并资产负债表(部分摘录)

单位:万元

序号	项目	2015年	2014年
1	流动资产总额	9 336 771	8 642 708
2	非流动资产总额	3 547 423	3 386 501
3	资产总额	12 884 194	12 029 209
4	流动负债总额	7 200 385	7 314 285
5	非流动负债总额	80 646	141 778
6	负债总额	7 281 031	7 456 063
7	股本	426 684	421 581
8	资本公积	1 451 119	1 302 488
9	其他综合收益	−107 115	−77 430
10	一般风险准备	11 862	—
11	盈余公积	184 652	118 979

(续表)

序号	项　　目	2015年	2014年
12	未分配利润	2 952 983	2 181 432
13	归属于母公司股东权益合计	4 920 185	3 947 050
14	少数股东权益	682 977	626 096
15	所有者权益总额	5 603 162	4 573 146

所有者权益是指企业投资人对企业净资产的所有权,所有者权益与投资人的投资行为相伴而生。美的集团的对象增发、股票回购与注销都属于所有者权益变动。那么,美的集团应如何进行定向增发、股份回购与注销的账务处理？美的集团定向增发、股份回购及注销对该公司的所有者权益会产生怎样的影响？

学习目的

- 掌握所有者权益的概念和组成内容
- 核算实收资本(股本)的确认和计量
- 核算资本公积的确认和计量
- 核算其他综合收益和留存收益的确认和计量

第一节　所有者权益概述

所有者权益又称投资者权益、股东权益,是代表所有者对企业的一种静态要求权。所有者权益与资产、负债等企业会计要素不同,不能单独地计量。

一、所有者权益的概念

所有者权益是指企业资产扣除企业负债后由所有者享有的剩余权益。公司的所有者权益称为股东权益。所有者权益的特点如下:

(1) 从数量上看,所有者权益是一种剩余权益,是资产减去负债以后的余额。资产是预期可能带来的经济利益;负债是预期会导致的经济利益流出,是债权人对企业资产的要求。所有者权益是资产减去负债后的剩余部分,是所有者对企业资产的剩余利益。所有者权益因投资者对企业的投资增加和因企业有效经营(销售商品、提供劳务等获得利润)而增加;因利润分派给投资者或企业无效经营或经营失败而减少。

(2) 从性质上看,所有者权益是投资人在企业资产中享有的经济利益。投资者可以从被投资企业中获得所分派的资产(利润),被投资企业的经营状况越好,投资者获得的经济利益越大。

(3) 投资者承担相应的风险。一般来说,除非被投资企业破产清算,被投资企业没有向投资者转交资产的义务。因此,投资者投入的资金供企业长期使用,不能抽回。如果企业经营失败,投资者不仅无利可图,而且可能会损失其所投的资金。

二、负债和所有者权益的区别

企业的债权人和所有者均是企业资金的提供者,其对企业的资产都有相应的要求权。但是,他们之间又存在着明显的区别:

(1) 权利不同。债权人对企业资产的要求权和对企业清算财产的要求权均在所有者之前。负债是债权人对企业总资产的要求权,所有者权益是对企业净资产(总资产扣除负债后的剩余资产)的要求权。从金额上看,企业负债不会随着企业利润的变化而变化,而所有者权益则随着企业利润的增加而增加,随着企业利润的减少而减少。

(2) 期限不同。企业的负债有规定的偿还期,负债到期必须偿还本息。体现了债权对企业投资的暂时性。所有者权益在企业经营期间无需偿还,除非终止经营或经允许减少资本。所有者权益与企业共存。

(3) 性质不同。债权人与企业只有债权债务关系,只享有收回债务本金和利息的权利,无权参与企业的经营管理,无权参与企业的收益分配;所有者除了获得企业的收益分配外,还有法定参与企业管理或委托他人管理企业的权利。

(4) 风险程度不同。因为债权人的要求权先于所有者,相对风险较小。

三、所有者权益的分类

所有者权益根据其核算的内容和要求,可分为实收资本(股本)、资本公积、其他综合收益、盈余公积和未分配利润等,其中,盈余公积和未分配利润统称为留存收益。

(1) 实收资本(股本)。实收资本是指企业投资者在注册资本金范围内实际投入企业的资本。在股份公司,实收资本亦称为股本,表现为企业实际发行的股票面值。

(2) 资本公积。资本公积是指企业收到投资者的超出其在企业注册资本(或股本)中所占份额的投资,以及直接计入所有者权益的利得和损失等。资本公积包括两个部分:资本溢价(或股本溢价)和其他资本公积。前者指投资者超出其在注册资本(或股本)中所占的份额;后者指除资本溢价(或股本溢价)项目以外所形成的资本公积。

(3) 其他综合收益。其他综合收益是指企业根据企业会计准则规定未在当期损益中确认的各项利得和损失,包括以后会计期间不能重分类进损益的其他综合收益和以后会计期间满足规定条件时将重分类进损益的其他综合收益两类。

(4) 盈余公积。盈余公积是指企业按照规定从净利润中提取的各种积累资金。公司制企业的盈余公积,分为法定盈余公积和任意盈余公积。其主要用途是扩大企业生产经营、转增资本、弥补亏损等。

(5) 未分配利润。未分配利润是指仍可以用于以后各期分配利润或分派股利之用的结存利润。

未分配利润是指仍可以用于以后各期分配利润或分派股利之用的税后利润。

从会计核算角度看,不同组织形式的企业,对资产、负债、收入、费用和利润的会计核算一般并无区别,但在所有者权益的核算上却差别很大,尤其是股份有限公司对所有者权益的核算,由于涉及每个股东、债权人以及其他利润相关人的利益,往往在法律上规定得比较详细。

第二节 实收资本的核算

一、实收资本概述

(一) 投入资本的含义

投入资本是指所有者在企业注册资本的范围内实际投入的资本,是指出资人作为资本实际投入企业的资金数额,由实收资本(或股本)和资本公积两部分构成。

创办企业时需要有投资者的投入资本,只有这样,企业才能以本求利,以本负亏。企业投入资本是企业取得法人资格的必备条件,由投资者提供,是决定企业性质的基本因素,反映了企业与所有者的关系;也是企业承担民事责任的物质前提,它是企业法人作为民事主体独立承担民事责任的物质条件;同时,企业对登记注册的资本享有经营权。

所有者向企业投入的资本,一般无需偿还,可供企业长期周转使用。实收资本(或股本)的构成比例,通常是确定所有者在企业所有者权益中所占的份额和参与企业财务经营决策的基础,也是企业进行利润分配或股利分配的依据,同时还是企业清算时确定所有者对净资产要求权的依据。

(二) 关于注册资本的法律规定

我国《企业法人登记管理条例》明确规定,企业申请开业,必须符合国家规定具备一定的投入资本数额。我国 2014 年 3 月 1 日起实施的新《公司法》对各类公司注册资本的最低限额有如下规定:除一人有限责任公司最低注册资本为 10 万元外,有限责任公司最低注册资本统一为 3 万元;股份有限公司最低注册资本为 500 万元。同时,实行注册资本分期到位制,要求全体股东的首次出资额不得低于注册资本的 20%,而其余部分必须在 2 年内缴足,其中投资公司可以在 5 年内缴足。

【小知识】

注册资本与注册资金的区别

第一,注册资本是企业全体股东认缴出资额的总和;注册资金是国家授予企业法人经营管理的财产或企业法人自有财产的数额体现。

第二,注册资本与企业的实有资产数额是分离的,企业实有资产数额的变化一般不会影响注册资本的变化;企业注册资金的数额与实有资产数额允许在一定幅度内波动,当企业的实有资产增加或减少超过注册资金数额的20%时,企业应按实有资产数额变更注册资金。

第三,注册资本适用于公司,注册资金适用于依照《企业法人登记管理条例》登记注册的非公司制法人企业。

二、一般企业的投入资本

一般企业(指非股份有限公司)投入资本的会计核算通过"实收资本"账户进行。企业按照章程的规定,对实际收到投资者投入的资本,记入"实收资本"账户的贷方。企业收到投资者投入的资金,超过其在注册资本(或股本)所占份额的部分,作为资本溢价或股本溢价,在"资本公积"账户中核算。具体来说,企业收到投资者以现金投入的资本时,以实际存入企业开户银行的金额,借记"银行存款"账户,按其在注册资本中所占的份额,贷记"实收资本"账户,按其差额,贷记"资本公积"账户。企业收到投资者以非现金资产投入的资本时,以投资者各方协商确定的价值,借记"固定资产""原材料""应交税费——应交增值税""无形资产""长期股权投资"等资产账户,按其在注册资本中所占份额,贷记"实收资本"账户,按其差额,贷记"资本公积"账户。外商投资企业对投资者投入的外币,企业应按收到外币当日的汇率折合的人民币金额,借记"银行存款"等账户,贷记"实收资本"账户①。

由于企业的组织形式不同,其所有者投入资本的会计核算方法也有所不同。

(一)国有独资公司的投入资本

根据我国《公司法》的规定,国有独资公司是指国家授权投资的机构或者国家授权的部门单独投资设立的有限责任公司。国有独资公司的投入资本会计核算的特点是所有者投入的资本,全部作为实收资本入账。因为,国有独资公司不发行股票,不会产生股票溢价收入;单一的投资主体,也不会在追加投资时,为了维持投资者一定的投资比例而产生资本公积。

(二)有限责任公司的投入资本

有限责任公司(简称有限公司),一般而言,是指由两个以上股东共同出资,每个股东以

---

① 按《企业会计准则第19号——外币折算》规定,企业收到投资者以外币投入的资本,不得采用合同约定汇率和即期汇率的近似汇率折算。

其认缴的出资额对公司承担有限责任,公司以其全部资产对其债务承担责任的企业法人。新《公司法》同时规定:只要符合额外的一定条件,凡符合股东资格的自然人、企业法人、社团法人、事业法人等,允许投资设立一人公司。有限责任公司投入资本具有以下核算特点。

1. 按规定的出资方式出资

有限责任公司投资者必须按照事先约定,即公司章程所规定的出资方式、出资额和出资交纳期限出资。不能按事先约定出资的投资者要承担责任。如果投资者某一方未按规定交纳出资,公司有权向该投资者追讨;经追讨仍不履行义务的,公司还可依法提起诉讼,请求人民法院追究投资者的违约责任。

2. 区别对待投资者的投入资本

有限责任公司初建时,公司收到各投资者按照合同、协议或公司章程投入的资本,应全部记入"实收资本"账户,企业的实收资本等于企业的注册资本。公司增资扩股时,如有新投资者介入,对新介入的投资者交纳的出资额等于其按约定比例计算的其在注册资本中所占的份额部分,记入"实收资本"账户;对其交纳的出资额大于其按约定比例计算的其在注册资本中所占的份额部分,记入"资本公积"账户。

3. 转让出资应经其他投资者同意

有限责任公司的某个投资者要将其出资额转让给有意介入的新投资者,要事先经公司原有的其他超过半数的投资者同意。如果其他投资者有异议,应由其他投资者购买该转让的出资,如果不购买该转让的出资,视为同意转让。如其他投资者无异议,在同等条件下,原投资者具有优先购买权。

【例11-1】 D有限责任公司(以下简称D公司)由甲、乙、丙三个股东共同出资设立,注册资本100万元人民币。其中,甲投资者投入货币资金70万元,占股份的70%;乙投资者投入材料一批,有关各方共同确认价值10万元,增值税1.7万元,同时投资机器设备一台,经评估确认价值8万元,乙投资者占股份的19.7%;丙投资者投入注册商标使用权一项,经投资各方确认价值为10.3万元,占股份的10.3%。2年后,D公司增资扩股,新增加注册资本50万元,由丁投资者以货币资金投入,丁投资者实际出资65万元。D公司的账务处理如下:

(1) D公司初建,收到甲、乙、丙投入的资本时:

借:银行存款 700 000
　　原材料 100 000
　　应交税费——应交增值税(进项税款) 17 000
　　固定资产 80 000
　　无形资产 103 000
　贷:实收资本——甲 700 000
　　　实收资本——乙 197 000
　　　实收资本——丙 103 000

(2) 2 年后,D 公司收到丁投资者追加投资时:

借:银行存款   650 000
　　贷:实收资本——丁   500 000
　　　　资本公积——资本溢价   150 000

三、股份有限公司的投入资本

股份有限公司(以下简称股份公司)是依照我国《公司法》注册设立,通过发行股票来筹措资本并将其全部资本分为等额股份的一种企业组织形式。公司将全部资本分成等额股份并通过发行股票筹集资本,股票可以交易或转让;股东数有下限,没有上限;股东以其所持股份对公司承担有限责任,公司以其全部资产对公司债务承担责任。

股份有限公司设立有发起设立和募集设立两种方式。公司的设立方式不同,其会计核算方法也不相同。

股份有限公司采用发起设立时,公司的股份全部由发起人认购,不向发起人之外的任何人募集股份。其所需要资本由发起人一次认足,一般不会发生设立公司失败的情况,筹资风险较小。因股东是固定的,可以由企业直接发放股权证,筹集费用一般很低,发生时直接计入管理费用。

股份有限公司采用募集设立时,公司股份除发起人认购外,还可以采用向其他法人或自然人发行股票的方式进行募集。采用向社会发行股票的方式来募集资本,需要由企业发起人委托证券商发行股票。发起人可以认购公司发行股份总数的 35%,其余部分可向社会公开募集。公司采用募集设立,因其筹资对象范围广泛,在资本市场不景气或股票的发行价格不恰当的情况下,有发行失败的可能,筹资风险大;另外,委托证券商发行股票,从广大投资者认购到实际出资,需要进行大量的工作,所以,支付给证券商的费用一般较高。

股份有限公司采用募集设立时,股票可以采用按溢价发行(发行股票而实际得到的价款高于股本总额)或按面值发行(股票发行价格等于股票票面价值)[①]。采用溢价发行股票时,其应付证券商的费用从溢价收入中支付。溢价收入高于证券商费用的净额计入资本公积。溢价收入不足以抵销支付给证券商的费用,其差额部分直接计入当期损益。采用面值发行股票,其支付给证券商的费用,若金额较小,直接计入当期损益;若金额较大,则作为"长期待摊费用",在不超过 2 年的期限内平均摊销。股份有限公司投入资本的核算在"股本"账户和"资本公积"账户中进行。

【例 11-2】 Z 股份有限公司(以下简称 Z 公司)委托 S 证券公司发行普通股 5 000 万股,每股面值为 1 元,按每股 5 元的价格发行。S 证券公司在按约定扣除 2%的手续费后,将发

---

① 我国不允许股票折价发行。

行收入转入 Z 公司账户。

Z 公司实际可以收到的发行收入为 245 000 000 元[50 000 000×5×(1-2%)]，应记入"股本"账户的金额为 50 000 000 元，其差额 195 000 000 元记入"资本公积"账户。编制会计分录如下：

借：银行存款　　　　　　　　　　　　　　　　　　　　　　245 000 000
　　贷：股本　　　　　　　　　　　　　　　　　　　　　　　50 000 000
　　　　资本公积——股本溢价　　　　　　　　　　　　　　195 000 000

四、实收资本的其他增减变动

在一般情况下，企业的实收资本（或股本）应相对固定不变。根据《企业法人登记管理条例》的规定，企业的注册资本应当与实收资本金相一致。当企业法人实有资本金比原来注册资本金数额增加或减少超过 20% 时，应持有资金证明或者验资证明，向原登记机关申请变更登记。

（一）实收资本增加的核算

公司增加资本除了接受投资者投资外，还有这样一些途径：将资本公积、盈余公积转为实收资本；利润分配时分配股票股利；可转换公司债券转换为股本；债务重组将债务转化为资本等。其会计核算方法如下：

(1) 将资本公积、盈余公积转为资本，是所有者权益内部有关项目的增减变化。其会计处理方法是，借记"资本公积"或"盈余公积"账户，贷记"实收资本（股本）"账户。应该注意的是，在将资本公积或盈余公积转为实收资本时，如为独资企业，可以直接结转；如为股份有限公司或有限责任公司，应按原投资者所持股份同比例增加各股东的股权。以法定盈余公积转增股本的，转增后，该项盈余公积的留存数不得低于注册资本的 25%。

(2) 股份公司采用发放股票股利实现增资时，按照股东原来持有的股数分配，在办妥有关增资手续后，借记"利润分配"账户，贷记"股本"账户。如果股东所持有股份按比例分配不足一股时，可采用不足一股发放现金股利或由股东相互转让凑为整股。

(3) 可转换公司债券持有人行使转换权利，将其持有的债券转换为股票，按可转换公司债券的金额，借记"应付债券——可转换公司债券（面值、利息调整）"账户，按其权益成分的金额，借记"其他权益工具"账户，按股票面值和转换的股数计算的股票面值总额，贷记"股本"账户，按其差额，贷记"资本公积——股本溢价"账户。如有现金支付不可转换股票，贷记"银行存款"等账户。

(4) 企业将重组债务转为资本，按照重组债务的账面余额，借记"应付账款"等账户，按债权人因放弃债权而享有本企业股份的面值总额，贷记"实收资本（股本）"账户，按股份的公允价值总额与相应的实收资本（或股本）之间的差额，贷记或借记"资本公积——资本溢价或股本溢价"账户,重组债务账面价值与股权公允价值之间的差额作为债务重组利得,贷记"营业外收入——债务重组利得"账户。

(5)以权益结算的股份支付换取职工或其他方提供服务的,应在行权日,按根据实际行权情况确定的金额,借记"资本公积——其他资本公积"账户,按应计入实收资本或股本的金额,贷记"实收资本"或"股本"账户。

【例 11-3】 红星公司曾欠深广公司购货款 100 000 元。经反复协商,双方同意红星公司以其普通股抵偿该债务。红星公司用于抵债的普通股为 10 000 股,股票面值每股 1 元,市价每股 9.60 元。假定印花税税率为 0.4‰,不考虑其他税费。红星公司的会计分录如下:

借:应付账款　　　　　　　　　　　　　　　　　　　　　　　100 000
　　贷:股本　　　　　　　　　　　　　　　　　　　　　　　　　 10 000
　　　　资本公积——股本溢价　　　　　　　　　　　　　　　　　86 000
　　　　营业外收入——债务重组利得　　　　　　　　　　　　　　 4 000
借:管理费用——印花税(96 000×0.4‰)　　　　　　　　　　　　 　384
　　贷:银行存款　　　　　　　　　　　　　　　　　　　　　　　　384

(二)实收资本减少的核算

企业实收资本减少的原因主要有:按法定程序报经批准减少注册资本,企业发生重大亏损而需要减少实收资本。中外合作经营企业根据合同规定在合作期间归还投资者的投资而减少实收资本。

1. 按法定程序减少注册资本

企业因资本过剩而减资,一般要发还股款。在按照法定程序报经批准减少注册资本后,退还相应款项。

股份有限公司的减资采用回购本公司股票方式进行。大部分情况下,公司回购股票的价格与股票的面值不同。所以,会计处理要通过"库存股"账户进行。

"库存股"账户用来核算企业收购的尚未转让或注销的该公司股份金额,账户借方记录因回购库存股而增加的金额,贷方表示因向市场适时出售、用于对员工激励或回购注销而减少的金额。"库存股"账户是所有者权益抵减账户。在公司的资产负债表上,库存股以负数形式列为一项股东权益。

股份有限公司因减少注册资本而回购本公司股份时,应按照实际支付的金额,借记"库存股"账户,贷记"银行存款"等账户。注销库存股票时,按照股票面值和注销的股数计算股票面值总额,借记"股本"账户,按所注销库存股的账面余额,贷记"库存股"账户,按其差额,冲减股票发行时原计入资本公积的溢价部分,借记"资本公积——股本溢价"账户,股本溢价不足冲减,应依次借记"盈余公积"和"利润分配——未分配利润"账户。如果购回股票支付的价款低于面值总额的,应按股票面值总额,借记"股本"账户,按所注销库存股的账面余额,贷记"库存股"账户,按其差额,贷记"资本公积——股本溢价"账户。

【例 11-4】 G 上市公司截至 20×5 年 12 月 31 日共发行股票 10 000 万股,股票面值为 1 元,资本公积(股本溢价)为 2 000 万元,"盈余公积"账户余额为 800 万元,"利润分配——未分配利润"账户余额(贷方)为 600 万元。经股东大会批准,G 公司已将回购本公司股票 1 000 万股并注销。假定 G 公司按每股 4 元的价格回购股票,不考虑其他因素,G 公司会计处理如下:

(1) 回购本公司股票:

借:库存股　　　　　　　　　　　　　　　　　　　　　　　　　40 000 000
　　贷:银行存款　　　　　　　　　　　　　　　　　　　　　　　　40 000 000

(2) 注销库存股票:

借:股本　　　　　　　　　　　　　　　　　　　　　　　　　　10 000 000
　　资本公积——股本溢价　　　　　　　　　　　　　　　　　　20 000 000
　　盈余公积　　　　　　　　　　　　　　　　　　　　　　　　 8 000 000
　　利润分配——未分配利润　　　　　　　　　　　　　　　　　 2 000 000
　　贷:库存股　　　　　　　　　　　　　　　　　　　　　　　　40 000 000

2. 因严重亏损的减资

如果公司因经营不善或特殊情况而发生重大亏损,用以后年度利润及公积金弥补在短期内难以奏效时,为维护其信誉,公司不得已会采用减少股本金的方式弥补亏损。采取这种办法时必须先按法定程序报经有关部门批准并履行减资手续,然后再进行会计处理。其会计分录为,借记"实收资本"或"股本"账户,贷记"利润分配——未分配利润"账户。

第三节　资本公积和其他综合收益的核算

一、资本公积的确认和计量

资本公积是指由投资者出资超出其在注册资本(或股本)中所占的份额以及直接计入所有者权益的利得和损失等。资本公积包括资本溢价(或股本溢价)和其他资本公积。资本公积与盈余公积不同,资本公积的形成有其特定的来源,从本质上讲属于投入资本的范畴;盈余公积由企业实现的净利润转化而来,属于具有特定用途的留存收益。

资本公积与实收资本虽然都属于投入资本范畴,但两者又有区别。实收资本是投资者对企业的投入,有谋求未来经济利益的特定目的,投资者按投资比例享有利益分配权;实收资本属于法定资本,与企业的注册资本相一致。资本公积有特定来源,由全体所有投资者共同享有。资本公积主要来源是资本溢价或股本溢价,是投资者投入资本(实交资本超过股票面值或设定价值的部分),只是由于法律的规定而无法直接以资本的名义出现。某些来源形成的资本公积,并不需要由原投资者投入,也并不一定谋求投资回报。

企业设置"资本公积"账户核算企业收到投资者的溢交资本以及直接计入所有者权益的利得和损失,并根据资本公积的不同来源,分别设置"资本溢价(或股本溢价)"以及"其他资本公积"明细账户,进行明细核算。

(一)资本溢价或股本溢价的核算

资本溢价是指投资交付企业的出资额大于该投资者在企业注册资本中所占份额的数额。对于非股份制企业来说,称为资本溢价;对于股份有限公司来说,称为股本溢价。

1. 资本溢价

由两个以上投资者合资经营的企业(不包括股份有限公司),在企业创立时,投资者认交的出资额全部记入"实收资本"账户。在企业重组并有新的投资者加入时,为了维护原有投资者的权益,新加入的投资者的出资额,并不一定全部作为实收资本处理。这是因为:一方面,企业在创建过程中,要经历筹建、试生产经营、产品营销、开辟市场等,可能成功,也可能失败,投资具有很大的风险。这个过程中资本利润率很低。而企业进入正常生产经营后,投资风险降低,资本利润率提高。显然,相同数量的投资,由于其出资时间的不同,收益也不会相同。实际上,正常生产经营中的资本利润率高于初创阶段是以初创时必要的垫支资本带来的,企业创办者为此付出了代价。不同时期投入企业的资金获利能力不同,由此而带给投资者的权利也不应该相同,前者应该大于后者。因此,新加入的投资者要取得与原有投资者相同的投资比例,必须付出大于原有投资者投资额的代价。另一方面,企业经过经营,净资产发生了变化,经营中产生的净利润,一部分以盈余公积的形式留存企业;另一部分以未分配利润形式留于企业,这两部分形成的留存收益,应该属于原始投资者。新加入的投资者若要与原投资者共享这部分留存收益,也要求其付出大于原有投资者投资额的代价。

2. 股本溢价

股本溢价产生的原因与资本溢价相同。在独资公司改组成股份有限公司时,新加入的股东购买股票的价格要大于原有股东。为了反映和便于计算各股东所持股份占公司全部股本的比例,公司的股本总额按股票的面值与股份总数的乘积计算,超过股本总额的部分,记入"资本公积——股本溢价"账户。

在会计核算上,公司在按溢价发行股票时,将发行股票取得的、相当于股票面值的金额部分,记入"股本"账户,超出股票面值的溢价收入部分(含发行股票冻结期间所产生的利息收入,下同),扣除委托证券商代理发行股票而支付的手续费、佣金后,记入"资本公积"账户。

(二)其他资本公积的核算

其他资本公积反映企业除上述各项资本公积以外所形成的资本公积,主要记录可以直接计入所有者权益的利得和损失。其他资本公积的核算如下:

(1) 以权益结算的股份支付。企业以权益结算的股份支付换取职工或其他方提供服务时,应按照确定的金额,借记"管理费用"等账户,贷记"资本公积——其他资本公积"账户。在行权日,按实际行权的权益工具数量计算确定的金额,借记"资本公积——其他资本公积"账户,按计入实收资本或股本的金额,贷记"实收资本"或"股本"账户,差额记入"资本公积——资本溢价(股本溢价)"账户。

(2) 采用权益法核算的长期股权投资。长期股权投资采用权益法核算的,被投资单位除净损益、其他综合收益和利润分配以外的所有者权益的其他变动,若为利得,投资企业按持股比例计算应享有的份额,借记"长期股权投资——其他权益变动"账户,贷记"资本公积——其他资本公积"账户;若为损失,投资企业按持股比例应负担的份额,借记"资本公积——其他资本公积"账户,贷记"长期股权投资——其他综合收益"账户。当处置采用权益法核算的长期股权投资时,应当将原记入"资本公积——其他资本公积"账户的相关金额转入投资收益(除不能转入损益的项目外)。

二、其他综合收益的确认、计量及会计处理

其他综合收益是指企业根据企业会计准则规定未在当期损益中确认的各项利得和损失,包括以后会计期间不能重分类进损益的其他综合收益和以后会计期间满足规定条件时将重分类进损益的其他综合收益两类。

(一) 以后会计期间不能重分类进损益的其他综合收益项目

这主要包括重新计量设定收益计划净负债或净资产导致的变动,以及按照权益法核算因被投资单位重新计量设定收益计划净负债或净资产变动导致的权益变动,投资企业按持股比例计算确认的该部分其他综合收益项目。

(二) 以后会计期间满足规定条件时将重分类进损益的其他综合收益项目

1. 可供出售金融资产公允价值的变动

可供出售金融资产公允价值变动形成的利得,除减值损失和外币货币性金融资产形成的汇兑金额外,借记"可供出售金融资产——公允价值变动"账户,贷记"其他综合收益"账户,公允价值变动形成的损失,作相反的会计分录。

2. 可供出售外币非货币性项目的汇兑差额

对以公允价值计量的可供出售非货币性项目,如果期末的公允价值以外币反映,则应当先将该外币按照公允价值确定当日的即期汇率折算为记账本位币金额,再与原记账本位币进行比较,其差额计入其他综合收益。具体地说,对于发生的汇兑损失,借记"其他综合收益"账户,贷记"可供出售金融资产"账户;对于发生的汇兑收益,借记"可供出售金融资产"账户,贷记"其他综合收益"账户。

3. 金融资产的重分类

将可供出售金融资产重分类为采用成本或摊余成本计量的金融资产,重分类日该金融

资产的公允价值或账面价值作为成本或摊余成本,该金融资产没有固定到期日的,与该金融资产相关、原直接计入所有者权益的利得或损失,应当仍然记入"其他综合收益"账户,在该金融资产被处置时转出,计入当期损益。

将持有至到期投资重分类为可供出售金融资产,并以公允价值进行后续计量,重分类日,将该投资的账面价值与其公允价值之间的差额,记入"其他综合收益"账户,在该可供出售金融资产发生减值或终止确认时转出,计入当期损益(投资收益)。

按照金融工具确认和计量的规定应当以公允价值计量,但以前公允价值不能可靠计量的可供出售金融资产,企业应当在其公允价值能够可靠计量时改按公允价值计量,将相关账面价值与公允价值之间的差额记入"其他综合收益"账户,在其发生减值或终止确认时将上述差额转出,计入当期损益(投资收益)。

4. 采用权益法核算的长期股权投资

采用权益法核算的长期股权投资,按照被投资单位实现其他综合收益以及持股比例计算应享有或分担的金额,调整长期股权投资的账面价值,同时增加或减少其他综合收益,其会计处理为:借记(或贷记)"长期股权投资——其他综合收益"账户,贷记(或借记)"其他综合收益",待该项股权投资处置时,将原计入其他综合收益的金额转入当期损益(投资收益)。

5. 存货或自用房地产转换为投资性房地产

企业将作为存货的房地产转换为采用公允价值模式计量的投资性房地产时,应当按该项房地产在转换日的公允价值,借记"投资性房地产——成本"账户,原已计提跌价准备的,借记"存货跌价准备"账户,按其账面余额,贷记"开发产品"等账户;同时,转换日的公允价值小于账面价值的,按其差额,借记"公允价值变动损益"账户,转换日的公允价值大于账面价值的,按其差额,贷记"其他综合收益"账户。

企业将自用的建筑物等转换为采用公允价值模式计量的投资性房地产时,应当按该项房地产在转换日的公允价值,借记"投资性房地产——成本"账户,原已计提跌价准备的,借记"固定资产减值准备"账户,按已计提的累计折旧等,借记"累计折旧"等账户,按其账面余额,贷记"固定资产"等账户;同时,转换日的公允价值小于账面价值的,按其差额,借记"公允价值变动损益"账户,转换日的公允价值大于账面价值的,按其差额,贷记"其他综合收益"账户。

待该项投资性房地产处置时,因转换计入其他综合收益的部分应转入当期损益。

6. 现金流量套期工具产生的利得或损失中属于有效套期的部分

现金流量套期工具利得或损失中属于有效套期部分,直接确认为其他综合收益,该有效套期部分的金额,按下列两项的绝对额中较低者确定:① 套期工具自套期开始的累计利得或损失。② 被套期项目自套期开始的预计未来现金现值的累计变动额。

7. 外币财务报表折算差额

按照外币折算的要求,企业在处置境外经营的当期,将已列入合并财务报表所有者权益的外币报表折算差额中与该境外经营相关部分,自其他综合收益项目转入处置当期损益。

如果是部分处置境外经营,应当按处置的比例计算处置部分的外币报表折算差额,转入处置当期损益。

【例 11-5】 A 公司对 B 公司的投资占 B 公司注册资本的 40%。20×6 年 2 月,B 公司按照有关规定,将自用的建筑物转换为投资性房地产。建筑物原始价值 1 000 万元,累计已提折旧 200 万元,公允价值 1 100 万元。B 公司与 A 公司的会计处理分别如下:

(1) B 公司将自用的建筑物转换为投资性房地产时:

  借:投资性房地产   11 000 000
    累计折旧   2 000 000
   贷:固定资产   10 000 000
    其他综合收益   3 000 000

(2) A 公司按投资比例增加长期股权投资账面价值,确认利得时:

  借:长期股权投资——其他权益变动   1 200 000
   贷:其他综合收益(3 000 000×40%)   1 200 000

【例 11-6】 20×6 年 3 月 1 日,M 公司按规定将一项持有至到期的债券投资重分类为可供出售金融资产,该债券投资的"成本"为 20 万元,"应计利息"为 4 万元,重分类日该项债券投资的公允价值为 25 万元。M 公司的账务处理如下:

  借:可供出售金融资产   250 000
   贷:持有至到期投资——成本   200 000
    持有至到期投资——应计利息   40 000
    其他综合收益   10 000

【例 11-7】 承[例 11-6],20×6 年 3 月 31 日,该可供出售金融资产的公允价值为 24.5 万元。M 公司的账务处理如下:

  借:其他综合收益   5 000
   贷:可供出售金融资产   5 000

第四节 留存收益的核算

一、留存收益概述

留存收益是指企业从历年实现的利润中提取或留存于企业内部的积累。留存收益来源于企业生产经营活动所实现的净利润,包括盈余公积和未分配利润两个部分。

根据我国《公司法》等有关规定,企业当年实现的净利润,一般应当按照如下顺序进行分配。

1. 提取法定公积金

公司制企业法定公积金按照税后净利10%的比例提取(非公司制企业已可按超过10%的比例提取)。计算提取法定公积金的基数不包括企业年初未分配利润。公司法定公积金累计额为公司注册资本的50%以上时,可以不再提取。公司的法定公积金不足以弥补上一年度公司亏损的,在提取法定公积金之前,应当先用当年的利润弥补亏损。

2. 提取任意公积金

公司在提取法定公积金后,经股东会或股东大会决议,可以提取任意公积金。非公司制企业经类似权力机构批准,也可提取任意公积金。

3. 向投资者分配利润或股利

公司弥补亏损和提取公积金后所余税后利润,有限责任公司股东按照实缴的出资比例分取红利,但是,全体股东约定不按照出资比例分取红利的除外;股份有限公司按照股东持有的股份比例分配,但股份有限公司章程规定不按持股比例分配的除外。

股东会、股东大会或者董事会违反规定,在公司弥补亏损和提取法定盈余公积之前向股东分配利润的,股东必须将违反规定分配的利润退还给公司。公司持有的本公司股份不得分配利润。

如果在进行上述三项分配以后,净利润仍有剩余则为未分配利润。

二、盈余公积的核算

(一) 盈余公积的来源和用途

盈余公积是指企业按照规定从净利润中提取的各项公积金。公司制的盈余公积分为法定盈余公积和任意盈余公积两类,法定盈余公积以国家的法律规定为依据,按照税后净利润的10%提取。任意盈余公积主要是按照股东大会的决议提取,提取比例企业可以自行决定。企业提取的盈余公积有以下用途。

1. 弥补亏损

企业发生亏损时,应由企业自行弥补。弥补亏损的渠道有如下几种:

(1) 用以后年度税前利润弥补,按照现行制度规定,企业发生亏损时,可以用以后5年内实现的税前利润弥补。

(2) 用以后年度税后利润弥补,企业发生的亏损经过5年期间未弥补足额的,尚未弥补的亏损应用所得税后的利润弥补。

(3) 以盈余公积弥补。由公司董事会提议,并经股东大会批准后,企业可以用以前年度提取的盈余公积弥补亏损。

企业以提取的盈余公积弥补亏损时,应由公司董事会提议,并经股东大会批准。

2. 转增资本

公司将盈余公积转增资本时,必须经股东大会决议批准,并按股东原有持股比例结转。盈余公积转增资本后,留存的盈余公积的数额不得少于注册资本的25%。企业提取的盈余公积,无论是用于弥补亏损,还是用于转增资本,只不过是在企业所有者权益内部作结构上的调整,比如企业以盈余公积弥补亏损时,实际是减少盈余公积留存的数额,以此抵补未弥补亏损的数额,并不引起企业所有者权益总额的变动;企业以盈余公积转增资本时,也只是减少盈余公积结存的数额,但同时增加企业实收资本或股本的数额,也不引起所有者权益总额的变动。

3. 分配股利

原则上企业当年没有利润时不得分配股利。如为了维护企业信誉,用盈余公积分配股利,必须符合下列条件:① 用盈余公积分配股利时,股利率不得超过股票面值的6%。② 分配股利后,法定盈余公积不得低于注册资本的25%。

提取盈余公积实际上是限制企业将当期实现的净利润全部以现金形式分配给投资者。其目的如下:一是为企业扩大再生产提供可运用的资金(现金流量);二是以丰补歉,以备以后年度发生亏损时弥补亏损。提取盈余公积属于利润分配的一种形式,只是不能直接以现金支付。企业提取盈余公积,用盈余公积弥补亏损,用盈余公积转增资本,都只是引起企业所有者权益内部结构发生变化,不会影响企业所有者权益总额的变动。盈余公积的结存数,表示留存于企业、归投资者所有的经营积累。

(二)盈余公积的核算

企业应设置"盈余公积"账户核算盈余公积的形成及使用情况,并分别设置"法定盈余公积"和"任意盈余公积"明细账户,进行明细核算。外商投资企业还应分别设置"储备基金"和"企业发展基金"明细账户进行明细核算。

1. 提取盈余公积的核算

企业提取盈余公积时,根据其性质,借记"利润分配——提取法定盈余公积""利润分配——提取任意盈余公积"账户,贷记"盈余公积——法定盈余公积""盈余公积——任意盈余公积"等账户。

外商投资企业按规定提取的储备基金、企业发展基金、职工奖励及福利基金,借记"利润分配——提取储备基金""利润分配——提取企业发展基金""利润分配——提取职工奖励及福利基金"账户,贷记"盈余公积——储备基金""盈余公积——企业发展基金""应付职工薪酬"账户。

2. 使用盈余公积的核算

企业用盈余公积弥补亏损时,应当按照经董事会或类似机构决议的金额,借记"盈余公积"账户,贷记"利润分配——盈余公积补亏"账户。企业将盈余公积转增资本时,应当按照转增资本前的实收资本结构比例,将盈余公积转增资本的数额转入"实收资本"或"股本"账户,借记"盈余公积"账户,贷记"实收资本"或"股本"账户。企业用盈余公积分配股利或现金利润时,借记"盈余公积"账户,贷记"应付股利"账户。

三、未分配利润的核算

未分配利润是企业留待以后年度进行分配的结存利润,也是企业所有者权益的组成部分。相对于所有者权益的其他部分来讲,企业对于未分配利润的使用分配有较大的自主权。从数量上来讲,未分配利润是期初未分配利润,加上本期实现的净利润,减去提取的各种盈余公积和利润分配的余额。

企业设置"利润分配"账户反映企业净利润的分配过程(或亏损的弥补过程)和历年分配(或弥补)后的积存余额。"利润分配"账户下设"提取法定盈余公积""提取任意盈余公积""应付现金股利或利润""转作股本的股利""盈余公积补亏"和"未分配利润"等明细账户进行明细核算。

(一)分配股利或利润的会计处理

利润分配时,对分配给股东或投资者的现金股利或利润,借记"利润分配——应付现金股利或利润"账户,贷记"应付股利"账户;对分配给股东的股票股利,在办理增资手续后,借记"利润分配——转作股本的股利"账户,贷记"股本"账户。

(二)期末结转的会计处理

企业期末结转利润时,应将各损益类账户的余额转入"本年利润"账户,结平各损益类账户。结转后"本年利润"账户的贷方余额为当期实现的净利润,借方余额为当期发生的净亏损。

年度终了,应将本年实现的净利润或净亏损,转入"利润分配——未分配利润"账户。同时,将"利润分配"账户所属的其他明细账户的余额,转入"未分配利润"明细账户。结转后,"未分配利润"明细账户的贷方余额,表示期末未分配利润的金额;如出现借方余额,则表示未弥补亏损的金额。"利润分配"账户所属的其他明细账户应无余额。

(三)弥补亏损的会计处理

如果企业在当年发生亏损的情况下,结转前的"本年利润"账户出现借方余额。年度终了,将本年发生的亏损自"本年利润"账户,转入"利润分配——未分配利润"账户,借记"利润分配——未分配利润"账户,贷记"本年利润"账户,结转后"利润分配"账户的借方余额,即为未弥补亏损的数额。如果上年存在未分配利润,则本年亏损由上年利润自然弥补。如果上年未分配利润为零,则本年亏损由以后年度实现的利润弥补。

【例 11-8】 某股份有限公司的股本为 100 000 000 元,每股面值为 1 元。20×1 年年初未分配利润为 50 000 000 元。当年实现净利润 46 400 000 元。当年利润分配方案为:按净利润的 10% 提取法定盈余公积,按净利润的 20% 提取任意盈余公积,按每股 0.2 元向股东派发现金股利,按每 10 股送 3 股的比例派发股票股利。20×2 年 5 月 15 日,公司以银行存款支付了全部现金股利,新增股本也已经办理完股权登记和相关增资手续。该公司年终利润分配的会计处理如下：

(1) 20×1年度终了时，企业结转本年实现的净利润：

借：本年利润	46 400 000
贷：利润分配——未分配利润	46 400 000

(2) 提取法定盈余公积和任意盈余公积：

借：利润分配——提取法定盈余公积	4 640 000
利润分配——提取任意盈余公积	9 280 000
贷：盈余公积——法定盈余公积	4 640 000
盈余公积——任意盈余公积	9 280 000

(3) 结转"利润分配"账户的明细账户：

借：利润分配——未分配利润	13 920 000
贷：利润分配——提取法定盈余公积	4 640 000
利润分配——提取任意盈余公积	9 280 000

(4) 批准发放现金股利：

$$100\,000\,000 \times 0.2 = 20\,000\,000(元)$$

借：利润分配——应付现金股利	20 000 000
贷：应付股利	20 000 000
借：利润分配——未分配利润	20 000 000
贷：利润分配——应付现金股利	20 000 000

(5) 20×2年5月15日，实际发放现金股利：

借：应付股利	20 000 000
贷：银行存款	20 000 000

(6) 20×2年5月15日，发放股票股利：

$$100\,000\,000 \div 10 \times 3 = 30\,000\,000(元)$$

借：利润分配——转作股本的股利	30 000 000
贷：股本	30 000 000
借：利润分配——未分配利润	30 000 000
贷：利润分配——转作股本的股利	30 000 000

复习思考题

1. 所有者权益包括哪些内容？简述所有者权益与负债的区别。

2. 什么是资本公积？说明其来源及核算方法。
3. 其他综合收益包括哪些内容？如何对其进行会计核算？
4. 什么是盈余公积？说明盈余公积提取与使用的相关规定。
5. 如何进行利润形成及利润分配的会计核算？

练 习 题

一、判断题

1. 企业用盈余公积转增资本时会引起所有者权益总额的增减变化。（ ）
2. 企业计提盈余公积达到注册资本30%以上时，可以不再计提。（ ）
3. 会计法规规定，企业不必每年从净利润中提取法定盈余公积和任意盈余公积。
（ ）
4. 企业的"未分配利润"明细账户反映的是当年净利润中未向投资者分配的部分。
（ ）
5. 根据现行企业会计准则规定，企业的资本公积可以转增资本。（ ）
6. 公司以前年度亏损，本年提取法定盈余公积的依据应当是当年利润减去以前年度亏损后的余额。（ ）
7. 企业增资扩股时，新介入的投资者交纳的出资额高于按约定比例计入注册资本份额的部分，应作为资本溢价，记入"资本公积"账户。（ ）
8. 在采用溢价发行股票时，委托证券商代理发行股票支付的手续费、佣金等应从溢价收入中扣除。（ ）
9. 企业对被投资单位的长期股权投资采用权益法核算时，对被投资单位按受捐赠等原因增加的所有者权益，应按其持股比例计算应享有的金额，记入"资本公积——其他资本公积"账户。（ ）
10. 企业年末资产负债表中的未分配利润的金额一定等于"利润分配"账户的年末余额。（ ）

二、单项选择题

1. 企业本年度提取盈余公积40万元，用资本公积20万元、盈余公积10万元转增资本，投资者追加投资50万元。所有者权益净增加额应该是（   ）万元。
   A. 120   B. 80   C. 50   D. 90
2. 某公司以每股5元的价格从市场上回购价值为1元的普通股10 000股作为库存股，并予以注销。该笔交易的结果是（   ）。

A. 对公司的所有者权益没有影响　　B. 公司的所有者权益减少了1万元
C. 对公司的资产没有影响　　　　　D. 公司的所有者权益减少了5万元

3. 股份公司以发放股票股利的方式实现增资时,应借记"利润分配——转作股本的股利"账户,贷记(　　)账户。

A. "本年利润"　　B. "盈余公积"　　C. "资本公积"　　D. "股本"

4. 甲股份公司委托一证券公司代理发行普通股4 000万股,每股面值1元,每股按2.5元的价格出售。按协议,证券公司从发行收入中收取2%的手续费,从发行收入中扣除,则该公司计入资本公积的数额为(　　)万元。

A. 8 000　　　　B. 6 800　　　　C. 6 000　　　　D. 5 800

5. 企业发生的下列事项中,不会引起留存收益总额发生变化的是(　　)。

A. 分配股票股利　　　　　　　　B. 将盈余公积转增资本
C. 以盈余公积弥补亏损　　　　　D. 宣告分配现金股利

6. 股份有限公司采用溢价发行股票方式筹集资本,其"股本"账户所登记的金额是(　　)。

A. 实际收到的款项
B. 实际收到的款项减去应付证券商的费用
C. 实际收到的款项加上应付证券商的费用
D. 股票面值与股份总数的乘积

7. 某企业20×5年年初未分配利润为-4万元。20×5年年末该企业税前利润为54万元,其所得税税率为25%,本年按净利润的10%、5%分别提取法定盈余公积、任意盈余公积,向投资者分配利润10.5万元。若该企业用税前利润弥补亏损,则20×5年年末未分配利润为(　　)万元。

A. 35　　　　　B. 29.75　　　　C. 21.375　　　　D. 18.725

8. 将"本年利润"账户和"利润分配"账户下的其他有关明细账户的余额转入"未分配利润"明细账户后,"未分配利润"明细账户的贷方余额反映的是(　　)。

A. 当年实现的净利润　　　　　　B. 累计留存收益
C. 累计实现的净利润　　　　　　D. 累计未分配的利润

三、核算题

习　题　一

中华股份有限公司20×1年度发生下列有关所有者权益的经济业务:

(1) 委托某证券公司代理发行普通股股票5 000万股,每股面值为1元,发行价每股3.50元,该证券公司按承销协议从发行收入中按2%收取发行手续费,其余发行收入已经存入公司银行存款户。

（2）接受大股东金星公司以房屋、设备作价的投资。该固定资产原始价值为2 300万元，累计折旧为340万元，投资各方确认的价值为2 000万元。金星公司在注册资本中所占注册资本的份额为800万元。

（3）接受丰润公司以库存原材料所进行的投资，原材料评估确认价值为500万元，适用的增值税税率为17%。丰润公司在注册资本中所占注册资本的份额为200万元。

（4）接受欣欣公司以专有技术进行的投资，经评估各方确认的价值为800万元。欣欣公司在注册资本中所占份额为300万元。

（5）经股东大会批准，以1 200万元的资本公积（股本溢价）和800万元的盈余公积转增资本，已经办理转增手续。

要求：根据上述经济业务为中华股份有限公司编制会计分录。

习 题 二

九州有限责任公司（以下简称九州公司）原由投资者A和投资者B共同出资成立，每位出资2 000 000元，各占50%的股份。经营2年后，投资者A和投资者B决定增加公司资本，此时有一新的投资者C要求加入。经有关部门批准后，九州公司实施增资，将实收资本增加到9 000 000元。经协商各方一致同意，完成下述投入后，三方投资者各拥有九州公司注册资本3 000 000元。各投资者的出资情况如下：

（1）投资者A以一台设备投入九州公司作为增资，该设备原始价值为2 000 000元，已提折旧950 000元，经评估确认净值为1 200 000元。

（2）投资者B以价值1 000 000元的专利权对九州公司进行追加投资。

（3）投资者C以银行存款2 000 000元和全新机器设备2 000 000元作为对九州公司的投资。款项已经存入"银行存款"账户。C公司占九州公司注册资本比重为1/3。

要求：根据以上资料为九州公司编制接受增加投资的会计分录。

习 题 三

胜利股份有限公司（以下简称胜利公司）20×1年度发生下列有关所有者权益的经济业务：

（1）以资本公积200 000元、盈余公积100 000元转增股本。

（2）胜利公司对H公司的投资占H公司注册资本的30%。20×1年1月，H公司按照有关规定，将自用的建筑物转换为投资性房地产。建筑物原始价值为500万元，累计已提折旧200万元，公允价值700万元。

（3）本年实现净利润3 650 000元，提取法定盈余公积365 000元、任意盈余公积365 000元，宣告分派现金股利2 000 000元（尚未发放）。

要求：根据上述经济业务为胜利公司编制会计分录。

四、案例分析

金华实业有限公司是一家国有控股公司,注册资金为 50 000 000 元,其中国家资本金为 3 600 万元(包括国家以土地使用权出资 10 000 000 元)。2010 年 12 月 15 日,该公司会计主管来到省财政厅会计处,专门咨询一笔会计事项的处理方法。这笔会计事项是这样的:上个月 2 日该公司的上级主管部门将该公司 35% 的土地划转给了万豪公司,又在半个月后将其下属的另一家国有独资企业的一台进口设备拨付给了金华实业有限公司,用以顶替土地出资额。

请思考:

(1) 金华实业有限公司主管部门的做法是否合适,为什么?

(2) 作为准会计从业人员对已经发生的这笔事项,应该如何处理?

第十二章 收入、费用和利润

章前案例

西藏,一个对许多人都充满神秘感和诱惑力的地方。西藏有壮美的雪域风光,危耸的皑皑雪峰,旷廖的高原牧场,迷人的名山明湖,独特的民族风情,多彩的民族文化。西藏旅游股份有限公司(以下简称"西藏旅游")成立于1996年,是西藏自治区本土第一家上市公司,总股本为18 913万股,市值为20亿元人民币。西藏旅游开发经营的景区有:林芝地区的雅鲁藏布大峡谷国家AAAA级旅游区、巴松措国家AAAA级旅游区、苯日神山旅游区、鲁朗花海牧场旅游区和阿里地区的阿里神山圣湖旅游区。主要经营旅游观光、徒步、特种旅游、探险活动的组织接待、旅游运输、水上旅游运输和旅游资源的开发利用等业务。自开发以来,接待游客量增长了近30倍,增长速度是自治区旅游接待量增速的近2倍。截至2015年年末,已完成投资近5.45亿元。项目开发以来带动的社会效益约1.8亿元。2015年度,西藏旅游实现营业收入1.52亿元,同比下降4.98%;实现归属于上市公司股东的净利润535.53万元,公司2015年度实现扭亏为盈;每股收益为0.028 3元。相关资料如图表12-1所示。

图表12-1

西藏旅游合并利润表

单位:万元

项　　目	2015 年	2014 年
一、营业总收入	15 204.85	16 001.77
减:营业成本	10 349.03	9 013.45
税金及附加	517.19	590.69
销售费用	2 215.49	1 352.30
管理费用	6 907.41	6 802.30
财务费用	2 176.65	937.73
资产减值损失	−609.33	195.53

(续表)

项 目	2015年	2014年
加:公允价值变动净收益		
投资净收益	2 051.83	
二、营业利润	-4 299.76	-2 890.23
营业外收入	5 214.13	65.03
营业外支出	253.17	642.25
三、利润总额	661.20	-3 467.45
所得税费用	337.10	-9.56
四、净利润	324.10	-3 457.89
少数股东损益	-211.43	-112.27
归属于母公司股东的净利润	535.53	-3 345.62
五、其他综合收益的税后净额	4.61	
六、综合收益总额	328.71	
七、每股收益		
基本每股收益	0.028 3	-0.176 9
稀释每股收益	0.028 3	-0.176 9

> **学习目的**
>
> - 掌握各项收入确认的条件和会计核算
> - 了解期间费用、资产减值损失、营业外收支和其他综合收益的构成
> - 掌握所得税费用的计算
> - 掌握利润分配的顺序和核算

第一节 收入的核算

一、收入的定义及分类

(一) 收入的定义

收入是企业在日常活动中形成的、会导致所有者权益增加的、与所有者投入资本无关的经济利益的总流入。收入有以下特点:

(1) 收入从企业的日常生产经营活动中产生,而不是从偶发的交易或事项中产生。日

常活动是指企业为完成其经营目的所从事的经常性活动以及与之相关的其他活动。工业企业制造并销售产品、商品流通企业销售商品、保险公司签发保单、咨询公司提供咨询服务、软件企业为客户开发软件、安装公司提供安装服务、商业银行对外贷款、租赁公司出租资产等，均属于企业为完成其经营目标所从事的经常性活动。

(2) 收入可能表现为企业资产的增加，如销售商品增加企业的货币资金或应收账款等债权；也可能表现为企业负债的减少，如以商品或劳务抵偿债务；或者两者兼而有之。这里所说的以商品或劳务抵偿债务主要是指预收账款的实现，不包括债务重组中的以商品抵债。

(3) 收入能导致企业所有者权益的增加。收入最终导致企业所有者权益的增加。收入作为经济利益的总流入，会引起企业净资产的增加，而增加的部分归投资者所有。

(4) 收入只包括本企业经济利益的流入，不包括为第三方或客户代收的款项。例如，销售商品时代收的增值税，一方面增加企业的资产（银行存款）；另一方面增加企业的负债（应交税费），未引起经济利益的流入，不增加企业的所有者权益，不能作为企业的收入。

收入和收益不同，收益是企业在会计期间内增加的除所有者投资以外的经济利益。收益既包括日常经营活动流入的经济利益（收入），又包括日常经济活动以外的活动所产生的其他收益（利得），如企业的罚款净收入、处理固定资产、无形资产的净收益和固定资产盘盈等。

(二) 收入的分类

1. 按经济业务的性质分类

收入按经济业务性质分为销售商品收入、提供劳务收入、让渡资产使用权收入和建造合同收入等。

(1) 销售商品收入主要是指取得货币方式的商品销售及正常情况下的以商品抵债交易。

(2) 提供劳务收入主要是指提供运输、饮食、广告、咨询、代理、培训、商品安装等获取的收入。

(3) 让渡资产使用权收入主要是指企业将资产让渡给他人使用所获得的收入，如让渡现金使用权取得的利息收入、出租固定资产收取的租金收入、转让无形资产使用权取得的使用费收入等。

(4) 建造合同收入主要是指企业承担建造合同所形成的收入。

2. 按经济业务的重要性分类

收入按企业经营业务的重要性分为主营业务收入和其他业务收入。

(1) 主营业务收入是指企业从事经常性业务活动取得的收入。工业企业的主营业务收入主要包括销售商品、自制半成品、代制品、代修品、提供工业性作业等所取得的收入；商品流通企业的主营业务收入主要包括销售商品所取得的收入；旅游企业的主营业务收入主要包括客房收入、餐饮收入等。主营业务收入一般占企业营业收入的比重较大，对企业的经济利益产生较大的影响。

（2）其他业务收入是指企业除主营业务以外的其他经营活动实现的收入，包括出租固定资产、出租无形资产、出租包装物、销售材料等。其他业务收入的特点是，收入金额少，业务笔数少，占全部收入的比重低。

主营业务收入和其他业务收入的内容是相对而言的，不同的会计主体主营业务收入和其他业务收入的划分标准不同。

二、销售商品收入

（一）销售商品收入的确认

商品除正常生产销售的产品外，还包括为转售而购进的商品、企业销售的其他存货，如原材料、包装物等。

销售商品收入只有在同时满足以下五个条件时，才能予以确认。任何一个条件没有满足，即使收到货款，也不能确认收入。

（1）企业已将商品所有权上的主要风险和报酬转移给购货方。其中：风险主要是指商品由于贬值、损坏、报废等造成的损失；报酬是指商品中包含的未来经济利益，包括商品因升值等给企业带来的经济利益。判断企业是否已将商品所有权上的主要风险和报酬转移给购货方，应当关注交易的实质而非形式，并结合所有权凭证的转移或事物的交付进行判断。大多数情况下，所有权上的风险和报酬的转移伴随着所有权凭证的转移或实物的交付而转移，如大多数零售交易。某些情况下，转移商品所有权凭证或交付实物后，商品所有权上的主要风险和报酬并未随之转移，如采用支付手续费方式委托代销但未销售出去的商品、销售合同或协议中存在有权退货条款且不能确定退货的可能性等情况。

（2）企业既没有保留通常与所有权相联系的继续管理权，也没有对已售出的商品实施控制。企业将商品所有权上的主要风险和报酬转移给买方后，如仍然保留通常与所有权相联系的继续管理权，或仍然对售出的商品实施控制，则此项销售不成立，不能确认相应的销售收入。

（3）与交易相关的经济利益能够流入企业。在销售商品的交易中，与交易相关的经济利益即为销售商品的价款。销售商品的价款能否有把握收回，是收入确认的一个重要条件。企业在销售商品时，如估计价款收回的可能性不大，即使收入确认的其他条件均已满足，也不应当确认收入。

（4）相关的收入金额能够可靠地计量。收入能否可靠计量是确认收入的基本前提。企业在销售商品时，售价通常已经确定，但销售过程中由于某种不确定因素，也有可能出现售价变动的情况，则新的售价未确定前不应确认收入。

（5）相关的已发生或将发生的成本能够可靠地计量，按照配比原则，为取得某项销售收入的成本应在同一会计期间予以确认，如果成本不能可靠计量，则与其相关的收入也不能予以确认。例如,订货销售。订货销售是指企业已收到买方全部或部分货款,但库存无现货,需要通过制造或通过第三方交货。在这种销售方式下,企业尽管已收到全部或部分货款,但商品尚在制造过程中或仍在第三方,相关的成本不能可靠地计量,因此不能确认销售收入。预收的货款只能作为负债,待商品交付时才能确认收入。

【小知识】

实际中,下列商品的销售通常按规定的时点确认为收入(有证据表明不满足收入确认条件的除外):① 销售商品采用托收承付方式的,在办妥托收手续时确认收入。② 销售商品采用预收款方式的,在发出商品时确认收入,预收的货款应确认为负债。③ 销售商品需要安装和检验的,在购买方接受商品以及安装和检验完毕前,不确认收入,待安装和检验完毕时确认收入。如果安装程序比较简单,可在发出商品时确认收入。④ 销售商品采用以旧换新方式的,销售的商品应当按照销售商品收入确认条件确认收入,回收的商品作为购进商品处理。⑤ 销售商品采用支付手续费方式委托代销的,在收到代销清单时确认收入。

(二)销售商品收入的核算

1. 一般商品销售的核算

商品销售收入的计算确定采用公允价值模式,即按已收金额或应收的公允价值计量收入。

一般商品销售时,按确定的已收或应收的合同或协议价款与应收取的增值税额,借记"银行存款""应收账款""应收票据"等账户,按应收取的增值税额,贷记"应交税费——应交增值税(销项税额)"账户,按确定的收入金额,贷记"主营业务收入"或"其他业务收入"账户。企业在确认销售商品收入的同时,应结转相应的成本,借记"主营业务成本"或"其他业务成本"账户,贷记"库存商品"账户。

如果售出商品不符合收入确认条件,则不应确认收入,已经发出的商品,通过"发出商品"账户核算。

【例12-1】 M 公司为增值税一般纳税人,增值税税率为 17%,消费税税率为 10%。20×6年3月10日,M 公司销售一批商品(消费税应税商品)给 A 企业,增值税专用发票上注明售价为 90 000 元,增值税额为 15 300 元,商品成本为 60 000 元。A 企业开出支票转账付款,M 公司将提货单和发票交给 A 公司。对于此项业务,M 公司的会计处理如下:

(1)确认商品销售收入时:

借:银行存款　　　　　　　　　　　　　　　　　　　　105 300
　　贷:主营业务收入　　　　　　　　　　　　　　　　　　90 000
　　　　应交税费——应交增值税(销项税额)　　　　　　　15 300

（2）结转已销商品成本时：

借：主营业务成本　　　　　　　　　　　　　　　　　　　　60 000
　　贷：库存商品　　　　　　　　　　　　　　　　　　　　　　60 000

（3）确认应交纳的消费税时：

借：税金及附加　　　　　　　　　　　　　　　　　　　　　　9 000
　　贷：应交税费——应交消费税　　　　　　　　　　　　　　　9 000

2. 托收承付方式商品销售的核算

托收承付是指企业根据合同发货后，委托银行向异地付款单位收取款项，由购货方向银行承诺付款的销售方式，企业通常在发出商品且办妥托收手续时确认收入。如果商品已经发出且办妥托收手续，但由于各种原因与发出商品所有权有关的主要风险和报酬没有转移的，则不能确认收入。

【例 12-2】 M 公司 20×5 年 4 月 20 日以托收承付方式销售给 B 公司商品一批，该商品的售价为 100 000 元，增值税额为 17 000 元，商品成本为 60 000 元。该批商品已经发出。此时 M 公司得知 B 公司在另一项交易中发生巨额损失，资金周转十分困难。经与 B 公司交涉，确定此项收入目前收回的可能性不大，决定不确认收入。当年 7 月 25 日，M 公司得知 B 公司经营情况逐渐好转，B 公司承诺近期付款，M 公司确认收入。8 月 10 日，M 公司收到 B 公司的货款，存入银行。对于此项业务，M 公司的会计处理如下：

（1）4 月 20 日，商品已经发出，因不能确认销售收入，将商品成本从"库存商品"账户转入"发出商品"账户时：

借：发出商品　　　　　　　　　　　　　　　　　　　　　　60 000
　　贷：库存商品　　　　　　　　　　　　　　　　　　　　　60 000

（2）7 月 25 日，因 B 公司经营情况好转，确认商品销售收入，同时按照配比原则，结转已销商品成本时：

借：应收账款——B 公司　　　　　　　　　　　　　　　　　117 000
　　贷：主营业务收入　　　　　　　　　　　　　　　　　　　100 000
　　　　应交税费——应交增值税（销项税额）　　　　　　　　　17 000

借：主营业务成本　　　　　　　　　　　　　　　　　　　　60 000
　　贷：发出商品　　　　　　　　　　　　　　　　　　　　　60 000

（3）8 月 10 日，收到款项存入银行时：

借：银行存款　　　　　　　　　　　　　　　　　　　　　　117 000
　　贷：应收账款——B 公司　　　　　　　　　　　　　　　　117 000

3. 销售商品涉及现金折扣、商业折扣、销售折让的核算

(1) 现金折扣是指销售企业为鼓励债务人提前偿付货款,而给予债务人价款上的优惠。现金折扣通常发生在以赊销方式销售商品和提供的劳务交易之中。我国按照扣除现金折扣前的金额确认销售收入金额,现金折扣在实际发生时计入财务费用。

(2) 商业折扣是指企业为促进商品销售而在商品标价上给予的优惠。一般情况下,会计核算不反映商业折扣,销售时,按扣除商业折扣后的价格确认商品销售收入金额。

(3) 销售折让是指企业因售出商品的质量不合格等原因而在售价上给予的减让。企业将商品销售给买方后,如买方发现商品在质量、规格等方面不符合要求,可能要求卖方在价格上给予一定减让。销售折让往往发生在企业确认收入之后,因此,应在实际发生时冲减当期的销售收入。如属于资产负债表日后事项的,应当按照有关资产负债表日后事项的相关规定进行处理。

【例 12-3】 M 公司在 20×6 年 6 月 1 日赊销给 B 公司商品一批,增值税专用发票上注明的售价为 20 000 元,增值税额为 3 400 元。该商品成本为 12 000 元。M 公司为及早收回货款,承诺给予购货方 B 公司的付款条件为"2/10,n/30"。假定 B 公司在 20×6 年 6 月 10 日付款。6 月 20 日,B 公司收到货物后发现商品质量不符合合同要求,提出应给予价格上 10% 的折让。经协商,M 公司同意给予折让。M 公司的会计处理如下:

(1) 6 月 1 日,确认销售收入和销售成本时:

借:应收账款——B公司　　　　　　　　　　　　　　　　　　　　23 400
　　贷:主营业务收入　　　　　　　　　　　　　　　　　　　　　　20 000
　　　　应交税费——应交增值税(销项税额)　　　　　　　　　　　　3 400
借:主营业务成本　　　　　　　　　　　　　　　　　　　　　　　　12 000
　　贷:库存商品　　　　　　　　　　　　　　　　　　　　　　　　12 000

(2) 6 月 10 日,B 公司付款,给予售价 2% 的现金折扣时:

借:银行存款(23 400-400)　　　　　　　　　　　　　　　　　　23 000
　　财务费用(20 000×2%)　　　　　　　　　　　　　　　　　　　　400
　　贷:应收账款——B公司　　　　　　　　　　　　　　　　　　　23 400

(3) 6 月 20 日,同意给予 B 公司 10% 的销售折让时:

借:主营业务收入　　　　　　　　　　　　　　　　　　　　　　　　2 000
　　应交税费——应交增值税(销项税额)　　　　　　　　　　　　　　340
　　贷:银行存款　　　　　　　　　　　　　　　　　　　　　　　　23 000
　　　　财务费用　　　　　　　　　　　　　　　　　　　　　　　　　40

4. 销售退回的核算

商品销售退回是指企业售出的商品,由于质量、品种不符合要求等原因而发生的退货。

销售退回的会计处理可以按下列情况分别进行：

(1) 未确认收入的已发出商品退回。在退回时，将已记入"发出商品"账户的商品成本，转回"库存商品"账户。

(2) 已确认收入的本期销售商品退回。企业应在发生商品退回时，冲减当期销售商品收入，同时冲减当期销售成本。如果该项销售退回的商品已经享受现金折扣，应同时调整相关的财务费用。如该项销售退回允许扣减增值税额的，应同时冲减应交增值税销项税额。

(3) 已确认收入的销售商品属于资产负债表日后事项的，即报告年度或以前年度销售的商品，在资产负债表日至年度财务报告批准报出日之间退回的，应作为资产负债表日后事项处理，调整报告年度的主营业务收入以及相关的成本、税费。同样，如果该项销售在资产负债表日及之前已发生现金折扣或销售折让，则同时冲减报告年度相关的折扣和折让。

【例 12-4】 W 公司为一家工业生产企业，20×5 年 12 月 5 日销售给 Z 公司甲商品 100 件，单位售价为 15 元（不含税），单位成本为 10 元。20×5 年 12 月 15 日，如数收到货税款，存入银行。因质量问题该批商品于 20×5 年 12 月 30 日被全数退回，货款已退回 Z 公司。假如 W 公司为增值税一般纳税人，销售退回应退回的增值税已取得有关证明。W 公司的会计处理如下：

(1) 20×5 年 12 月 5 日，销售甲商品时：

  借：应收账款——Z 公司   1 755
    贷：主营业务收入   1 500
      应交税费——应交增值税（销项税额）   255

  借：主营业务成本   1 000
    贷：库存商品   1 000

(2) 20×5 年 12 月 15 日，如数收到货税款时：

  借：银行存款   1 755
    贷：应收账款——Z 公司   1 755

(3) 20×5 年 12 月 30 日，商品退回，冲减主营业务收入和主营业务成本时：

  借：主营业务收入   1 500
    应交税费——应交增值税（销项税额）   255
    贷：银行存款   1 755

  借：库存商品   1 000
    贷：主营业务成本   1 000

【例 12-5】 承［例 12-4］，若该商品在 20×6 年 2 月 15 日被全数退回，W 公司于 20×6 年 2 月 28 日完成 20×5 年的所得税汇算清缴，所得税税率为 25%。W 公司 20×6 年 2 月 15 日的账务处理如下：

(1) 调整销售收入：

借：以前年度损益调整——调整主营业务收入　　　　　　　　　　　　1 500
　　应交税费——应交增值税(销项税额)　　　　　　　　　　　　　　　255
　　贷：银行存款　　　　　　　　　　　　　　　　　　　　　　　　　　　1 755

(2) 调整销售成本：

借：库存商品　　　　　　　　　　　　　　　　　　　　　　　　　　　1 000
　　贷：以前年度损益调整——调整主营业务成本　　　　　　　　　　　　1 000

(3) 调整应交纳的所得税：

$$(1\,500-1\,000)\times 0.25=125(元)$$

借：应交税费——应交所得税　　　　　　　　　　　　　　　　　　　　125
　　贷：以前年度损益调整——调整所得税费用　　　　　　　　　　　　　125

(4) 将"以前年度损益调整"账户的余额转入利润分配：

借：利润分配——未分配利润　　　　　　　　　　　　　　　　　　　　375
　　贷：以前年度损益调整　　　　　　　　　　　　　　　　　　　　　　375

(5) 调整盈余公积及相关财务报表等(略)。

(三) 特殊商品销售业务的核算

1. 委托代销

委托代销通常有视同买断和收取手续费两种方式。

第一，视同买断方式。委托方和受托方签订协议，委托方将按协议价收取受托方代销商品的货款，代销商品的最终售价由受托方自行确定，最终售价与协议价之间的差额归受托方所有。如果委托方和受托方之间的协议有明确标明，受托方在取得代销商品后，无论是否能够卖出、是否获利，均与委托方无关，那么，委托方和受托方之间的代销商品交易，与委托方直接销售给受托方没有实质区别，在符合销售商品收入确认条件时，委托方应确认相关销售商品收入。如果委托方和受托方之间的协议明确标明，将来受托方没有将商品售出时可以将商品退回给委托方，或受托方因代销商品出现亏损时可要求委托方补偿，那么，委托方在交付商品时不确认收入，受托方也不作购入商品处理，受托方将商品销售后，按实际售价确认销售收入，并向委托方开具代销清单，委托方收到代销清单后，再开具销售发票，确认本企业的销售收入。

第二，收取手续费方式。在收取手续费方式委托代销时，委托方和受托方签订协议，规定受托方代销商品的最终售价及受托方的手续费比例。受托方在按照委托方规定的销售价格销售商品后，向委托方开具销售清单，并根据所代销的商品数量向委托方收取手续费。委托方根据受托方开具的代销清单开具销售发票，确认销售收入。收取手续费方式对受托方来说实际上是一种劳务收入，对委托方来说实际上是一种销售费用。

【例 12-6】 E 公司委托 F 公司销售乙商品 50 件，该商品成本为 200 元/件，增值税税率为 17%。F 公司按 300 元/件的价格出售给顾客，E 公司按售价的 10% 支付 F 公司手续费。F 公司实际销售甲商品时，即向买方开出增值税专用发票，商品售价为 15 000 元，增值税额为 2 550 元。E 公司在收到 F 公司交来的代销清单时，向 F 公司开具一张相同金额的增值税专用发票，同时 F 公司向 E 公司开具一张价值 1 500 元的手续费收入发票。E 公司在扣除了手续费费用后，收到 F 公司付来的销售商品款，并存入银行。对于此项业务，E 公司和 F 公司的会计处理分别如图表 12-2 所示。

图表 12-2

E 公司和 F 公司的会计分录

委 托 方（E 公司）	受 托 方（F 公司）
（1）将乙商品交付给 F 公司。 借：发出商品（50×200）　　10 000 　贷：库存商品　　　　　　　10 000	（1）收到 E 公司委托代销的乙商品。 借：受托代销商品（50×200）　10 000 　贷：受托代销商品款　　　　　10 000
（2）收到 F 公司代销清单，开出发票。 借：应收账款——F 公司　　17 550 　贷：主营业务收入（300×50）　15 000 　　　应交税费——应交增值税 　　　　（销项税额）　　　　 2 550 借：主营业务成本　　　　　10 000 　贷：发出商品　　　　　　　10 000	（2）销售乙商品，开出代销清单。 借：银行存款　　　　　　　17 550 　贷：应付账款——E 公司　　15 000 　　　应交税费——应交增值税 　　　　（销项税额）　　　　 2 550
（3）收到 F 公司开出的手续费收入发票。 借：销售费用（15 000×0.1）　1 500 　贷：应收账款——F 公司　　1 500	（3）收到增值税专用发票。 借：应交税费——应交增值税 　　　（进项税额）　　　　　2 550 　贷：应付账款——E 公司　　2 550 借：受托代销商品款　　　　10 000 　贷：受托代销商品　　　　　10 000
（4）收到货款。 借：银行存款　　　　　　　16 050 　贷：应收账款——F 公司　　16 050	（4）支付货款并计算代销手续费。 借：应付账款——E 公司　　17 550 　贷：银行存款　　　　　　　16 050 　　　其他业务收入　　　　　 1 500

2. 预收款销售商品

预收款销售商品是指购买方在商品尚未收到前按合同或协议约定分期付款，销售方在收到最后一笔款项时才交货的销售方式。在该销售方式下，商品所有权上的主要风险和报酬只有在收到最后一笔款项时才转移给购货方,因此,企业通常应在发出商品时确认收入,在此之前预收的货款应确认为负债。

3. 分期收款销售

分期收款销售是指商品已经交付,但货款分期收回的一种销售方式。分期收款销售的特点是销售商品的价值大;收款期较长(通常超过3年);收取货款的风险较大。在分期收款销售方式下,应收金额与其公允价值之间的差额,实质上是企业向购货方提供信贷收取的利息。会计核算时,在符合收入确认条件的情况下,企业按照应收合同或协议价款的公允价值确认收入,同时计算结转已销商品成本。应收合同或协议价款的公允价值按照其未来现金流量的现值或商品现销价格确定。

应收合同或协议价款与其公允价值的差额,应当在合同或协议期间内,按照应收款项的摊余成本和实际利率确定的金额进行摊销,冲减财务费用。应收合同或协议价款与其公允价值的差额不大时,也可以采用直线法进行摊销。

【例12-7】 甲公司售出大型设备一套,金额为1 000万元。协议约定货款销货方采用分期收款方式收取,收款期5年,从销售当年起每年年末收款200万元。增值税额当即收到并存入银行。如果购货方在销售成立日支付货款,只需支付800万元。假定甲公司发出商品时开出增值税专用发票,注明增值税额170万元。设备成本为720万元。

根据本例资料,甲公司应按该设备的公允价值800万元确认销售收入,公允价值与分期应收金额1 000万元的差额采用实际利率法摊销(实际利率7.93%,计算过程略)。甲公司采用实际利率法列表(见图表12-3)计算各年收回本金与利息的金额,并进行各年会计处理。

(1)销售实现时:

图表12-3

财务费用和已收本金计算表

单位:万元

项 目	年初未收本金	财务费用	收到现金	收回本金	年末未收本金
	(1)	(2)=(1)×7.93%	(3)	(4)=(3)−(2)	(5)=(1)−(4)
第一年	800.00	63.44	200.00	136.56	663.44
第二年	663.44	52.61	200.00	147.39	516.05
第三年	516.05	40.92	200.00	159.08	356.97
第四年	356.97	28.31	200.00	171.69	185.28
第五年	185.28	14.72①	200.00	185.28	0
总 额	0	200.00		800.00	

① 含尾差调整。

借：银行存款 1 700 000
　　长期应收款 10 000 000
　　贷：主营业务收入 8 000 000
　　　　应交税费——应交增值税（销项税额） 1 700 000
　　　　未实现融资收益 2 000 000

借：主营业务成本 7 200 000
　贷：库存商品 7 200 000

(2) 第一年年末，收取货款时：

借：银行存款 2 000 000
　贷：长期应收款 2 000 000

借：未实现融资收益 634 400
　贷：财务费用 634 400

(3) 第二年年末，收取货款时：

借：银行存款 2 000 000
　贷：长期应收款 2 000 000

借：未实现融资收益 526 100
　贷：财务费用 526 100

(4) 第三年年末，收取货款时：

借：银行存款 2 000 000
　贷：长期应收款 2 000 000

借：未实现融资收益 409 200
　贷：财务费用 409 200

(5) 第四年年末，收取货款时：

借：银行存款 2 000 000
　贷：长期应收款 2 000 000

借：未实现融资收益 283 100
　贷：财务费用 283 100

(6) 第五年年末，收取货款时：

借：银行存款 2 000 000
　贷：长期应收款 2 000 000

借：未实现融资收益 147 200
  贷：财务费用 147 200

4. 附有销售退回条件的商品销售

附有销售退回条件的商品销售是指购买方依照相关协议有权退货的销售方式。在这种销售方式下，企业若能根据以往的经验合理估计退货的可能性，且能确认与退货相关的负债事项，则可在发出商品时确认为收入；企业若不能合理估计退货的可能性，则通常在售出商品退货期满时确认为收入。

【例 12-8】 20×1 年 1 月 1 日，甲公司向星星公司销售商品 5 000 件，单位销售价格为 300 元，单位成本为 200 元，增值税额为 255 000 元。根据协议，星星公司应于 2 月 1 日之前付款，并有权在 6 月 30 日之前退还该商品。该批商品已发出，款项未收到。假定甲公司根据以往的经验估计该批商品的退货率约为 15%。商品发出时纳税义务已经发生，实际发生销售退回时取得税务机关开具的红字增值税专用发票。甲公司的会计处理如下：

(1) 1 月 1 日，销售商品：

借：应收账款——星星公司 1 755 000
  贷：主营业务收入 1 500 000
    应交税费——应交增值税（销项税额） 255 000

借：主营业务成本 1 000 000
  贷：库存商品 1 000 000

(2) 1 月 31 日，确认估计的销售退回：

借：主营业务收入 225 000
  贷：主营业务成本 150 000
    预计负债 75 000

(3) 2 月 1 日前收到货款：

借：银行存款 1 755 000
  贷：应收账款——星星公司 1 755 000

(4) 6 月 30 日前发生销售退回，实际退货量为 750 件，款项已支付星星公司：

借：库存商品 150 000
  预计负债 75 000
  应交税费——应交增值税（销项税额） 38 250
  贷：银行存款 263 250

若实际退货量为 500 件，则：

借:库存商品		100 000
预计负债		75 000
主营业务成本		50 000
应交税费——应交增值税(销项税额)		25 500
贷:银行存款		175 500
主营业务收入		75 000

若实际退货量为 900 件,则:

借:库存商品		180 000
预计负债		75 000
应交税费——应交增值税(销项税额)		45 900
主营业务收入		45 000
贷:银行存款		315 900
主营业务成本		30 000

(5) 若 6 月 30 日前没发生销售退回,则:

借:主营业务成本		150 000
预计负债		75 000
贷:主营业务收入		225 000

【例 12-9】 沿用[例 12-8]的资料。假定甲公司无法根据以往的经验估计该批商品的退货率;商品发出时纳税义务已发生。甲公司的账务处理如下:

(1) 20×1 年 1 月 1 日,销售商品:

借:应收账款——星星公司		255 000
贷:应交税费——应交增值税(销项税额)		255 000
借:发出商品		1 000 000
贷:库存商品		1 000 000

(2) 2 月 1 日前收到货款:

借:银行存款		1 755 000
贷:应收账款		255 000
预收账款		1 500 000

(3) 6 月 30 日退货期满未发生退货:

借:预收账款		1 500 000
贷:主营业务收入		1 500 000
借:主营业务成本		1 000 000
贷:发出商品		1 000 000

若 6 月 30 日前发生销售退回，发生退货为 1 500 件，则：

借：预收账款　　　　　　　　　　　　　　　　　　　　1 500 000
　　应交税费——应交增值税（销项税额）　　　　　　　　 76 500
　　贷：主营业务收入　　　　　　　　　　　　　　　　　1 050 000
　　　　银行存款　　　　　　　　　　　　　　　　　　　　526 500
借：主营业务成本　　　　　　　　　　　　　　　　　　　 700 000
　　库存商品　　　　　　　　　　　　　　　　　　　　　 300 000
　　贷：发出商品　　　　　　　　　　　　　　　　　　　1 000 000

除了以上几种主要的商品销售方式外，企业还有一些其他的商品销售方式，如售后回购、售后租回、房地产销售、出口销售、以旧换新销售等。值得注意的是，售后回购、售后租回通常属于融资交易行为，企业不应确认收入。

三、提供劳务收入

企业提供劳务的收入主要包括提供旅游、运输（包括交通运输、民航运输等）、饮食、广告、咨询、代理、培训、商品安装等所获取的收入等。提供劳务的内容不同，完成劳务的时间不同，劳务收入确认和计量的方法也不相同。

（一）提供劳务交易的结果能够可靠估计

提供劳务的交易结果在同时满足以下四个条件时，能够可靠地估计：收入的金额能够可靠地计量；与交易相关的经济利益能够流入企业；交易的完工进度能够可靠地确定；交易中已发生和将发生的成本能够可靠地计量。

提供劳务交易的结果能够可靠估计的收入确认方法是：在同一会计年度内开始并完成的劳务，在劳务完成时确认收入，确认的金额为合同或协议总金额。在劳务的开始和完成分属不同会计年度时，按照完工百分比法确认相关收入。

所谓完工百分比法是指按劳务的完工进度确认收入和费用的方法。其具体做法是：在资产负债表日，按照提供劳务收入总额乘以完工进度扣除以前会计期间累计已确认提供劳务收入后的金额，确认当期提供劳务收入；按照提供劳务估计总成本乘以完工进度扣除以前会计期间累计已确认劳务成本后的金额，结转当期劳务成本。即：

$$\text{本年确认的收入} = \text{劳务总收入} \times \text{本年年末止劳务的完工进度} - \text{以前年度已确认的收入}$$

$$\text{本年确认的费用} = \text{劳务总成本} \times \text{本年年末止劳务的完工进度} - \text{以前年度已确认的费用}$$

企业可以根据所提供的劳务的特点，按以下方法确定劳务的完成程度：① 已完工作的测量；② 已经提供的劳务占应提供劳务总量的比例；③ 已经发生的成本占估计总成本的比例等。

提供劳务收入的核算包括归集劳务费用、确认劳务收入、结转劳务成本等几个部分。归集劳务费用时，借记"劳务成本"等相关成本费用账户，贷记"应付职工薪酬""库存现金""银行存款"等账户；确认劳务收入时，按确定的收入和应收取的增值税额，借记"银行存款""应收账款"和"应收票据"等账户，按确定的收入金额，贷记"主营业务收入"账户，按应收取的增值税额，贷记"应交税费——应交增值税（销项税额）"账户。年度终了，按照完工百分比法确认结转劳务成本时，借记"主营业务成本"账户，贷记"劳务成本"等相关成本费用账户。年末，应将企业"劳务成本"账户的余额并入资产负债表中的"存货"项目进行反映。

【例12-10】Y公司20×7年11月1日接受M公司一项商品安装任务，安装期3个月，合同总金额444 000元（含增值税，增值税税率为11%）。至年底，Y公司已预收款项350 000元，实际发生成本180 000元（假定均为安装人员薪酬），估计还会发生60 000元。Y公司按已经发生的成本占估计总成本的比例方法确定劳务的完成程度，进而确认劳务收入和劳务成本。Y公司20×7年有关该商品安装活动的会计处理如下：

(1) 预收款项时：

  借：银行存款   350 000
    贷：预收账款——M公司   350 000

(2) 实际发生成本费用时：

  借：劳务成本   180 000
    贷：应付职工薪酬   180 000

(3) 20×7年12月31日，确定劳务的完成程度、劳务收入和劳务成本时：

$$\text{实际发生的成本占估计总成本的比例} = 180\,000 \div (180\,000 + 60\,000) \times 100\% = 75\%$$

合同总收入 = 444 000 ÷ 1.11 = 400 000（元）

20×7年确认收入 = 400 000 × 75% − 0 = 300 000（元）

20×7年结转成本 = (180 000 + 60 000) × 75% − 0 = 180 000（元）

  借：预收账款——M公司   333 000
    贷：主营业务收入   300 000
      应交税费——应交增值税（销项税额） 33 000

  借：主营业务成本   180 000
    贷：劳务成本   180 000

（二）提供劳务交易结果不能可靠估计

在资产负债日，企业提供的劳务交易结果不能可靠估计的，即不能采用完工百分比确认劳务收入，应正确预计已经发生的劳务成本能够得到补偿，分别进行会计处理：① 已经发生的劳务成本预计全部能够得到补偿的,按已收或预计能够收回的金额确认提供劳务收入,并结转已经发生的劳务成本;② 已经发生的劳务成本预计部分能够得到补偿的,按照能得到补偿的劳务成本金额确认提供劳务收入,并结转已经发生的劳务成本;③ 已经发生的劳务成本预计全部不能得到补偿,将已经发生的劳务成本确认为当期费用,不确认劳务收入。

（三）同时销售商品与提供劳务交易

企业与其他企业签订的协议中如果既包括销售商品又包括提供劳务的,如销售电梯的同时又提供安装服务,销售软件后继续提供技术支持,设计产品同时负责生产等,应区分不同的情况进行账务处理:销售商品和提供劳务能够区分并能单独计量的,分别核算销售商品收入和提供劳务收入;销售商品和提供劳务不能够区分或者虽能区分但不能单独进行计量的,全部作为销售商品收入处理。

（四）授予客户奖励积分

在某些情况下,企业在销售产品或提供劳务的同时会授予客户奖励积分,如航空公司给予客户的里程累计等,客户在满足一定条件后将奖励积分兑换为企业或第三方提供的免费或折扣后的商品或服务。企业对该交易事项应当分别以下情况进行处理:

(1) 在销售产品或提供劳务的同时,将销售取得的货款或应收货款在本次商品销售(劳务提供)产生的收入与奖励积分的公允价值之间进行分配,将取得的货款或应收货款扣除奖励积分公允价值后的净额确认为收入,将奖励积分的公允价值确认为递延收益。如果奖励积分的公允价值不能够直接观察到,授予企业可以参考被兑换奖励物品的公允价值或利用其他估值技术估计奖励积分的公允价值。

(2) 获得奖励积分的客户满足条件时有权利取得授予企业的商品或服务,在客户兑换奖励积分时,授予企业应将原计入递延收益的与所兑换积分相关的部分确认为收入,确认为收入的金额应当以被兑换用于换取奖励的积分数额占预期将兑换用于换取奖励的积分总数的比例为基础计算确定。获得奖励积分的客户满足条件时有权利取得第三方提供的商品或劳务的,如果授予企业代表第三方归集对价,授予企业应在第三方有义务提供奖励且有权接受因提供奖励的计价时,将原计入递延收益的金额与应支付给第三方的价款之间的差额确认为收入;如果授予企业自身归集对价,应在履行奖励义务时按分配至奖励积分的对价确认收入。企业因提供奖励积分而发生的不可避免成本超过已收和应收对价时,应按《企业会计准则第13号——或有事项》有关亏损合同的规定处理。

（五）其他特殊劳务收入

日常生活中,企业提供劳务的形式多种多样,除了上述几种形式外,还有下列一些特殊的劳务形式。这些劳务形式满足收入确认的条件时,也应按规定确认收入:

(1) 安装费,在资产负债表日根据安装完工进度确认为收入。当安装工作是销售商品的一部分时,安装费通常应在确认商品销售实现时确认为收入。

(2) 宣传媒介的收费,在相关广告或商业行为开始出现于公众面前时确认为收入。广告的制作费,在资产负债表日根据广告的完工进度确认为收入。

(3) 为特定客户开发软件的收费,在资产负债表日根据开发的完工进度确认为收入。

(4) 包括在商品售价内可区分的服务费,在提供服务的期间内分期确认为收入。

(5) 艺术表演、招待宴会和其他特殊活动的收费,在相关活动发生时确认为收入。收费涉及几项活动的,预收的款项应合理分配给每项活动,分别确认为收入。

(6) 申请入会费和会员费只允许取得会籍,所有其他服务或商品都要另行收费的,在款项收回不存在重大不确定性时确认为收入。申请入会费和会员费能使会员在会员期内得到各种服务或出版物,或者以低于非会员的价格销售商品或提供服务的,在整个受益期内分期确认收入。

(7) 属于提供设备和其他有形资产的特许权费,应在交付资产或转移资产所有权时确认收入;属于提供初始及后续服务的特许权费,在提供服务时确认为收入。

四、让渡资产使用权收入

(一) 让渡资产使用权收入的确认

让渡资产使用权取得的收入主要包括利息收入、使用费收入、对外出租收入和现金股利收入。

(1) 利息收入,对企业单位来说,是指其存入银行款项所获得的利息收入,或委托银行贷款所获得的利息收入;对银行等金融机构来说,主要是指存贷款形成的利息净收入及同业之间发生往来形成的利息收入等。

(2) 使用费收入是指因他人使用本企业的无形资产(如商标权、专利权、专营权、软件、版权)使用权等形成的收入。

(3) 对外出租收入是指企业对外出租所属资产收取的租金收入。

(4) 现金股利收入是指投资企业在对外投资期间实际收到的被投资单位以现金发放的股利。

让渡资产使用权的收入应在同时满足以下两个条件时予以确认。

(1) 与交易相关的经济利益能够流入企业。企业应根据对方的信誉情况、当年的效益情况以及双方就结算方式、付款期限等达成的协议等方面进行判断,如果企业估计收入收回的可能性不大,就不应确认收入。

(2) 收入的金额能够可靠地计量。利息收入根据合同或协议规定的存、贷款利率确定;使用费收入按企业与其资产使用者签订的合同或协议确定。当收入的金额能够可靠地计量时,企业才能进行确认。

(二) 让渡资产使用权收入的核算

1. 利息收入

对于企业存款利息收入,如果金额不大,可以在收到时,直接冲减财务费用,借记"银行存款"账户,贷记"财务费用"账户。对于金额较大的,可以按照权责发生制,在资产负债表日,按未收回的存款本金、存续期间和适当的利率计算并确认利息收入,借记"应收利息"账户,贷记"财务费用"账户。实际收到利息时,借记"银行存款"账户,贷记"应收利息"账户。

2. 使用费收入

对于使用费收入,企业应按合同或协议规定的时间和方法计算使用费收入,使用费收入增值税税率为6%。

【例 12-11】 M 公司向 N 公司转让其商标使用权。合同规定 N 公司每年年末按年销售收入的 10%(含增值税)支付给 M 公司使用费,使用期为 3 年。假定第一年 N 公司主营业务收入为 1 200 000 元。第二年 1 月,N 公司如数支付使用费。M 公司有关转让商标使用权的会计处理如下:

(1) 第一年年末确认使用费收入时:

借:应收账款——N 公司	120 000.00
贷:其他业务收入(1 200 000×10%÷1.06)	113 207.55
应交税费——应交增值税(销项税额)	6 792.45

(2) 第二年收到款项时:

借:银行存款	120 000
贷:应收账款——N 公司	120 000

五、建造合同收入

建造合同是指为建造一项资产或者在设计、技术、功能、最终用途等方面密切相关的数项资产而订立的合同。这里的资产主要是指房屋、道路、桥梁、水坝等建筑物以及船舶、飞机、大型机械设备等。建造合同的主要特征是:① 先有买主(客户)后有资产,建造资产的造价在签订合同时已经确认;② 资产的建设期长,往往要跨越一个或几个会计年度;③ 所建资产的造价高,资产的体积大;④ 建造合同不可取消。

(一) 建造合同的类型

建造合同分为两类:固定造价合同和成本加成合同。

固定造价合同是指在建造合同中,工程价款按照固定的合同价或固定单价计算确定。例如,某建造承包商与一家企业签订一项建造合同,为该企业建造一间厂房,合同规定建造厂房的总造价是 200 万元,该项合同就是固定造价合同。

成本加成合同是指在建造合同中,工程价款以合同允许或其他方式议定的成本为基础,加上该成本的一定比例或定额费用计算确定。例如,某建造承包商与一家企业签订一项建造合同,为该企业建造大型设备,双方商定以建造该大型设备的实际成本为基础,合同总价款以实际成本加上实际成本的 10% 计算确定,该项合同即是成本加成合同。

(二) 合同的分立与合并

企业通常应当按照单项建造合同进行会计处理。但是,在某些情况下,根据实质重于形式原则,需要将单项合同进行分立或将数项合同进行合并。

1. 合同分立

有的资产建造虽然形式上只签订了一项合同,但其中各项资产在商务谈判、设计施工、价款结算等方面都是可以相互分离的,实质上是多项合同,在会计上应当作为不同的核算对象。

一项包括建造数项资产的建造合同,同时满足下列三项条件的,每项资产应当分立为单项合同:① 每项资产均有独立的建造计划;② 与客户就每项资产单独进行谈判,双方能够接受或拒绝与每项资产有关的合同条款;③ 每项资产的收入和成本可以单独辨认。如果不同时满足上述三个条件,则不能将合同分立,而应将其作为一个合同进行会计处理。

2. 合同合并

有的资产建造虽然形式上签订了多项合同,但各项资产在设计、技术、功能、最终用途上是密不可分的,实质上是一项合同,在会计上应当作为一个核算对象。

一组合同无论对应单个客户还是多个客户,同时满足下列三项条件的,应当合并为单项合同:① 该组合同按一揽子交易签订;② 该组合同密切相关,每项合同实际上已构成一项综合利润率工程的组成部分;③ 该组合同同时或依次履行。

3. 追加资产的建造

在建造合同执行中,客户可能会提出追加建造资产的要求,从而与建造承包商协商变更原合同内容或者另行签订建造追加资产的合同。追加资产的建造,满足下列条件之一的,应当作为单项合同:① 该追加资产在设计、技术或功能上与原合同包括的一项或数项资产存在重大差异;② 议定该追加资产的造价时,不需要考虑原合同价款。除此外,追加资产的合同需要与原合同合并为一项合同进行会计核算。

(三) 合同收入和合同费用

1. 合同收入

合同收入包括以下内容:

(1) 合同中规定的初始收入,即建造承包商与客户在双方签订的合同中最初商定的合同总金额。

(2) 因合同变更、索赔、奖励等形成的收入,即在合同的执行过程中因合同的变更、索赔或奖励而形成的收入。其中:① 合同变更是指客户为改变合同规定的作业内容而提出的调整。因合同变更形成的收入,应当是客户能够认可因变更的收入,并且该项收入能可靠地计量。② 索赔款是指因客户或第三方的原因造成的、向客户或第三方收取的、用以补偿不包括在合同造价中成本的款项。因索赔款形成的收入,应当是能根据谈判情况预计对方能够同意索赔款支付并且对方同意接受的金额能够可靠计量。③ 奖励款是指工程进度达到或者超过规定的标准,客户同意支付的额外款项。因奖励款形成的收入,应当在根据合同目前完成的情况足以判断工程进度和工作质量能够达到或者超过规定标准情况下确定,并且奖励金额能够可靠计量。

2. 合同费用

合同费用又称合同成本,是指为建造某项合同而发生的相关费用,包括从合同签订开始至合同完成止所发生的、与执行合同有关的直接费用和间接费用。

直接费用是指为完成合同所发生的、可以直接计入合同成本核算对象的各项成本费用支出,具体包括:耗用的材料费用、人工费用、机械使用费和其他直接费用。其中:材料费用是指施工生产过程中耗用的构成工程实体或有助于形成工程实体的原材料、辅助材料、构配件、零件、半成品的成本和周转材料的摊销及租赁费用;人工费用是指从事工程建造的人员的工资、奖金、津贴补贴、职工福利费等职工薪酬;机械使用费是指施工生产过程中使用自有施工机械所发生的机械使用费、租用外单位施工机械支付的租赁费和施工机械的安装、拆卸和进出场费;其他直接费用指在施工过程中发生的除上述三项直接费用以外的其他可以直接计入合同成本核算对象的费用,包括设计和技术援助费用、施工现场材料的二次搬运费、生产工具和用具使用费、检验试验费、工程定位复测费、工程点交费用、场地清理费用等。

间接费用是企业下属的施工单位或生产单位为组织和管理施工生产活动所发生的费用,包括临时设施摊销费用和施工、生产单位管理人员职工薪酬、劳动保护费、固定资产折旧费及修理费、物料消费、低值易耗品摊销、取暖费、水电费、办公费、差旅费、财产保险费、工程保养费、排污费等。

此外,如建造承包商在合同订立过程中发生的差旅费、投标费等,能单独计量且合同确定订立,应当予以归集计入合同成本;否则,应计入当期损益。

(三) 合同收入和合同费用的确认

在一个会计年度内完成的建造合同,应在完成时确认合同收入和合同费用。

对于跨年度的建造合同,如果资产负债表日,建造合同的结果能够可靠估计,企业应根据完工百分比法在资产负债表日确认合同收入和费用。

完工百分比法确认和计量当期收入和费用的计算公式如下:

当期确认的合同收入=合同总收入×合同完工进度-以前会计年度累计已确认的收入

当期确认的合同费用=合同预计总成本×合同完工进度-以前会计期间累计已确认的费用

当期确认的合同毛利=当期确认的合同收入-当期确认的合同费用

其中,合同完工进度确定方法如下:

(1) 根据累计实际发生的合同成本占合同预计总成本的比例确定。其计算公式如下:

合同完工进度=累计实际发生的合同成本÷合同预计总成本×100%

(2) 根据已经完成的合同工作量占合同预计总工作量的比例确定。其计算公式如下:

合同完工进度＝已经完成的合同工作量÷合同预计总工作量×100％

（3）根据实际测定的完工进度确定。这种技术测量由专业人员现场进行科学测定。

上述公式中的合同完工进度指累计完工进度。

对于当期完成的建造合同，应当按照实际合同总收入扣除以前会计期间累计已确认收入后的金额，确认为当期合同收入；同时，按照累计实际发生的合同成本扣除以前会计期间累计已确认费用后的金额，确认为当期合同费用。

【例12-12】 20×6年1月1日，M公司与S公司签订一项建造合同。合同约定：M公司为S公司建设一条高速公路，合同总价款为70 000万元；工期为3年。假定建造合同的结果能够可靠估计，M公司按累计实际发生的合同成本占合同预计总成本的比例确定其完工进度。与上述建造合同相关的资料如下：

（1）20×6年1月10日开工建设，预计总成本为68 000万元。至20×6年12月31日，工程实际发生成本40 000万元，由于材料价格上涨等因素预计还将发生工程成本40 000万元；工程结算合同价款50 000万元，价款未收到。20×6年10月6日，经商议，S公司书面同意追加合同价款2 000万元。

账务处理如下（为简化起见，会计分录以汇总数反映，有关纳税业务的会计分录略）：

登记实际发生的合同成本：

借：工程施工——合同成本　　　　　　　　　　　　　　　　　　400 000 000
　　贷：银行存款　　　　　　　　　　　　　　　　　　　　　　400 000 000

登记结算的合同价款：

借：应收账款　　　　　　　　　　　　　　　　　　　　　　　　500 000 000
　　贷：工程结算　　　　　　　　　　　　　　　　　　　　　　500 000 000

确认计量当年的合同收入和费用，并登记入账：

$$合同总收入 = 70\ 000 + 2\ 000 = 72\ 000(万元)$$
$$预计总成本 = 40\ 000 + 40\ 000 = 80\ 000(万元)$$

① 完工进度＝40 000÷(40 000＋40 000)＝50％

② 应确认的营业收入＝72 000×50％＝36 000(万元)

③ 应确认的营业成本＝80 000×50％＝40 000(万元)

④ 合同毛利＝36 000－40 000＝－4 000(万元)

⑤ 应确认的资产减值损失＝(80 000－72 000)×(1－50％)＝4 000(万元)

借：主营业务成本　　　　　　　　　　　　　　　　　　　　　　400 000 000
　　贷：主营业务收入　　　　　　　　　　　　　　　　　　　　360 000 000
　　　　工程施工——合同毛利　　　　　　　　　　　　　　　　 40 000 000

借：资产减值损失 40 000 000
　　贷：存货跌价准备 40 000 000

(2) 20×7年9月6日，工程完工并交付S公司使用。至工程完工时，累计实际发生成本89 000万元；20×7年11月12日，S公司同意支付的合同奖励款400万元。同日，出售剩余物资产生收益250万元并存入银行。累计工程结算合同价款72 400万元，累计实际收到价款70 000万元。

账务处理如下：

登记实际发生的合同成本：

借：工程施工——合同成本 490 000 000
　　贷：银行存款 490 000 000

出售剩余物资产生收益250万元冲减合同成本：

借：银行存款 2 500 000
　　贷：工程施工——合同成本 2 500 000

登记结算的合同价款：

借：应收账款 364 000 000
　　贷：工程结算 364 000 000

登记实际收到的合同价款：

借：银行存款 700 000 000
　　贷：应收账款 700 000 000

确认计量当年的合同收入和费用，并登记入账：

$$合同总收入 = 70\,000 + 2\,000 + 400 = 72\,400(万元)$$
$$预计总成本 = 89\,000(万元)$$

出售剩余物资产生收益250万元冲减合同成本。

$$应确认的营业收入 = 72\,400 - 36\,000 = 36\,400(万元)$$
$$应确认的营业成本 = (89\,000 - 250) \times 100\% - 40\,000 = 48\,750(万元)$$

借：主营业务成本 487 500 000
　　贷：主营业务收入 364 000 000
　　　　工程施工——合同毛利 123 500 000

工程完工，将"存货跌价准备"账户余额冲减"主营业务成本"账户，同时将"工程施工"和"工程结算"账户的余额对冲，账务处理如下：

```
借：存货跌价准备                                    40 000 000
    贷：主营业务成本                                            40 000 000
借：工程结算                                       724 000 000
    工程施工——合同毛利                            163 500 000
    贷：工程施工——合同成本                                    887 500 000
```

如果建造合同的结果不能够可靠地估计,应区别情况处理：① 合同成本能够收回的,合同收入根据能够收回的实际合同成本加以确认,合同成本在其发生的当期确认为费用。② 合同成本不可能收回的,应在发生时立即确认为费用,不确认收入。

如果合同预计总成本将超过合同预计总收入,应将预计损失立即确认为当期费用。

第二节 费用的核算

一、费用概述

(一) 费用的定义

费用是指企业在日常活动中发生的、会导致所有者权益减少的、与所有者分配利润无关的经济利益的总流出。费用与成本都是企业的耗费,都会引起资产的减少或负债的增加。但是费用与成本又有不同,费用是指一定时间内所发生的耗费,其耗费会导致所有者权益减少,如以现金购买办公用品,产生管理费用;成本是指在一定对象上所发生的耗费,其耗费会形成新的资产,如生产产品领用材料,材料费用构成产品生产成本。费用是相对收入而言,成本是相对资产而言。费用具有以下特点：

(1) 费用是在企业取得收入的过程中所发生的各种耗费,一切与收入无关的耗费不应作为费用,如清偿债务、向股东分配股利,不属于费用。

(2) 费用的发生会引起企业经济资源的减少。其具体表现为资产的耗费,如现金、银行存款等货币资金的流出,原材料的消耗或负债的增加。

(3) 费用的发生会导致企业所有者权益的减少。费用是为取得某项收入而发生的耗费,费用的发生部分抵销了收入的增加,最后会导致所有者权益的减少。

费用因收入的取得而发生。因此,应按照权责发生制和配比原则的要求,在确认收入的同一会计期间确认费用。凡应属于本期发生的费用,不论其款项是否支付,均应确认为本期的费用;反之,不属于本期发生的费用,即使其款项已在本期支付,也不确认为本期费用。

(二) 费用的分类

费用有狭义和广义之分。狭义的费用是指与本期营业收入相配比的那部分耗费,即期间费用,包括销售费用、管理费用和财务费用。广义的费用泛指企业日常经营活动中所发生的所有耗费,包括生产费用、期间费用和损失。

1. 生产费用

生产费用是指一定时期内企业生产商品过程发生的各项耗费,包括直接材料、直接人工和制造费用。其中:直接材料是指直接用于商品生产,构成商品实体的原料及主要材料、外购半成品、外购及自制燃料、动力等。直接人工是指企业支付的直接参与商品生产的生产工人工资、社会保险费和其他薪酬。制造费用是指生产车间组织管理生产而发生的各项间接费用,包括生产中领用的不构成商品实体的辅助材料;车间生产部门技术管理人员、辅助人员的职工薪酬,厂房和机器设备的折旧费,生产车间发生的办公费、水电费和劳动保护费,以及季节性的停工损失等。

生产费用应采用一定的方法,直接计入或分配计入所生产的商品成本之中。其中:直接材料和直接人工在发生时直接计入所生产的商品成本之中;制造费用则先进行归集,然后按照一定的标准分配计入所生产的商品成本。

2. 期间费用

期间费用是指本期发生的、不能直接或间接归入特定商品成本的费用,包括销售费用、管理费用和财务费用。其中,销售费用是指企业在销售商品、提供劳务等日常经营过程中发生的各项费用以及专设销售机构的各项经费;管理费用是指企业行政管理部门为组织和管理生产经营活动而发生的各种费用;财务费用是指企业筹集生产经营所需资金而发生的费用。本节所讲的费用核算是指狭义费用,即期间费用的核算。

二、期间费用的核算

(一) 销售费用

销售费用是指企业在销售商品、提供劳务等日常经营过程中发生的各项费用以及专设销售机构的各项经费,包括:运输费、装卸费、包装费、保险费、展览费、广告费、商品维修费、预计产品质量保证损失,以及为销售本公司商品而专设的销售机构(含销售网点、售后服务网点)的职工薪酬、业务费、折旧费等经常性费用。

企业发生的销售费用在"销售费用"账户核算。"销售费用"账户按费用项目设置明细账户,进行明细核算。期末,"销售费用"账户的余额结转至"本年利润"账户后无余额。

(二) 管理费用

管理费用是指企业为组织和管理企业生产经营所发生的管理费用,包括企业的董事会和行政管理部门在企业的经营管理中发生的,或者应当由企业统一负担的公司经费(包括行政管理部门职工薪酬、修理费、物料消耗、低值易耗品摊销、办公费和差旅费等)、董事会会费(包括董事会成员津贴、会议费和差旅费等)、聘请中介机构费、咨询费(含顾问费)、诉讼费、业务招待费、技术转让费、矿产资源补偿费、研究费用、排污费,以及企业生产车间(部门)和行政管理部门等发生的固定资产修理费用等后续支出。

企业发生的管理费用,在"管理费用"账户核算,"管理费用"账户按费用项目设置明细账户,进行明细核算。期末,"管理费用"账户的余额结转至"本年利润"账户后无余额。

商品流通企业管理费用不多的,可以不设"管理费用"账户,将管理费用核算内容并入"销售费用"账户核算。

(三) 财务费用

财务费用是指企业筹集生产经营所需资金而发生的费用,包括:利息净支出(减利息收入)、汇兑净损失(减汇兑收益)、金融机构手续费、企业发生的现金折扣或收到的现金折扣。

企业发生的财务费用,在"财务费用"账户核算,"财务费用"账户按费用项目设置明细账户,进行明细核算。期末,"财务费用"账户的余额结转至"本年利润"账户后无余额。

企业发生财务费用时,借记"财务费用"账户,贷记"未确融资费用""银行存款""应付利息""长期借款——应计利息"等账户。发生应冲减财务费用的利息收入、汇兑损益、现金折扣时,借记"银行存款""应付账款"账户,贷记"财务费用"账户(为购建或生产满足资本化条件的资产发生的应予资本化的费用,在"在建工程""制造费用"等账户中核算,不属于财务费用)。

【例 12-13】 长风公司 20×5 年 12 月发生的有关期间费用和编制的会计分录如下(增值税处理略):

(1) 开出转账支票,支付广告费 8 000 元时:

借:销售费用　　　　　　　　　　　　　　　　　　　　　8 000
　　贷:银行存款　　　　　　　　　　　　　　　　　　　　8 000

(2) 举办产品展览会发生布置费用 4 000 元。其中:领用材料 3 000 元,其余以现金支付时:

借:销售费用　　　　　　　　　　　　　　　　　　　　　4 000
　　贷:原材料　　　　　　　　　　　　　　　　　　　　　3 000
　　　　库存现金　　　　　　　　　　　　　　　　　　　　1 000

(3) 根据计算,本月应付管理人员薪酬 30 000 元,专职销售机构人员薪酬 20 000 元时:

借:销售费用　　　　　　　　　　　　　　　　　　　　　20 000
　　管理费用　　　　　　　　　　　　　　　　　　　　　30 000
　　贷:应付职工薪酬　　　　　　　　　　　　　　　　　　50 000

(4) 以现金购买管理部门用办公用品 200 元时:

借:管理费用　　　　　　　　　　　　　　　　　　　　　200
　　贷:库存现金　　　　　　　　　　　　　　　　　　　　200

(5) 计提应由本月行政管理部门负担的固定资产折旧费 5 000 元,商标权摊销 3 000 元时:

借:管理费用	8 000
贷:累计折旧	5 000
累计摊销	3 000

(6) 以银行存款购买转账支票、支付金融机构手续费等,共计1 000元时:

借:财务费用	1 000
贷:银行存款	1 000

(7) 计提本月负担的到期还本付息长期借款利息3 000元时:

借:财务费用	3 000
贷:长期借款——应计利息	3 000

(8) 将当月发生的期间费用转入"本年利润"账户时:

借:本年利润	74 200
贷:销售费用	32 000
管理费用	38 200
财务费用	4 000

第三节 利润的核算

企业作为独立的经济实体,应当以自己的经营收入抵补其支出,并且实现盈利。企业盈利的大小在很大程度上反映企业生产经营的经济效益,表明企业在每一会计期间的最终经营成果。企业的利润,就其构成来看,既有通过生产经营活动而获得的,也有通过投资活动而获得的,还包括那些与生产经营活动无直接关系的事项所引起的盈亏。

一、利润概述

利润是指企业在一定会计期间全部经济活动的最终成果,包括收入减去费用后的净额,直接计入当期利润的利得和损失等。利润表现为三个不同的层次,即营业利润、利润总额、净利润和综合收益总额。

(一) 营业利润

营业利润指标能够比较恰当地代表企业管理者的经营业绩。营业利润是企业日常经营活动中经营业务所产生的利润,营业利润的计算公式如下:

$$\text{营业利润} = \text{营业收入} - \text{营业成本} - \text{税金及附加} - \text{销售费用} - \text{管理费用} - \text{财务费用} - \text{资产减值损失} + \text{公允价值变动收益}(-\text{公允价值变动损失}) + \text{投资收益}(-\text{投资损失})$$

其中：

$$营业收入＝主营业务收入＋其他业务收入$$

$$营业成本＝主营业务成本＋其他业务成本$$

（二）利润总额

利润总额又称税前利润，是企业一定时期生产经营成果的综合反映。由营业利润和直接计入当期损益的利得和损失组成。利润总额的计算公式如下：

$$利润总额＝营业利润＋营业外收入（利得）－营业外支出（损失）$$

（三）净利润

净利润反映企业全部经济活动的最终结果。净利润是指企业的利润总额减去所得税费用后的余额。其计算公式如下：

$$净利润＝利润总额－所得税费用$$

（四）综合收益总额

综合收益包括其他综合收益和综合收益总额。其中，其他综合收益反映企业根据企业会计准则规定未在损益中确认的各项利得和损失扣除所得税影响后的净额；综合收益总额是企业净利润与其他综合收益的合计金额。其计算公式如下：

$$综合收益总额＝净利润＋其他综合收益$$

二、资产减值损失的核算

资产减值损失是指因企业计提各项资产减值准备所形成的损失，包括应收款项、存货、长期股权投资、持有至到期投资、固定资产、无形资产、贷款等资产减值所发生的损失。

企业设置"资产减值损失"账户核算企业计提各项资产减值准备所形成的损失，按资产减值损失的项目进行明细核算。

企业的应收款项、存货、长期股权投资、持有至到期投资、固定资产、无形资产、贷款等资产发生减值时，按应减记的金额，借记"资产减值损失"账户，贷记"坏账准备""存货跌价准备""长期股权投资减值准备""持有至到期投资减值准备""固定资产减值准备""无形资产减值准备""贷款损失准备"等账户。在建工程、工程物资、采用成本模式计量的投资性房地产等资产发生减值时，也按上述方法，确定减值损失，计提减值准备。

期末，将"资产减值损失"账户余额转入"本年利润"账户，结转后，账户没有余额。

三、公允价值变动损益的核算

公允价值变动损益是指因企业交易性金融资产、交易性金融负债，以及采用公允价值模式计量的投资性房地产、衍生工具、套期保值业务等公允价值变动而形成的应计入当期损益的利得或损失。

企业设置"公允价值变动损益"账户核算企业上述资产所发生的公允价值变动损益,并按交易性金融资产、交易性金融负债、投资性房地产等设置明细账户,进行明细核算。

期末,将"公允价值变动损益"账户余额转入"本年利润"账户,结转后,该账户没有余额。

四、投资收益的核算

投资收益反映企业对外投资所取得的收益(扣除损失)。投资收益包括:长期股权投资采用成本法核算时,被投资单位宣告发放现金股利或利润中属于本企业的部分;长期股权投资采用权益法核算时,根据被投资单位实现的净利润或经调整的净利润计算的应享有份额;企业持有交易性金融资产、持有至到期投资、可供出售金融资产期间取得的投资收益以及处置交易性金融资产、交易性金融负债、指定为以公允价值计量且其变动计入当期损益的金融资产或金融负债、持有至到期投资、可供出售金融资产实现的损益。

企业设置"投资收益"账户,核算企业对外投资所取得的收益,并按投资项目设置明细账户,进行明细核算。期末,将"投资收益"账户余额转入"本年利润"账户,结转后,该账户没有余额。具体核算方法可见前述各章。

五、营业外收入和营业外支出的核算

营业外收支是指企业发生的与日常活动无直接关系的各项收支。

(一)营业外收入

营业外收入是指企业发生的与日常活动无直接关系的各项利得,主要包括:非流动资产处置利得、非货币性资产交换利得、债务重组利得、政府补贴、盘盈利得、捐赠利得等。

其中,非流动资产处置利得包括固定资产处置利得和无形资产处置利得。固定资产处置利得是指企业出售固定资产所取得的价款收入或报废固定资产的残料价值和变价收入,扣除固定资产的账面价值、清理费用和处置相关税费后的净收益;无形资产处置利得是指企业出售无形资产所取得的价款扣除出售无形资产的账面价值和出售相关税费后的净收益。

非货币性资产交换利得是指在非货币性资产交换中,换出资产为固定资产、无形资产的,换入资产公允价值大于换出资产的账面价值的差额,扣除相关费用后,计入营业外收入的金额。

债务重组利得是指重组债务的账面价值超过清偿债务的现金、非现金资产的公允价值、所转股份的公允价值,或者重组后债务账面价值之间的差额。

政府补贴是指企业从政府无偿取得货币性资产和非货币性资产形成的利得。

盘盈利得是指企业对于现金等资产清查盘点中盘盈的资产,报经批准后计入营业外收

入的金额。

捐赠利得是指企业接受捐赠产生的利得。企业接受的捐赠和债务豁免,按照企业会计准则规定符合确认条件的,应当计入当期损益。但是,企业接受控股股东(控股股东的子公司)或非控股股东(非控股股东的子公司)直接或间接代为偿债、债务豁免或捐赠,则作为企业投资者对企业的资本性投入,计入所有者权益(资本公积)。

企业通过"营业外收入"账户核算营业外收入的取得和结转情况。"营业外收入"账户按其构成项目设置明细分类账户,进行明细核算。期末,将该账户余额转入"本年利润"账户,结转后该账户无余额。

（二）营业外支出

营业外支出是指企业发生的与日常活动无直接关系的各项损失,主要包括:非流动资产处置损失、非货币性资产交换损失、债务重组损失、公益性捐赠支出、非常损失、盘亏损失等。

其中:非流动资产处置损失包括固定资产处置损失和无形资产处置损失。固定资产处置损失是指企业出售固定资产所取得的价款收入或报废固定资产的残料价值和变价收入,不足抵补固定资产的账面价值、清理费用和处置相关税费后的净损失;无形资产处置损失是指企业出售无形资产所取得的价款不足抵补出售无形资产的账面价值和出售相关税费后的净损失。

非货币性资产交换损失是指在非货币性资产交换中,换出资产为固定资产、无形资产的,换入资产公允价值小于换出资产的账面价值的差额,加上相关费用后计入营业外支出的金额。

债务重组损失是指重组债务的账面余额超过受让资产的公允价值、所转股份的公允价值,或者重组后债权账面价值之间的差额。

公益性捐赠支出是指企业对外进行公益性捐赠发生的支出。

非常损失是指企业对于因客观因素(如自然灾害等)造成的损失,在扣除保险公司赔偿后计入营业外支出的净损失。

企业通过"营业外支出"账户核算营业外支出的发生及结转情况。"营业外支出"账户按其构成项目设置明细分类账户,进行明细核算。期末,将该账户余额转入"本年利润"账户,结转后该账户无余额。

应该注意的是,营业外收入和营业外支出所包括的项目互不相关,企业应当区别营业外收入和营业外支出进行核算,不得以营业外支出直接冲减营业外收入,也不得以营业外收入抵销营业外支出。

六、利润汇总的核算

企业一般按月计算利润,按月计算有困难的企业,可以按季或者按年计算利润。为核算企业本年度内实现的净利润或发生的净亏损,企业应设置"本年利润"账户。期末(月末、季末或年末),企业应将"主营业务收入"等各收入类账户的余额转入"本年利润"账户的贷方;将"主营业务成本"等各费用类账户的余额转入"本年利润"账户的借方。年末,将在"本年利润"账户中汇集的全年累计净利润或累计净亏损转入"利润分配——未分配利润"账户的贷方或借方,年度结转后,"本年利润"账户无余额。

【例 12-14】 假定 B 公司损益类账户的结转工作年末一次进行。20×2 年年末,B 公司各损益类账户的余额如图表 12-4 所示。

图表 12-4

损益类账户余额表

单位:元

借方余额账户	金　　额	贷方余额账户	金　　额
主营业务成本	8 800 000	主营业务收入	12 000 000
税金及附加	160 000	其他业务收入	1 400 000
销售费用	1 000 000	投资收益	1 200 000
管理费用	1 540 000	营业外收入	100 000
财务费用	400 000	公允价值变动损益	100 000
资产减值损失	50 000		
营业外支出	500 000		
所得税费用	660 000		

该公司年末利润汇总的会计核算如下:

(1) 将各项收入结转本年利润时:

　　借:主营业务收入　　　　　　　　　　　　　　　　　　　　12 000 000
　　　　其他业务收入　　　　　　　　　　　　　　　　　　　　 1 400 000
　　　　投资收益　　　　　　　　　　　　　　　　　　　　　　 1 200 000
　　　　营业外收入　　　　　　　　　　　　　　　　　　　　　 100 000
　　　　公允价值变动损益　　　　　　　　　　　　　　　　　　　 100 000
　　　贷:本年利润　　　　　　　　　　　　　　　　　　　　　 14 800 000

(2) 将各项费用结转本年利润时:

　　借:本年利润　　　　　　　　　　　　　　　　　　　　　　13 110 000
　　　贷:主营业务成本　　　　　　　　　　　　　　　　　　　　8 800 000
　　　　　税金及附加　　　　　　　　　　　　　　　　　　　　　 160 000
　　　　　销售费用　　　　　　　　　　　　　　　　　　　　　 1 000 000
　　　　　管理费用　　　　　　　　　　　　　　　　　　　　　 1 540 000
　　　　　财务费用　　　　　　　　　　　　　　　　　　　　　 400 000
　　　　　资产减值损失　　　　　　　　　　　　　　　　　　　　　50 000
　　　　　营业外支出　　　　　　　　　　　　　　　　　　　　　 500 000
　　　　　所得税费用　　　　　　　　　　　　　　　　　　　　　 660 000

(3) 将本年净利润结转利润分配时：

借：本年利润　　　　　　　　　　　　　　　　　　　1 690 000
　　贷：利润分配——未分配利润　　　　　　　　　　　　　　1 690 000

第四节　所得税费用的核算

企业所得税费用是国家依照税法的有关规定，对企业来源于境内与境外的生产经营所得和其他所得征收的一种税。凡在中国境内的企业（国有、集体、私营、联营、股份制、外商投资、外资企业等）和有生产、经营所得和其他所得的其他组织，都应依据其应纳税所得额的一定比率（税率）计算交纳所得税费用。

一、会计准则与税收法规的差异

（一）会计准则与税收法规的目标不同

会计准则与所得税法的目标和要求不同。会计准则的目的是规范企业的对外财务报告，真实、完整地反映企业的财务状况、经营业绩以及财务状况变动的全貌，为投资者、债权人、企业管理者以及其他财务报告使用者提供决策有用的信息。所得税法是由国家制定并强制执行的。税收的目的是课税，即依据所得税法规，确定一定时期内应交纳的税额，并遵循税法所规定的经济合理、公平社会财富、促进竞争的原则。

会计与税法之间的关系存在两种模式：统一模式和分离模式。统一模式是指会计规定与税法规定完全一致，直接将会计核算成果作为计算应纳税额的依据。在统一模式下，税务机关实施基于会计数据的税收管理，会计准则通常由政府有关部门制定并强制执行。分离模式则是会计和税法根据各自的目标，确定各自的准则和规定，其结果是会计利润和应纳税所得额在确认、计量方面存在差异。

随着社会的发展，越来越多的国家采用分离模式。我国从1993年开始，也采用分离模式。

（二）从特定期间分析会计准则与税收法规之间的具体差异

由于财务会计与税务会计的目的不同，遵循的原则不同，两者对于收入、费用、利润、资产、负债、所有者权益的确认和计量亦不相同。从而使会计利润与应纳税所得额存在着差异。不论是会计利润还是应纳税所得，都产生于一定的会计期间（年度、季度或月度）。因此，从特定期间来分析税前会计利润与应纳税所得额之间的差异就成为人们的习惯。

会计利润是按照会计准则的规定确定的扣减所得税费用前的利润。应纳税所得额是按照税收法规的规定确定的应该交纳所得税的收益或所得。按照我国所得税法的有关规定，企业每一纳税年度的收入总额，减除不征税收入、免税收入、各项扣除以及允许弥补的以前

年度亏损后的余额,为应纳税所得额(简称"应税所得")。其计算公式如下:

$$应纳税所得额＝收入总额－准予扣除项目金额$$

按照所得税法的有关规定,纳税人的收入总额包括销售货物收入、提供劳务收入、转让财产收入、股息、红利等权益性投资收益、利息收入、租金收入、特许权使用费收入、接受捐赠收入和其他收入;应纳税所得额准予扣除的项目是指企业实际发生的与取得收入有关的、合理的支出,包括成本、费用、税金、损失和其他支出。

从特定的期间来看,形成会计利润与应纳税所得额差异的原因可以归纳为以下两类:

(1) 永久性差异。永久性差异是指税前会计利润与应纳税所得额之间,由于计算口径的不同而形成的、不能在以后各期转回的差异。这些差异形成的原因是,某些收入或支出项目在计算税前会计利润时包括在内,而在计算应纳税所得额时不包括在内;或者相反。例如,在会计核算中,企业实际发生的税收滞纳金、罚金、罚款和被没收财物的损失、赞助支出等均可以计入费用,减少会计利润;而所得税法规定,这些支出在计算应纳税所得额时,均不得予以扣除。又如,在会计核算中,企业发生的业务招待费按实际发生数列支,计入当期费用。而所得税法规定,企业发生的业务招待费只能按一定比例扣除,并且不能超过规定的范围。再如,投资国债所取得的利息收入,在会计核算中,企业购买国债所取得的利息收入构成企业的税前会计利润,而按照税法规定,企业购买国债取得的利息收入不计入应纳税所得额,不交纳所得税。

(2) 时间性差异。时间性差异是指税前会计利润与应纳税所得之间由于确认的时间不同而形成的,可以在以后期间转回的差异。这些差异形成的原因是,某些收入或支出项目在确认税前会计利润要先于应纳税所得额;或者相反。例如,固定资产折旧,财务会计采用的方法与税法规定不同,或者折旧方法相同,但折旧年限不同,这些不同尽管不影响各期折旧额之和,但会影响各期折旧费用(影响会计利润)和可抵扣的费用(影响应纳税所得额)。又如,资产减值准备,按照企业会计准则规定,资产的可变现净值或可收回金额低于其账面价值时,应当计提相关的减值准备,计入当期损益。而按照税法规定,一般只有在资产发生实质性损失时才允许税前扣除。

【例 12-15】 某企业某年利润总额为 10 万元,所得税税率为 25％。该年度中"财务费用"账户贷方列入企业购买国库券利息收入 0.5 万元;"财务费用"账户借方列入向非金融机构流动资金借款高于金融机构借款同类、同期贷款利率计算的利息支出 0.2 万元;"营业外支出"账户借方列入非公益性、救济性捐赠及赞助费 1 万元,列入罚款及滞纳金支出 0.3 万元。固定资产折旧采用直线法,本年折旧 5 万元;税法规定采用双倍余额递减法,年折旧 6.5 万元。

分析:在本案例中,除了固定资产折旧方法引起的会计准则与税收法规的差异属于时间性差异,在以后实际发生时均可转回,其他项目都属于永久性差异。

永久性差异＝－0.5＋0.2＋1＋0.3＝1(万元)

时间性差异＝5－6.5＝－1.5(万元)

(三) 从特定时点分析会计准则与税收法规之间的具体差异

资产负债表是一张静态会计财务报表，时点报表。从特定时点分析会计准则与税收法规之间的具体差异，也就是从资产负债表的角度分析企业资产、负债的账面价值和计税基础之间的差异。这里，我们先要明确以下几个概念。

1. 账面价值

资产、负债的账面价值是指企业按照相关会计准则的规定进行核算后在资产负债表中列示的金额。

2. 计税基础

资产的计税基础是指企业收回资产账面价值过程中，计算应纳税所得额时按照税法规定可以自应税经济利益中抵扣的金额。

负债的计税基础是指负债的账面价值减去未来期间计算应纳税所得额时按照税法规定可予抵扣的金额。

资产所代表的未来经济利益流入企业时，有可能需要纳税，产生应收收益。资产的计税基础就是未来期间计算应收收益时可以抵扣的部分，即不需要纳税的部分。负债导致未来经济利益流出企业时，有可能抵扣应税所得，产生可抵扣费用。而负债的计税基础就是未来期间计算应纳税所得时不可抵扣的部分。

3. 暂时性差异

暂时性差异是指资产或负债的账面价值与其计税基础之间的差额。暂时性差异按照对未来期间应税金额的影响，分为应纳税暂时性差异和可抵扣暂时性差异两种。

第一，应纳税暂时性差异是指在确定未来收回资产或清偿负债期间的应纳税所得额时，将导致产生应纳税金额的差异。应纳税暂时性差异为资产的账面价值大于其计税基础，负债的账面价值小于其计税基础的差额。

【例12-16】 A公司20×0年12月购入一台生产设备，价值为1 200万元，该设备自20×1年1月开始计提折旧，采用年限平均法计提折旧。假定报废时无残值。税收处理按4年计提折旧，会计处理按6年计提折旧。

分析：

20×1年按照会计准则的规定计提折旧200万元(1 200÷6)，固定资产的账面价值为1 000万元(1 200－200)；按税法规定计提折旧300万元(1 200÷4)，即当期可抵扣应纳税所得额300万元，剩余900万元(1 200－300)可在未来会计年度应纳税所得中给予抵扣，计税基础为900万元。相应的暂时性差异为应纳税暂时性差异，金额为100万元(1 000－900)。

以此类推，20×1—20×6年各年该固定资产的账面价值与计税基础如图表12-5所示。

图表12-5

固定资产账面价值、计税基础和暂时性差异

单位：万元

年　　份	会计折旧	年末账面价值	计税折旧	年末计税基础	暂时性差异
20×1	200	1 000	300	900	100
20×2	200	800	300	600	200
20×3	200	600	300	300	300
20×4	200	400	300	0	400
20×5	200	200	0	0	200
20×6	200	0	0	0	0

应纳税暂时性差异主要有：

(1) 交易性金融资产期末市价高于账面价值的调整部分。

(2) 部分利息资本化计入存货账面价值造成账面价值大于计税基础的部分。

(3) 长期股权投资采用权益法核算的企业根据被投资企业权益调整账面价值大于计税基础的部分。

(4) 税收折旧大于会计折旧形成的差额部分。

(5) 其他需要调整的部分。

第二，可抵扣暂时性差异是指在确定未来收回资产或清偿负债期间的应纳税所得额时，将导致产生可抵扣金额的差异。可抵扣暂时性差异为资产的账面价值小于其计税基础，负债的账面价值大于其计税基础的差额。

【例12-17】某企业20×2年年末持有一批存货，成本为1 000万元，估计其可变现净值为800万元。按照企业会计准则规定，对于可变现净值低于成本的差额，应当计提存货跌价准备200万元。

分析：存货计提200万元的跌价准备后，账面价值为800万元。由于税法规定资产的减值损失在发生实质性损失前不允许税前扣除，该批存货的计税基础仍为1 000万元，即未来可抵扣应纳税所得的金额为1 000万元，两者之间的差额200万元为可抵扣暂时性差异。

在会计实务中，有些未作为资产、负债确认的项目（即资产、负债的账面价值为"零"），按照税法规定可以确认其计税基础的，账面价值与计税基础之间的差额也属于暂时性差异。

可抵扣暂时性差异主要有：

(1) 交易性金融资产市价低于账面价值的调整部分。

(2) 企业根据有关企业会计准则对应收账款、其他应收款、预付账款等净额或账面价值、存货（可变现金额）、持有到期投资（非权益法——期末价值）、固定资产、融资租入固定资产、投资性房地产、在建工程、无形资产等采用减值测试,期末可回收金额小于账面价值的部分计提资产减值准备,导致账面价值小于计税基础的调整部分。

(3) 采用权益法核算的长期股权投资,企业根据被投资企业权益增加调整账面价值小于计税基础的调整部分。

(4) 税收折旧小于会计折旧形成的差额部分。

(5) 内部研究开发形成的无形资产。

(6) 合同预收账款。

(7) 其他需要调整的部分。

第三,特殊项目产生的暂时性差异。

(1) 未作为资产、负债确认的项目产生的暂时性差异。某些交易或事项发生以后,因为不符合资产、负债确认条件而未体现为资产负债表中的资产或负债,但按照税法规定能够确定其计税基础的,其账面价值零与计税基础之间的差异也构成暂时性差异。如企业发生的符合条件的广告费和业务宣传费支出,除另有规定外,不超过当年销售收入15%的部分准予扣除;超过部分准予在以后纳税年度结转扣除。该类费用在发生时按照会计准则规定计入当期损益,不形成资产负债表中的资产,但按照税法规定可以确定其计税基础的,两者之间的差异也形成暂时性差异,类似的情况还有企业筹建期间发生的费用。

(2) 企业合并中取得的有关资产、负债产生的暂时性差异。

(3) 可抵扣亏损及税款抵减产生的暂时性差异。符合条件的情况下,应确认与其相关的递延所得税资产。

二、所得税会计处理方法

所得税会计处理要考虑两个问题:一是是否确认所得税的会计影响;二是从何种视角反映所得税的会计影响。前者讨论的是会计准则与税收法规的差异是否要进行跨期分摊;后者考虑的是从哪个视角来考虑分摊会计准则与税收法规的差异。在会计实务中,有三种处理方法。

(一) 应付税款法

应付税款法是一种以税法规定计算的应交所得税作为本期所得税费用的方法。它是一种不反映会计准则与税收法规差异的跨期影响的方法。

【例12-18】 根据[例12-15]资料,采用应付税款法确认所得税费用。

$$应纳税所得额 = 会计利润 + 永久性差异 + 时间性差异$$
$$= 10 + 1 - 1.5 = 9.5(万元)$$

$$所得税费用 = 应交所得税 = 应纳税所得额 \times 所得税税率$$
$$= 9.5 \times 25\% = 2.375(万元)$$

借:所得税费用 23 750
  贷:应交税费——应交所得税 23 750

采用应付税款法的优点是简单,易于操作。其缺点有两个:一是会导致利润表中的所得税费用与税前会计利润不配比,使得利润表不能如实反映企业的经营成果;二是在资产负债表上只能反映法定的应交所得税,不能如实反映由于所得税的因素导致的未来经济利益流出企业的递延所得税负债和导致的未来经济利益流入企业的递延所得税资产,使得资产负债表不能如实反映企业的财务状况。

(二)基于利润表的纳税影响会计法

纳税影响会计法是将本期税前会计利润总额与应纳税所得额之间的时间性差异造成的纳税影响金额递延分配到以后期间的会计方法。基于利润表的纳税影响会计法是将关注的焦点放在利润表的所得税费用上面,从特定期间的角度分析会计准则与税收法规的差异,如前所说的永久性差异和时间性差异。该方法的特点是反映时间性差异的跨期影响。

【例 12-19】 A 公司 20×1 年利润表中利润总额为 2 000 万元,企业适用的所得税税率为 25%。A 公司与所得税有关的情况如下:

(1) 20×0 年 12 月购入生产设备,价值 1 200 万元,20×1 年 1 月,该设备开始计提折旧,采用年限平均法计提折旧。假定报废时无残值。税收处理按 4 年计提折旧,会计处理按 6 年计提折旧。

(2) 期末按存货账面余额 2 000 万元的 3% 计提存货跌价准备 60 万元。

(3) 当年购入交易性金融资产股票投资成本为 200 万元,年末公允价值为 250 万元。按税法规定,以公允价值计量的金融资产持有期间变动不计入应纳税所得额。

(4) 延迟纳税支付滞纳金 2 万元。

分析:在本案例中,只有支付的滞纳金属于永久性差异,其他三项都属于时间性差异,在以后实际发生时均可转回。即:

20×1 年:

本年会计折旧 = 1 200 ÷ 4 = 300(万元)

本年计税折旧 = 1 200 ÷ 6 = 200(万元)

本年应纳税时间性差异 = (300 − 200) − 60 + (250 − 200) = 90(万元)

本年应纳税所得额 = 本年税前利润 ∓ 本年应纳税时间性差异 ± 本年永久性差异 = 2 000 − 90 + 2 = 1 912(万元)

应交所得税 = 1 912 × 25% = 478(万元)

本年所得税费用 = (本年税前利润 ± 本年永久性差异) × 25%
                = (2 000 + 2) × 25% = 500.5(万元)

应编制会计分录如下:

借:所得税费用		5 005 000
贷:应交税费——应交所得税		4 780 000
递延税款		225 000

(三) 基于资产负债表的纳税影响会计法

基于资产负债表的纳税影响会计法是将关注的焦点放在资产负债表的递延所得税资产和递延所得税负债的确认和计量上,从特定时点的角度分析会计准则与税收法规的差异,着眼于资产、负债的账面价值与计税基础之间的差异。这种方法称为资产负债表债务法。

由于时间性差异不能反映一些特殊的交易或事项,这些交易或事项尽管不直接影响当前的税前会计利润和应纳税所得额,却会导致资产、负债的账面价值与计税基础产生差异,进而影响未来的纳税。如企业合并、资产评估增值所引起的对资产负债表上的资产、负债的直接调整。因此,以时间性差异为核心的基于利润表的纳税影响会计法开始被以暂时性差异为核心的基于资产负债表的纳税影响会计法所代替。以暂时性差异为核心的基于资产负债表的纳税影响会计法能够全面反映各类不同业务的纳税影响,弥补基于利润表的纳税影响会计法存在的上述缺陷。

三、所得税会计处理资产负债表债务法

(一) 资产负债表债务法所得税会计处理一般程序

所谓资产负债表债务法就是从资产负债表出发,通过比较资产负债表上列示的资产、负债按照企业会计准则规定确定的账面价值与按照税法规定确定的计税基础,对两者之间的差异分别应纳税暂时性差异和可抵扣暂时性差异,确认相关的递延所得税负债与递延所得税资产,并在此基础上确定每一会计期间利润表中的所得税费用的方法。

具体来讲,在资产负债表日进行如下处理:

(1) 按照相关企业会计准则规定,确定资产负债表中除递延所得税资产和递延所得税负债以外的其他资产和负债项目的账面价值。

(2) 按照企业会计准则中对于资产和负债计税基础的确定方法,以适用的税收法规为基础,确定资产负债表中有关资产、负债项目的计税基础。

(3) 比较资产、负债的账面价值与其计税基础,对于两者之间存在差异的,分析其性质,除准则中规定的特殊情况外,计算暂时性差异。

(4) 分析评价暂时性差异,对于符合确认条件的应纳税暂时性差异,确认递延所得税负债的应有期末余额;对于符合确认条件的可抵扣暂时性差异,确认递延所得税资产的应有期末余额。其计算公式如下:

$$递延所得税负债 = 应纳税暂时性差异 \times 所得税税率$$

$$递延所得税资产 = 可抵扣暂时性差异 \times 所得税税率$$

(5) 比较递延所得税负债或递延所得税资产的应有期末余额与调整前余额,确定期末应调整增加或减少的递延所得税负债或递延所得税资产的金额。

(6) 分析涉税交易或事项的性质,确定对递延所得税负债或递延所得税资产期末余额的调整额应计入所得税费用还是计入其他相关项目(其他相关项目略)。其中,应计入所得税费用的部分属于递延所得税(其他相关项目略)。会计处理如下:

调增递延所得税负债:

借:所得税费用——递延所得税费用
　　贷:递延所得税负债

调减递延所得税负债:

借:递延所得税负债
　　贷:所得税费用——递延所得税费用

调增递延所得税资产:

借:递延所得税资产
　　贷:所得税费用——递延所得税费用

调减递延所得税资产:

借:所得税费用——递延所得税费用
　　贷:递延所得税资产

(7) 按照适用的税法规定计算确定当期应纳税所得额,按应纳税所得额与适用的所得税税率计算的结果确认当期所得税(即当期应交所得税)。其计算公式如下:

$$\begin{aligned}应纳税所得额 =\ &会计利润 + 按照会计准则规定计入利润表,但计税时不允许税前扣除的费用 \\ &\pm 计入利润表的费用与按照税法规定可予税前利润抵扣的金额之间的差额 \\ &\pm 计入利润表的收入与按照税法规定应计入应纳税所得额的收入之间的差额 \\ &- 税法规定的不征税收入 \pm 其他需要调整的因素\end{aligned}$$

$$应交所得税(当期所得税) = 应纳税所得额 \times 所得税税率$$

借:所得税费用——当期所得税费用
　　贷:应交税费——应交所得税

利润表中的所得税费用为当期所得税费用与递延所得税费用之和。

在资产负债表债务法下,所得税费用会计处理流程如图表 12-6 所示。

图表12-6

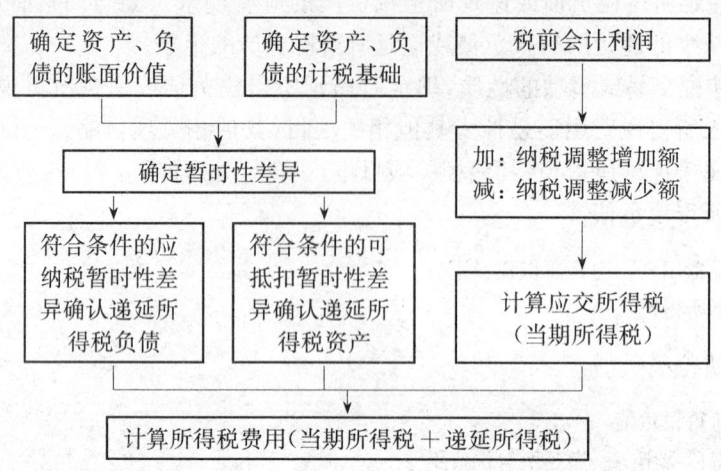

资产负债表债务法下所得税费用会计核算

(二)递延所得税负债和递延所得税资产的确认和计量

1. 递延所得税负债的确认和计量

(1)企业对于所有的应纳税暂时性差异均应确认相关的递延所得税负债,下列交易中产生的递延所得税负债除外。

(2)不确认递延所得税负债的特殊情况如下:

一是商誉的初始确认。

二是同时具有以下特征的交易或事项中产生的资产或负债的初始确认:该项交易或事项不是企业合并;该项交易或事项发生时既不影响会计利润,也不影响应纳税所得额(或可抵扣亏损)。

三是与子公司、联营企业、合营企业投资等相关的应纳税暂时性差异,在同时满足以下两个条件时,也不能确认相应的递延所得税负债:投资企业能够控制暂时性差异转回的时间;该暂时性差异在可预见的未来很可能不会转回。

例如,对于采用权益法核算的长期股权投资,如果企业拟长期持有,投资企业一般不确认相关的所得税影响。因为,初始投资成本的调整产生的暂时性差异预计未来期间不会转回,对未来期间没有所得税影响;因确认投资损益产生的暂时性差异,如果在未来期间逐期分回现金股利或利润时免税,也不存在对未来期间的所得税影响;因确认应享有被投资单位其他权益变动而产生的暂时性差异,在长期持有的情况下预计未来期间也不会转回;反之,如果投资企业改变持有意图拟将采用权益法核算的长期股权投资对外出售,按照税法规定,企业在转让或者处置投资资产时,投资资产的成本准予扣除。因此,在持有意图改变的情况下,因长期股权投资的账面价值与计税基础不同产生的有关暂时性差异,就应确认相关的所得税影响。

在资产负债表日,企业应当根据适用税法规定,按照预期收回该资产或清偿该负债期间的适用税率计算预期应交纳(或返还)的所得税金额。即递延所得税负债的增加或转回。无论相关的应纳税暂时性差异转回期间如何,递延所得税负债均不要求折现。

除与直接计入所有者权益的交易或事项以及企业合并中取得资产、负债相关的以外,在确认递延所得税负债的同时,应增加利润表中的所得税费用。

2. 递延所得税资产的确认和计量

(1) 企业应当确认由于可抵扣暂时性差异产生的递延所得税资产,确认的金额以未来期间可能取得的应纳税所得额为限。

一是对于子公司、联营企业、合营企业的投资相关的可抵扣暂时性差异,同时满足:暂时性差异在可预见的未来很可能转回;未来很可能获得用来抵扣可抵扣暂时性差异的应纳税所得额两个条件时,确认相关的递延所得税资产。

投资企业对有关投资计提减值准备产生的可抵扣暂时性差异,也应该确认递延所得税资产。

二是对于按照税法规定可以结转以后年度的未弥补亏损和税款抵减,视同可抵扣暂时性,确认递延所得税资产,确认的金额以很可能取得的应纳税所得额为限。

三是如果在资产负债表日,有确凿的证据表明未来期间很可能获得足够的应纳税所得额,用来抵扣可抵扣暂时性差异,应当确认以前期间未确认的递延所得税资产。

企业前期确认了递延所得税资产以后,在资产负债表日,需要对递延所得税资产的账面价值进行复核。如果未来期间很可能无法取得足够的应纳税所得额来抵扣可抵扣暂时性差异带来的利益,则要减记递延所得税资产的账面价值。如果资产负债表日,有确凿的证据表明未来期间很可能获得足够的应纳税所得额,用来抵扣可抵扣暂时性差异带来的利益,则可以确认(恢复)以前期间未确认的递延所得税资产。

(2) 不确认递延所得税资产的特殊情况是:当交易或事项同时满足以下两个条件,即:该项交易或事项不是企业合并;该项交易或事项发生时既不影响会计利润,也不影响应纳税所得额(或可抵扣亏损)时,因资产、负债的初始确认所产生的递延所得税资产不予确认。

例如,企业进行内部研究开发所形成的无形资产,按照税法规定可于未来期间税前扣除成本的150%,即无形资产的计税基础为账面价值的150%。因为,该无形资产不是在企业合并中产生的,初始确认时既不影响会计利润也不影响应纳税所得额。因此,准则规定该种情况下不确认相关的递延所得税资产。

与确认递延所得税负债一样,确认递延所得税资产时,应当以预期收回该资产期间的适用所得税税率为基础计算确定。无论相关的可抵扣暂时性差异转回期间如何,递延所得税资产均不要求折现。

除直接计入所有者权益的交易或事项产生的递延所得税资产及递延所得税负债,相关的调整金额应计入所有者权益以外,其他情况下因税率变化产生的调整金额应确认为税率变化当期的所得税费用(或收益)。

3. 特殊交易或事项中涉及递延所得税的确认

(1) 直接计入所有者权益的交易或事项产生的递延所得税。直接计入所有者的交易或事项主要有:会计政策变更采用追溯调整法或对前期差错更正采用追溯重述调整期初留存收益、可供出售金融资产公允价值的变动计入所有者权益、同时包含负债及权益成分的金融工具在期初确认时计入所有者权益等。

(2) 与企业合并相关的递延所得税。在企业合并中,购买方取得的可抵扣暂时性差异,比如,购买日取得被购买方在以前期间发生的未弥补亏损等可抵扣暂时性差异,按照税法规定可以用来抵减以后年度应纳税所得额,但在购买日不符合递延所得税资产确认条件而不予以确认。购买日后 12 个月内,如取得新的或进一步的信息表明购买日的相关情况已经存在,预期被购买方在购买日可抵扣暂时性差异带来的经济利益能够实现的,应当确认相关递延所得税资产,同时减少商誉,商誉不足冲减的,差额部分确认为当期损益;除上述情况以外,确认与企业合并相关的递延所得税资产,应当计入当期损益。

4. 税率变化情况下对已确认递延所得税资产和递延所得税负债的调整

资产负债表日,如果使用的税率发生变化,企业需要对已确认的递延所得税资产和递延所得税负债按照新的税率进行重新计量。递延所得税资产和递延所得税负债的金额代表的是有关可抵扣暂时性差异或应纳税暂时性差异于未来期间转回时,导致企业应交所得税金额的减少或增加的情况。适用税率变动的情况下,应对原已确认的递延所得税资产及递延所得税负债的金额进行调整,反映税率变化带来的影响。

(三) 资产负债表债务法下所得税费用核算举例

【例12-20】承[例12-19],A公司20×1年利润表中利润总额为2 000万元,企业适用的所得税税率为25%。假设:20×1年年初:"递延所得税负债"账户余额为20万元,"递延所得税资产"账户余额为25万元。该公司与所得税有关的情况如下:

(1) A公司20×0年12月购入生产设备价值1 200万元,20×1年1月开始计提折旧,采用年限平均法计提折旧。假定报废时无残值。税收处理按4年计提折旧,会计处理按6年计提折旧。

(2) 存货期末账面余额为2 000万元,存货跌价准备为60万元。

(3) 当年购入交易性金融资产股票投资的成本为200万元,年末公允价值为250万元。按税法规定,以公允价值计量的金融资产持有期间变动不计入应纳税所得额。

(4) 延迟纳税支付滞纳金2万元。

分析:

(1) A公司20×1年资产负债表相关项目账面价值、计算基础和暂时性差异如图表12-7所示。

图表12-7

A公司20×1年资产负债表相关项目金额

计量单位：万元

项　　目	账面价值	计税基础	应纳税暂时性差异	可抵扣暂时性差异
存货	1 940	2 000		60
固定资产	1 000	900	100	
交易性金融资产	250	200	50	
合　　计			150	60

(2) 20×1年当期所得税：

应纳税所得额＝2 000－100＋60＋2－50＝1 912(万元)

当期所得税＝应交所得税＝1912×25％＝478(万元)

(3) 20×1年递延所得税：

年末递延所得税负债　37.5万元(150×25％)

期初递延所得税负债　20.0万元

递延所得税负债增加　17.5万元

年末递延所得税资产　15万元(60×25％)

期初递延所得税资产　25万元

递延所得税资产减少　10万元

递延所得税＝17.5－(－10)＝27.5(万元)(收益)

(4) 20×1年利润表应确认的所得税费用：

所得税费用＝478＋27.5＝505.5(万元)

(5) 会计分录如下：

借：所得税费用　　　　　　　　　　　　　　　　　　　5 055 000
　　贷：应交税费——应交所得税　　　　　　　　　　　　　4 780 000
　　　　递延所得税负债　　　　　　　　　　　　　　　　　　175 000
　　　　递延所得税资产　　　　　　　　　　　　　　　　　　100 000

【例12-21】 20×1年8月1日，甲公司以200万元银行存款购买某公司的股票，指定分类为可供出售金融资产。20×1年12月31日，该项金融资产的公允价值为260万元。20×2年6月30日，该项金融资产的公允价值为280万元。20×2年9月30日，甲公司以250万元的价格出售该项金融资产。甲公司的所得税税率为25％，20×2除该事项之外，该公司不存在其他会计与税收之间的其他差异。甲公司会计处理如下：

(1) 20×1年8月1日：

借：可供出售金融资产——成本 2 000 000
　　贷：银行存款 2 000 000

(2) 20×1年12月31日：

确认公允价值变动损益600 000元，计入其他综合收益：

借：可供出售金融资产——公允价值变动 600 000
　　贷：其他综合收益 600 000

确认递延所得税负债：

　　　　可供出售金融资产账面价值＝2 600 000(元)
　　　　可供出售金融资产计税基础＝2 000 000(元)
　　　　应纳税暂时性差异＝2 600 000－2 000 000＝600 000(元)
　　　　递延所得税负债期末余额＝600 000×25％＝150 000(元)

借：其他综合收益 150 000
　　贷：递延所得税负债 150 000

(3) 20×2年6月30日：

确认公允价值变动损益200 000元(2 800 000－2 600 000)，计入其他资本公积：

借：可供出售金融资产——公允价值变动 200 000
　　贷：其他综合收益 200 000

确认递延所得税负债：

　　　　可供出售金融资产账面价值＝2 800 000(元)
　　　　可供出售金融资产计税基数＝2 000 000(元)
　　　　应纳税暂时性差异＝2 800 000－2 000 000＝800 000(元)
　　　　递延所得税负债期末余额＝800 000×25％＝200 000(元)
　　　　递延所得税＝递延所得税负债期末余额－调整前余额＝200 000－150 000＝50 000(元)

借：其他综合收益 50 000
　　贷：递延所得税负债 50 000

(4) 20×2年9月30日：

借：银行存款 2 500 000
　　投资收益 300 000
　　贷：可供出售金融资产——成本 2 000 000
　　　　可供出售金融资产——公允价值变动收益 800 000

借：其他综合收益　　　　　　　　　　　　　　600 000
　　　递延所得税负债　　　　　　　　　　　　200 000
　　贷：投资收益　　　　　　　　　　　　　　　　　800 000

复习思考题

1. 企业收入具体包括哪些内容？
2. 销售商品收入确认应遵循哪些原则？
3. 如何进行销售商品的会计核算？
4. 比较现金折扣、商业折扣和销售折让三者的区别。
5. 建造合同收入和费用确认的原则是什么？
6. 建造合同在什么条件下可以进行合并或分立处理？
7. 什么是期间费用？期间费用包括哪些内容？
8. 简述所得税费用会计处理资产负债表债务法的特点。
9. 什么是暂时性差异？简述其具体内容。
10. 企业利润总额由哪几部分构成？说明利润分配的顺序。

练 习 题

一、判断题

1. 销售中合同或协议价款的收取采用递延方式的，如分期收款销售商品，实质上具有融资性质，应当按照应收的合同或协议价款确定销售商品收入金额。　　（　　）
2. 销售企业只要将商品所有权上的主要风险和报酬转移给了购货方，就可以确认收入。　　（　　）
3. 某一会计期间发生的任何利得或损失均会影响企业的当期损益。　　（　　）
4. 销售商品涉及商业折扣的，应当按照扣除商业折扣前的金额确定销售商品收入。　　（　　）
5. 在完工百分比法下，建造合同当期应确认的收入和费用等于应确认的收入或费用减去以前年度确认的收入和费用。　　（　　）
6. 企业发生的销货退回，无论是属于本年度销售的还是属于以前年度销售的，都应冲减退回年度的主营业务收入及相关的成本费用。　　（　　）
7. 销售并附有购回协议下，应当按销售收入的款项高于购回支出的款项的差额确认收入。   (   )

8. 按照建造合同的规定,建造合同收入包括合同中规定的初始收入,客户预付的定金,因变更合同形成的收入,以及因客户索赔而形成的收入。   (   )

9. 对于罚款、滞纳金,在尚未支付之前按照会计规定确认为费用,同时作为负债反映。税法规定,罚款和滞纳金不允许税前扣除,所以形成可抵扣暂时性差异。   (   )

10. 在建工程建设期间发生的工程物资盘亏损失,应计入在建工程成本。   (   )

二、单项选择题

1. 某企业于2月15日销售产品一批,应收账款为10万元,付款条件为"2/10,1/20,n/30",客户已于2月28日付清款项,则该企业实收金额为(   )万元。
   A. 9.0   B. 9.8   C. 9.9   D. 10.0

2. 某企业年初"未分配利润"账户贷方余额为200万元,本年实现净利润100万元,按净利润的10%提法定盈余公积,提取任意盈余公积50万元,该企业年末可供分配利润为(   )万元。
   A. 240   B. 40   C. 220   D. 290

3. 企业对外销售需要安装商品时,若销售合同中包含安装和检验两个重要组成部分,则确认销售收入的时间是(   )。
   A. 发出商品时   B. 收到商品销售货款时
   C. 商品安装完毕并检验合格时   D. 商品运抵并开始安装时

4. A公司本月销售情况如下:①现款销售5台,单价为10万元一台。②需要安装的销售2台,单价为15万元,款项尚未收取,安装任务构成销售业务的主要组成部分,安装尚未完成。③附有退货条件的销售3台,每台8万元,已入账,退货期2个月,退货的可能性难以估计,则A公司本月应确认的销售收入为(   )万元。
   A. 104   B. 80   C. 50   D. 74

5. 20×1年7月1日,甲公司对外提供一项为期半年的劳务,合同总收入为200万元。20×1年年末无法可靠估计劳务结果,20×1年发生的劳务成本为160万元,预计已发生的劳务成本能得到补偿的金额为120万元,则甲公司在20×1年对该项劳务应确认的收入为(   )万元。
   A. 310   B. 120   C. 160   D. −40

6. 某企业10月份共增加银行存款73万元。其中:销售商品收入30万元,增值税额5.1万元,出售固定资产收入25万元,接受捐赠收入10万元,出租固定资产收入2.9万元。则该月营业收入为(   )万元。
   A. 32.9   B. 48   C. 67.9   D. 73

7. 企业在资产负债表日,对某项劳务,如不能可靠地估计所提供劳务的交易结果,则对该项劳务正确的会计处理是（　　）。

A. 确认利润但不确认损失　　　　B. 既不确认利润也不确认损失

C. 不确认利润但可能确认损失　　D. 可能确认利润也可能确认损失

8. 下列各项中,应计入管理费用的是（　　）。

A. 计提的坏账准备　　　　　　　B. 出租无形资产的摊销额

C. 支付法院的诉讼费　　　　　　D. 处置固定资产的净损失

9. 下列各项中,不应计入财务费用的是（　　）。

A. 企业支付的银行承兑汇票手续费　　B. 企业发行股票支付的手续费

C. 企业销售商品时发生的现金折扣　　D. 企业发生的银行借款利息支出

10. 某企业9月份发生的费用有:计提人员工资费用90万元(其中:车间管理人员工资60万元,管理部门人员工资30万元),支付中介机构咨询费20万元,发生外币汇兑损失5万元,支付固定资产维修费10万元。则该企业当期的期间费用为（　　）万元。

A. 55　　　　　B. 65　　　　　C. 115　　　　　D. 125

三、核算题

习　题　一

A股份有限公司为增值税一般纳税人,其主要经济业务为销售商品,同时还提供其他服务。已知:销售的商品为应纳增值税商品,适用的增值税税率为17%,商品销售价款中均不含增值税额。商品销售成本按经济业务逐项结转。转让无形资产的营业税税率为5%,该公司20×7年12月发生如下经济业务事项:

(1) 销售给C公司商品一批,已开出的增值税专用发票上注明售价20万元,增值税额3.4万元。已将提货单交与C公司,收到C公司开出的期限为3个月,到期日为20×8年2月3日的商业承兑汇票。该商品的实际生产成本为15万元。

(2) 销售给D公司商品一批,已开出的增值税专用发票上注明售价80万元,增值税额13.6万元。商品已经发出,为及早收回货款,承诺给予D公司的付款条件为"2/10,n/30"。在折扣期内如数收到D公司付来的货款,存入银行。该商品的实际生产成本为60万元。

(3) 以分期收款方式向E公司销售商品一批。已开出的增值税专用发票上注明售价120万元,增值税额20.4万元。商品已经发出,该商品的实际成本为75万元,合同规定,该商品价款分3年等额收取。第一笔款项及增值税已于销售当日收到,存入银行。假定该商品的现销价为110万元。

(4) 向F公司销售材料一批,已开出的增值税专用发票上注明售价为7万元,增值税额1.19万元。该材料实际成本为5万元。款项收到当日存入银行。

(5) 由于商品质量问题,D公司要求退回本月购买的商品2万元,增值税额0.34万元。

经查,该批商品的生产成本为 1.5 万元,售出时已确认销售收入并收到款项,D 公司由于提前付款还按照付款条件"2/10,n/30"享受了现金折扣。现同意 D 公司退货,退回商品已验收入库,开具红字增值税专用发票并以银行存款支付退货款。

(6) G 公司来函提出上个月购买的商品质量不完全合格。经协商同意按销售价款的 10% 给予折让,并办理退款手续和开具红字增值税专用发票(原售价 50 万元,增值税额 8.5 万元)。

(7) 与 F 公司签订协议,委托其代销商品一批。根据代销协议,A 公司按代销协议价收取所代销商品的货款,商品实际售价由受托方 F 公司自定。不论 F 公司是否销售出去,A 公司都不负责任。F 公司不能退货。该批商品的协议价为 20 万元(不含增值税额),实际成本为 15 万元,商品已运往 F 公司。12 月月末,A 公司收到 F 公司开来的代销清单,列明已售出该批商品的 20%,款项尚未收到。

(8) 出售专利权一项,收入 10 万元,增值税税率为 6%,款项尚未收到。该专利权的账面原值为 20 万元,累计摊销 14 万元。

要求:根据上述 A 公司发生的经济业务编制会计分录。

习 题 二

A 公司某年 6 月份发生下列经济业务:

(1) 出售专利权一项,取得转让收入 150 000 元,款项已存入银行。无形资产的账面原值为 180 000 元,累计摊销为 100 000 元,增值税税率为 6%。

(2) 确认应付短期借款利息 50 000 元。

(3) 转让作为交易性金融资产的股票一批,售价为 60 000 元,扣除转让税费 800 元后全部款项已存入银行。该批股票的账面价值为 35 000 元,其中:成本 40 000 元,公允价值变动 −5 000 元。

(4) 提取坏账准备 5 000 元。

(5) 开出转账支票,支付广告费 35 000 元。

(6) 以现金购买印花税凭证 600 元。

(7) 销售商品领用包装材料 3 000 元。

(8) 进行固定资产清理,确认清理净收入 30 000 元。

(9) 本月经营活动应交城市维护建设税 4 000 元。

(10) 本月应交所得税 32 000 元。

要求:根据上述经济业务编制会计分录。

习 题 三

某企业购入生产设备价值 240 万元,采用年限平均法计提折旧,假定报废时无残值。按税法规定折旧年限为 6 年,按企业会计准则规定折旧年限为 8 年。假定该企业每年利润表上列示的利润总额为1 200万元,企业适用所得税税率25%。

要求:采用资产负债表债务法进行所得税费用的会计核算。

习 题 四

G公司某年利润总额3 000 000元。已知该公司当年有:国库券利息收入100 000元;非公益性捐赠支出和赞助支出30 000元;业务招待费180 000元(该公司全年销售收入合计35 000 000元,按照税法规定,企业发生的业务招待费支出按照发生额的60%扣除,但最高不能超过当年销售收入的5‰);会计核算中因固定资产折旧采用加速折旧法比税法规定多提折旧费用50 000元。假定该公司适用的所得税税率为25%;1~11月份累计所得税费用800 000元,已全部交纳。

经公司董事会讨论决定并经股东大会批准,公司当年利润分配方案为:按净利润的10%提取法定盈余公积,按净利润的20%提取任意盈余公积,宣告分配现金股利1 000 000元。

要求:

(1) 为该公司计算当年应纳税所得额、当年应交所得税、递延所得税。

(2) 采用资产负债表债务法,为该公司计算当年12月份的所得税费用和应交所得税。

(3) 为该公司进行年终利润分配的会计核算。

习 题 五

A公司20×6年3月1日与客户签订了一项工期为1年的劳务供应合同。合同总收入为100 000元,预计合同总成本为80 000元。至20×6年12月31日,实际发生成本64 000元(均以银行存款支付);一次性收到客户支付的劳务款75 000元。A公司按实际发生的成本占预计总成本的百分比确定劳务完成程度(有关纳税业务略)。

要求:

(1) 计算20×6年12月31日的劳务完成程度。

(2) 计算20×6年度应确认的劳务收入。

(3) 分别编制发生劳务成本、收到客户支付的劳务款、确认20×6年度劳务收入和劳务费用的会计分录。

第十三章　非货币性资产交换

章前案例

　　江苏中联电气股份有限公司（以下简称"中联电气"，股票代码002323）是一家专业从事防爆电气及电力变压器的生产、销售、维修、技术咨询，备件及原辅材料销售的上市公司。2012年上市以来，受到其主要客户所处的煤炭行业增速放缓的影响，中联电气的产品需求不旺，业绩增长存在巨大压力。其利润呈逐年下降趋势。为了提高上市公司持续盈利能力和抗风险能力，中联电气于2015年1月公布了其与雅百特的重大资产重组方案。

　　具体交易方案如下：中联电气以截至评估基准日（2014年12月31日）拥有的除5 000万元货币资金和对紫金财产保险股份有限公司2 100万元投资外的全部资产、负债作为置出资产与瑞鸿投资、纳贤投资拥有的雅百特股权的等值部分进行置换。根据《评估报告》，置出资产的账面价值为78 019.09万元，评估值为78 940万元，评估增值920.91万元，增值率为1.18%；置入资产——雅百特100%股权。经审计，置入资产的账面价值为29 568.30万元，评估值为349 744.12万元，增值320 175.82万元，增值率为1 082.8%。置入资产作价超出置出资产作价的差额部分，即270 804.12万元，由中联电气向雅百特全体股东定向发行股份的方式购买，发行价格为19.21元/股，合计发行股份1.41亿股。

　　通过此次重大资产重组，中联电气引入了盈利能力较强的优质资产，实现了快速转型，保障了全体股东的利益；交易另一方的雅百特则成功借壳上市，借助资本市场的力量为公司的进一步发展筹集了更多的资金。

学习目标

- 区分货币性资产与非货币性资产的不同特点
- 掌握非货币性资产交换的特点和计量原则
- 掌握按公允价值计量的非货币性资产交换会计处理
- 掌握按账面价值计量的非货币性资产交换会计处理
- 掌握涉及多项非货币性资产交换的会计处理
- 理解为什么非货币性资产交换需要两种不同的计量方法

第一节 非货币性资产交换概述

非货币性资产交换是指交易双方主要以存货、固定资产、无形资产和长期股权投资等非货币性资产进行的交换。交易一般不涉及货币性资产或只涉及少量的货币性资产即补价。非货币性资产交换的会计核算涉及换入资产成本的计量和换出资产损益的确定。

一、货币性资产与非货币性资产

货币性资产是指企业持有的货币资金和将以固定或可确定的金额收取的资产,包括现金、银行存款、应收账款和应收票据以及准备持有至到期的债券投资等。

非货币性资产是指货币性资产以外的资产,包括存货(原材料、包装物、低值易耗品、库存商品、委托加工物资、委托代销商品等)、长期股权投资、投资性房地产、固定资产、在建工程、无形资产、不准备持有至到期的债券投资等。与货币性资产相比,非货币性资产的特点是其未来给企业带来的经济利益不固定或不可确定。

二、非货币性资产交换的特点

非货币性资产交换是一种非经常性的特殊交易行为。非货币性资产交换主要有以下特点。

1. 非货币性资产交换不涉及或涉及很少货币性资产

企业之间进行的主要是以存货、固定资产、无形资产和长期股权投资等非货币性资产进行的交换。企业取得一项非货币性资产,必须以付出自己所拥有的非货币性资产作为代价,交易中不涉及货币资金,或只涉及少量货币资金即补价。补价是指非货币性资产交换中换出资产公允价值与换入资产公允价值的差额,不涉及增值税额。非货币性资产交换准则规定,认定涉及少量货币性资产的交换为非货币性资产交换,通常以补价占整个资产交换金额的比例是否低于25%作为参考比例,也就是说,补价占整个资产交换金额的比例低于25%,则认定该交换为非货币性资产交换;补价占整个资产交换金额的比例等于或高于25%,则认定该交换为货币性资产交换。具体来说,支付的货币性资产占换入资产公允价值(或占换出资产公允价值与支付的货币性资产之和)的比例或者收到的货币性资产占换出资产公允价值(或占换入资产公允价值和收到的货币性资产之和)的比例低于25%的,视为非货币性资产交换;高于25%(含25%)的,视为货币性资产交换。

【例13-1】 判断甲企业下列交易是否为非货币性资产交换:
(1) 换出资产的公允价值为80万元,收到补价20万元。
(2) 换出资产的公允价值为80万元,支付补价20万元。

(3) 换入资产的公允价值为 80 万元,收到补价 20 万元。
(4) 换入资产的公允价值为 80 万元,支付补价 20 万元。

分析:

(1) 20÷80×100%=25%,收到补价占换出资产公允价值比例等于 25%,为货币性资产交换。

(2) 20÷(20+80)×100%=20%<25%,支付的补价占换出资产公允价值比例低于 25%,为非货币性资产交换。

(3) 20÷(20+80)×100%=20%<25%,收到的补价占换入资产公允价值和收到的货币性资产之和低于 25%,为非货币性资产交换。

(4) 20÷80×100%=25%,支付的补价占换出资产公允价值比例等于 25%,为货币性资产交换。

2. 非货币性资产交换不涉及非互惠转让

企业与所有者或所有者以外方面的非货币性资产交易行为,如将非货币性资产作为股利发放给股东、企业合并、债务重组中取得或付出非货币性资产、企业一方以发行股票形式取得的非货币性资产,不属于非货币性资产交换的范围。

三、非货币性资产交换确认和计量的原则

在非货币性资产交换的情况下,不论是以一项资产换入一项资产、一项资产换入多项资产、多项资产换入一项资产,还是以多项资产换入多项资产,换入资产成本都有两种计量基础。

(一) 换入资产的成本以公允价值计量

根据《企业会计准则第 7 号——非货币性资产交换》的规定,当企业的非货币性资产交换同时满足下列两个条件,其一,该项交换具有商业实质;其二,换入资产或换出资产的公允价值能够可靠地计量,换入资产的成本以换入资产的公允价值(或换出资产的公允价值和应支付的相关税费)计量,公允价值与换出资产账面价值的差额计入当期损益。

1. 商业实质的判断条件

企业发生的非货币性资产交换,符合下列条件之一的,视为具有商业实质:

(1) 换入资产的未来现金流量在风险、时间和金额方面与换出资产显著不同。通常包括但不仅限于以下几种情况:

第一,未来现金流量的风险、金额相同,时间不同。

第二,未来现金流量的时间、金额相同,风险不同。

第三,未来现金流量的风险、时间相同,金额不同。

【例 13-2】 甲企业 20×1 年发生两次非货币性资产交换:① 以一批存货换入一项设备。② 以其不准备持有至到期的国库券换入一幢房屋用于出租。请说明这两次非货币性

资产交换是否具有商业实质。

分析：

以存货换入设备：存货的流动性强，能够在较短的时间内产生现金流量，设备作为固定资产要在较长的时间内为企业带来现金流量。两者产生现金流量的时间相差较大，因而该交换具有商业实质。

以不准备持有至到期的国库券换入一幢房屋：国库券利息收入固定，通常风险很小，房屋租金取得依赖于承租人的财务及信用状况等。两者产生现金流量的风险存在明显的差异，因而该交换具有商业实质。

(2) 换入资产与换出资产的预计未来现金流量现值不同，且其差额与换入资产和换出资产的公允价值相比是重大的。

资产预计未来现金流量现值，应当按照资产在持续使用过程和最终处置时预计产生的税后未来现金流量，选择恰当的折现率对预计未来现金流量折现后的金额加以确定。例如，某企业以一项专利权换入另一企业拥有的长期股权投资，该项专利权与该项长期股权投资的公允价值相同，两项资产未来现金流量的风险、时间和金额亦相同，但是，对换入企业来讲，换入该项长期股权投资使该企业对被投资方由重大影响变为控制关系，从而对换入企业产生的预计未来现金流量现值与换出的专利权有较大差异；另一企业换入的专利权能够解决生产中的技术难题，从而对换入企业产生的预计未来现金流量现值与换出的长期股权投资有明显差异，因而该两项资产的交换具有商业实质。

在确定非货币性资产交换是否具有商业实质时应该注意，存在关联方关系的非货币性资产交换不具有商业实质。

2. 公允价值能否可靠计量的判断条件

当出现以下三种情形之一时，换入资产或换出资产的公允价值视为能够可靠计量：

(1) 换入资产或换出资产存在活跃市场的，以换入资产或换出资产的市场价格为基础确定公允价值。

(2) 换入资产或换出资产不存在活跃市场但同类或类似资产存在活跃市场的，以同类或类似资产的市场价格为基础确定公允价值。

(3) 换入资产或换出资产不存在同类或类似资产可比市场交易，能够采用满足一定条件的估值技术确定换入资产或换出资产的公允价值。以估计的公允价值作为换入资产或换出资产的公允价值。

估计的公允价值应满足以下条件：该公允价值估计数的变动区间很小或者在公允价值估计数变动区间内，各种用于确定公允价值估计数的概率能够合理确定。

3. 公允价值计量下换入资产成本的确认顺序

换入资产和换出资产公允价值均能够可靠计量，以换出资产公允价值作为确定换入资产成本的基础，即优先考虑按照换出资产的公允价值作为确定换入资产成本的基础。

若有确凿证据表明换入资产的公允价值更加可靠,则以换入资产公允价值为基础确定换入资产的成本。这种情况多发生在存在补价情况下的非货币性资产交换。

在以公允价值计量换入资产成本时,不论是否涉及补价,只要换出资产的公允价值与账面价值存在差额,就需要确认换出资产的损益,这部分损益应该计入当期。

(二)换入资产的成本以账面价值计量

当企业的非货币性资产交换不能同时满足"具有商业实质""交换涉及资产的公允价值能够可靠计量"两个条件时,换入资产的成本应当按照换出资产的账面价值和应支付的相关税费计量。

必须注意的是,无论是收到还是支付补价,以账面价值确认换入资产成本时,均不能确认非货币性资产交换的损益;收到或支付的补价只能作为换入资产成本的调整因素,其中,收到补价时,应调低换入资产的成本,换入资产的成本以换出资产的账面价值减去补价确定;反之,支付补价时,应调高换入资产的成本。

第二节 以公允价值计量的非货币性资产交换的核算

一、不涉及补价情况下的会计处理

如上所述,在不涉及补价情况下的非货币性资产交换,换入资产的成本以换入资产的公允价值或换出资产的公允价值加上应支付的相关税费计量,如果换入资产涉及可抵扣的增值税时,还要减去可抵扣的增值税进项税额。公允价值与换出资产账面价值的差额计入当期损益。即:

$$\text{换入资产的入账金额} = \text{换出(入)资产的公允价值} + \text{应支付的相关税费} - \text{可抵扣的增值税进项税额}$$

非货币性资产交换的具体会计处理,则要视换出资产的类别不同而有所区别:

(1)换出资产为存货时,其交换的会计处理视同存货销售,按照换出存货的公允价值确认销售收入,同时结转销售成本。销售收入与销售成本的差额即为换出资产的公允价值与其账面价值的差额,在利润表中反映为营业利润的组成部分。

(2)换出资产为固定资产或无形资产时,其交换的会计处理应视同固定资产、无形资产的处置,换出固定资产或无形资产公允价值与其账面价值的差额,作为当期损益,计入营业外收入或营业外支出。

(3)换出资产为长期股权投资的,其交换的会计处理应视同长期股权投资的处置,换出资产的公允价值与其账面价值的差额,作为当期损益,计入投资收益。

非货币性资产交换涉及相关税费时,如换出存货、固定资产、无形资产视同销售计算的增值税销项税额,换入存货、固定资产、无形资产应当确认的增值税进项税额等,按照税收规定进行会计处理。

【例 13-3】 甲公司和乙公司均为增值税一般纳税人,适用的增值税税率为 17%。20×9 年 10 月 15 日,甲公司以一批存货(库存商品)换入乙公司 20×7 年购入的生产经营用××机床一台。甲公司换入的设备作为固定资产,继续用于生产加工产品;乙公司换入的存货作为原材料用于生产。

甲公司的库存商品账面余额为 120 000 元,交换日的市场价格为 130 000 元,计税价格为市场价格。甲公司此前已为该库存商品计提存货跌价准备 8 000 元。

乙公司机床的账面原价为 180 000 元,在交换日的累计折旧为 40 000 元,公允价值为 130 000 元。乙公司此前没有为该机床计提资产减值准备,在交换日,乙公司以银行存款支付清理费用 1 600 元。

假设,甲公司和乙公司在这个交易过程中没有发生除增值税以外的其他税费,甲公司和乙公司均开具了增值税专用发票。

分析:

本例中,整个资产交换过程没有涉及货币性资产收付,因此,此项交易属于非货币性资产交换。被交换资产的特点、产生现金流量的时间完全不同,交易具有商业实质;被交换资产的公允价值都能可靠计量。交易符合以公允价值计量的两个条件。所以,甲、乙公司均采用以换出资产的公允价值作为换入资产的成本,并确认当期损益。

根据财政部、国家税务总局《关于全国实施增值税转型改革若干问题的通知》的要求,自 2009 年 1 月 1 日起,增值税一般纳税人销售自己使用过的 2009 年 1 月 1 日以后(含 1 月 1 日)购入或自制的固定资产,按照适用税率征收增值税;购入或自制固定资产发生的进项税额,可根据相关规定,凭增值税专用发票等相关凭证从销项税额中抵扣。

(1) 甲公司的会计处理:

换出库存商品应计算增值税销项税额,交纳增值税;换入固定资产,应确定可以抵扣的增值税进项税额。

换出库存商品的增值税销项税额=130 000×17%=22 100(元)
换入固定资产的增值税进项税额=130 000×17%=22 100(元)

借:固定资产——××机床	130 000
应交税费——应交增值税(进项税额)	22 100
贷:主营业务收入	130 000
应交税费——应交增值税(销项税额)	22 100

借：主营业务成本	112 000
存货跌价准备	8 000
贷：库存商品	120 000

（2）乙公司的会计处理：

借：固定资产清理	140 000
累计折旧	40 000
贷：固定资产——××机床	180 000
借：固定资产清理	1 600
贷：银行存款	1 600
借：原材料	130 000
应交税费——应交增值税（进项税额）	22 100
营业外支出	11 600
贷：固定资产清理	141 600
应交税费——应交增值税（销项税额）	22 100

乙公司换出固定资产的营业外支出为换出资产的公允价值 130 000 元与换出资产的账面价值和清理费用之和 141 600 元（180 000－40 000＋1 600）之间的差额。

二、涉及补价情况下的会计处理

以公允价值确认换入资产成本的非货币性资产交换在涉及补价的情况下，换入资产的成本应根据是支付补价还是收到补价，分别具体情况进行处理：

（1）支付补价：以换出资产的公允价值加上支付的补价（或换入资产的公允价值）和应支付的相关税费①作为换入资产的成本，换出资产的公允价值与资产账面价值的差额计入当期损益。

（2）收到补价：以换出资产的公允价值减去收到的补价（或换入资产的公允价值）加上应支付的相关税费作为换入资产的成本，换出资产的公允价值与资产账面价值的差额计入当期损益。

【例 13-4】 20×1 年 5 月 8 日，A 公司以其持有的对 C 公司的长期股权投资与 B 公司的专利权进行交换。在交换日，A 公司持有的长期股权投资账面余额为 270 000 元，已计提长期股权投资减值准备 30 000 元，公允价值为 280 000 元。B 公司拥有的专利权账面余额为 450 000 元，累计摊销金额为 185 000 元，在交换日，专利权的公允价值为 320 000 元，增值税额 19 200 元，A 公司以银行存款支付 B 公司补价 40 000 元及增值税额。B 公司换入的对 C 公司投资仍然作为长期股权投资，采用成本法核算。假设该项交易不涉及其他税费。

---

① 本章中的"相关税费"均不含增值税。

分析：

本例中，该交换涉及补价 40 000 元。

A 公司支付补价 40 000 元：

$$40\,000 \div (280\,000 + 40\,000) = 12.5\% < 25\%$$

B 公司收到补价 40 000 元：

$$40\,000 \div 320\,000 = 12.5\% < 25\%$$

A、B 公司均将此交换作为非货币性资产交换。

A 公司的长期股权投资与 B 公司的专利权进行交换，属于非货币性资产交换；由于此交换具有商业实质，资产的公允价值都能可靠计量，因此，A、B 公司均采用以公允价值为基础进行换入资产的成本计量，并确认当期损益。

（1）A 公司的会计处理：

借：无形资产——专利权　　　　　　　　　　　　　　　320 000
　　应交税费——应交增值税（进项税额）　　　　　　　　19 200
　　长期股权投资减值准备　　　　　　　　　　　　　　　30 000
　贷：长期股权投资——C 公司投资　　　　　　　　　　270 000
　　　投资收益　　　　　　　　　　　　　　　　　　　　40 000
　　　银行存款　　　　　　　　　　　　　　　　　　　　59 200

A 公司换出长期股权投资的投资收益为长期股权投资的公允价值 280 000 元与账面价值 240 000 元（270 000－30 000）的差额。

（2）B 公司的会计处理：

借：长期股权投资　　　　　　　　　　　　　　　　　　280 000
　　银行存款　　　　　　　　　　　　　　　　　　　　　59 200
　　累计摊销　　　　　　　　　　　　　　　　　　　　185 000
　贷：无形资产　　　　　　　　　　　　　　　　　　　450 000
　　　应交税费——应交增值税（销项税额）　　　　　　　19 200
　　　营业外收入　　　　　　　　　　　　　　　　　　　55 000

B 公司换出专利权获得的营业外收入为专利权的公允价值 320 000 元与账面价值 265 000 元（450 000－185 000）之间的差额。

第三节　以换出资产账面价值计量的核算

一、不涉及补价的情况

非货币性资产交换不具有商业实质，或者虽然具有商业实质但换入资产和换出资产的公允价值均不能可靠计量的,应当以换出资产账面价值为基础确定换入资产成本,无论是否支付补价,均不确认损益。

一般来讲,如果换入资产和换出资产的公允价值都不能可靠计量时,该项非货币性资产交换通常不具有商业实质,因为在这种情况下,很难比较两项资产产生的未来现金流量在时间、风险和金额方面的差异,很难判断两项资产交换后对企业经济状况改变所起的不同效用。

【例 13-5】 20×1年8月2日,A 公司以一项商标权换入 B 公司持有的一项长期股权投资。

A 公司的商标权账面余额为 600 000 元,已计提累计摊销 200 000 元,计提减值准备 60 000 元。A 公司为交换该商标权需要支付增值税 20 400 元(增值税税率为 6%)。

B 公司持有的长期股权投资账面余额为 650 000 元,已计提减值准备 200 000 元。

该非货币性资产交换不具有商业实质,换入的长期股权投资和换出的商标权的公允价值均不能可靠计量。

分析:

本例中,整个资产交换过程没有涉及货币性资产收付,因此,此项交易属于非货币性资产交换。被交换的资产公允价值均不能可靠计量,所以,A、B 公司均采用以换出资产的账面价值和应支付的相关税费作为换入资产的成本,不确认当期损益。

(1) A 公司的会计处理:

借:长期股权投资	360 400
累计摊销	200 000
无形资产减值准备	60 000
贷:无形资产	600 000
应交税费——应交增值税(销项税额)	20 400

(2) B 公司的会计处理:

借:无形资产	429 600
应交税费——应交增值税(进项税额)	20 400
长期股权投资减值准备	200 000
贷:长期股权投资	650 000

二、涉及补价的情况

以账面价值确认换入资产成本的非货币性资产交换在涉及补价的情况下,换入资产的成本应根据是支付补价还是收到补价,分别具体情况进行处理:

(1) 支付补价:以换出资产的账面价值加上支付的补价和应支付的相关税费作为换入资产的成本,不确认损益。

(2) 收到补价:以换出资产的账面价值减去收到的补价加上应支付的相关税费作为换

入资产的成本,不确认损益。

【例13-6】 甲公司和乙公司均为增值税一般纳税人,适用的增值税税率为17%。20×1年12月3日,甲公司决定以其专有设备交换乙公司的长期股权投资。该设备为甲公司20×0年购入,账面原价为150 000元,已计提折旧30 000元,未计提减值准备,甲公司为交换该专有设备支付增值税20 400元。乙公司的长期股权投资账面余额为140 000元,已计提减值准备10 000元。甲公司的专有设备是生产某种产品必需的设备,由于专有设备系当时专门制造、性质特殊,其公允价值不能可靠计量;乙公司拥有的长期股权投资在活跃市场中没有报价,其公允价值也不能可靠计量。经双方商定,乙公司支付了10 000元补价。假设该项交易不涉及其他税费。

分析:

甲公司的专有设备与乙公司的长期股权投资进行交换,属于非货币性资产交换;由于被交换的资产公允价值均不能可靠计量,因此,甲、乙公司均采用以换出资产的账面价值和应支付的相关税费作为换入资产的成本,不确认当期损益。

(1)甲公司的会计处理:

借:固定资产清理	120 000
累计折旧	30 000
贷:固定资产	150 000
借:长期股权投资	130 400
银行存款	10 000
贷:固定资产清理	120 000
应交税费——应交增值税(销项税额)	20 400

(2)乙公司的会计处理:

借:固定资产	119 600
应交税费——应交增值税(进项税额)	20 400
长期股权投资减值准备	10 000
贷:长期股权投资	140 000
银行存款	10 000

第四节 涉及多项非货币性资产交换的核算

一、多项非货币性资产交换的类型

涉及多项非货币性资产交换有如下几种情况:企业以一项非货币性资产同时换入另一

企业的多项非货币性资产；企业同时以多项非货币性资产换入另一企业的一项非货币性资产；企业以多项非货币性资产同时换入另一企业的多项非货币性资产。涉及多项非货币性资产交换也可能涉及补价。

非货币性资产交换同时换入多项资产的，在确定各项换入资产的成本时，应当分别按下列情况处理：

（1）资产交换具有商业实质且各项换出资产和各项换入资产的公允价值均能够可靠计量。换入资产的总成本应当按照换出资产的公允价值总额为基础确定，除非有确凿证据证明换入资产的公允价值总额更可靠。各项换入资产的成本，应当按照各项换入资产的公允价值占换入资产公允价值总额的比例，对换入资产总成本进行分配，确定各项换入资产的成本。即：

$$换入资产总成本 = 换出资产公允价值总额$$

$$每项换入资产的成本 = 换入资产总成本 \times \frac{该项资产公允价值}{换入资产公允价值总额}$$

（2）资产交换具有商业实质且换入资产的公允价值能够可靠计量但换出资产的公允价值不能可靠计量。换入资产的总成本应当按照换入资产的公允价值总额为基础确定，各项换入资产的成本，应当按照各项换入资产的公允价值占换入资产公允价值总额的比例，对换入资产总成本进行分配，确定各项换入资产的成本。即：

$$换入资产总成本 = 换入资产公允价值总额$$

$$每项换入资产的成本 = 换入资产总成本 \times \frac{该项资产公允价值}{换入资产公允价值总额}$$

（3）资产交换具有商业实质、换出资产的公允价值能够可靠计量但换入资产的公允价值不能可靠计量。在这种情况下，换入资产的总成本应当按照换出资产的公允价值总额为基础确定，各项换入资产的成本，应当按照各项换入资产的原账面价值占换入资产原账面价值总额的比例，对换入资产总成本进行分配，确定各项换入资产的成本。即：

$$换入资产总成本 = 换出资产公允价值总额$$

$$每项换入资产的成本 = 换入资产总成本 \times \frac{该项资产账面价值}{换入资产账面价值总额}$$

（4）资产交换不具有商业实质或换入资产和换出资产的公允价值均不能可靠计量。在这种情况下，换入资产的总成本应当按照换出资产的账面价值总额为基础确定，各项换入资产的成本，应当按照各项换入资产的原账面价值占换入资产的账面价值总额的比例，对换入资产总成本进行分配，确定各项换入资产的成本。即：

$$换入资产总成本 = 换出资产账面价值总额$$

$$每项换入资产的成本 = 换入资产总成本 \times \frac{该项资产账面价值}{换入资产账面价值总额}$$

实际上,上述第(1)、第(2)、第(3)种情况,换入资产总成本都是按照公允价值计量的,但各单项换入资产成本的确定,视各单项换入资产的公允价值能否可靠计量而分别情况处理;第(4)种情况属于不符合公允价值计量的条件,换入资产总成本按照换出资产账面价值总额确定,各单项换入资产成本的确定,按照各单项换入资产的原账面价值占换入资产账面价值总额的比例确定。

二、以公允价值计量的多项非货币性资产交换核算

【例 13-7】 甲公司和乙公司均为增值税一般纳税人,适用的增值税税率均为17%。20×1年2月1日,经协商,甲公司以其生产经营用设备和一批材料与乙公司一项专利权和一项长期股权投资交换。

甲公司设备的账面原价为160万元,交换日的累计折旧为66万元,公允价值为100万元;材料账面余额为30万元,公允价值为46万元。

乙公司的专利权账面原价为50万元,累计摊销为24万元,公允价值为40万元;长期股权投资账面余额为100万元,公允价值为120万元。甲公司换出设备、原材料适用的增值税税率为17%;乙公司换出专利权适用的增值税税率为6%。

在交换日,乙公司另外向甲公司支付银行存款8.42万元,其中包括由于换出和换入资产公允价值不同而收取的补价14万元,以及换入资产应支付的进项税额24.82万元与换出资产应收取的销项税额2.4万元之差,即22.42万元。该交易具有商业实质且公允价值都是可靠的。假定不考虑其他因素。

分析:本例涉及收付货币性资产,应当计算甲公司支付的货币性资产占甲公司换出资产公允价值与支付的补价之和的比例(等于乙公司收到的货币性资产占乙公司换出资产公允价值的比例),即:

$$14 \div (100 + 46 + 14) \times 100\% = 8.75\% < 25\%$$

可以认定这一涉及多项资产的交换行为属于非货币性资产交换。应该注意的是,本例中乙公司支付给甲公司的增值税额不属于补价。因为,增值税的收付不影响甲、乙公司各自的损益,甲公司增值税销项税额需要交纳,乙公司增值税进项税额可以抵扣,因此,乙公司需要将可以抵扣的增值税以现金形式支付给甲公司。该交易具有商业实质,且公允价值都是可靠的,交易符合以公允价值计量的两个条件。所以,甲、乙公司换入资产的总成本按照换出资产的公允价值总额为基础确定。

(1)甲公司的会计处理:

① 根据税法规定计算相关税费:

换出设备的增值税销项税额=100×17%=17(万元)

换出原材料的增值税销项税额=46×17%=7.82(万元)

换入专利权的增值税进项税额=40×6%=2.4(万元)

② 计算换入资产、换出资产公允价值总额：

$$换出资产公允价值总额 = 100 + 46 = 146（万元）$$
$$换入资产公允价值总额 = 40 + 120 = 160（万元）$$

③ 计算换入资产总成本：

$$\frac{换入资产}{总\ 成\ 本} = \frac{换出资产}{公允价值} + 补价 + \frac{应支付的}{相关税费} = 146 + 14 = 160（万元）$$

④ 计算确定换入各项资产的成本：

$$专利权的成本 = 160 \times 40 \div (40 + 120) = 40（万元）$$
$$长期股权投资的成本 = 160 \times 120 \div (40 + 120) = 120（万元）$$

⑤ 会计分录：

借：固定资产清理	940 000
累计折旧	660 000
贷：固定资产	1 600 000
借：无形资产——专利权	400 000
应交税费——应交增值税（进项税额）	24 000
长期股权投资	1 200 000
银行存款	84 200
贷：固定资产清理	1 000 000
其他业务收入	460 000
应交税费——应交增值税（销项税额）	248 200
借：主营业务成本	300 000
贷：库存商品	300 000
借：固定资产清理	60 000
贷：营业外收入	60 000

(2) 乙公司的会计处理：

① 根据税法规定计算相关税费：

$$增值税进项税额合计 = 100 \times 17\% + 46 \times 17\% = 24.82（万元）$$
$$增值税销项税额合计 = 40 \times 6\% = 2.4（万元）$$

② 计算换入资产、换出资产公允价值总额：

$$换出资产公允价值总额 = 40 + 120 = 160（万元）$$
$$换入资产公允价值总额 = 100 + 46 = 146（万元）$$

③ 计算换入资产总成本：

换入资产总成本＝换出资产公允价值＋补价＋应支付的相关税费＝160－14＝146(万元)

④ 计算确定换入各项资产的成本：

设备的成本＝146×100÷(100＋46)＝100(万元)
原材料的成本＝146×46÷(100＋46)＝46(万元)

⑤ 会计分录：

借：原材料	460 000
固定资产	1 000 000
应交税费——应交增值税(进项税额)	248 200
累计摊销	240 000
贷：无形资产——专利权	500 000
长期股权投资	1 000 000
投资收益	200 000
应交税费——应交增值税(销项税额)	24 000
银行存款	84 200
营业外收入	140 000

三、以账面价值计量的多项非货币性资产交换核算

【例 13-8】 20×0 年 8 月 7 日，A 公司以其专用设备和一项专利技术换入 B 公司一幢在建的建筑物和一项长期股权投资。A 公司换出设备的账面原价为 1 200 000 元,已计提折旧 750 000 元;专利技术账面原价为 450 000 元,已计提累计摊销 270 000 元;B 公司的在建工程截至交换日的成本为 525 000 元;长期股权投资账面余额为 150 000 元。该交易涉及资产的公允价值均不能可靠计量。上述资产均未计提减值准备。假定 B 公司以银行存款支付给 A 公司增值税差额,其他税费 A、B 公司各自负担(专用设备增值税税率为 17%;专利权增值税税率为 6%,在建工程增值税税率为 11%)。

分析：

本例中,整个资产交换过程没有涉及货币性资产收付,此项交易属于非货币性资产交换。该交易涉及资产的公允价值均无法获得,所以,甲、乙公司换入资产的总成本按照换出资产的账面价值总额确定,各项换入资产的成本按照各项换入资产的原账面价值占换入资产的账面价值总额的比例计算确定。

(1) A 公司的会计处理：

① 计算换出专用设备和专利权的增值税：

换出专用设备的增值税销项税额＝(1 200 000－750 000)×17%＝76 500(元)
换出专利权的增值税销项税额＝(450 000－270 000)×6%＝10 800(元)
换入在建工程增值税进项税额＝525 000×11%＝57 750(元)
应收 B 公司增值税额＝76 500＋10 800－57 750＝29 550(元)

② 计算换入资产、换出资产账面价值总额：

$$\text{换出资产账面价值总额} = (1\,200\,000 - 750\,000) + (450\,000 - 270\,000)$$
$$= 630\,000(元)$$
$$\text{换入资产账面价值总额} = 525\,000 + 150\,000 = 675\,000(元)$$

③ 计算换入资产总成本：

$$\text{换入资产总成本} = \text{换出资产账面价值} = 630\,000(元)$$

④ 计算确定换入各项资产的成本：

$$\text{换入在建工程的入账价值} = 630\,000 \times 525\,000 \div 675\,000$$
$$= 490\,000(元)$$
$$\text{换入长期股权投资的入账价值} = 630\,000 \times 150\,000 \div 675\,000$$
$$= 140\,000(元)$$

⑤ 会计分录：

借：固定资产清理	450 000
累计折旧	750 000
贷：固定资产	1 200 000
借：在建工程	490 000
应交税费——应交增值税(进项税额)	57 750
长期股权投资	140 000
累计摊销	270 000
银行存款	29 550
贷：固定资产清理	450 000
应交税费——应交增值税(销项税额)	87 300
无形资产	450 000

(2) B公司的会计处理：

① 计算资产交换的相关增值税：

$$\text{换入专用设备的增值税进项税额} = (1\,200\,000 - 750\,000) \times 17\% = 76\,500(元)$$
$$\text{换入专利权的增值税进项税额} = (450\,000 - 270\,000) \times 6\% = 10\,800(元)$$
$$\text{换出在建工程增值税销项税额} = 525\,000 \times 11\% = 57\,750(元)$$
$$\text{应付A公司增值税额} = 76\,500 + 10\,800 - 57\,750 = 29\,550(元)$$

② 计算换入资产、换出资产账面价值总额：

$$\text{换出资产账面价值总额} = 525\,000 + 150\,000 = 675\,000(元)$$
$$\text{换入资产账面价值总额} = (1\,200\,000 - 750\,000) + (450\,000 - 270\,000)$$
$$= 630\,000(元)$$

③ 计算换入资产总成本：

$$换入资产总成本＝换出资产账面价值＝675\,000(元)$$

④ 计算确定换入各项资产的成本：

$$换入专有设备的入账价值＝675\,000×450\,000÷630\,000＝482\,143(元)$$
$$换入专利技术的入账价值＝675\,000×180\,000÷630\,000＝192\,857(元)$$

⑤ 会计分录：

借：固定资产		482 143
无形资产		192 857
应交税费——应交增值税(进项税额)		87 300
贷：在建工程		525 000
长期股权投资		150 000
应交税费——应交增值税(销项税额)		57 750
银行存款		29 550

复习思考题

1. 简述商业实质的判断条件。
2. 如何区分货币性资产和非货币性资产？
3. 简述涉及补价时，换入资产入账价值的确定。
4. 涉及多项非货币性资产交换时，如何确定换入资产的成本？

练 习 题

一、判断题

1. 准备持有至到期的债券投资属于货币性资产。　　　　　　　　　　　　　　　　　　　　　（　　）
2. 在确定涉及补价的交易是否为非货币性资产交换时，收到补价的企业，应当按照收到的补价占换入资产公允价值减去收到的补价比例低于25％确定。　　　　　　　　　　　　　　　　　　　　　（　　）
3. 非货币性资产交换是企业之间主要以非货币性资产形式的互惠转让，不包括单方向的优惠转让。　　　　　　　　　　　　　　　　　　　　　　　　　　　　　　　　　　　　　　（　　）
4. 非货币性资产交换中涉及交换的资产不能可靠计量的，应当按照换出资产的账面价值和应支付的相关税费作为换入资产的成本，涉及需要支付补价的，应确认损益。　　（　　）

5. 在以公允价值确定换入资产成本的情况下,收到补价方应当以换出资产的公允价值加上补价和应支付的相关税费,作为换入资产的成本。（　　）

二、单选选择题

1. 甲股份有限公司发生的下列非关联交易中,属于非货币性资产交换的是(　　)。
   A. 以公允价值为300万元的固定资产换入乙公司账面价值为320万元的无形资产并支付补价20万元
   B. 以账面价值为280万元的固定资产换入丙公司公允价值为200万元的一项专利权并收到补价80万元
   C. 以公允价值为320万元的长期股权投资换入丁公司账面价值为460万元的短期股票投资并支付补价140万元
   D. 以账面价值为420万元准备持有至到期的债券投资换入戊公司公允价值为390万元的一台设备并收到补价30万元

2. 在非货币性资产交换中,如果同时换入多项资产,非货币性资产交换具有商业实质,且换入资产的公允价值能够可靠计量的,应当按照(　　)的比例,对换入资产的成本总额进行分配,确定各项换入资产的入账价值。
   A. 换出各项资产的公允价值与换出资产公允价值总额
   B. 换入各项资产的公允价值与换入资产公允价值总额
   C. 换入各项资产的账面价值与换入资产账面价值总额
   D. 换出各项资产的账面价值与换出资产账面价值总额

3. 甲公司以一栋厂房和一项土地使用权换入乙公司持有的对丙公司的长期股权投资。换出厂房的账面原价为2 000万元,已计提折旧600万元,已计提减值准备200万元,公允价值为1 400万元;土地使用权的账面余额为1 800万元,未计提减值准备,公允价值为1 400万元。该交换具有商业实质,且假定不考虑相关税费,甲公司换入的对丙公司的长期股权投资的入账价值为(　　)万元。
   A. 2 800　　　　B. 3 000　　　　C. 3 200　　　　D. 3 800

4. A公司以一批库存商品和固定资产与B公司持有的长期股权投资进行交换,A公司该批库存商品的账面价值为80万元,不含增值税的公允价值为100万元;固定资产原价为300万元,已计提折旧190万元,未计提减值准备,该项固定资产的公允价值为160万元,交换中发生固定资产清理费用10万元。B公司持有的长期股权投资的账面价值为260万元,公允价值为277万元。A公司和B公司均为增值税一般纳税人,适用的增值税税率均为17%。假设该项非货币性资产交换具有商业实质,则A公司该项交易计入损益的金额为(　　)万元。
   A. 42.8　　　　B. 70　　　　C. 32.8　　　　D. 60

5. 甲公司以生产经营用的客车和货车交换乙公司生产经营用的C设备和D设备。甲公司换出:客车原值为45万元,已计提折旧3万元,公允价值为45万元;货车原值为37.50万元,已计提折旧10.50万元,公允价值为30万元。乙公司换出:C设备原值为22.50万元,已计提折旧9万元,公允价值为15万元;D设备原值为63万元,已计提折旧7.50万元,公允价值为60万元。假定该项交换具有商业实质,不考虑增值税等相关税费。则甲公司取得的C设备的入账价值为(　　)万元。

  A. 55.5   B. 13.5   C. 15   D. 22.5

三、核算题

习 题 一

  20×1年8月7日,甲公司以其持有的可供出售金融资产和交易性金融资产交换乙公司生产经营用的C设备。甲公司换出的可供出售金融资产账面价值为35万元(其中成本为40万元、公允价值变动贷方余额为5万元),公允价值为45万元;交易性金融资产的账面价值为20万元(其中成本为18万元,公允价值变动借方余额为2万元),公允价值为30万元。乙公司换出的C设备原值为90万元,已计提折旧20万元,公允价值为75万元。假定该项交换具有商业实质,公允价值都是可靠的。

  要求:根据上述经济业务编制甲公司有关会计分录。

习 题 二

  甲公司20×1年度发生如下有关业务:

  (1)甲公司以其生产的一批产品换入A公司的一台设备,产品的账面余额为420 000元,计税价格(等于公允价值)为600 000元,增值税税率为17%(下同)。设备原价为800 000元,已提折旧220 000元,已提减值准备20 000元,设备的公允价值为600 000元。

  (2)甲公司以设备一台换入B公司的专利权,设备的原价为600 000元,已提折旧220 000元,已提减值准备40 000元,设备的公允价值为400 000元。专利权的账面原价为500 000元,累计摊销为150 000元,公允价值为380 000元,增值税税率为6%。甲公司收到B公司支付的20 000元补价及增值税差额。

  (3)甲公司以其持有的可供出售金融资产交换C公司的原材料,在交换日,甲公司的可供出售金融资产账面余额为320 000元(其中成本为240 000元,公允价值变动为80 000元),公允价值为360 000元。换入的原材料账面价值为280 000元,公允价值(计税价格)为300 000元,增值税额为51 000元,甲公司收到C公司支付的补价扣除增值税进项税额后的差价9 000元。

  甲、A、B、C公司的非货币性资产交换具有商业实质且公允价值均为可靠的。

  要求:根据上述经济业务编制甲公司有关会计分录。

第十四章 债务重组

> **章前案例**

新疆亿路万源实业投资控股股份有限公司（以下简称"*ST新亿"，股票代码600145）是一家专业的卫浴上市公司。因为经营不善和转型失败等原因，公司陷入了严重的经营危机和财务危机。2013年和2014年连续2年亏损，2014年年末净资产为－14.39亿元，公司被上交所处以退市风险警示。

因*ST新亿不能清偿到期债务，债权人江苏立信会计师事务所于2015年8月28日向塔城中院申请对*ST新亿实施重整。法院受理了新亿股份重整申请后，共有40家债权人申报债权，金额合计27.05亿元，经债权人会议及法院确认的为21.75亿元。

*ST新亿的重整计划包含以下几个方面：一是资本公积转增股本。以*ST新亿现有总股本37 768.50万股为基数，按每10股转增29.48股的比例实施资本公积转增股票，共计转增11.13亿股。二是全体出资人无偿让渡转增股份并由投资人受让，受让价款为人民币14.47亿元。其中，8亿元用于向债权人清偿，其余6.47亿元在支付破产费用和共益债务后，剩余部分留在*ST新亿，作为生产经营所需流动资金或用于购买优质资产等。三是控股股东万源稀金收购普通债权中的11亿股，并豁免*ST新亿该部分债权，产生资本公积用以实施资本公积转增股本。

2016年4月28日，*ST新亿公布了2015年公司年度财务报告。报告显示，2015年公司实现营业收入390.28万元，同比下降90.76%；依靠破产重整所实现的债务重组收益为4.11亿元，归属于股东的净利润为6 177.64万元，与2014年的巨额亏损15.06亿元相比，大幅扭亏为盈。截至2015年年末，公司净资产为6.05亿元，由负转正。大华会计师事务所出具了带强调事项段的无保留意见审计报告。

*ST新亿2014年和2015年相关财务数据如图表14-1所示。

图表14-1

ST新亿相关财务数据表

单位：万元

报告期	2015年12月31日	2014年12月31日
负债合计	28 020.06	147 090.01

(续表)

报 告 期	2015年12月31日	2014年12月31日
实收资本(或股本)	149 110.04	37 768.50
资本公积	150 109.03	6 743.71
盈余公积	3 570.05	3 920.71
未分配利润	-242 309.01	-191 668.63
归属于母公司股东权益合计	60 480.11	-143 235.70
所有者权益合计	60 480.11	-143 903.44
总资产	88 500.18	3 186.57
营业收入	390.28	4 225.43
营业外收入		
归属于上市公司的净利润	6 177.64	-150.58
归属于上市公司股东的扣除非经常性损益的净利润	-9 659.73	-15 964.2

通过债务重组，*ST 新亿 2015 年的财务状况得到了明显改善，扭亏为盈。

学习目的

- 了解债务重组的概念及重组方式
- 掌握以资产清偿债务的会计处理原则及核算方法
- 掌握债务转为资本的会计处理原则及核算方法
- 掌握修改债务条件进行债务重组的会计核算方法
- 理解债务重组对公司当期及未来财务状况、经营成果的影响

第一节 债务重组概述

一、债务重组的概念

债务重组是指在债务人发生财务困难的情况下，债权人按照其与债务人达成的协议或法院的裁决同意债务人修改债务条件的事项。债务重组的发生应符合以下条件：① 债务人处于持续经营状态。这是区分债务重组和破产清算的主要标准。② 债务人发生了财务困难。只有债务企业在经营上出现困难或因资金调度不灵而又筹集不到足够的资金偿还到期债务时，才有债务重组的必要。③ 债权人作出了让步。

债权人之所以同意与债务人进行重组，其原因主要在于最大限度地回收债权和为缓解

债权人暂时的财务困难，致使债权上发生更大的损失。有时候，债务重组为债务人提供了扭亏为盈的机会。

二、债务重组的方式

1. 以资产清偿债务

以资产清偿债务是债务人转让资产给债权人以清偿债务的债务重组方式，包括：现金、存货、固定资产、无形资产、持有的股权投资等。在债务重组的情况下，以现金清偿债务，通常是指以低于债务账面价值的现金清偿债务，如果以等量的现金偿还所欠负债，则不属于本章所指的债务重组。

2. 债务转为资本

债务转为资本是债务人将债务转为资本，同时债权人将债权转为股权的债务重组方式。但债务人根据转换协议，将应付可转换公司债券转为资本的，则属于正常情况下的债务转资本，不能作为债务重组处理。债务转为资本的结果是，债务人因此而增加股本（或实收资本），债权人因此而增加股权。

3. 修改其他债务条件

修改其他债务条件是修改不包括上述第1、第2种情形在内的债务条件进行债务重组的方式，如减少债务本金、降低利率、免去应付未付的利息等。

4. 以上三种方式的组合

以上三种方式的组合是采用以上两种或三种方法共同清偿债务的债务重组形式，包括以下可能的方式：

（1）债务的一部分以资产清偿，另一部分则转为资本。

（2）债务的一部分以资产清偿，另一部分则修改其他债务条件。

（3）债务的一部分转为资本，另一部分则修改其他债务条件。

（4）债务的一部分以资产清偿，一部分转为资本，另一部分则修改其他债务条件。

第二节　债务重组的核算

应区分债权人和债务人的角度对债务重组进行会计处理。

一、以资产清偿债务

以资产清偿债务包括以现金清偿债务和以非现金资产清偿债务等方式。这里的现金是指库存现金、银行存款和其他货币资金。

(一)以现金清偿债务

债务人的处理:债务人以现金清偿债务的,债务人应当将重组债务的账面价值与支付的现金之间的差额确认为债务重组利得,相关重组债务在满足金融负债终止确认条件时予以确认。

债权人的处理:债务人以现金清偿债务的,由于债权人可能在前期计提了减值准备,并记录了减值损失,因此应比较重组债权的账面价值(扣除减值准备后的金额)与所收到现金的差额,重组债权的账面价值高于所收到现金的,差额作为债务重组损失;重组债权的账面价值低于收到现金金额的,差额冲减减值准备,并抵减当期资产减值损失。

【例14-1】 T公司于20×1年6月10日出售给B公司一批货物,不含税价格200万元,增值税销项税额34万元。按照合同,B公司应当于20×1年10月10日之前付清全部货款,但由于B公司发生财务困难,至20×1年年末,B公司仍未能偿还该笔货款,20×1年12月31日,T公司对该笔234万元的应收账款计提了坏账准备23万元。20×2年3月10日,T公司与B公司签订债务重组协议。协议规定,T公司同意免除B公司34万元债务,余额立即偿清。B公司于当日转账支付了该笔剩余款项。

(1)债务人B公司的会计处理:

① 20×1年6月10日,销售发生时:

借:库存商品 2 000 000
　　应交税费——应交增值税(进项税额) 340 000
　贷:应付账款——T公司 2 340 000

② 20×1年12月31日,不作任何处理。

③ 债务重组日20×2年3月10日,确认债务重组收益:

借:应付账款——T公司 2 340 000
　贷:银行存款 2 000 000
　　营业外收入——债务重组利得 340 000

(2)债权人T公司的会计处理:

① 20×1年6月10日,销售发生时:

借:应收账款——B公司 2 340 000
　贷:主营业务收入 2 000 000
　　应交税费——应交增值税(销项税额) 340 000

② 20×1年12月31日,计提减值准备:

借:资产减值损失 230 000
　贷:坏账准备 230 000

③ 债务重组日20×2年3月10日,计算债务重组损失:

债务重组损失＝2 340 000－230 000－2 000 000＝110 000（元）

借：银行存款　　　　　　　　　　　　　　　　　　　　　2 000 000
　　营业外支出——债务重组损失　　　　　　　　　　　　　110 000
　　坏账准备　　　　　　　　　　　　　　　　　　　　　　230 000
　贷：应收账款——B公司　　　　　　　　　　　　　　　　2 340 000

④ 若T公司20×1年年末计提坏账准备为46万元，则：

债务重组损失＝2 340 000－460 000－2 000 000＝－120 000（元）

差额120 000元表明以前坏账准备多提，冲减20×2年资产减值损失。

借：银行存款　　　　　　　　　　　　　　　　　　　　　2 000 000
　　坏账准备　　　　　　　　　　　　　　　　　　　　　　460 000
　贷：应收账款——B公司　　　　　　　　　　　　　　　　2 340 000
　　　资产减值损失　　　　　　　　　　　　　　　　　　　120 000

（二）以非现金资产清偿债务

债务人以非现金资产清偿债务的，可将债务重组过程看作两项交易：首先假设债务人向债权人按公允价值出售用于抵偿债务的资产，再假设债务人用获得的现金清偿债务，只是现金的支付未真实发生。债务重组中所涉及的资产交易是以公允价值计量的。

债务人的处理：债务人以非现金资产清偿债务的，债务人应当将转让的非现金资产的公允价值与账面价值的差额作为转让资产损益，重组债务的账面价值与转让的非现金资产的公允价值之间的差额确认为债务重组利得，相关重组债务在满足金融负债终止确认条件时予以终止确认。

对于增值税应税项目，如果债权人不向债务人另行支付增值税，则可将所含增值税金额视为所转让的非现金资产公允价值的一部分，减少债务重组利得的金额。如果债权人向债务人另行支付了增值税，则单独作为一项交易增加应收项目或现金资产，不影响债务重组损益。

债权人的处理：债务人以非现金资产清偿债务的，债权人应当按照所受让的非现金资产的公允价值入账，若重组债权的账面价值高于所受让资产的公允价值，差额作为债务重组损失计入当期损益。若重组债权的账面价值低于所受让资产的公允价值，差额冲减相关减值准备，并抵减本期资产减值损失。相关重组债权在满足金融资产终止确认条件时予以终止确认。

对于增值税应税项目，如果债权人不向债务人另行支付增值税，则可将所含增值税金额作为所受让的非现金资产的公允价值的一部分，减少债务重组损失的金额或增加抵减本期资产减值损失的金额。如果债权人向债务人另行支付增值税，可将其作为一项单独交易，不影响债务重组损益。

1. 以原材料、库存商品抵偿债务

债务人以库存材料、库存商品抵偿债务，应视同销售进行核算。出售原材料、库存商品

业务的会计处理与正常的销售业务处理相同,相关损益计入当期损益。债权人不另行支付增值税的,债务人根据所应获得的销售收入及增值税金额等,与重组债务账面价值进行比较,计算债务重组损益;债权人所取得的原材料等以公允价值入账,并记录增值税进项税额。

【例 14-2】 M 公司欠 B 公司购货款 750 000 元,本应于 20×1 年 5 月 1 日偿还,由于 M 公司发生财务困难不能按时还款。双方协议由 M 公司以其库存商品偿还债务,该批库存商品公允价值 600 000 元,成本为 490 000 元,适用增值税税率 17%。B 公司对该项应收账款计提了 30 000 元的坏账准备。M 公司于 20×1 年 9 月 1 日将抵债商品交付给 B 公司。

(1) 债务重组日,M 公司的会计处理:

债务重组利得＝750 000－600 000×(1+17%)＝48 000(元)

借:应付账款——B 公司　　　　　　　　　　　　　　　　750 000
　贷:主营业务收入　　　　　　　　　　　　　　　　　　　600 000
　　　应交税费——应交增值税(销项税额)　　　　　　　　102 000
　　　营业外收入——债务重组利得　　　　　　　　　　　　48 000
借:主营业务成本　　　　　　　　　　　　　　　　　　　490 000
　贷:库存商品　　　　　　　　　　　　　　　　　　　　　490 000

(2) 债务重组日,B 公司的会计处理:

债务重组损失＝(750 000－30 000)－600 000×(1+17%)＝18 000(元)

借:库存商品　　　　　　　　　　　　　　　　　　　　　600 000
　　应交税费——应交增值税(进项税额)　　　　　　　　　102 000
　　营业外支出——债务重组损失　　　　　　　　　　　　 18 000
　　坏账准备　　　　　　　　　　　　　　　　　　　　　 30 000
　贷:应收账款——M 公司　　　　　　　　　　　　　　　 750 000

2. 以固定资产抵偿债务

债务人以固定资产抵偿债务,应先将固定资产转入"固定资产清理"账户进行核算,固定资产账面价值、清理费用与公允价值的差额作为转让固定资产的损益,固定资产的公允价值与重组债务的账面价值的差额,作为债务重组利得计入营业外收入。债权人收到的固定资产,以公允价值入账。

【例 14-3】 承[例 14-2],其他资料不变,假定债务重组协议中 B 公司同意 M 公司以一台设备偿还该笔货款。该项设备的账面原价为 1 200 000 元,已计提折旧 300 000 万元,未计提减值准备,公允价值为 700 000 元(不考虑增值税项目)。

(1) M 公司的会计处理:

债务重组收益＝750 000－700 000＝50 000(元)

借：固定资产清理	900 000
累计折旧	300 000
贷：固定资产	1 200 000
借：应付账款——B公司	750 000
贷：固定资产清理	700 000
营业外收入——债务重组利得	50 000
借：营业外支出	200 000
贷：固定资产清理	200 000

(2) B公司的会计处理：

$$债务重组损失 = 720\,000 - 700\,000 = 20\,000(元)$$

借：固定资产	700 000
坏账准备	30 000
营业外支出——债务重组损失	20 000
贷：应收账款	750 000

3. 以股票、债券等金融资产抵偿债务

债务人以股票、债券等金融资产抵偿债务，按照重组日公允价值确认转让金融资产的损益。重组债务账面价值与相关金融资产公允价值的差额作为债务重组利得计入当期损益。债权人收到的股票、债券等以公允价值入账。

【例14-4】 甲公司于20×1年6月购买乙公司一批货物，价税合计为600 000元，3个月后付款。由于甲公司财务出现困难，不能按时还款，20×2年2月1日，甲乙公司签订债务重组协议。协议规定，甲公司以其持有的M公司债券抵偿该笔货款。甲公司将持有的M公司债券作为交易性金融资产进行计量，M公司债券成本为430 000元，公允价值变动为借方余额60 000元，重组日公允价值为510 000元。乙公司对该笔应收账款计提了坏账准备60 000元。

(1) 甲公司的会计处理：

$$债务重组收益 = 600\,000 - 510\,000 = 90\,000(元)$$
$$交易性金融资产投资收益 = 510\,000 - 490\,000 = 20\,000(元)$$

同时，将公允价值变动60 000元转入投资收益。

借：应付账款——乙公司	600 000
贷：交易性金融资产——M公司债券(成本)	430 000
交易性金融资产——M公司债券公允价值变动	60 000
营业外收入——债务重组收益	90 000
投资收益	20 000

借：公允价值变动损益　　　　　　　　　　　　　　　　　　　　600 000
　　贷：投资收益　　　　　　　　　　　　　　　　　　　　　　　　600 000

(2) 乙公司的会计处理：

债务重组损失＝600 000－60 000－510 000＝30 000(元)

借：交易性金融资产　　　　　　　　　　　　　　　　　　　　　510 000
　　坏账准备　　　　　　　　　　　　　　　　　　　　　　　　　 60 000
　　营业外支出——债务重组损失　　　　　　　　　　　　　　　　 30 000
　　贷：应收账款——甲公司　　　　　　　　　　　　　　　　　　 600 000

二、债务转为资本

债务人的处理：债务人与债权人协议将债务转为资本的，应区别股份公司和其他公司进行处理。债务人为股份公司的，按照股权的公允价值增加股本、资本公积(股本溢价)，其他公司增加实收资本、资本公积(资本溢价)。股权的公允价值与重组债务账面价值之间的差额作为债务重组收益，计入当期损益。与发行股份相关的费用应减少发行股权的溢价收入，冲减资本公积。相关重组债务在满足金融债务终止确认条件时予以终止确认。

债权人的处理：债务重组日，债权人按照应享有股权的公允价值确认对债务人的投资。若所获取股权的公允价值低于重组债权的账面价值，差额作为债务重组损失，计入当期损益。若所获取股权的公允价值高于重组债权的账面价值，差额冲减相关减值准备，并抵减本期资产减值损失。相关重组债权在满足金融资产终止确认条件时予以终止确认。

【例14-5】　20×1年4月1日，B公司应收N公司账款账面价值560 000元(含减值准备50 000元)，该应收款项本应于6个月前偿还，由于N公司发生财务困难，该款项一直未能得到偿付。经双方协议，B公司同意将N公司所欠账款转为股本100 000股，N公司普通股面值为1元，每股市价为5.2元。B公司对获取的股权作为长期股权投资持有。

(1) N公司的会计处理：

债务重组收益＝610 000－520 000＝90 000(元)

借：应付账款——B公司　　　　　　　　　　　　　　　　　　　610 000
　　贷：营业外收入——债务重组利得　　　　　　　　　　　　　　 90 000
　　　　股本　　　　　　　　　　　　　　　　　　　　　　　　　100 000
　　　　资本公积——股本溢价　　　　　　　　　　　　　　　　　 420 000

(2) B公司的会计处理：

债务重组损失＝560 000－520 000＝40 000(元)

借：长期股权投资	520 000
营业外支出——债务重组损失	40 000
坏账准备	50 000
贷：应收账款——N公司	610 000

三、修改其他债务条件

修改其他债务条件进行债务重组的方式有减少本金、免除利息、降低利率、延长期限等，应按照是否附加或有条件分别对待。

附加或有条件的债务重组将产生或有应付金额。或有应付金额是指根据未来某事项的出现而发生的额外应付金额，该未来事项的出现是不确定的。

（一）不附或有条件的债务重组

债务人的处理：修改其他债务条件的债务重组，若不附或有条件，债务人将重组后债务的公允价值作为入账价值，入账价值与重组债务的账面价值的差额作为债务重组收益，计入当期损益。

债权人的处理：修改其他债务条件的债务重组，若不附或有条件，债权人按照重组后债权的公允价值作为入账价值，入账价值低于重组债权的账面价值的，差额作为债务重组损失，计入当期损益；入账价值高于重组债权的账面价值的，差额冲减计提的减值准备并抵减本期资产减值损失。

【例14-6】 20×1年12月31日，B公司应收K公司票据的账面余额为834 000元，其中34 000元为累计未付利息，票面年利率为5%。由于K公司经营出现问题，资金周转困难，不能偿付应于20×1年9月30日前支付的应付票据。双方于20×2年1月4日进行债务重组，协议规定，B公司免除K公司所欠付的全部利息，免除本金50 000元，并将年利率由5%降至3%，并将债务到期日延期至20×2年12月31日，利息按年支付。20×1年年末，K、B公司已经将应付、应收票据转入应付、应收账款。B公司对该笔应收账款已计提80 000元的减值准备。

（1）K公司的会计处理：

① 20×2年1月4日重组日：

债务重组前，应付B公司账款为834 000元，债务重组后，应确认的重组债务入账价值为750 000元，差额84 000元计入债务重组收益。

借：应付账款——B公司	834 000
贷：应付账款——债务重组（B公司）	750 000
营业外收入——债务重组利得	84 000

② 20×2年12月31日，支付本金和利息：

借：应付账款——债务重组（B公司）	750 000
财务费用	22 500
贷：银行存款	772 500

(2) B公司的会计处理：

① 20×2年1月4日重组日：

债务重组前，应收K公司账款为754 000元（834 000－80 000），债务重组后，应确认重组债权入账价值750 000元，差额4 000元确认为债务重组损失。

借：应收账款——债务重组（K公司）	750 000
坏账准备	80 000
营业外支出——债务重组损失	4 000
贷：应收账款——K公司	834 000

② 20×2年12月31日，收到本金和利息：

借：银行存款	772 500
贷：应收账款——债务重组（K公司）	750 000
财务费用	22 500

(二) 附或有条件的债务重组

在重组协议中附有或有应付条件的，需根据未来某事项的发生与否确定应付金额，但是在债务重组日不能确定是否会发生该应付金额。

债务人的处理：修改其他债务条件进行的债务重组，如果附有或有应付金额，且该或有应付金额符合或有事项中预计负债确认条件的，债务人应将该或有应付金额确认为预计负债。将重组后债务的入账价值与预计负债之和，与重组债务的账面价值进行比较，差额作为债务重组收益，计入当期损益。或有应付金额在随后期间没有发生的，企业应冲销已确认的预计负债，同时确认营业外收入。

债权人的处理：修改其他债务条件进行的债务重组，如果附有或有应收金额，即使该或有应收金额很可能发生，但根据谨慎性原则，债权人也不应当确认或有应收金额，不影响债务重组损益，只有在或有应收金额实际发生时，才计入当期损益。

【例14-7】承［例14-6］，若其他条件不变，重组协议中将债务到期日延期2年至20×3年12月31日，利率降至3%。但若K公司在20×2年盈利，20×3年的利率仍恢复至5%。债务重组日，K公司认为其20×2年很有可能实现盈利。

分析：该债务重组协议改变了原债务的到期日，属于修改其他债务条件的债务重组。另外，重组协议附加了或有条件"若K公司在20×2年盈利，20×3年的利率仍恢复至5%"。债务重组日，并不能确定K公司是否会在20×2年盈利，因此是否需要按照5%的利率额外支付15 000元的利息也是不确定的。

本例中，K公司认为其20×2年很有可能实现盈利，则债务人K公司需要将或有应付金额15 000元确认为预计负债。

但是根据谨慎性原则，债权人B公司不应确认该或有应收金额。当K公司20×2年确实盈利，20×3年收到该部分利息时，B公司才能确认收益，冲减当期的债务重组损失。

(1) 债务人K公司的会计处理：

① 20×2年1月4日重组日：

由于K公司认为20×2年很有可能实现盈利，所以20×3年的或有应付利息15 000元应确认为预计负债：

债务重组利得＝834 000－750 000－15 000＝69 000(元)

借：应付账款	834 000
贷：应付账款——债务重组(B公司)	750 000
预计负债	15 000
营业外收入——债务重组利得	69 000

② 20×2年12月31日，支付利息：

借：财务费用	22 500
贷：银行存款	22 500

③ 若K公司20×2年实现盈利，20×3年利率改为5%，应按3%的利率计算本期的财务费用，同时冲减债务重组日计提的预计负债。年末支付利息及本金：

借：应付账款——债务重组(B公司)	750 000
财务费用	22 500
预计负债	15 000
贷：银行存款	787 500

④ 若K公司20×2年未实现盈利，20×3年利率仍为3%，应将债务重组日计提的预计负债冲减本期的债务重组收益。年末支付利息及本金，转出预计负债。

借：应付账款——债务重组(B公司)	750 000
财务费用	22 500
贷：银行存款	772 500
借：预计负债	15 000
贷：营业外收入——债务重组利得	15 000

(2) 债权人B公司的会计处理：

① 20×2年1月4日重组日：

虽然B公司认为K公司20×2年很有可能实现盈利，但是不能确认或有应收利息15 000元：

计算债务重组损失＝754 000－750 000＝4 000(元)

借：应收账款——债务重组(K公司)   750 000
    坏账准备   80 000
    营业外支出——债务重组损失   4 000
  贷：应收账款——K公司   834 000

② 20×2年12月31日，收到利息：

借：银行存款   22 500
  贷：财务费用   22 500

③ 若K公司20×2年实现盈利，20×3年利率改为5%，应按原3%的利率计算利息收入，差额部分增加当期营业外收入。年末，收到利息及本金：

借：银行存款   787 500
  贷：财务费用   22 500
    应收账款——债务重组(K公司)   750 000
    营业外收入——债务重组利得   15 000

④ 若K公司20×2年未实现盈利，20×3年利率仍为3%，年末收到利息及本金：

借：银行存款   772 500
  贷：财务费用   22 500
    应收账款——债务重组(K公司)   750 000

四、以上三种方式的组合方式

1. 以现金、非现金资产两种方式的组合清偿某债务

债务人以现金、非现金资产两种方式的组合清偿某债务，重组债务的账面价值与支付的现金、转让的非现金资产的公允价值的差额作为债务重组利得。非现金资产的公允价值与其账面价值的差额作为转让资产损益。

债权人重组债权的账面价值高于收到的现金、受让的非现金资产的公允价值，其差额作为债务重组损失，计入当期损益；若债权人重组债权的账面价值低于收到的现金、受让的非现金资产的公允价值，其差额冲减计提的减值准备并抵减本期资产减值损失。

2. 以现金、债务转为资本两种方式的组合清偿某债务

债务人以现金、债务转为资本两种方式的组合清偿某债务，重组债务的账面价值与支付的现金、债权人因放弃债券而享有的股权的公允价值的差额作为债务重组利得。股权公允价值与股本(或实收资本)的差额作为资本公积。

债权人重组债权的账面价值高于收到的现金、因放弃债权而享有的股权的公允价

值,其差额作为债务重组损失,计入当期损益;若债权人重组债权的账面价值低于收到的现金、因放弃债权而享有的股权的公允价值,其差额冲减计提的减值准备并抵减本期资产减值损失。

3. 以非现金资产、债务转为资本两种方式的组合清偿某债务

债务人以非现金资产、债务转为资本两种方式的组合清偿某债务,重组债务的账面价值与转让的非现金资产的公允价值、债权人因放弃债券而享有的股权的公允价值的差额作为债务重组利得。非现金资产的公允价值与账面价值的差额作为转让资产损益;股权的公允价值与股本(实收资本)的差额作为资本公积。

4. 以现金、非现金资产、将债务转为资本三种方式的组合清偿某债务

债务人以现金、非现金资产、将债务转为资本三种方式的组合清偿某债务,重组债务的账面价值与支付的现金、转让的非现金资产的公允价值、债权人因放弃债权而享有股权的公允价值的差额作为债务重组利得;非现金资产的公允价值与其账面价值的差额作为转让资产损益;股权的公允价值与股本(或实收资本)的差额作为资本公积。

债权人重组债权的账面价值高于收到的现金、受让的非现金资产的公允价值、因放弃债权而享有的股权的公允价值,其差额作为债务重组损失,计入当期损益;若债权人重组债权的账面价值低于收到的现金、受让的非现金资产的公允价值、因放弃债权而享有的股权的公允价值,其差额冲减计提的减值准备并抵减本期资产减值损失。

5. 以资产、将债务转为资本等方式清偿某项债务的一部分,并对该项债务的另一部分以修改其他债务条件进行债务重组

债务人应先以支付的现金、转让的非现金资产的公允价值、债权人因房子债权而享有的股权的公允价值冲减重组债务的账面价值,余额与将来应付金额进行比较,据此计算债务重组利得。债权人因房子债权而享有的股权的公允价值与股本(实收资本)的差额作为资本公积;非现金资产的公允价值与其账面价值的差额作为转让资产损益,于当期确认。

债权人应当先以收到的现金、受让非现金资产的公允价值、因放弃债券而享有的股权的公允价值冲减重组债权的账面价值,余额与将来应收金额进行比较,据此计算债务重组损失。

复习思考题

1. 什么是债务重组?如何界定?
2. 企业有哪些债务重组的方式?
3. 债务重组涉及的主要会计问题是什么?
4. 在债务重组协议中设计或有应付(或有应收)时,债务人与债权人的会计处理原则有何不同?为什么?

练 习 题

一、判断题

1. 债务重组是指在债务人发生财务困难的情况下,债权人按照其与债务人达成的协议或法院的裁决作出的事项。（　）

2. 如果债权人对应收账款已经计提了减值准备,则进行债务重组时,对获得的清偿金额高于应收账款账面价值的差额应调增"营业外收入"账户金额。（　）

3. 债务人根据转换协议,将应付可转换公司债券转为资本的,属于债务转资本,也可作为债务重组处理。（　）

4. 债务人以非现金资产清偿某项债务的,债务人应当将重组债务的账面价值与转让的非现金资产的公允价值之间的差额确认为债务重组利得,作为其他业务收入。（　）

5. 不附或有条件的债务重组,债务人应将修改其他债务条件后债务的公允价值作为重组后债务的入账价值。（　）

6. 债务重组时,以修改其他债务条件进行债务重组的,债权人应将未来应收金额小于重组债权账面余额的差额,计入营业外支出。（　）

7. 修改其他债务条件进行债务重组的方式包括减少债务本金、免除利息、降低利率和延长偿还期限等。（　）

8. 债务人以固定资产清偿某项债务,债权人应当将重组债权的账面价值低于受让的固定资产的公允价值的差额计入营业外收入。（　）

9. 债务人将债务转为资本,债权人应当将享有股份的公允价值确认为对债务人的投资,重组债权账面价值低于股份的公允价值的部分冲减相关减值准备,不够抵减的,应计入当期资产减值损失。（　）

10. 以修改其他债务条件进行债务重组的,如果债务重组协议中附有或有应付金额的,该或有应付金额最终没有发生时,应冲减已确认的预计负债,同时确认营业外收入。（　）

二、单项选择题

1. 企业以低于应付债务账面价值的现金清偿债务的,支付的现金低于应付债务账面价值的差额,应当记入（　）账户。
A. "盈余公积"　　B. "资本公积"　　C. "营业外收入"　　D. "其他业务收入"

2. 下列各项中,属于债务重组的是（　）。
A. 债务人发行的可转换债券按正常条件转换为股权
B. 债务人破产清算是以低于债务账面价值的现金清偿债务

C. 债务人因发生财务困难以低于所欠债务价值的非现金资产抵偿债务

D. 债务人借新债还旧债

3. 下列各项中,有关非现金资产抵债方式下债务重组的论断错误的是（　　）。

A. 抵债资产为存货的,应当视同销售处理,按存货的公允价值确认商品销售收入,同时结转商品的销售成本,认定相关的税费

B. 抵债资产为无形资产的,其公允价值和账面价值的差额,计入营业外支出

C. 抵债资产为交易性金融资产的,其公允价值和账面价值的差额,计入营业外支出

D. 以非现金资产清偿债务的,债权人应当对受让的非现金资产按其公允价值入账,重组债权的账面余额与受让的非现金资产的公允价值之间的差额,计入当期损益

4. N公司为股份有限公司。由于N公司发生财务困难,不能偿还所欠A公司款项400万元,双方协议将以债务转为资本的方式进行债务重组,债转股的比例为4:1,每股面值1元。重组日,N公司股权的公允价值为3.2元/股。则N公司计入"股本溢价"的金额为（　　）万元。

A. 320　　　　B. 220　　　　C. 300　　　　D. 400

5. 甲乙双方在债务重组协议中规定:"借款免除应付未付利息,余额200元展期两年偿还,并按3%的年利率支付利息。若甲公司1年后盈利,则第二年起按5%的利率计收利息"。债务重组日,甲公司认为其很可能在1年后盈利。则下列说法中,错误的是（　　）。

A. 甲公司对或有应付金额4万元应当确认为预计负债

B. 甲公司对或有应付金额4万元应当冲减债务重组收益

C. 乙公司对或有应收金额4万元应当确认为应收款项

D. 乙公司对或有应收金额4万元不做任何处理

6. A公司欠B公司200万元。现B公司同意A公司进行债务重组。重组协议规定,A公司以一台设备抵偿债务,该设备的账面原值为250万元,已计提折旧50万元,未计提减值准备,该设备的公允价值为160万元,则A公司在该债务重组中应确认的"营业外收入——债务重组利得"金额为（　　）万元。

A. 0　　　　B. 10　　　　C. 40　　　　D. 80

7. 债务人以非现金资产清偿债务时,不影响债权人债务重组损失的因素是（　　）。

A. 债权人为取得受让资产而发生的运杂费、保险费

B. 债权人计提的坏账准备

C. 可抵扣的增值税进项税额

D. 债务人计提的非现金资产减值准备

8. 甲公司因接受安装业务而欠乙公司账款200万元,由于甲公司发生财务困难无法按时支付,经双方同意:甲公司以一批原材料以及一台设备抵偿债务,原材料的售价为100万元,设备的原值为130万元,已计提折旧20万元,公允价值为60万元,假设上述资产均已计

提减值准备,不考虑相关税费,则债务人甲公司计入营业外支出和营业外收入的金额分别为( )。

A. 30万元和40万元
B. 40万元和30万元
C. 50万元和40万元
D. 50万元和30万元

三、核算题

M公司欠N公司购货款350 000元。由于M公司财务发生困难,短期不能支付已于20×1年5月1日到期的货款。20×1年7月1日,经双方协商,N公司同意M公司以其生产的产品偿还债务。该产品的公允价值为200 000元,实际成本为120 000元。M公司为增值税一般纳税人,使用增值税税率为17%。N公司于20×1年8月1日收到M公司抵债的产品,并作为库存商品入库;N公司对该项应收账款计提了50 000元的坏账准备。

要求:根据以上业务分别为M公司和N公司进行会计处理。

四、案例分析

2007年1月25日,河北宝硕股份有限公司(股票简称"*ST宝硕")因不能清偿到期债务,被债权人申请破产,公司进入破产程序。后由新希望化工介入,对*ST宝硕进行破产重组,《重整计划草案》于2008年2月通过。根据草案,*ST宝硕将对优先债权分3年全额清偿,对职工债权、10万元以下的普通债权在6个月内全额清偿;对10万元以上的普通债权共478 250.92万元以现金清偿13%,剩余部分在债权人受让流通股股东让渡的股票后,未清偿部分予以免除。2008年第一季度报、半年报、第三季度报中,*ST宝硕确认了高达20亿元的债务重组收益,期望借此扭亏为盈。但是债务重组并没有为*ST宝硕带来财务状况的改善,而是每况愈下,6个月的到期债务仍无法全额清偿,仍然面临破产清算风险。注册会计师无法判断该公司是否能够持续经营,对其2008年年报出具了无法表示意见的审计报告。*ST宝硕在2008年的年报中将确认的20亿元债务重组收益冲回。

请思考:

*ST宝硕急于确认债务重组收益是否违背了谨慎性原则?这样做的目的是什么?

(资料来源:余玉苗,施晶.花开花谢:宝硕的债务重组剖析.财务与会计)

第十五章 财务报告

> **章前案例**
>
> 总部位于浙江省宁波市的宁波波导股份有限公司（以下简称"波导公司"）成立于1995年7月27日，并于2000年7月6日在上海证券交易所上市，2014年注册资本为7.68亿元。波导公司主要从事移动通讯产品、通讯系统、计算机及配件、现代办公设备的研究开发、制造和销售。
>
> 波导公司在2012年到2014年现金流量波动幅度巨大，在收入保持稳定增长的同时，经营活动产生的现金流量净额从2012年净流出277.8万元，上升到2013年净流入9 251.9万元，进而直线而下，2014年净流出11 750.2万元。图表15-1是波导公司2012年至2014年财务报告的主要数据。

图表15-1

波导公司财务报告主要数据

单位：万元

主要会计数据	2014年	2013年	2012年
总资产	120 098.3	108 237.4	94 340.8
流动资产合计	92 515.9	77 055.7	65 841.3
非流动资产合计	27 582.4	31 181.7	28 499.5
负债合计	30 245.3	25 818.2	18 733.6
流动负债合计	29 316.0	24 834.1	17 711.9
非流动负债合计	929.3	984.1	1 021.6
所有者权益合计	89 853.0	82 419.2	75 607.2
归属于上市公司股东的净资产	89 853.0	82 419.2	75 607.2
营业收入	160 278.0	133 675.4	107 448.6
营业成本	142 887.1	121 658.8	93 005.5
销售费用	1 428.6	1 008.6	960.6

(续表)

主要会计数据	2014 年	2013 年	2012 年
管理费用	10 766.1	7 797.3	8 276.3
财务费用	−437.7	−329.9	−414.5
营业利润	6 202.3	4 558.7	5 892.4
利润总额	7 821.2	6 946.0	7 657.7
净利润	7 435.2	6 796.7	6 851.4
经营活动产生的现金流量净额	−11 750.2	9 251.9	−277.8
投资活动产生的现金流量净额	−5 885.6	−5 101.1	−5 465.2
筹资活动产生的现金流量净额	4 945.4	−30.8	−891.9

为什么会出现如此状况？这些现金流量的变动与资产负债表、利润表之间的数据存在怎样的勾稽关系？利润表中的收入与费用如何在现金流量表中表现？

> **学习目标**
>
> - 了解财务报告的组成内容
> - 熟悉财务报告的编制要求
> - 掌握资产负债表、利润表、所有者权益变动表和现金流量表的编制
> - 了解财务报告附注应披露的信息
> - 掌握中期财务报告编制的基本要求

第一节 财务报告概述

一、财务报告的定义与构成

财务报告包括财务报表和其他应在财务报告中披露的相关信息和资料。

（一）财务报表

财务报表是对企业财务状况、经营成果和现金流量的结构性表述。按照《企业会计准则第30号——财务报表列报》的规定，财务报表至少应当包括下列五个组成部分：① 资产负债表；② 利润表；③ 所有者权益变动表；④ 现金流量表；⑤ 附注。

资产负债表是反映企业在某一特定日期财务状况的报表，反映企业在某一特定日期所拥有或控制的经济资源、所承担的经济责任和所有者对净资产的要求权。利润表是反映企业一定会计期间经营成果的报表。所有者权益变动表是反映构成所有者权益各组成部分的

增减变动情况和变动结果的报表。现金流量表是反映企业一定会计期间现金和现金等价物的流入、流出和净流入情况的报表。附注是对资产负债表、利润表、现金流量表和所有者权益变动表等报表中列示项目的文字描述或明细资料，以及对未能在这些报表中列示项目的说明等，是财务报表的主要组成部分。

(二) 需要在财务报告中披露的其他相关信息和资料

上市公司对外提供财务报表时，还需要提供其他相关信息和资料。这些信息和资料主要有：企业的基本情况；财务报表的编制基础；遵循企业会计准则的声明；重要会计政策的说明；重要会计估计的说明；会计政策和会计估计变更以及差错更正的说明；对已在资产负债表、利润表、所有者权益变动表和现金流量表中列示的重要项目的进一步说明；或有和承诺事项、资产负债表日后非调整事项、关联方关系及其交易等需要说明的事项等。

二、财务报表的分类

(一) 按报表的编制时间分类

财务报表按照编制时间的不同可分为中期财务报表和年度财务报表。中期财务报表是指短于一个完整会计年度的报告期间为基础编制的财务报表，包括月报、季报和半年报。

通常，年度、半年度财务报表应当包括所需全部内容。季度、月度财务报表至少包括资产负债表和利润表。

企业财务报表应按月或按年报送当地税务机关；有限责任公司的财务报表还应分送投资单位；向社会公开发行股票的公司，必须向证监会、证券交易所提供中期财务报表和年度财务报表。其中，月度中期财务报表应当于月度终了后6天内对外提供；季度中期财务报表应当于季度终了后15天内对外提供；半年度中期财务报表应当于年度中期结束后60天内对外提供；年度财务报表应当于年度终了后4个月内对外提供。

(二) 按报表的编制主体分类

财务报表按照编制主体的不同可分为个体财务报表和合并财务报表。个体财务报表是指由企业在自身会计核算基础上对账簿记录进行加工而编制的会计报表；合并财务报表是指以母公司和子公司组成的企业集团为会计主体，根据母公司和所属子公司的会计报表，由母公司编制的综合反映集团财务状况、经营成果及现金流量的会计报表。

企业财务报表应按月或按年报送当地税务机关；有限责任公司的财务报表还应分送投资单位；向社会公开发行股票的公司，必须向证监会、证券交易所提供中期财务报告和年度财务报告。

三、财务报告列报的基本要求

为了使财务报告的阅读者能清楚地了解企业经营活动的真实情况，财务报告的编制必须符合下列要求。

（一）以会计准则计量和确认的结果为依据

企业应当根据实际发生的交易和事项，遵循《企业会计准则——基本准则》和各项具体会计准则的规定进行确认和计量，并在此基础上编制财务报告。企业不应以附注披露代替确认和计量，不恰当的确认和计量也不能通过充分披露相关会计政策而纠正。

如果按照各项会计准则规定披露的信息不足以让财务报告使用者了解特定交易或事项对企业财务状况和经营成果的影响时，企业还应当披露其他的必要信息。

（二）以持续经营为列报基础

持续经营是会计核算的基本前提，是会计确认、计量及编制财务报告的基础。在编制财务报告的过程中，企业管理应该根据宏观政策风险、市场经营风险、企业目前或长期的盈利能力、偿债能力、财务弹性及企业管理层的改变经营政策的意向等因素，对企业自报告期末起至少12个月的持续经营能力进行评价。当评价结果表明对企业持续经营能力有重大怀疑时，企业应当在附注中披露导致对持续经营能力产生重大怀疑的因素以及企业拟采取的改善措施。

通常情况下，企业如果过去每年都有净利润，并且容易获得所需的财务资源，则表明以持续经营为基础编制财务报告是合理的，无需详细的分析就可得出持续经营的结论。反之，如果企业过去多年有亏损的记录等情况，则需要通过评价其他相关因素，如目前和预期未来的获利能力、债务清偿计划、替代融资的潜在来源等，来判断企业是否能够持续经营。

非持续经营是企业在极端情况下呈现的一种状态。企业存在以下情况之一时，通常表明企业处于非持续经营状态：① 企业已在当期进行清算或停止营业；② 企业已经正式决定在下一会计期间进行清算或停止营业；③ 企业已确定在当期和下一期会计期间没有其他可供选择方案将被迫进行清算和停止营业。当企业正式决定或被迫在当期或将在下一个会计期间进行清算或停止营业时，表明以持续经营为基础编制财务报告不再合理。在这种情况下，企业应当采用其他基础编制财务报告，并在附注中声明财务报告未以持续经营为基础编制的事实、披露未以持续经营为基础编制的原因和财务报告的编制基础。

（三）采用权责发生制编制财务报告

除现金流量表按照收付实现制编制外，企业应当按照权责发生制编制财务报告。

（四）财务报告列报一致可比

财务报告项目的列报，包括列报的项目名称、分类、排列顺序等，应当在各个会计期间保持一致，不得随意变更，以保证不同期间财务报告数据的前后可比。除非企业会计准则要求改变财务报告项目的列报；或企业经营业务的性质发生重大变化或对企业经营影响较大的交易或事项发生后，变更财务报告项目的列报能够提供更可靠、更相关的会计信息，财务报告项目的列报才可以变更。

（五）依据重要性原则单独或汇总列报项目

所谓重要性，是指在合理预期下，财务报告某项目的省略或错报会影响使用者据此作出经济决策的，则该项目具有重要性。重要性应当根据企业所处的具体环境，从项目的性质和金额大小两方面予以判断，且对各项目重要性的判断标准一经确定，不得随意变更。判断项目性质的重要性，应当考虑该项目在性质上是否属于企业日常活动、是否显著影响企业的财务状况、经营成果和现金流量等因素加以确定；判断项目金额大小的重要性，应当通过该项目金额占资产总额、负债总额、所有者权益总额、营业收入总额、营业成本总额、净利润、综合收益总额等直接相关或所属报表单列项目金额的比重加以确定。

按照重要性原则，性质和功能不同的项目，应当在财务报告中单独列报。比如，存货和固定资产在性质上和功能上都有本质差别，必须分别在资产负债表中单独列报。性质和功能类似的项目，其所属类别具有重要性的，应当按其类别在财务报告中单独列报。比如，原材料、在产品、库存商品等项目在性质上类似，合并统称为存货，在资产负债表上列报。某些项目的重要性程度不足以在资产负债表、利润表、现金流量表或所有者权益变动表中单独列示，但对附注却具有重要性，则应当在附注中单独披露。

必须注意，无论是财务报告列报准则规定的单独列报项目，还是其他具体会计准则规定单独列报的项目，企业都应当予以单独列报。

（六）财务报告项目金额间的相互抵销

财务报告项目应当以总额列报。财务报告中的资产和负债项目的金额、收入项目和费用项目的金额、直接计入当期利润的利得项目和损失项目的金额不得相互抵销，即不得以净额列报。比如，应收账款不能与应付账款抵销；其他应收款不能与其他应付款抵销；营业外收入不能与营业外支出抵销。

注意，按照企业会计准则规定，下列三种情况不属于抵销，可以以净额列示：

（1）一组类似交易形成的利得和损失应当以净额列示，但具有重要性的除外。比如，为交易目的而持有的金融工具形成的利得和损失以净额列报。

（2）资产项目按扣除减值准备后的净额列示，不属于抵销。比如，资产负债表中的应收账款项目按"应收账款"账户余额减去"坏账准备"账户余额填列。

（3）非日常活动产生的利得和损失，以同一交易形成的收益扣减相关费用后的净额列示更能反映交易实质的，不属于抵销。比如，非流动资产处置形成的利得或损失，按照处置收入扣除该资产的账面金额和相关费用后的净额列报。

（七）比较信息的列报

当期财务报告的列报，至少应当提供所有列报项目上一可比会计期间的比较数据，以及与理解当期财务报告相关的说明。财务报告列报的项目发生变更的，应当至少对可比期间的数据按照当期的列报要求进行调整，并在附注中披露调整的原因和性质，以及调整的各项目金额。对可比数据进行调整不切实可行的，应当在附注中披露不能调整的原因及对财务报告使用者决策带来的相关影响。

财务报告之间、财务报告各项目之间，凡有对应关系的数字，应当相互一致；财务报告中本期与上期的有关数字应当相互衔接。年度、半年度财务报告至少应当反映两个年度或者相关两个期间的比较数据。

（八）财务报告表首的列报要求

财务报告一般分为表首、正表两个部分。在财务报告的表首部分，企业应当披露下列各项：

(1) 编报企业名称，如果企业名称在上述当期发生变更的，还应明确说明。

(2) 资产负债表日或财务报表涵盖的会计期间。对于资产负债表，应当披露资产负债表日；对于利润表、现金流量表和所有者权益变动表，应当披露报表涵盖的会计期间。

(3) 货币名称和单位，按照我国企业会计准则的规定，企业应当以人民币为记账本位币列报，并标明金额单位，如人民币元、人民币万元等。

(4) 财务报告是合并财务报告的，应当予以说明。

企业至少应当按年编制财务报告。根据《中华人民共和国会计法》的规定，会计年度自公历1月1日起至12月31日止。年度财务报告涵盖的期间短于1年的，如企业在年度中间设立或清算，企业应当披露年度财务报告实际涵盖期间以及短于1年的原因，并说明报表项目和比较数据不具可比性的事实。

对外提供的财务报告应当依次编写页码，加具封面，装订成册，加盖公章，并由企业负责人和主管会计工作的负责人、会计机构负责人（会计主管人员）签名并盖章。设置总会计师的企业，还应当由总会计师签名并盖章。

第二节 资产负债表

一、资产负债表的内容与结构

（一）资产负债表的内容

资产负债表是总括反映企业在某一特定日期全部资产、负债和所有者权益财务状况的静态会计报表。通过资产负债表，可以提供某一日期资产的总额及其结构，表明企业拥有或控制的资源及其分布情况，使用者可以一目了然地从资产负债表上了解企业在某一特定日期所拥有的资产总量及其结构；可以提供某一日期的负债总额及其结构，表明企业未来需要用多少资产或劳务清偿债务以及清偿时间；可以反映所有者所拥有的权益，据以判断资本保值、增值的情况以及对负债的保障程度。通过比较两个不同期间资产负债表金额，信息使用者可以了解企业财务状况的变动情况；通过对资产负债表相关数据计算，如流动比率、速动比率、资产负债率等，可以了解企业的变现能力、偿债能力。结合资产负债表与利润表相关数据的计算，可以了解企业的盈利能力、资金运营能力等，从而有助于财务报表使用者作出决策。

（二）资产负债表的结构

资产负债表的格式通常有账户式和报告式等。在我国，资产负债表采用账户式结构，报表分为左、右两方。左方列示资产各项目，按照流动性大小分为流动资产和非流动资产列示。右方列示负债和所有者权益各项目，其中，负债按债务偿还的先后分为流动负债和非流动负债列示；所有者权益按实收资本、资本公积、盈余公积和未分配利润列示。编制的结果，资产总计等于负债和所有者权益总计。为便于使用者通过报表数据了解企业财务状况的变动情况和发展趋势，企业需要提供比较资产负债表，设置"期末余额"和"年初余额"两个金额栏。

二、资产负债表的填列方法

（一）资产负债表期末余额填列方法

"期末余额"栏各项目金额数字，大多数根据资产、负债和所有者权益总分类账户期末余额直接填列。部分数字则需要根据有关的总分类账户余额和明细分类账户余额数计算分析填列。其填列方法如下。

1. 根据总分类账户期末余额直接填列

资产负债表的有些项目，可直接根据总分类账户的期末余额直接填列。其主要项目有："以公允价值计量且变动计入当期损益的金融资产""应收股利""应收利息""工程物资""固定资产清理""递延所得税资产""短期借款""以公允价值计量且变动计入当期损益的金融负债""应付票据""其他应付款""应付职工薪酬""应付股利""应付利息""应交税费""专项应付款""预计负债""递延所得税负债""实收资本（股本）""库存股""资本公积""其他综合收益""盈余公积"等。

2. 根据总分类账户期末余额计算填列

资产负债表某些项目需要根据若干个总分类账户余额计算填列。比如，"货币资金""存货""其他流动资产"等项目，需要根据几个总分类账户余额相加填列；"固定资产""无形资产"等项目，需要减去备抵账户余额后填列。其主要项目有：

（1）"货币资金"项目：根据"库存现金""银行存款""其他货币资金"三个总分类账户的余额合计数填列。

（2）"存货"项目：根据"在途物资""材料采购""原材料""材料成本差异""周转材料""生产成本""库存商品""发出商品""商品进销差价""委托加工物资""受托代销商品"等总分类账户的期末借方余额合计数，减去"受托代销商品款""存货跌价准备"账户期末贷方余额后的金额填列。

建造承包商的"存货"项目：根据"工程施工"账户期末余额减去"工程结算"账户期末余额填列。

（3）"可供出售金融资产""持有至到期投资""长期股权投资""在建工程""商誉"等项目：根据"可供出售金融资产""持有至到期投资""长期股权投资""在建工程""商誉"账户期末余额减去对应的减值准备账户余额填列。

(4)"固定资产""无形资产""投资性房地产""生产性生物资产""油气资产"等项目:根据"固定资产""无形资产""投资性房地产""生产性生物资产""油气资产"等账户余额,减去相关的累计折旧(或累计摊销、累计折耗)及减值准备等账户余额后的金额填列。

3. 根据总分类账户和明细分类账户期末余额分析计算填列

资产负债表某些项目需要根据有关总分类账户所属的明细分类账户的期末余额计算填列。其主要项目有:

(1)"应收账款"和"预收款项"项目:"应收账款"项目根据"应收账款"和"预收账款"所属各明细分类账户的期末借方余额合计数,减去"坏账准备"账户中有关应收账款计提的坏账准备期末余额后的金额填列。"预收款项"项目根据"应收账款"和"预收账款"所属各明细分类账户的期末贷方余额合计数填列。

(2)"其他应收款"项目:根据"其他应收款"账户期末余额,减去"坏账准备"账户中有关其他应收款计提的坏账准备期末余额后的金额填列。

(3)"应付账款"和"预付款项"项目:"应付账款"项目根据"应付账款"和"预付账款"所属各明细分类账户的期末贷方余额合计数填列。"预付款项"项目根据"应付账款"和"预付账款"所属各明细分类账户的期末借方余额合计数填列。

(4)"开发支出"项目:应根据"研发支出"账户中所属的"资本化支出"明细账户期末余额填列。

(5)"一年内到期的非流动资产""一年内到期的非流动负债"项目:根据有关非流动资产或非流动负债项目的明细账户余额分析填列。

4. 根据总分类账户余额减去部分数额后的金额填列

(1)资产负债表中的"长期待摊费用""持有至到期投资""可供出售金融资产""长期应收款"等项目,需要根据"长期待摊费用""持有至到期投资""可供出售金融资产""长期应收款"等账户余额减去1年内(含1年)摊销或到期的数额及相应的资产减值准备后的金额填列。其中,1年内到期(含1年)的长期待摊费用、持有至到期投资、可供出售金融资产、长期应收款的金额,相加后在流动资产栏下"一年内到期的非流动资产"项目单独列示。

(2)"长期借款""应付债券""长期应付款"等项目:需要根据相关账户的期末余额,减去将于1年内(含1年)到期的部分的金额填列;将1年内(含1年)到期的长期借款、应付债券、长期应付款金额相加后,在"一年内到期的非流动负债"项目内单独填列。

(3)"长期应收款"和"长期应付款"项目:"长期应收款"项目根据"长期应收款"账户的期末余额,减去相应的"未实现融资收益"账户和"坏账准备"账户所属相关明细账户期末余额后的金额填列;"长期应付款"项目根据"长期应付款"账户的期末余额,减去相应的"未确认融资费用"账户期末余额减去1年内到期的部分金额后填列。

(4)"未分配利润"项目:年末,根据"利润分配"账户余额直接填列,借方金额用"—"号表示。月末,根据"本年利润"和"利润分配"账户余额计算填列。

（二）资产负债表"年初余额"栏的填列方法

资产负债表中的"年初余额"栏通常根据上年年末表中有关项目的期末余额填列，且与上年年末资产负债表"期末余额"栏相一致。企业在首次执行新准则时，应当按照《企业会计准则第38号——首次执行企业会计准则》对首次执行新准则当年的"年初余额"栏及相关项目进行调整；以后期间，如果企业发生了会计政策变更、前期差错更正，应当对"年初余额"栏中的有关项目进行相应调整。如果本年度报表的项目名称和内容与上年度报表不一致，应将上年度报表数字按本年度报表的规定作相应调整，填入本年度报表的"年初余额"栏。

三、资产负债表编制举例

【例15-1】 甲股份有限公司为增值税一般纳税人，增值税税率为17%，原材料采用实际成本核算，所得税税率为25%。

（一）期初资料

20×0年12月31日，甲股份有限公司相关账户余额如图表15-2所示（假定下列各项与关联方之间的交易价格均与非关联方同类交易价格相同）。

图表15-2

相关账户余额表

编制单位：甲股份有限公司　　　　20×0年12月31日　　　　单位：元

账户名称	余额	账户名称	余额
库存现金	6 000	坏账准备	4 500
银行存款	1 000 000	累计折旧	1 200 000
其他货币资金	72 900	短期借款	350 000
交易性金融资产	150 000	应付票据	204 500
应收票据	38 000	应付账款	61 400
应收账款	900 000	其他应付款	1 500
预付账款	300 000	应付职工薪酬	30 000
其他应收款	5 000	应交税费	42 050
原材料	518 550	应付利息	3 000
库存商品	40 000	长期借款	110 500
长期股权投资	30 000	股本	4 500 000
固定资产	3 500 000	盈余公积	450 000
工程物资	27 000	利润分配——未分配利润	70 000
在建工程	320 000		
无形资产	120 000		
合　计	7 027 450	合　计	7 027 450

(二) 甲股份有限公司 20×1 年度发生的经济业务及编制的会计分录。

(1) 公司的一张不带息银行承兑汇票到期,金额为 351 000 元。款项银行已收妥。

    借:银行存款   351 000
        贷:应收票据   351 000

(2) 购进原材料一批,价款为 80 000 元,增值税进项税额为 13 600 元,共计 93 600 元。款项均以转账支票支付。材料已运达并验收入库。

    借:原材料   80 000
        应交税费——应交增值税(进项税额)   13 600
        贷:银行存款   93 600

(3) 收到并验收入库原材料一批,其价款为 100 000 元,增值税进项税额为 17 000 元,货款已于 20×0 年预付。

    借:原材料   100 000
        应交税费——应交增值税(进项税额)   17 000
        贷:预付账款   117 000

(4) 收回某单位欠款 20 000 元。

    借:银行存款   20 000
        贷:应收账款   20 000

(5) 某单位所欠甲股份有限公司货款 5 000 元已逾期 3 年,经查对方客户已经倒闭,确实收不回来。公司于本期作为坏账冲销应收账款处理。

    借:坏账准备   5 000
        贷:应收账款   5 000

(6) 销售商品一批,售价为 1 000 000 元,增值税额为 170 000 元,全部款项已经收讫并存入银行。该批产品的实际成本为 600 000 元。

    借:银行存款   1 170 000
        贷:主营业务收入   1 000 000
           应交税费——应交增值税(销项税额)   170 000
    借:主营业务成本   600 000
        贷:库存商品   600 000

(7) 公司向开户银行申请办理银行汇票,金额为 850 000 元。取得银行汇票。

    借:其他货币资金——银行汇票存款   850 000
        贷:银行存款   850 000

(8) 公司持银行汇票办理异地采购。支付外埠采购材料款计 700 000 元,增值税额为

119 000 元。材料已经运达并验收入库。

  借：原材料   700 000
    应交税费——应交增值税(进项税额)   119 000
    贷：其他货币资金——银行汇票存款   819 000

(9) 收到银行收款通知，退回上述银行汇票的多余款项 31 000 元。

  借：银行存款   31 000
    贷：其他货币资金——银行汇票存款   31 000

(10) 将成本为 150 000 元的交易性股票投资以 180 000 元的售价出售，已扣除手续费等相关费用，款项存入银行。

  借：银行存款   180 000
    贷：交易性金融资产   150 000
      投资收益   30 000

(11) 本年度 7 月 1 日，购入某公司按面值发行的 5 年期、年利率 10%、到期一次还本付息的债券 200 000 元，准备持有至到期。12 月 31 日，确认利息收入 10 000 元。

  借：持有至到期投资——某债券(成本)   200 000
    贷：银行存款   200 000
  借：持有至到期投资——某债券(应计利息)   10 000
    贷：投资收益   10 000

(12) 销售商品一批，售价为 800 000 元，增值税销项税额为 136 000 元。收到购货单位开出的不带息、6 个月期的商业承兑汇票一张。该批商品的实际生产成本为 480 000 元。

  借：应收票据   936 000
    贷：主营业务收入   800 000
      应交税费——应交增值税(销项税额)   136 000
  借：主营业务成本   480 000
    贷：库存商品   480 000

(13) 购入不需安装设备一台，以银行存款支付价款 101 000 元，增值税进项税额 17 170 元。该设备已交付使用。

  借：固定资产   101 000
    应交税费——应交增值税(进项税额)   17 170
    贷：银行存款   118 170

(14) 报废设备一台，原始价值为 80 000 元，已提折旧 65 000 元，发生清理费用 2 000 元，残值收入为 2 500 元，清理费用和残值收入均通过银行存款收付。该设备的报废清理工作已完毕。

借：固定资产清理		15 000
累计折旧		65 000
贷：固定资产		80 000
借：固定资产清理		2 000
贷：银行存款		2 000
借：银行存款		2 500
贷：固定资产清理		2 500
借：营业外支出——处置非流动资产损失		14 500
贷：固定资产清理		14 500

(15) 收回客户欠款 43 000 元，已经存入银行。

借：银行存款		43 000
贷：应收账款		43 000

(16) 向银行借入半年期借款 300 000 元，存入开户银行。

借：银行存款		300 000
贷：短期借款		300 000

(17) 归还银行短期借款本金 250 000 元，利息 8 500 元（已预提）。

借：短期借款		250 000
应付利息		8 500
贷：银行存款		258 500

(18) 收到银行通知，用银行存款兑付到期商业承兑汇票 80 000 元；偿还客户欠款 20 000 元。

借：应付票据		80 000
应付账款		20 000
贷：银行存款		100 000

(19) 年初购买的原材料 80 000 元，因生产线停工，未领用，年末发生减值 11 340 元。

借：资产减值损失——存货跌价准备		11 340
贷：存货跌价准备		11 340

(20) 将一张未到期的面值为 468 000 元的银行承兑汇票到银行贴现，实际收到贴现款 458 640 元。

借：银行存款		458 640
财务费用		9 360
贷：应收票据		468 000

(21) 向银行借入 2 年期借款 400 000 元，已经存进银行账户。

借：银行存款　　　　　　　　　　　　　　　　　　　　　　　　　400 000
　　贷：长期借款　　　　　　　　　　　　　　　　　　　　　　　　　400 000

(22) 购入工程物资一批，用于房屋建设，价款为 130 000 元，款项已通过银行转账支付（假设在建工程增值税略）。

借：工程物资　　　　　　　　　　　　　　　　　　　　　　　　　130 000
　　贷：银行存款　　　　　　　　　　　　　　　　　　　　　　　　　130 000

(23) 工程应付职工薪酬 228 000 元。

借：在建工程　　　　　　　　　　　　　　　　　　　　　　　　　228 000
　　贷：应付职工薪酬　　　　　　　　　　　　　　　　　　　　　　　228 000

(24) 某项固定资产建造完工，应负担到期还本付息的长期借款利息 30 000 元。该项完工固定资产交付使用，并办理竣工手续，固定资产价值 200 000 元。

借：在建工程　　　　　　　　　　　　　　　　　　　　　　　　　30 000
　　贷：应付利息　　　　　　　　　　　　　　　　　　　　　　　　　30 000
借：固定资产　　　　　　　　　　　　　　　　　　　　　　　　　200 000
　　贷：在建工程　　　　　　　　　　　　　　　　　　　　　　　　　200 000

(25) 领用原材料，其中：基本生产领用原材料 800 000 元；车间一般耗用领用原材料 20 000 元，在建工程领用原材料 3 000 元。

借：生产成本　　　　　　　　　　　　　　　　　　　　　　　　　800 000
　　制造费用　　　　　　　　　　　　　　　　　　　　　　　　　　20 000
　　在建工程　　　　　　　　　　　　　　　　　　　　　　　　　　3 000
　　贷：原材料　　　　　　　　　　　　　　　　　　　　　　　　　　823 000

(26) 分配应支付的职工薪酬 570 000 元（不包括在建工程应负担的工资），其中生产人员薪酬 484 500 元，车间管理人员薪酬 45 600 元，行政管理部门人员薪酬 39 900 元。

借：生产成本　　　　　　　　　　　　　　　　　　　　　　　　　484 500
　　制造费用　　　　　　　　　　　　　　　　　　　　　　　　　　45 600
　　管理费用　　　　　　　　　　　　　　　　　　　　　　　　　　39 900
　　贷：应付职工薪酬——工资　　　　　　　　　　　　　　　　　　　570 000

(27) 开出转账支票，用于支付工资 700 000 元，其中包括支付给在建工程人员的工资 200 000 元。

借：应付职工薪酬　　　　　　　　　　　　　　　　　　　　　　　700 000
　　贷：银行存款　　　　　　　　　　　　　　　　　　　　　　　　　700 000

(28) 预提应计入本期损益的借款利息共 23 500 元，其中，短期借款利息 11 500 元；长期借款利息 12 000 元。以银行存款支付长期借款利息 9 000 元。

　　借：财务费用　　　　　　　　　　　　　　　　　　　　　　23 500
　　　　贷：应付利息　　　　　　　　　　　　　　　　　　　　　　23 500
　　借：应付利息　　　　　　　　　　　　　　　　　　　　　　 9 000
　　　　贷：银行存款　　　　　　　　　　　　　　　　　　　　　　 9 000

（29）收到被投资单位分发的现金股利 37 000 元（该项投资为成本法核算，被投资单位税率和本企业一致，均为 25%），已存入银行。

　　借：银行存款　　　　　　　　　　　　　　　　　　　　　　37 000
　　　　贷：投资收益　　　　　　　　　　　　　　　　　　　　　　37 000

（30）计提固定资产折旧 90 000 元，其中计入制造费用 75 000 元，管理费用 15 000 元。

　　借：制造费用　　　　　　　　　　　　　　　　　　　　　　75 000
　　　　管理费用　　　　　　　　　　　　　　　　　　　　　　15 000
　　　　贷：累计折旧　　　　　　　　　　　　　　　　　　　　　　90 000

（31）采用直线法摊销专利权价值 60 000 元。

　　借：管理费用——无形资产摊销　　　　　　　　　　　　　　60 000
　　　　贷：累计摊销　　　　　　　　　　　　　　　　　　　　　　60 000

（32）用银行存款支付基本生产车间的水电费等 20 000 元。

　　借：制造费用　　　　　　　　　　　　　　　　　　　　　　20 000
　　　　贷：银行存款　　　　　　　　　　　　　　　　　　　　　　20 000

（33）购入某公司股票，公司将所持的股票划分为交易性金融资产。用银行存款支付，公允价值计 100 600 元（相关税费略）。

　　借：交易性金融资产　　　　　　　　　　　　　　　　　　 100 600
　　　　贷：银行存款　　　　　　　　　　　　　　　　　　　　　 100 600

（34）用银行存款支付产品展览费 10 000 元、广告费 30 600 元、车间办公费 4 400 元及其他管理费用 70 000 元。

　　借：销售费用　　　　　　　　　　　　　　　　　　　　　　40 600
　　　　制造费用　　　　　　　　　　　　　　　　　　　　　　 4 400
　　　　管理费用　　　　　　　　　　　　　　　　　　　　　　70 000
　　　　贷：银行存款　　　　　　　　　　　　　　　　　　　　　 115 000

（35）按照应收账款余额百分比法计提坏账准备 4 660 元。

　　借：资产减值损失——坏账准备　　　　　　　　　　　　　　 4 660
　　　　贷：坏账准备　　　　　　　　　　　　　　　　　　　　　　 4 660

(36) 本年持有的交易性金融资产产生增值 50 000 元。

借：交易性金融资产——公允价值变动　　　　　　　　　　　50 000
　　贷：公允价值变动损益　　　　　　　　　　　　　　　　　　50 000

(37) 将制造费用 165 000 元结转产品生产成本。

借：生产成本　　　　　　　　　　　　　　　　　　　　　　165 000
　　贷：制造费用　　　　　　　　　　　　　　　　　　　　　165 000

(38) 本期没有期初在产品，本期生产的产品全部完工验收入库，产品生产成本共计 1 449 500 元。

借：库存商品　　　　　　　　　　　　　　　　　　　　　1 449 500
　　贷：生产成本　　　　　　　　　　　　　　　　　　　　1 449 500

(39) 公司本期产品销售应交纳城市维护建设税 10 990 元，教育费附加 4 710 元。

借：税金及附加　　　　　　　　　　　　　　　　　　　　　15 700
　　贷：应交税费——应交城市维护建设税　　　　　　　　　　10 990
　　　　应交税费——应交教育费附加　　　　　　　　　　　　4 710

(40) 以银行存款交纳增值税 62 450 元，城市维护建设税 10 990 元，教育费附加 4 710 元。

借：应交税费——应交增值税(已交税金)　　　　　　　　　　62 450
　　应交税费——应交城市维护建设税　　　　　　　　　　　10 990
　　应交税费——应交教育费附加　　　　　　　　　　　　　4 710
　　贷：银行存款　　　　　　　　　　　　　　　　　　　　　78 150

(41) 将各收支账户结转至"本年利润"账户。

借：主营业务收入　　　　　　　　　　　　　　　　　　　1 800 000
　　投资收益　　　　　　　　　　　　　　　　　　　　　　77 000
　　公允价值变动损益　　　　　　　　　　　　　　　　　　50 000
　　贷：本年利润　　　　　　　　　　　　　　　　　　　　1 927 000

借：本年利润　　　　　　　　　　　　　　　　　　　　　1 384 560
　　贷：主营业务成本　　　　　　　　　　　　　　　　　　1 080 000
　　　　税金及附加　　　　　　　　　　　　　　　　　　　15 700
　　　　销售费用　　　　　　　　　　　　　　　　　　　　40 600
　　　　管理费用　　　　　　　　　　　　　　　　　　　　184 900
　　　　财务费用　　　　　　　　　　　　　　　　　　　　32 860
　　　　营业外支出　　　　　　　　　　　　　　　　　　　14 500
　　　　资产减值损失　　　　　　　　　　　　　　　　　　16 000

(42) 根据"本年利润"数计算当期所得税费用。

当期所得税费用=(1 927 000-1 384 560+16 000-37 000-50 000)×25%
            =471 440×25%=117 860(元)

  借：所得税费用 117 860
   贷：应交税费——应交所得税 117 860

(43) 以银行存款交纳所得税 117 860 元。

  借：应交税费——应交所得税 117 860
   贷：银行存款 117 860

(44) 本年度因交易性金融资产公允价值增值 50 000 元产生应纳税暂时性差异，形成递延所得税负债；提取存货跌价准备 11 340 元和坏账准备 4 660 元产生可抵扣暂时性差异，形成递延所得税资产（税率为 25%）。

递延所得税负债=50 000×25%=12 500(元)

  借：所得税费用 12 500
   贷：递延所得税负债 12 500

递延所得税资产=(11 340+4 660)×25%=4 000(元)

  借：递延所得税资产 4 000
   贷：所得税费用 4 000

(45) 将所得税费用结转本年利润。

117 860+12 500-4 000=126 360(元)

  借：本年利润 126 360
   贷：所得税费用 126 360

(46) 将本年净利润结转至利润分配。

本年利润=1 927 000-1 384 560-126 360=416 080(元)

  借：本年利润 416 080
   贷：利润分配——未分配利润 416 080

(47) 按照税后利润的 10% 提取法定盈余公积，按税后利润的 10% 提取任意盈余公积。

  借：利润分配——提取法定盈余公积 41 608
    利润分配——提取任意盈余公积 41 608
   贷：盈余公积——法定盈余公积 41 608
    盈余公积——任意盈余公积 41 608

(48) 公司决定向普通股股东分配现金股利，共计 250 000 元。上述现金股利已经以银行存款支付。

借：利润分配——应付普通股股利　　　　　　　　　　　　　250 000
　　贷：应付股利　　　　　　　　　　　　　　　　　　　　　　　250 000
借：应付股利　　　　　　　　　　　　　　　　　　　　　　　250 000
　　贷：银行存款　　　　　　　　　　　　　　　　　　　　　　　250 000

（49）将"利润分配"账户所属各明细账户的余额转入"未分配利润"明细账户，结转本年利润。

借：利润分配——未分配利润　　　　　　　　　　　　　　　333 216
　　贷：利润分配——提取法定盈余公积　　　　　　　　　　　　　41 608
　　　　利润分配——提取任意盈余公积　　　　　　　　　　　　　41 608
　　　　利润分配——应付普通股股利　　　　　　　　　　　　　250 000

（三）根据上述资料，编制甲股份有限公司20×1年12月31日试算平衡表、资产负债表（分别如图表15-3和图表15-4所示）

图表15-3

试 算 平 衡 表

单位：元

账户名称	期初余额		本期发生额		期末余额	
	借方	贷方	借方	贷方	借方	贷方
库存现金	6 000				6 000	
银行存款	1 000 000		2 993 140	3 142 880	850 260	
其他货币资金	72 900		850 000	850 000	72 900	
交易性金融资产	150 000		150 600	150 000	150 600	
应收票据	38 000		936 000	819 000	155 000	
应收账款	900 000			68 000	832 000	
预付账款	300 000			117 000	183 000	
其他应收款	5 000				5 000	
原材料	518 550		880 000	823 000	575 550	
库存商品	40 000		1 449 500	1 080 000	409 500	
生产成本			1 449 500	1 449 500	0	
制造费用			165 000	165 000	0	
持有至到期投资			210 000		210 000	
长期股权投资	30 000				30 000	
固定资产	3 500 000		301 000	80 000	3 721 000	
固定资产清理			17 000	17 000	0	
工程物资	27 000		130 000		157 000	

(续表)

账户名称	期初余额		本期发生额		期末余额	
	借方	贷方	借方	贷方	借方	贷方
在建工程	320 000		261 000	200 000	381 000	
无形资产	120 000			0	120 000	
递延所得税资产			4 000		4 000	
坏账准备		4 500	5 000	4 660		4 160
存货跌价准备				11 340		11 340
累计折旧		1 200 000	65 000	90 000		1 225 000
累计摊销				60 000		60 000
短期借款		350 000	250 000	300 000		400 000
应付票据		204 500	80 000			124 500
应付账款		61 400	20 000			41 400
其他应付款		1 500				1 500
应付职工薪酬		30 000	700 000	798 000		128 000
应付股利			250 000	250 000		0
应交税费		42 050	362 780	439 560		118 830
应付利息		3 000	17 500	53 500		39 000
递延所得税负债				12 500		12 500
长期借款		110 500		400 000		510 500
股本		4 500 000				4 500 000
盈余公积		450 000		83 216		533 216
利润分配		70 000	333 216	416 080		152 864
税金及附加			15 700	15 700		
主营业务收入			1 800 000	1 800 000		
主营业务成本			1 080 000	1 080 000		
营业外支出			14 500	14 500		
资产减值损失			16 000	16 000		
投资收益			77 000	77 000		
公允价值变动损益			50 000	50 000		
财务费用			32 860	32 860		
管理费用			184 900	184 900		
销售费用			40 600	40 600		
本年利润			1 927 000	1 927 000		
所得税费用			126 360	126 360		
合计	7 027 450	7 027 450	17 245 156	17 245 156	7 862 810	7 862 810

图表15-4

资产负债表

编制单位：甲股份有公司　　　　20×1年12月31日　　　　　　　　　　　　单位：元

资　　产	期末余额	年初余额	负债和所有者权益（或股东权益）	期末余额	年初余额
流动资产：			流动负债：		
货币资金	929 160	1 078 900	短期借款	400 000	350 000
交易性金融资产	150 600	150 000	交易性金融负债		
应收票据	155 000	38 000	应付票据	124 500	204 500
应收账款	827 840	895 500	应付账款	41 400	61 400
预付款项	183 000	300 000	预收款项		
应收股利			应付职工薪酬	128 000	30 000
应收利息			应交税费	118 830	42 050
其他应收款	5 000	5 000	应付利息	39 000	3 000
存货	973 710	558 550	应付股利		
一年内到期的非流动资产			其他应付款	1 500	1 500
其他流动资产			一年内到期的非流动负债		
流动资产合计	3 224 310	3 025 950	其他流动负债		
非流动资产：			流动负债合计	853 230	692 450
可供出售金融资产			非流动负债：		
持有至到期投资	210 000		长期借款	510 500	110 500
长期应收款			应付债券		
长期股权投资	30 000	30 000	长期应付款		
投资性房地产			专项应付款		
固定资产	2 496 000	2 300 000	预计负债		
在建工程	381 000	320 000	递延所得税负债	12 500	
工程物资	157 000	27 000	其他非流动负债		
固定资产清理			非流动负债合计	523 000	110 500
生产性生物资产			负债合计	1 376 230	802 950
油气资产			所有者权益：		
无形资产	60 000	120 000	股本	4 500 000	4 500 000
开发支出			资本公积		
商誉			减:库存股		
长期待摊费用			盈余公积	533 216	450 000
递延所得税资产	4 000		未分配利润	152 864	70 000
其他非流动资产			所有者权益合计	5 186 080	5 020 000
非流动资产合计	3 338 000	2 797 000			
资产总计	6 562 310	5 822 950	负债和所有者权益（或股东权益）总计	6 562 310	5 822 950

资产负债表年末余额相关项目计算如下：

货币资金 ＝ 库存现金＋银行存款＋其他货币资金 ＝ 6 000＋849 773＋72 900 ＝ 1 078 900(元)
应收账款 ＝ 应收账款－坏账准备 ＝ 832 000－4 160 ＝ 827 840(元)
存货 ＝ 原材料＋库存商品－存货跌价准备 ＝ 575 550＋409 500－11 340 ＝ 973 710(元)
固定资产 ＝ 固定资产－累计折旧 ＝ 3 721 000－1 225 000 ＝ 2 496 000(元)
无形资产 ＝ 无形资产－累计摊销 ＝ 120 000－60 000 ＝ 60 000(元)

需要说明的是：发行优先股等其他权益工具的企业，如果发行的其他权益工具分为权益工具，应当在资产负债表"实收资本"项目和"资本公积"项目之间增设"其他权益工具"项目。反映企业发行的除普通股以外分类为权益工具的金融工具的账面价值，并在"其他权益工具"下面增设"优先股"和"永续债"两个项目，分别反映企业发行的分类为权益工具的优先股和永续债的账面价值。

第三节 利 润 表

一、利润表的内容与结构

（一）利润表的内容

利润表是总括反映企业在一定会计期间的经营成果的动态会计报表。利润表体现的是收入、费用以及利润三者之间的关系，即把企业一定会计期间的收入与其同一会计期间的费用进行配比，从而计算出企业一定会计期间的利润(或损失)。通过利润表，可以反映企业一定会计期间的收入实现情况，如实现的营业收入有多少、实现的投资收益有多少、实现的营业外收入有多少；可以反映一定会计期间的费用耗费情况，如耗费的营业成本有多少，税金及附加有多少，销售费用、管理费用、财务费用各有多少，营业外支出有多少；可以反映企业生产经营活动的成果，即净利润的实现情况，据以判断资本保值、增值情况等。

将利润表中的净利润与资产负债表中资产总额进行比较，计算出资产收益率等，可以表现企业资金周转情况以及企业的盈利能力和水平。报表使用者通过利润表，可以了解企业经营业绩的主要来源和构成，判断净利润的质量及其风险，预测净利润的持续性，从而作出正确的决策。

（二）利润表的结构

常见的利润表结构主要有单步式和多步式两种。在我国，企业利润表基本采用多步式结构。即将构成净利润的诸要素根据其重要程度，按利润形成的主要环节列示一些中间性利润指标，分步计算当期净利润。

多步式的利润表反映以下几个方面的内容：

(1) 营业收入和营业成本。其中，营业收入由主营业务收入和其他业务收入组成；营业成本由主营业务成本和其他业务成本组成。

(2) 营业利润。营业利润由营业收入减去营业成本、税金及附加、销售费用、管理费用、财务费用、资产减值损失,加上公允价值变动收益和投资收益得到。

(3) 利润总额。利润总额在营业利润的基础上加上营业外收入,减去营业外支出得到。

(4) 净利润。净利润由利润总额减去所得税费用得到。

(5) 其他综合收益税后净额。其他综合收益税后净额是指企业根据其他会计准则规定未在当期损益中确认的各项利得和损失。

其他综合收益包括两大部分内容:

① 以后会计期间不能重分类进损益的其他综合收益项目,主要包括:重新计量设定受益计划净负债或净资产导致的变动、按照权益法核算的在被投资单位以后会计期间不能重分类进损益的其他综合收益中所享有的份额等。

② 以后会计期间在满足规定条件时将重分类进损益的其他综合收益项目,主要包括:按照权益法核算的在被投资单位以后会计期间在满足规定条件时将重分类进损益的其他综合收益中所享有的份额、可供出售金融资产公允价值变动形成的利得或损失、持有至到期投资重分类为可供出售金融资产形成的利得或损失、现金流量套期工具产生的利得或损失中属于有效套期的部分、外币财务报表折算差额、自用房地产或作为存货的房地产转换为以公允价值模式计量的投资性房地产,在转换日公允价值大于账面价值部分等。

(6) 综合收益总额。综合收益总额为企业净利润与其他综合收益的合计金额。在合并利润表中,企业应当在"净利润"项目之下单独列示归属于母公司的所有者损益和归属于少数股东的损益,在"综合收益总额"项目之下单独列示归属于母公司所有者的综合收益总额和归属于少数股东的综合收益总额。

(7) 每股收益。每股收益包括基本每股收益和稀释每股收益。

二、利润表的编制方法

(一)"本期金额"栏的填列

利润表"本期金额"栏内各项目数字根据各损益类账户的本期实际发生数分析填列。其中:

(1)"营业收入"项目:根据"主营业务收入"和"其他业务收入"账户的发生额相加填列。

(2)"营业成本"项目:根据"主营业务成本"和"其他业务成本"账户的发生额相加填列。

(3)"税金及附加""销售费用""管理费用""财务费用""资产减值损失""公允价值变动

损益""投资收益""营业外收入""营业外支出""所得税费用""综合收益总额"等项目:根据相关损益类账户的发生额分析填列。其中,如"公允价值变动损益""投资收益"项目为净损失或投资损失,则以"一"号填列。

(4)"其中:对联营企业和合营企业的投资收益""其中:非流动资产处置利得""其中非流动资产处置损失"等项目,应根据"投资收益""营业外收入""营业外支出"等总分类账户所述的相关明细分类账户发生额分析填列。

(5)"其他综合收益的税后净额"项目及其各组成部分,根据"其他综合收益"账户及其所属明细分类账户的本期发生额分析填列。

(6)"营业利润""利润总额""净利润"和"综合收益总额"项目:根据利润表中相关项目金额计算填列。

(7)每股收益是指普通股股东每持有一股普通股所能享有的企业净利润或需承担的企业净亏损。普通股或潜在普通股以公开交易的企业,以及正处于公开发行普通股或潜在普通股过程中的企业,需要计算每股收益指标。其中,基本每股收益只考虑当期实际发行在外的普通股股份。其计算公式如下:

$$\text{基本每股收益} = \frac{\text{归属于普通股股东的当期净利润}}{\text{发行在外普通股的加权平均数}}$$

公式中的"归属于普通股股东的当期净利润",目前在我国指利润表中的"本期净利润";"发行在外普通股的加权平均数"按下列公式计算:

$$\text{发行在外普通股的加权平均数} = \text{期初发行在外普通股股数} + \text{当期新发行普通股股数} \times \frac{\text{已发行时间}}{\text{报告期时间}}$$

$$- \text{当期回购普通股股数} \times \frac{\text{已回购时间}}{\text{报告期时间}}$$

存在稀释性潜在普通股时,需要分别调整归属于普通股股东的当期净利润和发行在外普通股的加权平均数,然后计算稀释每股收益。其中"稀释性潜在普通股"是指假设当期转换为普通股会减少每股收益的潜在普通股。

(二)"上期金额"栏的填列

利润表"上期金额"栏内各项目数字,根据上年该期利润表"本期金额"栏所列数字填列。如果上年度该期利润表的项目名称和内容同本期不一致,应对上年度该期利润表的项目名称和数字按本期的规定进行调整,然后填入本期利润表的"上期金额"栏内。

三、利润表编制举例

【例 15-2】 根据图表 15-3 甲股份有限公司 20×1 年年末的试算平衡表,编制 20×1 年的利润表如图表 15-5 所示。

图表15-5

利 润 表

编制单位：甲股份有限公司　　　　20×1年度　　　　　　　　　　单位：元

项　　　　目	本 年 金 额	上 年 金 额
一、营业收入	1 800 000	（略）
减：营业成本	1 080 000	
税金及附加	15 700	
销售费用	40 600	
管理费用	184 900	
财务费用	32 860	
资产减值损失	16 000	
加：公允价值变动收益（损失以"－"号填列）	50 000	
投资收益（损失以"－"号填列）	77 000	
其中：对联营企业和合营企业的投资收益		
二、营业利润（亏损以"－"号填列）	556 940	
加：营业外收入	—	
减：营业外支出	14 500	
其中：非流动资产处置损失	14 500	
三、利润总额（亏损总额以"－"号填列）	542 440	
减：所得税费用	126 360	
四、净利润（净亏损以"－"号填列）	416 080	
五、其他综合收益的税后净额	（略）	
（一）以后不能重分类进损益的其他综合收益	（略）	
（二）以后将重分类进损益的其他综合收益	（略）	
权益法下在被投资单位且以后将重分类进损益的其他综合收益中享有的份额	（略）	
六、综合收益总额	（略）	
七、每股收益：		
（一）基本每股收益	（略）	
（二）稀释每股收益	（略）	
六、其他综合收益		
七、综合收益总额		

第四节 现金流量表

现金流量表是以现金为基础编制的财务状况变动表,综合反映企业一定会计期间现金和现金等价物的流入和流出,表明企业获得现金及现金等价物能力的报表。

一、现金流量表的内容和结构

(一)现金流量表中的现金概念

现金流量表中表示的现金是广义的现金,包括库存现金、可以随时用于支付的银行存款和其他货币资金以及现金等价物。

1. 库存现金

库存现金是指企业持有的、可随时用于支付的现金限额,在会计核算中为"库存现金"账户的余额。

2. 银行存款

银行存款是指企业存放在各种金融企业中的、可以随时用于支付的存款。一般情况下,此处的银行存款与会计核算中的"银行存款"账户余额一致。但应注意,对于不能随时用于支付的存款,如被金融企业冻结的存款,不能作为现金流量表中的现金,提前通知金融企业便可以支取的定期存款则包括在现金流量表的现金之中。

3. 其他货币资金

其他货币资金是指企业存放在金融企业中的、具有特定用途的货币资金,具体包括外埠存款、银行汇票存款、银行本票存款、信用证保证金存款、信用卡存款和存出投资款等。

4. 现金等价物

现金等价物是指企业持有的期限短、流动性高、价值变动风险很小的投资。期限短,一般是指从购买日起3个月内到期。现金等价物通常包括3个月内到期的债券投资。不同的企业应该根据各自不同的生产经营特点,分别合理确定现金等价物的范围,并作为会计政策在附注中加以披露。现金等价物的范围一旦确定,应遵循一贯性要求,不得任意变更。

(二)现金流量表的内容

现金流量是指一定时间内现金和现金等价物的流入和流出(或其增减)。企业一定会计期间内的现金流量,按照企业经营业务的发生性质,可以分为:经营活动产生的现金流量、投资活动产生的现金流量和筹资活动产生的现金流量。

1. 经营活动产生的现金流量

现金流量表中的经营活动是指企业除投资活动和筹资活动以外的所有交易和事项,具体包括销售商品或提供劳务、经营性租赁、购买货物、接受劳务、制造产品、广告宣传、推销商品和交纳税款等。经营活动产生的现金流量说明企业在不动用企业外部筹集资金的情况下,通过生产经营活动产生的现金流量是否足以偿还负债、支付股利和对外投资。经营活动产生的现金流量参见图表 15-5。

2. 投资活动产生的现金流量

现金流量表中的投资活动是指企业长期资产的购建和不包括在现金等价物范围内的投资及处置活动,包括取得和收回投资、购建和处置固定资产、无形资产和其他长期资产等。现金流量表中的投资活动应该是广义理解上的投资活动,包括对外的各种长、短期投资和对内的固定资产、无形资产和其他长期资产的购建和取得。单独反映投资活动产生的现金流量,可以了解企业为取得投资的未来收益和现金流量而导致本期资源转出的程度,以及以前期间资源转出而带来的本期现金流入的信息。投资活动产生的现金流量贯穿于投资资产的形成、投资收益的取得和投资收回之中。投资活动产生的现金流量参见图表 15-5。

3. 筹资产生的现金流量

现金流量表要求单独反映筹资活动产生的现金流量。筹资活动产生的现金流量就是指企业在筹资活动中,引起企业资本及债务规模和构成发生变化,如吸收投资、发行股票、发行债券、举借债务等所引起的现金流入及发生筹资费用、筹资使用成本(分配利润、支付利息)和归还所筹资金而发生的现金流出。通过现金流量表中反映的筹资活动的现金流量,企业的投资者和债权人可以对企业未来现金流量的要求权加以预计,并可以分析出企业获得前期现金流入而付出的代价。筹资活动产生的现金流量参见图表 15-5。

4. 汇率变动对现金的影响

企业外币现金流量及境外子公司的现金折算成记账本位币现金流量时,所采用的是现金流量发生日的汇率或按照系统、合理的方法确定的、与现金流量发生日即期汇率近似的汇率,而现金流量表"现金及现金等价物净增加额"项目中外币现金净增加额是按资产负债表日的即期汇率折算的。汇率变动对现金的影响就是指这两者的差额。

5. 现金流量表补充资料

除现金流量表反映的信息外,企业还应在附注中披露将净利润调节为经营活动现金流量、不涉及现金收支的重大投资和筹资活动、现金及现金等价物净变动情况等信息。

1) 将净利润调节为经营活动现金流量

现金流量表列报经营活动产生的现金流量可以采用直接法和间接法。间接法是将按权责发生制基础确定的净利润调整为经营活动现金净流入。其基本调整方法是:以本期利润表中的净利润为起算点,调整不涉及现金的收入、费用、营业外收支等有关项目的增减变动,据此计算出经营活动的现金流量。

2) 不涉及现金收支的重大投资和筹资活动

不涉及现金收支的重大投资和筹资活动,反映企业一定期间内影响资产或负债但不形成该期现金收支的所有投资和筹资活动的信息。这些投资和筹资活动虽然不涉及现金收支,但对以后各期的现金流量有重大影响,例如,企业融资租入设备,将形成的负债记入"长期应付款"账户,当期并不支付设备款及租金,但以后各期必须为此支付现金,从而在一定期间内形成了一项固定的现金支出。

企业应当在附注中披露不涉及当期现金收支、但影响企业财务状况或在未来可能影响企业现金流量的重大投资和筹资活动,主要包括:① 债务转为资本,反映企业本期转为资本的债务金额;② 年内到期的可转换公司债券,反映企业一年内到期的可转换公司债券的本息;③ 融资租入固定资产,反映企业本期融资租入的固定资产。

3) 现金和现金等价物的构成

企业应当在附注中披露与现金和现金等价物有关的下列信息:① 现金和现金等价物的构成及其在资产负债表中的相应金额;② 企业持有但不能由母公司或集团内其他子公司使用的大额现金和现金等价物金额。

(三) 现金流量表的结构

现金流量表分为主表和附注两大部分。

主表部分对经营活动产生的现金流量、投资活动产生的现金流量、筹资活动产生的现金流量等,分别按现金流入和流出总额反映。同时还反映了汇率变动对现金的影响和现金及现金等价物净增加额。报表的基本结构如下:

$$经营活动产生的现金流量净额 = 经营活动现金流入小计 - 经营活动现金流出小计$$

$$投资活动产生的现金流量净额 = 投资活动现金流入小计 - 投资活动现金流出小计$$

$$筹资活动产生的现金流量净额 = 筹资活动现金流入小计 - 筹资活动现金流出小计$$

$$现金及现金等价物净增加额 = 经营活动产生的现金流量净额 + 投资活动产生的现金流量净额 + 筹资活动产生的现金流量净额 + 汇率变动对现金的影响$$

附表部分列示现金流量表的补充资料。

二、现金流量表的编制方法

(一) 直接法和间接法

编制现金流量表时,列报经营活动产生的现金流量方法有两种:直接法和间接法。

直接法是通过列报现金收入和现金支出的主要类别,反映来自企业生产经营活动的现金流量。采用直接法报告经营活动的现金流量时,有关现金流量信息可从货币资金的有关会计记录中直接获得,也可以从利润表中的"营业收入"出发,通过调节与经营活动有关的项目的增减变动,计算出经营活动产生的现金流量。直接法的优点是,直接显示经营活动现金流量各项内容流入的来源和流出的用途,有助于预测未来的经营活动现金流量,能够揭示未来的经营活动现金流量,能够揭示企业偿付其债务的能力,进行再投资的能力和支付股利的能力。

间接法是将按权责发生制基础确定的净利润调整为经营活动现金净流入。其基本调整方法是：以本期利润表中的净利润为起算点，调整不涉及现金的收入、费用、营业外收支等有关项目的增减变动，据此计算出经营活动的现金流量。其调整过程可用下列公式表示：

$$\begin{aligned}\text{经营活动现金净流入} =\ &\text{净利润} + \text{导致净利润减少但是实际没有支付现金的费用} \\ &- \text{导致净利润增加但是实际没有收到现金的收益} \\ &\pm \text{引起净利润增减但是不属于经营活动的损益} \\ &\pm \text{本期经营性应收应付项目的增减变动}\end{aligned}$$

间接法的优点是，有助于分析影响现金流量的原因以及从现金流量角度分析企业净利润的质量。国际会计准则鼓励企业采用直接法编制现金流量表。我国《企业会计准则第31号——现金流量表》规定，现金流量表按直接法编制，同时，在现金流量表附注中还应单独按照间接法反映经营活动生产的现金流量情况。

（二）工作底稿法和分析填列法

1. 工作底稿法

工作底稿法是以工作底稿为手段，以资产负债表和利润表数据为基础，对每一个项目进行分析调整，从而编制现金流量表的方法。

在直接法下，工作底稿纵向分为三段：第一段是资产负债表项目，第二段是利润表项目，第三段是现金流量表项目。横向分为五栏：第一栏是项目栏，填列报表各项目的名称；第二栏是期初余额，填列资产负债表的期初余额，利润表和现金流量表部分空置不填；第三栏、第四栏分别填列调整分录的借方和贷方；第五栏填列资产负债表的期末余额和利润表、现金流量表的本期余额。具体编制程序如下：

（1）将资产负债表的期初余额和期末余额过入工作底稿的期初数栏和期末数栏。

（2）以利润表为基础，结合资产负债表项目的变化和有关资料，对当期业务进行分析，编制调整分录。调整分录中，涉及现金和现金等价物的事项，分别借记或贷记"经营活动产生的现金流量""投资活动产生的现金流量""筹资活动产生的现金流量"中的相关项目，借记表示"现金流入"，贷记表示"现金流出"。

（3）将调整分录过入工作底稿中的调整分录栏。

（4）对调整分录和资产负债表、利润表项目进行试算平衡，检验工作底稿的编制是否正确。根据借贷平衡原理，工作底稿应存在三大平衡关系：① 调整分录的借方合计等于贷方合计；② 资产负债表项目期初余额加减调整分录中的借贷金额后，等于期末余额；③ 利润表项目调整分录的借贷差额，等于利润表本期金额。

（5）根据工作底稿中的现金流量表项目的本期金额，编制现金流量表正表。

2. 分析填列法

分析填列法是直接根据资产负债表、利润表和有关账户分析计算出现金流量表各项目的金额，并据以编制现金流量表的一种方法。本章举例采用分析填列法。

(三)现金流量表编制

1. 现金流量表主表的填列

(1)"销售商品、提供劳务收到的现金"项目。本项目主要包括:本期销售商品和提供劳务本期收到的现金;前期销售商品和提供劳务本期收到的现金;本期预收的商品款和劳务款等;本期发生销货退回而支付的现金应从销售商品和提供劳务收入款项中扣除。

在确认本项目金额时,对于贴现应收票据利息、现金折扣、销售退回、确认坏账和坏账回收等影响现金流量的因素,应一并予以考虑。可以根据下列的公式计算销售商品、提供劳务收到的现金:

$$\begin{aligned}\text{销售商品、提供劳务收到现金} =& \frac{\text{营业收入}}{(\text{利润表数据})} + \frac{\text{本期发生的增值税销项税额}}{[\text{应交税费(销)}]} \\ &+ \frac{\text{应收账款本期减少数(期初余额}-\text{期末余额})}{(\text{指 B/S 中的应收账款})} + \frac{\text{应收票据本期减少数}}{(\text{期初余额}-\text{期末余额})} \\ &+ \frac{\text{预收账款本期增加数}}{(\text{期末余额}-\text{期初余额})} - \frac{\text{本期计提坏账准备}}{(\text{资产减值损失/坏账准备})} \\ &- \frac{\text{本期收回的非现金资产抵偿应收账款、应收票据的金额}}{} - \frac{\text{本期发生的现金折扣}}{(\text{财务费用/应收账款})} \\ &- \frac{\text{本期发生的票据贴现利息}}{(\text{财务费用/应收票据})} + \frac{\text{收到带息票据的利息}}{}\end{aligned}$$

【例 15-3】 A 企业 20×1 年的相关资料如下:

① 应收账款(B/S):年初 160 万元,年末 240 万元。
② 应收票据:年初 80 万元,年末 40 万元。
③ 预收款项:年初 160 万元,年末 180 万元。
④ 营业收入 10 000 万元。
⑤ 应交税费——应交增值税(销项税额)1 700 万元。
⑥ 其他有关资料如下:本期计提坏账准备 10 万元,本期发生坏账回收 4 万元,收到客户 23.4 万元商品(货款 20 万元,增值税额 3.4 万元)偿还前欠账款 24 万元。

计算如下:

$$\begin{aligned}\text{销售商品、提供劳务收到的现金} =& \text{营业收入} + \text{增值税销项税额} + \text{应收账款} + \text{应收票据} + \text{预收账款} - \text{本期计提坏账准备} - \text{非现金资产抵债} \\ =& 10\,000 + 1\,700 + (160-240) + (80-40) + (180-160) - 10 - 24 \\ =& 11\,646(\text{万元})\end{aligned}$$

(2)"收到的税费返还"项目。本项目包括收到的增值税、消费税、所得税和教育费附加等。

本项目的金额可以根据与"银行存款"账户相对应的"应交税费"账户的贷方发生额分析填列。

(3)"收到其他与经营活动有关的现金"项目。本项目主要包括:收到的其他与经营活动相关的各种现金流入,如罚款收入、企业流动资产损失中由个人赔偿的现金收入等。

本项目的金额可以根据与"库存现金""银行存款"账户相对应的"营业外收入""其他应收款""其他业务收入"等账户贷方发生额填列。

(4)"购买商品、接受劳务支付的现金"项目。本项目主要包括:本期购买商品、接受劳务本期支付的现金(含向销售方支付的增值税额);本期支付前期购买商品、接受劳务的未付款项;本期预付的商品款和劳务款等。

在确认本项目金额时,应考虑本期发生购货退回而收回的现金(从本项目中扣除)。在会计实务中,本项目金额也可以通过下列计算公式得到:

$$
\begin{aligned}
\text{购买商品、接受劳务支付的现金} =\ & \text{营业成本(利润表数据)} + \text{本期发生的增值税进项税额} + \text{应付账款本期减少额(期初余额－期末余额)} \\
& + \text{应付票据本期减少额(期初余额－期末余额)} + \text{预付款项本期增加额(期末余额－期初余额)} \\
& + \text{存货本期增加额(期末余额－期初余额)} \pm \text{特殊调整业务}
\end{aligned}
$$

特殊调整业务处理的原则是:与应付账款、应付票据、预付款项和存货类等账户(不含四个账户内部转账业务)借方对应的贷方账户不是购买商品、接受劳务产生的现金,作为减项处理,如到期列入生产成本、制造费用的职工薪酬、当期列入生产成本、制造费用的固定资产折旧、费利用材料的其他现金支出等;与应付账款、应付票据、预付款项和存货类等账户贷方对应的借方账户不是"主营(其他)业务成本和增值税进项税额类"账户,如工程项目领用本企业商品等,则作为加项处理。

【例15-4】 A企业20×1年的相关资料如下:

① 应付账款:年初100万元,年末120万元。

② 应付票据:年初40万元,年末20万元。

③ 预付款项:年初80万元,年末90万元。

④ 存货:年初数为100万元,年末数为80万元。

⑤ 主营业务成本4 000万元。

⑥ 应交税费——应交增值税(进项税额)600万元。

⑦ 其他有关资料如下:用固定资产偿还应付账款10万元,生产成本中直接工资项目含有本期发生的生产工人工资费用100万元,本期制造费用发生额为60万元(其中消耗的物料为5万元)。工程项目领用的本企业产品10万元。

计算如下:

购买商品、接受劳务支付的现金 = 营业成本 + 进项税额 + 应付账款 + 应付票据 + 预付账款 + 存货 − 借方对应的(固定资产+工资+制造工资) + 贷方对应的(固定资产+工资+制造工资)

= 4 000+600+(100−120)+(40−20)+(90−80)+(80−100)−(10+100+55)+10

= 4 435(万元)

(5)"支付给职工以及为职工支付的现金"项目。本项目反映实际支付给生产经营人员的各种工资、奖金、津贴、补贴和为职工支付的养老金、失业保险金、住房公积金及企业直接支付给职工的困难补助等。（注意：支付给在建工程员工的和为在建工程员工支付的职工薪酬除外）

本项目金额可以根据下列公式计算得到：

$$\text{支付给职工以及为职工支付的现金} = \text{生产成本、制造费用、管理费用中职工薪酬} + \text{应付职工薪酬（期初余额－期末余额）} - \left[\text{应付职工薪酬（在建工程）期初余额} - \text{应付职工薪酬（在建工程）期末余额}\right]$$

(6)"支付的各项税费"项目。本项目反映企业本期发生并支付,本期支付以前各期发生的以及预交的消费税、所得税、教育费附加、矿产资源补偿费、印花税、房产税、土地增值税、车船税等。

本项目可以直接根据与"库存现金""银行存款"账户贷方相对应的"应交税费"账户的借方发生额分析填列。

(7)"支付其他与经营活动有关的现金"项目。本项目反映除上述各项目外,企业支付的其他与经济活动有关的现金流出。如支付的差旅费、保险费、业务招待费、罚款支出等。

本项目可以直接根据与"库存现金""银行存款"账户贷方相对应的"销售费用""管理费用""其他应付款""营业外支出"等账户的借方发生额分析填列。

(8)"收回投资收到的现金"项目。本项目包括企业本期出售、转让或到期收回的除现金及现金等价物以外的交易性金融资产、长期股权投资而收到的现金（包括投资收益），以及长期债权性投资的本金（不包括处置子公司及其他营业单位收到的现金净额）。

本项目可用下列公式计算得到：

$$\text{收回投资收到的现金} = \text{交易性金融资产、可供出售金融资产（股票投资、基金投资）、长期股权投资贷方发生额} + \text{与其一起收回的投资收益（－投资损失）} + \text{持有至到期投资（本金）、可供出售金融资产（债券投资－本金）贷方发生额}$$

(9)"取得投资收益收到的现金"项目。本项目填列企业因股权性投资和债权性投资而取得的现金股利、利息和从子公司、联营企业或合资企业分回利润收到的现金等。

本项目根据与"银行存款""其他货币资金"账户借方相对应的"投资收益"等账户贷方发生额分析填列。

(10)"处置固定资产、无形资产和其他长期资产收回的现金净额"项目。本项目反映企业出售、报废固定资产、无形资产和其他长期资产所取得的现金（包括因资产毁损而收到的保险赔偿收入),扣除为处置这些资产而发生的付现费用(包括相关税金)后的净额。

本项目根据与"银行存款""其他货币资金"账户相对应的"固定资产清理""无形资产""营业外收入"和"应交税费"等账户相关金额分析填列。

(11)"处置子公司及其他营业单位收到的现金净额"项目。本项目反映企业处置子公司或其他营业机构所取得的现金,扣除为处置这些资产而发生的付现费用(包括相关税费)后的净额。本项目根据与"银行存款""其他货币资金"账户的相对应的"长期股权投资"账户的相关金额分析填列。

(12)"收到其他与投资活动有关的现金"项目。本项目根据与"银行存款""其他货币资金"账户借方相对应的"应收股利"和"应收利息"等账户贷方发生额分析填列。详见"收回投资收到的现金"项目说明。

(13)"购建固定资产、无形资产和其他长期资产支付的现金"项目。本项目填列企业购建固定资产、取得无形资产和其他长期资产所支付的现金(不包括融资租赁租入固定资产所支付的租金)。本项目可以通过下列计算公式计算得到:

$$\begin{aligned}\text{购建固定资产、无形资产和}\\ \text{其他长期资产支付的现金}\end{aligned} = \begin{aligned}\text{用现金购买的固定资}\\ \text{产、工程物资、无形资产}\end{aligned}\\ + \begin{aligned}\text{用现金支付的}\\ \text{在建工程费用}\end{aligned} + \begin{aligned}\text{用现金支付给在}\\ \text{建工程人员的薪酬}\end{aligned}$$

本项目根据与"银行存款""其他货币资金"账户贷方相对应的"固定资产""工程物资""在建工程""无形资产""研发支出——资本化支出"等账户的借方发生额分析填列。

(14)"投资支付的现金"项目。本项目反映企业进行权益性投资和债权性投资支付的现金,不包括支付的价款中所含的已宣告尚未发放的现金股利和已到付息期尚未支付的利息。本项目根据与"银行存款""其他货币资金"账户贷方相对应的"交易性金融资产""可供出售金融资产""长期股权投资""持有至到期投资"等账户的借方发生额分析填列。

(15)"取得子公司及其他营业单位支付的现金净额"项目。本项目反映企业购买子公司及其他营业单位购买出价中以现金支付的部分,减去子公司或其他营业单位持有的现金和现金等价物后的净额。本项目根据与"银行存款""其他货币资金"账户贷方相对应的"长期股权投资"等资产账户借方发生额分析填列。

(16)"支付其他与投资活动有关的现金"项目。本项目根据与"银行存款""其他货币资金"账户贷方相对应的"应付股利"和"应付利息"等账户借方发生额分析填列。

(17)"吸收投资收到的现金"项目。本项目反映企业以发行股票、债券等方式筹集资金实际收到的款项,减去直接支付给金融企业的佣金、手续费、宣传费、咨询费、印刷费等发行费用后的净额。本项目根据与"银行存款"账户借方相对应的"实收资本(或股本)""资本公积""应付债券"等账户贷方发生额分析填列。

（18）"取得借款收到的现金"项目。本项目反映企业举借各种短期、长期借款而收到的现金。本项目根据与"银行存款"账户借方相对应的"短期借款"和"长期借款"账户的贷方发生额分析填列。

（19）"偿还债务支付的现金"项目。本项目反映企业以现金偿还的债务本金。随本金一并偿还的借款利息、债券利息在"分配股利、利润和偿付利息支付的现金"项目中反映。本项目根据与"银行存款"账户贷方相对应的"短期借款"和"长期借款"账户的借方发生额分析填列。

（20）"分配股利、利润和偿付利息支付的现金"项目。本项目反映企业实际支付的现金股利，支付给其他投资单位的利润和用现金支付的借款利息、债券利息。本项目根据与"银行存款"账户贷方相对应的"应付股利""应付债券（应计利息）""财务费用""应付利息""长期借款（应计利息）"等账户的借方发生额分析填列。

（21）"支付其他与筹资活动有关的现金"项目。本项目主要包括：以发行股票、债券等方式筹集资金而由企业直接支付的审计和咨询费用、为购建固定资产而发生的借款利息资本化部分、融资租赁固定资产所支付的租赁费、以分期付款方式购建固定资产以后各期支付的现金等。本项目根据与"银行存款"账户贷方相对应的"长期应付款"等账户借方发生额分析填列。

（22）"汇率变动对现金及现金等价物的影响"项目的编制方法。编制现金流量表时，"汇率变动对现金及现金等价物的影响"项目金额，可以通过现金流量表补充资料中"现金及现金等价物净增加额"金额与现金流量表中"经营活动产生的现金流量净额""投资活动产生的现金流量净额""筹资活动产生的现金流量净额"三项之和比较，其差额即为"汇率变动对现金及现金等价物的影响"。

2. 现金流量表补充资料项目的内容及编制方法

补充资料包括三个部分内容：一是采用间接法将净利润调节为经营活动现金流量；二是披露不涉及现金的重大投资和筹资活动；三是现金及现金等价物净变动情况。

第一，采用间接法将净利润调节为经营活动现金流量。

（1）"净利润"项目。本项目直接按照利润表中的"净利润"项目填列。

（2）"资产减值准备"项目。本项目反映企业计提坏账准备、存货跌价准备、长期投资减值准备、持有至到期投资减值准备、投资性房地产减值准备、固定资产减值准备、无形资产减值准备、商誉减值准备、生产性生物资产减值准备、油气资产减值准备等资产减值准备。本项目根据"资产减值损失"账户借方发生额填列。

（3）"固定资产折旧、油气资产折耗、生产性生物资产折旧""无形资产摊销""长期待摊费用摊销"项目。此类项目根据"累计折旧""累计摊销""长期待摊费用"账户的贷方发生额分析填列。

(4)"处置固定资产、无形资产和其他长期资产的损失"项目。本项目根据"营业外收入""营业外支出"等账户记录分析填列(收益以"－"号填列)。

(5)"固定资产报废损失"项目。本项目反映企业本期固定资产报废的净损失。本项目根据"营业外支出""营业外收入"账户所属有关明细账户中固定资产清理损失减去固定资产清理收益后的差额填列(收益以"－"号填列)。

(6)"公允价值变动损失"项目。本项目反映企业持有的金融资产、金融负债以及采用公允价值计量模式的投资性房地产的公允价值变动损益。本项目金额根据"公允价值变动损益"账户记录填列(收益以"－"号填列)。

(7)"财务费用"项目。本项目反映企业本期发生的应属于投资活动或筹资活动的财务费用。值得注意的是,属于经营活动的财务费用,不能在本项目中列示,如应收票据的应计利息和贴现利息、办理银行承兑时支付的手续费等。本项目根据"财务费用"账户的本期借方发生额分析填列(贷方发生额以"－"号表示)。

(8)"投资损失"项目。本项目根据"投资收益"账户的发生额分析填列(收益以"－"号填列)。

(9)"递延所得税资产减少"和"递延所得税负债增加"项目。此两类项目根据资产负债表"递延所得税资产"和"递延所得税负债"项目的期初、期末余额的差额填列。

(10)"存货的减少"项目。本项目根据"存货"账户的期初、期末余额的差额填列(增加以"－"号填列)。

(11)"经营性应收项目的减少"项目。经营性应收项目包括"应收账款""应收票据""其他应收款"和"预付账款"账户中与经营活动有关的部分。本项目根据上述各应收账户的期初、期末余额的差额填列(增加以"－"号填列)。

(12)"经营性应付项目的增加"项目。经营性应付项目包括"应付账款""应付票据""应付职工薪酬""应交税费""其他应付款""预收账款"账户中与经营活动有关的部分。本项目根据上述各应付账户的期初、期末余额的差额填列(减少以"－"号填列)。

第二,不涉及现金收支的重大投资和筹资活动。

这些投资和筹资活动虽然不涉及现金收支,但对以后各期的现金流量有重大影响,按照企业会计准则的规定,应在现金流量表中披露。不涉及现金收支的投资和筹资活动的项目如下:

(1)债务转为资本。

(2)一年内到期的可转换公司债券。

(3)融资租入固定资产。

第三,现金及现金等价物净变动情况。

其金额应该等于现金流量表正表中"现金及现金等价物净增加额"项目的金额。这部分各项目的金额根据资产负债表中相关账户的期初、期末余额填列。

三、现金流量表编制举例

【例 15-5】 根据[例 15-1]所提供的资料,编制现金流量表如图表 15-6 所示。

图表 15-6

现 金 流 量 表

编制单位:　　　　　　　　　　20×1 年度　　　　　　　　　　　　　　单位:元

项　　　　　目	行次	本期金额	上期金额
一、经营活动产生的现金流量:			(略)
销售商品、提供劳务收到的现金	1	2 042 640	
收到的税费返还	3		
收到其他与经营活动有关的现金	8		
经营活动现金流入小计	9	2 042 640	
购买商品、接受劳务支付的现金	10	1 029 283	
支付给职工以及为职工支付的现金	12	500 000	
支付的各项税费	13	196 497	
支付其他与经营活动有关的现金	18	135 000	
经营活动现金流出小计	20	1 860 780	
经营活动产生的现金流量净额	21	181 860	
二、投资活动产生的现金流量:			
收回投资收到的现金	22	180 000	
取得投资收益收到的现金	23	37 000	
处置固定资产、无形资产和其他长期资产收回的现金净额	25	500	
处置子公司及其他营业单位收到的现金净额			
收到其他与投资活动有关的现金	28		
投资活动现金流入小计	29	217 500	
购建固定资产、无形资产和其他长期资产支付的现金	30	431 000	
投资支付的现金	31	300 600	
取得子公司及其他营业单位支付的现金净额			
支付其他与投资活动有关的现金	35		
投资活动现金流出小计	36	731 600	
投资活动产生的现金流量净额	37	−514 100	
三、筹资活动产生的现金流量:			
吸收投资收到的现金	38		

(续表)

项目	行次	本期金额	上期金额
取得借款收到的现金	40	700 000	
收到其他与筹资活动有关的现金	43		
筹资活动现金流入小计	44	700 000	
偿还债务支付的现金	45	250 000	
分配股利、利润和偿付利息支付的现金	46	267 500	
支付其他与筹资活动有关的现金	52		
筹资活动现金流出小计	53	517 500	
筹资活动产生的现金流量净额	54	182 500	
四、汇率变动对现金及现金等价物的影响	55		
五、现金及现金等价物净增加额	56	−149 740	
加：期初现金及现金等价物余额	58	1 078 900	
六、期末现金及现金等价物余额	59	929 160	

图表15-7

现金流量表补充资料

补充资料	行次	本期金额	上期金额
1.将净利润调节为经营活动现金流量：			(略)
净利润	57	416 080	
加：资产减值准备	58	16 000	
固定资产折旧、油气资产折耗、生产性生物资产折旧	59	90 000	
无形资产摊销	60	60 000	
长期待摊费用摊销	61		
处置固定资产、无形资产和其他长期资产的损失（收益以"−"号填列）	66		
固定资产报废损失（收益以"−"号填列）	67	14 500	
公允价值变动损失（收益以"−"号填列）		−50 000	
财务费用（收益以"−"号填列）	68	23 500	
投资损失（收益以"−"号填列）	69	−77 000	
递延所得税资产减少（增加以"−"号填列）	70	−4 000	
递延所得税负债增加（减少以"−"号填列）		12 500	
存货的减少（增加以"−"号填列）	71	−429 500	
经营性应收项目的减少（增加以"−"号填列）	72	63 000	
经营性应付项目的增加（减少以"−"号填列）	73	46 780	
其他	74		

(续表)

补　充　资　料	行次	本期金额	上期金额
经营活动产生的现金流量净额	75	181 860	
2. 不涉及现金收支的重大投资和筹资活动：			
债务转为资本	76		
一年内到期的可转换公司债券	77		
融资租入固定资产	78		
3. 现金及现金等价物净变动情况：			
现金的期末余额	79	929 160	
减：现金的期初余额	80	1 078 900	
加：现金等价物的期末余额	81		
减：现金等价物的期初余额	82		
现金及现金等价物净增加额	83	－149 740	

上述现金流量表部分行次的数据来源：

销售商品、提供劳务收到的现金(行次 1) ＝ 营业收入 ＋ 增值税销项税额 ＋ 应收账款减少额 － 本期计提的坏账准备 － 应收票据增加额 － 应收票据贴现息

＝1 800 000＋306 000＋67 660－4 660－117 000－9 360

＝2 042 640 元

购买商品、接受劳务支付的现金(行次 10) ＝ 主营业务成本 ＋ 存货增加额 ＋ 增值税进项税额 ＋ 应付票据减少额 ＋ 应付账款减少额 － 预付账款减少额 ＋

工程用原材料 － 非工程人员薪酬 － 非材料制造费用 － 工程用材料进项税额

＝1 080 000＋426 500＋166 770＋80 000＋20 000－117 000＋3 000－

530 100－(75 000＋2000＋4 400)－487

＝1 029 283(元)

支付给职工以及为职工支付的现金(行次 12) ＝ 支付的所有人员薪酬 － 支付的工程人员薪酬

＝700 000－200 000＝500 000(元)

支付的各项税费(行次 13) ＝ 支付的增值税 ＋ 城市维护建设税 ＋ 教育费附加 ＋ 所得税费用

＝62 937＋10 990＋4 710＋117 860＝196 497(元)

支付其他与经营活动有关的现金(行次 18) ＝ 销售费用 ＋ 管理费用 ＋ 水电费 ＋ 车间办公费

＝40 600＋70 000＋20 000＋4 400＝135 000(元)

收回投资收到
的现金(行次 22) = 出售交易性金融资产 + 所售交易性金融资产收益
　　　　　　　= 150 000 + 30 000 = 180 000(元)

取得投资收益收到
的现金(行次 23) = 投资收益 − 所售交易性金融资产 − 持有至到期投资本期计提利息收益
　　　　　　　= 77 000 − 30 000 − 10 000 = 37 000(元)

处置固定资产、无形资产和其他长期资产收
回的现金净额(行次 25) = 报废固定资产银行存款收入 − 报废固定资产银行存款支出
　　　　　　　= 2 500 − 2 000 = 500(元)

购建固定资产、无形资产和其他长期资产
支付的现金(行次 30) = 工程物资增加额 + 工程人员薪酬 + 购入固定资产
　　　　　　　= 130 000 + 200 000 + 101 000 = 431 000(元)

投资支付的现金(行次 31) = 购入持有至到期投资 + 购入交易性金融资产
　　　　　　　= 200 000 + 100 600 = 300 600(元)

取得借款收到的现金(行次 40) = 借入短期借款 + 借入长期借款
　　　　　　　= 300 000 + 400 000 = 700 000(元)

偿还债务支付的现金(行次 45) = 偿还短期借款 = 250 000(元)

分配股利、利润和偿付利息
支付的现金(行次 46) = 偿还借款利息 + 分配股利
　　　　　　　= (8 500 + 9 000) + 250 000 = 267 500(元)

经营性应收项目的减
少(增加以"−"号填列) = 应收账款减少额 − 计提坏账准备 − 应收票据增加额 + 预付账款减少额
　　(行次 72)
　　　　　　　= 67 660 − 4 660 − 117 000 + 117 000 = 63 000(元)

经营性应付项目的增
加(减少以"−"号填列) = − 应付票据减少额 − 应付账款减少额 + (应付职工薪酬增加 − 工程人员应付职工薪酬增加) + 应交税费增加
　　(行次 73)
　　　　　　　= − 80 000 − 20 000 + (98 000 − 28 000) + 76 780 = 46 780(元)

第五节　所有者权益变动表

一、所有者权益变动表的格式

(一)所有者权益变动表的内容

所有者权益变动表是反映构成所有者权益的各组成部分当期增减变动情况的会计报

表。所有者权益变动表不仅反映了所有者权益总量的增减变动信息,还反映了所有者权益增减变动的结构性信息,包括综合收益总额和与所有者(或股东)的资本交易所导致的所有者权益变动。通过本表,使用者可以准确理解所有者权益变动的原因及其结果。

所有者权益变动表至少应当单独列示反映下列信息的项目:① 综合收益总额,在合并所有者权益变动表中还应单独列示归属于母公司所有者的综合收益总额和归属于少数股东的综合收益总额;② 会计政策变更和前期差错更正的累积影响金额;③ 所有者投入资本和向所有者分配利润等;④ 按照规定提取的盈余公积;⑤ 所有者权益各组成部分的期初和期末余额及其调节情况。

(二)所有者权益变动表的结构

为了清晰表明所有者权益的各组成部分当期的增减变动情况,所有者权益变动表应当以矩阵的形式,反映导致所有者权益变动的所有交易或事项列示。一方面分栏列示构成所有者权益的各组成部分——实收资本(股本)、资本公积、盈余公积、未分配利润;另一方面分行列示能列示导致所有者权益个项目变动的交易或者事项。为比较不同会计期所有者权益变动情况,改变了以往仅仅按照所有者权益的各组成部分反映所有者权益变动情况,而从所有者权益变动的来源对一定时期所有者权益变动情况进行了全面反映;另外,按照所有者权益各组成部分及其总额列示交易或者事项对所有者权益的影响。此外,企业还需要提供比较所有者权益变动表,所有者权益变动表还需要就各项目再分为"本年金额"和"上年金额"两栏分别填列。

二、所有者权益变动表的编制

(一)"上年金额"栏的填列方法

所有者权益变动表"上年金额"栏内各项数字,应根据上年度所有者权益变动表"本年金额"栏内的所列数字填列。如果上年度所有者权益变动表规定的各个项目的名称和内容与本年度不相一致,应对上年度所有者权益变动表各项目的名称和数字按照本年度的规定进行调整,填入所有者权益变动表"上年金额"栏内。

(二)"本年金额"栏的填列方法

所有者权益变动表"本年金额"栏内各项数字一般根据"实收资本(或股本)""资本公积""盈余公积""其他综合收益""利润分配""库存股""以前年度损益调整"等账户及其明细分类账户的发生额分析填列。

三、所有者权益变动表编制举例

【例15-6】 根据甲股份有限公司20×1年"实收资本""盈余公积""利润分配——未分配利润"明细分类账户(如图表15-7所示)有关金额,编制所有者权益变动表(如图表15-8所示)。

图表 15-7

实 收 资 本

年初余额	4 500 000

盈 余 公 积

		年初余额	450 000
		(49) 提取法定盈余公积	41 608
		(49) 提取任意盈余公积	41 608
本期发生额	0	本期发生额	83 216
		年末余额	533 216

利润分配——未分配利润

(50) 提取法定盈余公积	416 080	年初余额	70 000
(50) 提取任意盈余公积	416 080	(47) 本年利润	416 080
(50) 应付普通股股利	250 000		
本期发生额	333 216	本期发生额	416 080
		年末余额	152 864

图表 15-8

所有者权益变动表

编制单位：甲股份有限公司　　　　20×1 年度　　　　　　　　　　单位：元

项　目	本 年 金 额						上 年 金 额					
	实收资本(或股本)	资本公积	减：库存股	盈余公积	未分配利润	所有者权益合计	实收资本(或股本)	资本公积	减：库存股	盈余公积	未分配利润	所有者权益合计
一、上年年末余额	4 500 000			450 000	70 000	5 020 000						
加：会计政策变更 前期差错更正												
二、本年年初余额												
三、本年增减变动金额 （减少以"—"号填列）												
（一）综合收益总额					416 080	416 080						
（二）所有者投入和减少资本												

(续表)

项目	本年金额						上年金额					
	实收资本(或股本)	资本公积	减:库存股	盈余公积	未分配利润	所有者权益合计	实收资本(或股本)	资本公积	减:库存股	盈余公积	未分配利润	所有者权益合计
1. 所有者投入资本												
2. 股份支付计入所有者权益的金额												
3. 其他												
(三)利润分配												
1. 提取盈余公积				83 216	−83 216							
2. 对所有者(或股东)的分配					−250 000	−250 000						
3. 其他												
(四)所有者权益内部结转												
1. 资本公积转增资本(或股本)												
2. 盈余公积转增资本(或股本)												
3. 盈余公积弥补亏损												
4. 其他												
四、本年年末余额	4 500 000			533 216	152 864	5 186 080						

值得注意的是:发行优先股等其他权益工具的企业,如果发行的优先股等其他权益工具分类为权益工具的,企业应当在所有者权益变动表"实收资本"项目和"资本公积"项目之间增设"其他权益工具"项目,并在该栏中增设"优先股""永续债"和"其他"三个小栏。将"(二)所有者投入和减少资本"项目中的"所有者投入资本"项目改为"所有者投入的普通股",并在该项目下增设"并在其他权益工具持有者投入资本"项目,以下顺序号依次类推。"(三)利润分配"项目中"对所有者(或股东)的分配"项目包含对其他权益工具持有者的股利分配。

第六节 附注与中期财务报告

一、附注的主要内容

附注是对资产负债表、利润表、现金流量表和所有者权益变动表等报表中列示项目的文字描述或明细资料,以及对未能在这些报表中列示项目的说明。附注是财务报表的重要组成部分。附注一般应当按照下列顺序至少披露以下内容。

（一）企业的基本情况

这包括本企业的注册地、组织形式和总部地址；企业的业务性质和主要经营活动；企业的母公司以及集团最终母公司的名称；企业财务报告的批准报出者和财务报告批准报出日，或者以签字人及其签字日期为准；营业期限有限的企业，还应当披露有关营业期限的信息。

（二）财务报表的编制基础

财务报表应当以持续经营为基础编制，如果管理层对某些重大不确定因素可能导致对主体持续经营产生重大怀疑时，需要对不确定因素充分披露。如果财务报表不是以持续经营为基础编制，应说明原因。另外，除现金流量表外，会计主体应按权责发生制会计记账基础编制财务报表。

（三）遵循企业会计准则的声明

企业应当声明编制的财务报表符合企业会计准则的要求，真实、完整地反映了企业的财务状况、经营成果和现金流量等有关信息。

（四）重要会计政策和会计估计的说明

重要会计政策的说明包括财务报表项目的计量基础（如历史成本、公允价值、可收回金额）和在运用会计政策过程中所做的重要判断等。重要会计估计的说明包括下一会计期间内很可能导致资产、负债账面价值重大调整的会计估计的确定依据等。企业应当披露采用的重要会计政策和会计估计，并结合企业的具体实际披露其重要会计政策的确定依据和财务报表项目的计量基础，及其会计估计所采用的关键假设和不确定因素。

（五）会计政策和会计估计变更以及差错更正的说明

企业应当按照《企业会计准则第28号——会计政策、会计估计变更和差错更正》的规定，披露会计政策和会计估计变更以及差错更正的情况，主要包括：会计政策变更的内容和理由；会计政策变更对企业资产、所有者权益、销售收入、利润、净利润等主要指标的影响数以及对企业合并会计报表的影响数；累积影响数不能合理确定的理由；会计估计变更的内容和理由；会计估计变更的影响数；会计估计变更的影响数不能合理确定的理由；重大会计差错的内容；重大会计差错的更正金额。

（六）报表重要项目的说明

对于资产负债表、利润表、现金流量表、所有者权益变动表中的重要项目，企业应按其在各报表中列示的顺序，采用文字与数字描述相结合的方式进行说明。并且报表重要项目的明细金额合计，应当与报表项目金额相衔接。

企业应当在附注中披露费用按照性质分类的利润表补充资料，可将费用分为耗用的原材料、职工薪酬费用、折旧费用、摊销费用等。

（七）关于其他综合收益各项目的信息

这主要包括：① 其他综合收益各项目及其所得税影响；② 其他综合收益各项目原计入

其他综合收益、当期转出计入当期损益的金额；③ 其他综合收益各项目的期初和期末余额及其调节情况。

（八）其他需要说明的重要事项

这主要包括：或有和承诺事项、资产负债表日后非调整事项、关联方关系及其交易等需要说明的事项；资产负债表日后、财务报告批准报出日前提议或宣布发放的股利总额和每股股利金额（或向投资者分配的利润总额）等。如果企业终止经营，企业应当在附注中披露终止经营的收入、费用、利润总额、所得税费用和净利润，归属于母公司所有者的终止经营利润。其他有助于财务报表使用者评价企业管理资本的目标、政策及程序的信息。

【小案例】

真实可靠是会计信息的生命，如果企业无视这一会计至高无上的准则，就会给投资人和社会造成不可估量的损失。2012年万福生科的造假行为使投资该股票的投资人损失几亿元的财富。万福生科本是一家业内籍籍无名的稻米加工企业，坐落在湖南常德沅江边上。2011年9月27日，它以每股25元的发行价成功登陆创业板，加上超募资金，共募集4.25亿元，曾被多家券商誉为"新兴行业中的优质企业"。

作为创业板造假第一股，万福生科在2012年上半年年报中，虚增营业收入1.88亿元、虚增营业成本1.46亿元、虚增利润4 023万元，以及未披露公司上半年停产。其具体主要造假手段如下：

（1）虚增收入：2012年上半年实际营业收入为8 231万元，通过私刻客户假公章、编造销售假合同、虚开销售发票、编制银行单据、假出库单等造假工序，2012年上半年年报中营业收入2.7亿元，虚增销售收入共计1.88亿元。

（2）虚构客户：共有5个虚构客户，分别是湖南傻牛食品厂（已停产达数年之久）、东莞常平湘盈粮油（仅为50平方米的店）、天津中意糖果、怀化小丫丫食品、湖南祁东佳美食品，其中天津中意糖果和湖南祁东佳美食品存在虚报销售额的现象。

（3）虚构合同：2011年6月5日和7月3日，与东莞樟木头华源粮油经营部签订采购合同，6月4日、7月2日和9月1日，与湖南傻牛食品厂签订采购合同，共虚构合同5份。

（4）虚增资产：利用在建工程和预付账款来虚增资产共计12 505万元。由于它的募集资金建设项目正在建设中，这样做可以掩人耳目，达到虚增资产的效果。

（5）虚构假象：万福生科在上市前拼命在各大超市铺货，以制造出"销售兴旺"的虚幻景象。股票成功上市后，常德的大小超市一粒万福生科的大米都看不到了。

（6）虚构银行对账单：万福生科伪造了部分银行回单和银行对账单，且伪造银行单据的水平堪称一流。因中介机构一般不会怀疑银行单据造假，给万福生科有了可乘之机。

二、中期财务报告

中期财务报告是指以中期为基础编制的财务报告。中期是指短于一个完整的会计年度（自公历1月1日起至12月31日止）的报告期间。因此，中期财务报告包括月度财务报告、季度财务报告、半年度财务报告，及年初至本中期末财务报告。

中期财务报告至少包括资产负债表、利润表、现金流量表和附注。所有者权益变动表及相关信息，企业可以根据需要自行确定。

中期财务报告的编制应遵循以下原则。

（1）与年度财务报告相一致的会计政策。编制中期财务报告所采用的会计政策应当与年度财务报告所采用的会计政策相一致，包括会计要素确认和计量原则。

（2）重要性原则。重要性程度的判断以中期财务数据为基础，不得以预计的年度财务数据为基础。

（3）及时性原则。为保证及时性，同时考虑成本方面因素，中期财务报告在部分资产计量方面可以采用估计方式而非实地盘存，如存货。但是，企业应当确保所提供的中期财务数据符合企业会计准则。

（4）提供比较财务信息。为了提高财务报告信息的可比性、相关性和有用性，企业中期编制的资产负债表、利润表和现金流量表除了提供本中期的信息外，还应当提供上年同期比较信息，包括：本中期末资产负债表和上年度末资产负债表；本中期利润表、年初至本中期末利润表以及上年度可比期间的利润表；年初至本中期末现金流量表和上年度年初至上年可比本期末现金流量表等（如图表15-9所示）。

图表15-9

中期财务报告

时　　间	报　　表	比 较 信 息	
		报告期（20×1年）	上年同期（20×0年）
报告期3月31日	资产负债表	3月31日	3月31日
	利润表	1月1日至3月31日	1月1日至3月31日
	现金流量表	1月1日至3月31日	1月1日至3月31日
报告期6月30日	资产负债表	6月30日	6月30日
	利润表	4月1日至6月30日	4月1日至6月30日
		1月1日至6月30日	1月1日至6月30日
	现金流量表	1月1日至6月30日	1月1日至6月30日

(续表)

时间	报表	比较信息	
		报告期(20×1年)	上年同期(20×0年)
报告期9月30日	资产负债表	9月30日	9月30日
	利润表	7月1日至9月30日	7月1日至9月30日
		1月1日至9月30日	1月1日至9月30日
	现金流量表	1月1日至9月30日	1月1日至9月30日

(5) 企业上年度编制合并财务报告的,中期期末也应当编制合并财务报告。上年度财务报告除了包括合并财务报告,还包括母公司财务报告的,中期财务报告也应当包括母公司财务报告。

企业在中期财务报告中提供比较财务报告时应当注意:企业在中期内按新企业会计准则规定,对财务报告项目在报告中期进行了调整,则上年度比较财务报告项目的有关金额应当按照本年度中期财务报告的要求进行重新分类。同时,企业还应当在附注中说明财务报告项目重新分类的原因及内容。

企业在中期内发生了会计政策变更的,其累积影响数能够合理确定且涉及本会计年度以前中期财务报告净损益和其他相关项目数字的,应当予以追溯调整,视同该会计政策在整个会计年度一贯采用;对于比较财务报告可比期间以前的会计政策变更的累积影响数,应当根据规定调整比较财务报告最早期间的期初留存收益,财务报告其他相关项目的数字也应当一并调整。同时,在附注中说明会计政策变更的性质、内容、原因及其影响数;无法追溯调整的,应当说明原因。

对于在本年度中期内发生的调整以前年度损益事项,企业应当调整本年度财务报告相关项目的年初数,同时,中期财务报告中相应的比较财务报告也应当为已经调整以前年度损益后的财务报告。

复习思考题

1. 财务报表列报应遵循哪些基本要求?
2. 简述资产负债表、利润表、现金流量表、所有者权益变动表的性质及报表之间金额数据的勾稽关系。
3. 为什么要将1年内到期的持有至到期投资列入资产负债表的流动资产项目内?
4. 其他综合收益包括哪些基本内容?

5. 如何编制资产负债表？应掌握哪些规律？
6. 如何编制财务报表？
7. 财务报表附注主要应披露哪些信息？

练 习 题

一、判断题

1. 年度财务报告涵盖的期间短于1年时，财务报告中应当披露年度财务报表的涵盖期间，以及短于1年的原因。（ ）
2. 发行股票收到的款项，属于投资活动产生的现金流量。（ ）
3. 利润表中列示的收益均为企业的应税收益。（ ）
4. 支付的在建工程人员的工资属于经营活动产生的现金流量。（ ）
5. 所有者权益变动表反映构成所有者权益的各组成部分当期增减变动情况及其结构，是连接资产负债表与利润表的桥梁。（ ）
6. 甲企业于2010年7月1日向A银行举借5年期的长期借款，则在2014年12月31日的资产负债表上，该长期借款应当划分为流动负债。（ ）
7. 递延所得税资产增加，在将净利润调节为经营活动现金流量时，应当增加。（ ）
8. 预计将在1年内出售的可供出售金融资产和持有至到期投资，应划分为流动资产。（ ）
9. 以公允价值进行后续计量的投资性房地产持有期间公允价值发生变动不会影响发生当期的营业利润。（ ）
10. 自用房地产转换为以公允价值模式计量的投资性房地产，在转换日公允价值大于账面价值部分，应记入"资本公积"账户。（ ）

二、单项选择题

1. 下列会计报表中，属于反映某一时点财务状况的会计报表是（   ）。
   A. 资产负债表   B. 利润表   C. 现金流量表   D. 财务状况变动表
2. 某企业"应收账款"总账借方余额为90 000元，"应收账款——甲"明细账借方余额为160 000元，"应收账款——乙"明细账贷方余额为70 000元，坏账准备百分比为5%。在资产负债表中，"应收账款净额"项目数额应为（   ）元。
   A. 160 000   B. 90 000   C. 152 000   D. 85 500
3. 某企业20×1年发生的营业收入为1 000万元，营业成本为600万元，销售费用为20万元，管理费用为50万元，财务费用为10万元，投资收益为40万元，资产减值损失为70万元(损失),公允价值变动损益为80万元(收益),营业外收入为25万元,营业外支出为15万元。该企业20×1年的营业利润为(　　)万元。

　　A. 370　　　　　　B. 330　　　　　　C. 320　　　　　　D. 390

4. 下列各项中,不属于经营活动活动产生的现金流量的是(　　)。

　　A. 借款所收到的现金

　　B. 支付的各项税费

　　C. 销售商品、提供劳务收到的现金

　　D. 支付给职工的工资以及为职工支付的养老金

5. 企业购买股票所支付价款中包含的已经宣告但尚未领取的现金股利,在现金流量表中应记入的项目是(　　)。

　　A. 投资所支付的现金

　　B. 支付的其他与经营活动有关的现金

　　C. 支付的其他与投资活动有关的现金

　　D. 分配股利、利润或偿付利息所支付的现金

6. 企业发生的下列交易或事项中,不会引起当年度营业利润发生变动的是(　　)。

　　A. 出售自有专利技术产生收益　　　　B. 持有的交易性金融资产公允价值上升

　　C. 对持有的存货计提跌价准备　　　　D. 处置某项联营企业投资产生投资损失

7. 2014年12月31日,甲公司向银行借款共计10 000万元,其中:① 向乙银行借入的5 000万元借款将于1年内到期,甲公司具有自主展期清偿的权利;甲公司有意图和能力自主展期2年偿还该借款。② 向丙银行借入的5 000万元,借款将于1年内到期,甲公司不具有自主展期清偿的权利。2015年2月1日,丙银行同意甲公司展期2年偿还前述借款。甲公司在2014年度财务报表资产、负债项目列报的表述中,对向乙、丙银行的借款分别以(　　)列报。

　　A. 非流动负债、非流动负债　　　　B. 非流动负债、流动负债

　　C. 流动负债、非流动负债　　　　　D. 流动负债、流动负债

8. A公司应"付职工薪酬"账户年初余额3 000万元,本年记入"生产成本""制造费用""管理费用"账户中的职工薪酬为2 300万元,"应付职工薪酬"账户期末余额为2 000万元,则现金流量表中"支付给职工以及为职工支付的现金"项目的金额为(　　)。

　　A. 2 000万元　　B. 0　　　　C. 2 300万元　　D. 3 300万元

9. A公司"应交税费——应交所得税"账户期初余额100万元,当期所得税费用为200万元,递延所得税费用为100万元,"应交税费——应交所得税"账户期末余额为120万元;支付的营业税金及附加为20万元;已交增值税60万元。则现金流量表中"支付的各项税费"项目为(　　)万元。

　　A. 260　　　　　　B. 200　　　　　　C. 280　　　　　　D. 160

10. 下列交易或事项所产生的现金流量中,属于制造企业现金流量表中"筹资活动产生的现金流量"的有(　　)。

A. 出售债券收到的现金

B. 收到股权投资的现金股利

C. 支付的为购建固定资产发生的专门借款利息

D. 收到因自然灾害而报废固定资产的保险赔偿款

三、核算题

习 题 一

某企业20×1年年末有关账户余额如图表15-10所示(年末尚未进行交易性金融资产的期末计价和资产减值准备的计提)。

图表15-10

有关账户余额

单位:万元

账户名称	账户余额 借方	账户余额 贷方	账户名称	账户余额 借方	账户余额 贷方
交易性金融资产	600		无形资产	200	
公允价值变动损益		20	短期借款		150
应收账款(总)	2 100		长期借款		3 000
——甲公司	2 700		应付账款(总)		600
——乙公司		600	——丙公司		900
坏账准备		27	——丁公司	300	
原材料	300		应付职工薪酬		210
生产成本	900		应交税费(总)		180
库存商品	1 500		——应交增值税		150
固定资产	13 200		——应交其他税费		30
累计折旧		4 200			
在建工程	3 900				

该企业的其他相关资料如下:

(1) 该企业交易性金融资产按总额法计提公允价值变动损益,年末交易性金融资产的总市价为570万元。

(2) 该企业坏账准备的计提采用应收账款余额百分比法，坏账百分比为5%。
(3) 长期借款中有300万元将于20×1年3月31日到期。

要求：
(1) 根据上述资料进行年末资产调整的相关处理（编制会计分录）。
(2) 计算资产负债表项目的金额。

习 题 二

甲股份有限公司20×1年有关资料如下：

(1) 当期销售商品实现收入100 000元；"应收账款"账户期初余额为20 000元，期末余额为50 000元；"预收账款"账户期初余额为10 000元，期末余额为30 000元。假定不考虑坏账准备和增值税因素。

(2) 当期用银行存款支付购买原材料货款48 000元；当期支付前期的应付账款12 000元；当期购买原材料预付货款15 000元；当期因购货退回现金6 000元。

(3) 当期实际支付职工工资及各种奖金44 000元。其中，生产经营人员工资及奖金35 000元，在建工程人员工资及奖金9 000元。

(4) 当期购买工程物资预付货款22 000元；向承包商支付工程款16 000元。

(5) 当期购入某公司股票1 000股，实际支付全部价款14 500元。其中，相关税费200元，已宣告但尚未领取的现金股利300元。

(6) 当期发行面值为80 000元的企业债券，扣除支付的佣金等发行费用8 000元后，实际收到款项72 000元。另外，为发行企业债券实际支付审计费用3 000元。

(7) 当期用银行存款偿还借款本金60 000元，偿还借款利息6 000元。

(8) 当期用银行存款支付分配的现金股利30 000元。

要求：根据上述资料计算甲股份有限公司现金流量表中下列项目的金额：
(1) 销售商品、提供劳务收到的现金。
(2) 购买商品、接受劳务支付的现金。
(3) 支付给职工以及为职工支付的现金。
(4) 购置固定资产、无形资产和其他长期资产支付的现金。
(5) 投资支付的现金。
(6) 吸收投资收到的现金。
(7) 偿还债务支付的现金。
(8) 分配股利、利润或偿付利息支付的现金。